네이티브
중국어 습관

중국어
따페이
단어장

한민이 저

다락원

네이티브 중국어 습관 중국어 따페이 단어장

다락원이라는 좋은 무대, 최고의 파트너 박소정 편집자님, 책이 나오기까지 수고해 주신 많은 분들, 그리고 이 책을 통해 저와 소통하고 공감해 주실 독자분들께 감사의 인사를 전합니다. 덕분에 이 책이 멋진 모습을 갖출 수 있게 되었습니다.

『네이티브 중국어 습관 중국어 따페이 단어장』은 30개 주제별 표제어, 따페이(搭配)예문을 30일 커리큘럼으로 마스터하는 중급 레벨 중국어 단어장입니다. 따페이와 예문에는 재미있으면서도 친근한 일상을 담았습니다. 독자분들이 "아! 맞다! 나도 그랬었는데!" 하며 공감하고, "그래! 이 표현 나도 궁금했었어!"라며 속시원해하시길 바라면서요.

처음 우리 책의 기획안을 받았을 때는 주제별로 표제어를 선별하고, 빈출 따페이를 넣고 활용 예문 두어 개 만드는 일이 뭐가 어려울까 싶었지요. 그런데 막상 집필을 시작하고 보니, 수많은 단어 후보 중에서 전체 표제어 900개를 추려내는 작업부터 만만치 않더라고요. 독하게 마음 먹고 한 과당 30개씩 추려내면, 이 단어도 걸리고 저 단어도 눈에 밟히고 다들 괜찮아 보여서 정말 고민이 많았지요. 그리고는 예문으로 넘어가니 맙소사! 독자님들께 소개하고 싶은 예문은 또 왜이리 많은지..... 예문 또한 2~3개로 추려내느라 시름이 이만저만이 아니었답니다.

그렇게, 많은 후보를 제치고 선별된 단어와 예문들이 오늘 독자님들과 만나게 된 것이고, 개중 특별한 주제와 관련된 단어와 예문을 빼고는 되도록 긍정적이고 따뜻한 말들로 행간을 꾸몄거든요. 그러니 우리 독자님들께서 좋은 중국어 습관을 만드시는 데 맘껏 활용하셨으면 좋겠다는 생각입니다.

아시다시피, 지금은 무엇보다 '소통'이 강조되는 시대인데, 소통을 잘하기 위해서는 '상대방의 언어'를 이해해야 한다고들 하지요? 여기서 '상대방의 언어'에는 단순히 '말'뿐 아니라, 그가 살아온 '삶의 배경'도 포함될 텐데요. 중국어를 공부할 때도 사람과 소통하듯, 중국의 역사, 문화, 예술에 대한 이해가 병행이 되면, 훨씬 더 빨리 중국어와 친해질 수 있으니까, 틈틈이 중국에 대해 관심을 갖는 일도 잊지 마시고요.

누구나 그렇듯, 공부를 하다 보면 쉽게 늘지 않아 포기하고 싶은 마음이 들 때가 있는데요. 우리 독자님들만 그런 게 아니라, 저자인 저도 그런 때가 있었고, 내 옆의 친구도 똑같은 경험을 하고 있으니까요. 꿋꿋하게! 좌절하지 말고! 잘 버텨서! 꼭 중국어 고수가 되셨으면 해요.

마지막으로, 얼마 전에 어떤 학생이 이런 질문을 하더라고요.
"선생님! 세상이 좋아져서 괜찮은 어플 하나만 깔아도 AI가 알아서 번역도 해주고, 통역까지 해주는데, 이렇게 열심히 공부할 필요가 있을까요?"
이 질문에 우리 독자님들께서는 어떻게 대답하실지 궁금한데요.

저의 생각은, "아무리 AI가 똑똑하더라도, 한자의 깊은 뜻과 사람의 섬세한 마음까지는 담아내지 못할 것이다" 입니다. 저는 지금도 계속 중국인들과 교류를 하고 있는데요. 사람과 사람이 감정을 담아 사용하는 단어 하나가 얼마나 큰 역할을 하는지 실감하고 있거든요. AI가 아무리 번역과 통역을 잘해도 우리 독자님들이 진심을 담아 하는 한마디의 말이 훨씬 큰 의미를 갖는다는 것을 말씀드리며, 글을 마무리 하고자 합니다.

모쪼록 중국어가 우리 독자님들께 늘 '설렘'을 주는 언어였으면 좋겠습니다.
고맙습니다.

한민이

목차

따페이란?

따페이(搭配, dāpèi)는 '조합하다, 결합하다, 어울리다'라는 사전적 의미를 가진 단어인데요. 이러한 의미에 기반하여, 중국어에서는 '단어 결합' '호응 표현' 등을 '따페이(搭配)'라고 부른답니다. 영어의 'collocation'으로 이해하시면 됩니다.

이 책으로 중국어를 배우면요

중국어 단어를 따페이로 외우면, 단어의 의미를 이해하기 쉽고, 용법 실수도 줄어들고, 네이티브 표현을 통째로 익힐 수 있습니다.

1 네이티브 중국어 습관! 중국인처럼 말해요!

중국인은 이렇게 말해요	외국인은 이렇게 실수해요
大学毕业 대학을 졸업하다	毕业大学 → '毕业' 뒤에는 목적어가 붙지 않아요.
差一刻七点 7시 15분 전	七点差一刻 → '差+부족한 시간+기준 시간'으로 써야 해요.
把那本书寄到我 그 책 나한테 보내줘	把那本书寄到我家 → '寄到' 뒤에 '장소'가 오면 안 돼요.

2 로봇같은 중국어 말투여 안녕! 나는 중국어로 티키타카!

胖就胖吧，无所谓了。 살 좀 찌면 어때. 괜찮아.

一天服用三次，一次六粒。 하루에 세 번, 한 번에 여섯 알 복용하세요.

煎鸡蛋的时候最好是8分熟，不要煎得太过了。
계란프라이를 할 때는 8부 정도만 익히는 게 좋아. 너무 오래 부치지 말라고.

3 실생활 속 자연스럽게 활용되는 HSK 어휘!

白衬衫和牛仔裤，这是永远都不会过时的经典组合。
흰 셔츠와 청바지는 영원히 유행을 타지 않는 베스트 조합이지.

他打算在家里建立一个健身房。 그는 홈짐을 꾸미려고 해.

4 4컷 만화로 재미있게! 따페이 훈련 영상으로 편리하게!

4컷 만화로 워밍업하고, 유튜브 영상으로 주요 따페이 구문을 반복 훈련할 수 있습니다.

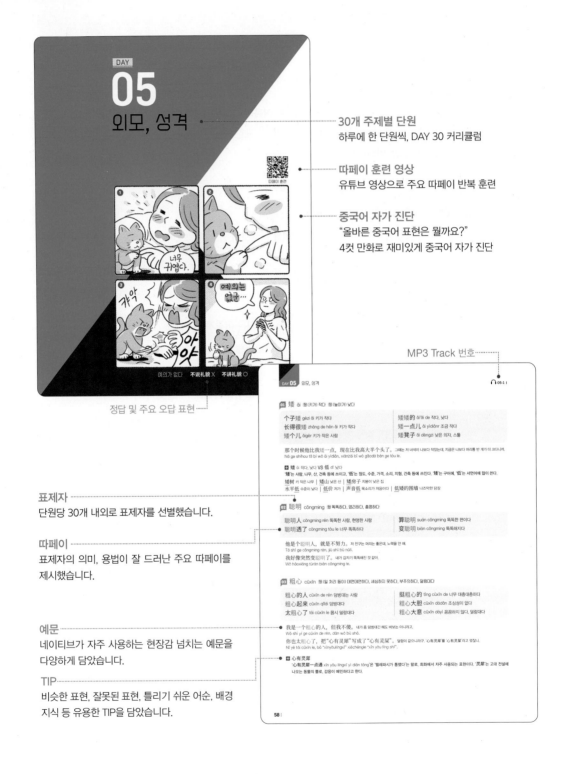

30개 주제별 단원
하루에 한 단원씩, DAY 30 커리큘럼

따페이 훈련 영상
유튜브 영상으로 주요 따페이 반복 훈련

중국어 자가 진단
"올바른 중국어 표현은 뭘까요?"
4컷 만화로 재미있게 중국어 자가 진단

MP3 Track 번호

정답 및 주요 오답 표현

표제자
단원당 30개 내외로 표제자를 선별했습니다.

따페이
표제자의 의미, 용법이 잘 드러난 주요 따페이를
제시했습니다.

예문
네이티브가 자주 사용하는 현장감 넘치는 예문을
다양하게 담았습니다.

TIP
비슷한 표현, 잘못된 표현, 틀리기 쉬운 어순, 배경
지식 등 유용한 TIP을 담았습니다.

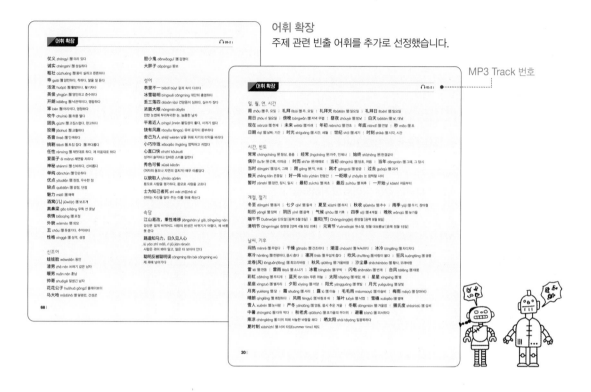

어휘 확장
주제 관련 빈출 어휘를 추가로 선정했습니다.

MP3 Track 번호

멀티 자료

따페이 훈련 영상
QR 코드 스캔하면 따페이 훈련 영상
유튜브 재생 목록 바로가기로 연결됩니다.

MP3 파일
MP3 파일은 다락원 홈페이지에서 무료 제공합니다.
QR 코드 스캔하면 MP3 다운로드 및 실시간 재생 가능한 페이지로 연결됩니다.

■ 표기법

❶ 이 책에 나오는 인명, 지명은 중국어 발음을 한국어로 표기하였습니다. 단, 신해혁명 이전의 인물은 한자음으로 표기했습니다.

北京 → 베이징　　　宋江 → 쑹지앙　　　孔子 → 공자

❷ 품사와 문장성분은 다음과 같은 약어로 표기하였습니다.

품사	약자	품사	약자	품사	약자
명사/고유명사	명/고유	부사	부	접속사	접
대사	대	수사	수	감탄사	감
동사	동	양사	양	조사	조
조동사	조동	수량사	수량	의성사	의성
형용사	형	개사	개	성어	성

■ 등장인물

아래 네 명의 인물들이 이끌어가는 에피소드로 재미있게 중국어와 친해지세요.
일상, 연애부터 학교, 취업, 사업까지 다양한 방면의 에피소드를 공개합니다.

DAY
01
시간, 날씨

따페이 훈련

15분 전 7시 　七点差一刻 X 　差一刻七点 〇

01 半 bàn ㉠절반 ㉡30분 ㉢중간의, 한가운데의

半个月 bàn ge yuè 보름, 15일

半年 bàn nián 반년

半个小时 bàn ge xiǎoshí 30분, 반시간

两点半 liǎng diǎn bàn 2시 반, 2시 30분

半夜 bànyè 한밤중

半斤 bàn jīn 반 근 [약 250g]

你姐姐来了半个小时了。 Nǐ jiějie láile bàn ge xiǎoshí le. 너희 언니가 오신 지 30분 됐어.

现在凌晨两点半。 Xiànzài língchén liǎng diǎn bàn. 지금은 새벽 두 시 반이다.

半夜三更的, 你干什么呢? Bànyè sāngēng de, nǐ gàn shénme ne? 한밤중에 너 뭐하는 거야?

02 半天 bàntiān ㉠한나절, 반일 ㉡한참 동안

上半天 shàng bàntiān 오전

下半天 xià bàntiān 오후

半天工作 bàntiān gōngzuò 한나절만 근무하다

找了半天 zhǎole bàntiān 한참 동안 찾다

等了半天 děngle bàntiān 한참 동안 기다리다

半天没说话 bàntiān méi shuōhuà 한참 동안 말이 없다

今天我半天工作, 半天休息。 오늘 나는 반나절 근무하고, 반나절 쉬어.
Jīntiān wǒ bàntiān gōngzuò, bàntiān xiūxi

我的耳环不见了, 我找了半天还是没找到。 내 귀걸이가 없어져서, 한참 찾았는데도 못 찾았어.
Wǒ de ěrhuán bújiàn le, wǒ zhǎole bàntiān háishi méi zhǎodào.

03 差 chà ㉠(표준, 요구와) 차이가 나다, 부족하다

差一个 chà yí ge 하나가 모자라다

差一个月 chà yí ge yuè 한 달이 부족하다

差一个人 chà yí ge rén 한 사람이 빠지다

差一张票 chà yì zhāng piào 표가 한 장 부족하다

差多了 chàduō le 차이가 크다

差不多 chàbuduō 거의 비슷하다

差得远 chà de yuǎn 거리가 멀다, 차이가 크다

现在差一刻七点, 他快到了。 Xiànzài chà yí kè qī diǎn, tā kuài dào le. 지금 15분 전 7시니까, 그 친구 곧 도착할 거야.

我数了数人数, 还差一个呢。 Wǒ shǔle shǔ rén shù, hái chà yí ge ne. 내가 사람 수를 세 봤는데, 한 사람이 빠졌어.

哪儿啊, 还差得远呢。 Nǎr a, hái chà de yuǎn ne. 뭘요, 아직 멀었습니다.

➕ '差'로 시간 표현하기
시간 표현에서 '몇 분 전'이라 할 때는 '差'를 써서 말할 수 있다. 예를 들어 '15분 전 7시'라 한다면 '差+ 부족한 시간(一刻) + 기준 시간(七点)'을 순서대로 써 주면 된다. 이때, 우리말 어순으로 '七点差一刻'라 말하지 않도록 조심한다. ('一刻'는 '15分'으로 바꾸어 쓸 수 있다.) 보통 몇 분 전이라 할 때는 '1분에서 15분' 사이를 말하는 것에도 주의하자.

七点差一刻 (X) 差一刻七点 (O) 15분 전 7시

04 春 chūn 몡 봄

春天 chūntiān 봄
四季如春 sìjì rú chūn 사계절이 봄같다
初春 chūchūn 초봄
暮春 mùchūn 늦봄
阳春 yángchūn (따뜻한) 봄, 봄날

冬 dōng 몡 겨울

冬天 dōngtiān 겨울
严冬 yándōng 한겨울
初冬 chūdōng 초겨울
寒冬 hándōng 추운 겨울
冬季 dōngjì 겨울철

春天来了，天气越来越暖和了。Chūntiān lái le, tiānqì yuèláyuè nuǎnhuo le. 봄이 되니까 날씨가 점점 따뜻해진다.
冬去春来，又是新的一年了。Dōng qù chūn lái, yòu shì xīn de yì nián le. 겨울이 가고 봄이 오나니, 또 한 해가 시작되었네.
我想在姑姑那儿过冬。Wǒ xiǎng zài gūgu nàr guò dōng. 나는 고모댁에서 겨울을 날까 해.
这里的冬天零下20几度。Zhèli de dōngtiān língxià èrshí jǐ dù. 이곳의 겨울은 영하 20 몇 도야.

05 点 diǎn 몡 시

两点 liǎng diǎn 2시
到点了 dào diǎn le 시간이 되었다

八点半 bā diǎn bàn 8시 반
还没到点 hái méi dào diǎn 아직 시간이 안 되었다

现在晚上八点半。Xiànzài wǎnshang bā diǎn bàn. 지금은 저녁 8시 반이에요.
别急，还没到点呢。Bié jí, hái méi dào diǎn ne. 서두르지 마. 아직 시간 안 됐어.

➕ '点'의 또 다른 용법
◆ '点'은 양사로 쓰여 '조금, 약간'이라는 뜻을 나타내기도 한다.
一点儿小事 별스럽지 않은 일
◆ '点'은 동사로 쓰여 '부르다, 주문하다, 켜다, 헤아리다'라는 뜻을 나타내기도 한다.
点名 출석을 부르다 | 点菜 음식을 주문하다 | 点灯 전등을 켜다 | 点一下数 수를 세다

06 刮风 guā fēng 바람이 불다

刮大风 guā dà fēng 바람이 세게 불다
刮风下雨 guā fēng xià yǔ 비바람이 불고 있다

刮起风来 guāqǐ fēng lái 바람이 불기 시작했다
刮了一阵风 guāle yízhèn fēng 바람이 한바탕 불었다

外面正在刮风下雨，你们坐一会儿再走吧。
Wàimiàn zhèngzài guā fēng xià yǔ, nǐmen zuò yíhuìr zài zǒu ba.
밖에 마침 비바람이 부니까, 너희들 좀 더 있다 가렴.

刚才刮了一阵大风，把衣服都刮跑了。
Gāngcái guāle yízhèn dàfēng, bǎ yīfu dōu guāpǎo le.
방금 전에 바람이 한바탕 몰아쳐서, 빨래가 다 날아가 버렸어.

07 及时 jíshí 형 시기적절하다, 때맞다 부 제때에 부 즉시

很及时 hěn jíshí 시기적절하다
真及时 zhēn jíshí 정말로 적절하다
及时雨 jíshíyǔ 단비, 구세주 [비유적 표현]

及时赶到 jíshí gǎndào 제때 도착하다
及时完成 jíshí wánchéng 제때 마치다
及时解决 jíshí jiějué 바로 해결하다

来得早不如来得巧，你来得太及时了。 마침 잘 왔군 그래. 자네 정말 딱 맞춰 왔어.
Lái de zǎo bùrú lái de qiǎo, nǐ lái de tài jíshí le.

我有点儿急，你能及时赶到吗？ 제가 좀 급한데, 제시간에 도착하실 수 있을까요?
Wǒ yǒudiǎnr jí, nǐ néng jíshí gǎndào ma?

08 季节 jìjié 명 계절, 철

季节性 jìjiéxìng 계절성
四个季节 sì ge jìjié 사계절
梅雨季节 méiyǔ jìjié 장마철

美好的季节 měihǎo de jìjié 아름다운 계절
好季节 hǎo jìjié 제철, 좋은 계절
没到季节 méi dào jìjié 제철이 안 되다

这个季节去哪里旅游最好？ 이 계절에는 어디로 여행 가는 게 가장 좋을까?
Zhè ge jìjié qù nǎli lǚyóu zuì hǎo?

梅雨季节，空气中湿度很大。 장마철에는 공기 중의 습도가 높다.
Méiyǔ jìjié, kōngqì zhōng shīdù hěn dà.

09 刻 kè 양 15분

一刻 yí kè 15분 / **三刻** sān kè 45분

一刻千金 yí kè qiān jīn 아무리 짧은 시간도 매우 소중하다

现在三点一刻。 지금은 3시 15분이야.
Xiànzài sān diǎn yí kè.

他打算五点三刻起床，六点一刻出门。 그는 5시 45분에 일어나서, 6시 15분에 집을 나서려 한다.
Tā dǎsuàn wǔ diǎn sān kè qǐchuáng, liù diǎn yí kè chūmén.

10 空气 kōngqì 명 공기 명 (좋지 않은) 분위기

呼吸空气 hūxī kōngqì 공기를 마시다
新鲜的空气 xīnxiān de kōngqì 신선한 공기

冷空气 lěng kōngqì 한파, 찬 공기
空气污染 kōngqì wūrǎn 공기 오염

我深深呼吸了一口新鲜的空气。 나는 신선한 공기를 깊이 들이마셨다.
Wǒ shēnshēn hūxīle yì kǒu xīnxiān de kōngqì.

雨后的山村，空气格外清新。 비가 그친 뒤의 산촌은 공기가 너무 맑다.
Yǔ hòu de shāncūn, kōngqì géwài qīngxīn.

11 冷 lěng 혱 춥다

冷得要命 lěng de yàomìng 몹시 춥다
冷得厉害 lěng de lìhai 몹시 춥다
冷极了 lěng jí le 완전 춥다
冷得全身发抖 lěng de quánshēn fādǒu (추워서) 온몸이 떨리다
不冷不热 bù lěng bú rè 춥지도 덥지도 않다, 미지근하다, (태도가) 무덤덤하다

今天冷得要命，你多穿点儿衣服。오늘 몹시 추우니까, 옷을 많이 껴입으렴.
Jīntiān lěng de yàomìng, nǐ duō chuān diǎnr yīfu.

今天天气不错，不冷也不热。오늘 날씨 좋은데. 춥지도 덥지고 않고.
Jīntiān tiānqì búcuò, bù lěng yě bú rè.

➕ **冷** lěng 춥다 VS **凉** liáng 시원하다, 선선하다
'冷'은 '춥다'라는 뜻을 나타내고, '凉'은 '시원하다, 선선하다, (음식이) 식다'라는 뜻을 나타낸다.

天冷了。날씨가 추워졌다. | 今天最低气温零下20摄氏度，真冷! 오늘 최저 기온이 영하 20도야. 정말 춥다!
凉风 산들바람 | 秋天了，天凉了。가을이 되니 선선해졌어.

12 凉快 liángkuai 혱 시원하다, 선선하다 동 더위를 식히다, 땀을 식히다

天气凉快 tiānqì liángkuai 날씨가 시원하다
凉快的季节 liángkuai de jìjié 시원한 계절
凉快的地方 liángkuai de dìfang 시원한 곳

凉快多了 liángkuai duō le 많이 시원해지다
凉快一下 liángkuai yíxià 더위를 식히다
凉快一会儿 liángkuai yíhuìr 잠시 더위를 식히다

今天很凉快，风轻轻地吹着，舒服极了。오늘은 선선하니, 바람도 살랑살랑 불고, 너무 쾌적하다.
Jīntiān hěn liángkuai, fēng qīngqīng de chuīzhe, shūfu jí le.

下了一场阵雨，天气凉快多了。한차례 소나기가 내린 후, 날씨가 한결 시원해졌어.
Xiàle yì cháng zhènyǔ, tiānqì liángkuai duō le.

热死了，咱们到树阴下凉快凉快再干吧! 더워 죽겠어. 우리 나무 그늘 아래에 가서 땀 좀 식히고 다시 일하자고.
Rè sǐ le, zánmen dào shùyīn xià liángkuai liángkuai zài gàn ba!

➕ '凉快'의 중첩형
'凉快'는 형용사와 동사로 쓰이는데, 형용사의 중첩형은 '凉凉快快', 동사의 중첩형은 '凉快凉快'임에 주의하자.

昨天还凉凉快快的。어제는 그래도 시원하더라고.
坐下凉快凉快吧。앉아서 더위 좀 식히자고.

13 暖和 nuǎnhuo 휑 따뜻하다 동 따뜻하게 하다

暖和多了 nuǎnhuo duō le 많이 따뜻해지다

暖和的天气 nuǎnhuo de tiānqì 따뜻한 날씨

暖和起来 nuǎnhuo qǐlái 따뜻해지다

暖和的阳光 nuǎnhuo de yángguāng 따뜻한 햇살

暖和的大衣 nuǎnhuo de dàyī 따뜻한 코트

暖和暖和 nuǎnhuo nuǎnhuo 몸을 녹이다

这两天可暖和多了。 요즘 많이 따뜻해졌어.
Zhè liǎng tiān kě nuǎnhuo duō le.

这里冬天很暖和，很少下雪。 이곳은 겨울에 따뜻하고, 눈이 거의 안 내려.
Zhèli dōngtiān hěn nuǎnhuo, hěn shǎo xià xuě.

外边冷，快进来暖和暖和吧。 밖이 추우니, 어서 들어와 몸 좀 녹여요.
Wàibian lěng, kuài jìnlái nuǎnhuo nuǎnhuo ba.

14 气温 qìwēn 명 기온

最高气温 zuì gāo qìwēn 최고 기온

量一下气温 liáng yíxià qìwēn 기온을 측정하다

最低气温 zuì dī qìwēn 최저 기온

气温下降 qìwēn xiàjiàng 기온이 내려가다

平均气温 píngjūn qìwēn 평균 기온

气温上升 qìwēn shàngshēng 기온이 올라가다

后天最高气温有所上升，将达29℃。 모레는 최고 기온이 조금 상승해 29도에 이르겠습니다.
Hòutiān zuìgāo qìwēn yǒusuǒ shàngshēng, jiāng dá èrshíjiǔ shèshìdù.

明天气温还会继续下降。 내일은 기온이 계속 내려가겠습니다.
Míngtiān qìwēn hái huì jìxù xiàjiàng.

15 晴 qíng 휑 (날씨가) 맑다

晴天 qíng tiān 맑은 날, 맑은 하늘

晴空万里 qíng kōng wànlǐ 온 하늘이 쾌청하다

雨过天晴 yǔ guò tiān qíng 비 갠 후 맑음

晴转多云 qíng zhuǎn duō yún 맑았다 구름이 많이 낀다

昨天晴了一天，今天又开始下雨了。 어제 하루 맑더니, 오늘 또 비가 내린다.
Zuótiān qíngle yì tiān, jīntiān yòu kāishǐ xiàyǔ le.

今天是个大晴天，心情特别好。 오늘은 날씨가 너무 쾌청해, 기분이 정말 좋다.
Jīntiān shì ge dàqíngtiān, xīnqíng tèbié hǎo.

听天气预报说，明天晴转多云。 일기 예보에서 내일은 맑았다 구름이 많이 낀대.
Tīng tiānqì yùbào shuō, míngtiān qíng zhuǎn duō yún.

16 秋 qiū 명 가을

秋天 qiūtiān 가을 / **秋季** qiūjì 가을철
深秋 shēnqiū 늦가을
秋风 qiūfēng 가을바람

秋色 qiūsè 가을색
秋高气爽 qiūgāo qìshuǎng
가을 하늘은 높고 바람은 시원하다

秋天是一个收获的季节。 가을은 수확의 계절이다.
Qiūtiān shì yí ge shōuhuò de jìjié.

秋风吹来，枯黄的树叶簌簌地落下，铺满了地面。 가을 바람이 부니, 누렇게 변한 낙엽이 우수수 떨어져 땅을 덮어 버렸다.
Qiūfēng chuīlái, kūhuáng de shùyè sùsù de luòxià, pùmǎnle dìmiàn.

17 热 rè 형 덥다, 뜨겁다 동 데우다

热得像蒸笼 rè de xiàng zhēnglóng 찜통처럼 덥다
热死了 rè sǐ le 더워 죽겠다
热得很 rè de hěn (날씨가) 푹푹 찌다
不算热 bú suàn rè 더운 편이 아니다

热得厉害 rè de lìhai 몹시 덥다
热乎乎 rèhūhū 따끈따끈하다
热一热 rè yi rè (음식을) 좀 데우다

夏天的天气热得像个蒸笼。 여름 날씨는 찜통처럼 덥다.
Xiàtiān de tiānqì rè de xiàng ge zhēnglóng.

我们这里一年到头都很热，几乎天天下雨。 우리 동네는 일년 내내 덥고, 거의 매일 비가 와.
Wǒmen zhèli yìnián dàotóu dōu hěn rè, jīhū tiāntiān xià yǔ.

18 时候 shíhou 명 시각, 무렵

这(个)时候 zhè (ge) shíhou 이때, 그때
那(个)时候 nà (ge) shíhou 그때
什么时候 shénme shíhou 언제
小(的)时候 xiǎo (de) shíhou 어렸을 때

年轻的时候 niánqīng de shíhou 젊었을 때
到时候 dào shíhou 때가 되다
不是时候 bú shì shíhou 때가 아니다
挑时候 tiāo shíhou 시간을 잡다

你什么时候去学校? 너 언제 학교에 가니?
Nǐ shénme shíhou qù xuéxiào?

到时候，你告诉我一声。 그때 가서 나한테 한마디 해 줘.
Dào shíhou, nǐ gàosu wǒ yì shēng.

我只知道，现在还不是时候。 나는 지금이 아직 때가 아니라는 것만 알겠어.
Wǒ zhǐ zhīdào, xiànzài hái bú shì shíhou.

19 时间 shíjiān 명 시간

有/没有时间 yǒu/méiyǒu shíjiān 시간이 있다/없다	抓紧时间 zhuājǐn shíjiān 시간을 재촉하다, 서두르다
珍惜时间 zhēnxī shíjiān 시간을 소중히 하다	多长时间 duō cháng shíjiān 얼마 동안
浪费时间 làngfèi shíjiān 시간을 낭비하다	时间到了 shíjiān dào le 시간이 됐다

孙丽，你明天下午有没有时间？ 쑨리, 내일 오후에 시간 되니?
Sūn Lì, nǐ míngtiān xiàwǔ yǒu méiyǒu shíjiān?

你来中国多长时间了？ 너 중국에 온 지 얼마나 됐어?
Nǐ lái Zhōngguó duō cháng shíjiān le?

时间到了，该走了。 시간 됐네, 가야겠다.
Shíjiān dào le, gāi zǒu le.

时间就是金钱。 시간은 금이다.
Shíjiān jiù shì jīnqián.

➕ 时候 shíhou 때, 시각, 무렵 VS 时间 shíjiān 시간
'时候'는 시작과 끝을 정할 수 없는 어떤 한 시점을 말하고, '时间'은 확정적인 시간을 말할 때 쓴다.

走的时候 갈 때 | 开会时间 회의 시간

20 随时 suíshí 부 아무 때나

随时都可以 suíshí dōu kěyǐ 아무 때나 괜찮다	随时随地 suíshí suídì 언제 어디서나
随时欢迎 suíshí huānyíng 언제나 환영해요	随时问 suíshí wèn 아무 때나 묻다

人生随时都可以重新开始。 Rénshēng suíshí dōu kěyǐ chóngxīn kāishǐ. 인생은 언제나 다시 시작할 수 있다.

我们随时欢迎大家的到来。 Wǒmen suíshí huānyíng dàjiā de dàolái. 우리는 여러분의 방문을 언제나 환영합니다.

有什么问题，随时来找我。 Yǒu shénme wèntí, suíshí lái zhǎo wǒ. 문제가 있으면 아무 때나 저를 찾아오세요.

21 提前 tíqián 동 (예정된 시간이나 기한을) 앞당기다

提前半个小时 tíqián bàn ge xiǎoshí 30분 일찍	提前到 tíqián dào 미리 도착하다
提前三天 tíqián sān tiān 3일 앞당기다	提前动身 tíqián dòngshēn 미리 출발하다(움직이다)
提前告诉 tíqián gàosu 미리 알려 주다	提前不了 tíqián bùliǎo 앞당기지 못하다
提前完成 tíqián wánchéng 미리 완수하다	

我们提前半个小时出发，怎么样？ 우리 30분 일찍 출발하면 어떨까?
Wǒmen tíqián bàn ge xiǎoshí chūfā, zěnmeyàng?

请提前告诉我们考试时间。 미리 시험 시간을 알려 주세요.
Qǐng tíqián gàosu wǒmen kǎoshì shíjiān.

提前完成了任务，我心里很踏实。 작업을 앞당겨 끝냈더니 마음이 가벼워.
Tíqián wánchéngle rènwu, wǒ xīnli hěn tāshi.

22 天气 tiānqì 阌 날씨, 일기

天气预报 tiānqì yùbào 일기 예보
好天气 hǎo tiānqì 좋은 날씨
坏天气 huài tiānqì 나쁜 날씨
鬼天气 guǐ tiānqì 변덕스러운 날씨, 나쁜 날씨
天气变化 tiānqì biànhuà 날씨 변화

天气热 tiānqì rè 날씨가 덥다
天气凉 tiānqì liáng 날씨가 서늘하다
天气寒冷 tiānqì hánlěng 날씨가 춥다
天气好 tiānqì hǎo 날씨가 좋다
天气不好 tiānqì bù hǎo 날씨가 안 좋다

今天天气不错，出去走一走吧。 오늘 날씨가 괜찮은데, 나가서 좀 걷자.
Jīntiān tiānqì búcuò, chūqù zǒu yi zǒu ba.

天气预报说今晚有雨。 일기 예보에서 오늘 밤에 비가 온대.
Tiānqì yùbào shuō jīn wǎn yǒu yǔ.

这个鬼天气，前一秒钟大太阳，现在刮风下雪。 망할 날씨 같으니라고. 1초 전에는 해가 쨍했는데, 지금은 눈보라가 치네.
Zhè ge guǐ tiānqì, qián yì miǎo zhōng dà tàiyáng, xiànzài guā fēng xià xuě.

这几天天气变化无常，注意感冒。 요 며칠 날씨 변화가 심하니까, 감기 조심하세요.
Zhè jǐ tiān tiānqì biànhuà wúcháng, zhùyì gǎnmào.

23 雾 wù 阌 안개

下雾 xià wù 안개가 끼다
雾大 wù dà 안개가 많이 끼다
薄雾 bó wù 옅은 안개 / 大雾 dà wù 짙은 안개
大雾弥漫 dàwù mímàn 안개가 자욱하다

云 yún 阌 구름

一朵云 yì duǒ yún 구름 한 점
多云 duō yún 구름이 많이 끼다
晴间多云 qíngjiàn duōyún 맑은 가운데 구름이 많다

今天雾很大，大家出门要注意了。 오늘은 안개가 심하니, 다들 외출하실 때 주의하세요.
Jīntiān wù hěn dà, dàjiā chūmén yào zhùyì le.

蓝蓝的天空，一朵云也没有。 파란 하늘에 구름 한 점 없다.
Lánlán de tiānkōng, yì duǒ yún yě méiyǒu.

多云转雾，降水概率80%。 구름이 많다가 안개로 바뀌겠고, 강수 예상률은 80퍼센트입니다.
Duō yún zhuǎn wù, jiàngshuǐ gàilǜ bǎi fēn zhī bāshí.

24 夏 xià 阌 여름

夏天 xiàtiān 여름
初夏 chūxià 초여름
盛夏 shèngxià 한여름

夏雨 xiàyǔ 여름비
夏季 xiàjì 여름철
炎热的夏季 yánrè de xiàjì 무더운 여름

这里的夏天非常凉爽，超级适合避暑。 이곳의 여름은 아주 시원해서, 피서하기에 기막히게 좋다니까.
Zhèlǐ de xiàtiān fēicháng liángshuǎng, chāojí shìhé bìshǔ.

初夏时节，各色野花都开了。 초여름이 되니, 각양각색의 들꽃들이 모두 활짝 피었다.
Chūxià shíjié, gè sè yěhuā dōu kāi le.

25 星期 xīngqī 명주, 요일

一个星期 yí ge xīngqī 1주일

每个星期 měi ge xīngqī 매주

两个多星期 liǎng ge duō xīngqī 2주일 남짓

两个星期以后 liǎng ge xīngqī yǐhòu 2주 후에

隔两个星期 gé liǎng ge xīngqī 2주마다

上(个)星期 shàng (ge) xīngqī 지난주

这(个)星期 zhè (ge) xīngqī 이번 주

下(个)星期 xià (ge) xīngqī 다음 주

一个星期有七天。 1주일은 7일이다.
Yí ge xīngqī yǒu qī tiān.

我在北京呆了两个多星期。 나는 베이징에서 2주 넘게 있었어.
Wǒ zài Běijīng dāile liǎng ge duō xīngqī.

这个星期有点累但很充实。 이번 주는 좀 피곤해도 알차게 보냈어.
Zhè ge xīngqī yǒudiǎn lèi dàn hěn chōngshí.

➕ 요일 표현
星期 뒤에 숫자 '一, 二, 三……'을 차례로 붙여 요일을 나타낸다. 일요일은 '星期七'라 하지 않고, '星期天' '星期日'라 하는 것에 주의 하자. 요일을 물을 때는 '星期几? (무슨 요일이에요?)'라는 표현을 쓴다.

星期一 월요일 | 星期二 화요일 | 星期三 수요일 | 星期四 목요일 | 星期五 금요일 | 星期六 토요일 | 星期天/星期日 일요일

26 雪 xuě 명눈

这场雪 zhè cháng xuě 이번 눈

下大雪 xià dàxuě 눈이 많이 내리다

鹅毛大雪 émáo dàxuě 함박눈

瑞雪 ruìxuě 첫눈, 서설

这场雪下得真大! Zhè cháng xuě xià de zhēn dà! 이번 눈은 정말 많이 내린다!

南方人很少见雪。 Nánfāngrén hěn shǎo jiàn xuě. 남방 사람들은 눈을 거의 못 본다.

27 阴 yīn 형흐리다 명그늘, 음지, 응달

阴天 yīn tiān 흐린 날, 흐린 날씨

阴沉沉 yīnchénchén 어두침침하다

阴历 yīnlì 음력

阴面 yīnmiàn 뒤쪽, 응달, 음지

今天是阴天，天阴沉沉的，好像要下雨了。 오늘은 날씨가 흐리네, 하늘이 잔뜩 찌뿌린 게 곧 비가 올 것 같아.
Jīntiān shì yīn tiān, tiān yīnchénchén de, hǎoxiàng yào xià yǔ le.

天一阴妈妈的腿就疼。 날씨가 흐리면 엄마는 다리가 아프시다.
Tiān yì yīn māma de tuǐ jiù téng.

今天白天，省的西部地区阴转多云。 오늘 낮, 성의 서부 지역은 흐린 후 구름이 많이 낍니다.
Jīntiān báitiān, shěng de xībù dìqū yīn zhuǎn duō yún.

28 雨 yǔ 명비

下雨 xià yǔ 비가 내리다

下大雨 xià dàyǔ 비가 많이 오다

下了一天雨 xiàle yì tiān yǔ 하루 종일 비가 오다

下了一场雨 xiàle yì cháng yǔ 비가 한바탕 내리다

雨停了 yǔ tíng le 비가 그치다

雨点 yǔdiǎn 빗방울

雨水 yǔshuǐ 빗물

雨季 yǔjì 장마철, 우기

昨晚下了一场大雨，今天凉快多了。 간밤에 비가 세차게 내리더니, 오늘은 많이 시원해졌다.
Zuówǎn xiàle yì cháng dàyǔ, jīntiān liángkuai duō le.

雨停了，云散了，太阳也露出了笑脸。 비가 그치고 구름이 걷히니, 햇님이 방긋 미소를 지었다.
Yǔ tíng le, yún sàn le, tàiyáng yě lòuchūle xiàolián.

下雨了，雨点"劈劈啪啪"地敲打着玻璃窗。 비가 내리니 빗방울이 톡톡 유리창을 두드린다.
Xià yǔ le, yǔdiǎn "pīpī pāpā" de qiāodǎzhe bōli chuāng.

29 周末 zhōumò 명주말

上(个)周末 shàng (ge) zhōumò 지난 주말

下(个)周末 xià (ge) zhōumò 다음 주말

每个周末 měi ge zhōumò 주말마다

周末愉快! zhōumò yúkuài! 주말 잘 보내세요!

老公，这个周末我给你做糖醋肉。 여보, 이번 주말에 탕수육 만들어 줄게요.
Lǎogōng, zhè ge zhōumò wǒ gěi nǐ zuò tángcùròu.

听说周末有球赛，你看吗？ 주말에 축구 시합 있다던데, 볼 거니?
Tīngshuō zhōumò yǒu qiúsài, nǐ kàn ma?

白老师，周末愉快! 백 선생님, 주말 잘 보내세요!
Bái lǎoshī, zhōumò yúkuài!

30 最近 zuìjìn 명최근, 요즈음

最近一段时间 zuìjìn yí duàn shíjiān 최근 얼마 동안

最近几天 zuìjìn jǐ tiān 요 며칠

最近的情况 zuìjìn de qíngkuàng 최근 상황

最近的天气 zuìjìn de tiānqì 요즘 날씨

最近一段时间我特别忙。 최근 얼마 동안 나 진짜 바빴어.
Zuìjìn yí duàn shíjiān wǒ tèbié máng.

最近几天，我们这儿就出现了2次双彩虹。 요 며칠 우리 동네에 쌍무지개가 두 번 떴어.
Zuìjìn jǐ tiān, wǒmen zhèr jiù chūxiànle liǎng cì shuāng cǎihóng.

最近的天气有点反复无常，忽冷忽热。 요즘 날씨가 좀 변덕스러워서 추웠다 더웠다 해.
Zuìjìn de tiānqì yǒudiǎn fǎnfù wúcháng, hūlěng hūrè.

➕ 这两天 zhè liǎng tiān 최근 며칠, 요 며칠
'最近'과 유사한 단어로 '这两天(최근 며칠, 요 며칠)'이 있다. 자주 쓰이는 회화 표현이니 꼭 알아 두자.
姐姐这两天忙得团团转。 언니는 요 며칠 바빠서 어쩔 줄을 모른다.

일, 월, 연, 시간

周 zhōu 몡주, 요일 | 礼拜 lǐbài 몡주, 요일 | 礼拜天 lǐbàitiān 몡일요일 | 礼拜日 lǐbàirì 몡일요일

周日 zhōu rì 일요일 | 傍晚 bàngwǎn 몡저녁 무렵 | 昼夜 zhòuyè 몡밤낮 | 白天 báitiān 몡낮, 대낮

现在 xiànzài 몡현재 | 未来 wèilái 몡미래 | 年初 niánchū 몡연초 | 年底 niándǐ 몡연말 | 秒 miǎo 몡초

日期 rìqī 몡날짜, 기간 | 时光 shíguāng 몡시간, 세월 | 世纪 shìjì 몡세기 | 时刻 shíkè 몡시각, 시간

시간, 빈도

常常 chángcháng 몢항상, 종종 | 经常 jīngcháng 몢자주, 언제나 | 始终 shǐzhōng 몢한결같이

偶尔 ǒu'ěr 몢간혹, 이따금 | 时而 shí'ér 몢때때로 | 当初 dāngchū 몡당초, 처음 | 当年 dāngnián 몡그때, 그 당시

当时 dāngshí 몡당시, 그때 | 刚 gāng 몢막, 바로 | 刚才 gāngcái 몡방금 | 过去 guòqù 몡과거

整天 zhěngtiān 온종일 | 好一阵 hǎo yízhèn 한동안 | 一眨眼 yì zhǎyǎn 눈 깜짝할 사이

暂时 zànshí 몡잠깐, 잠시, 일시 | 最初 zuìchū 몡최초 | 最后 zuìhòu 몡최후 | 一开始 yì kāishǐ 처음부터

계절, 절기

冬至 dōngzhì 몡동지 | 七夕 qīxī 몡칠석 | 夏至 xiàzhì 몡하지 | 秋收 qiūshōu 몡추수 | 雨季 yǔjì 몡우기, 장마철

阳历 yánglì 몡양력 | 阴历 yīnlì 몡음력 | 气候 qìhòu 몡기후 | 四季 sìjì 몡4계절 | 晚秋 wǎnqiū 몡늦가을

端午节 Duānwǔjié 단오절 [음력 5월 5일] | 重阳(节) Chóngyáng(jié) 중양절 [음력 9월 9일]

清明节 Qīngmíngjié 청명절 [양력 4월 5일 전후] | 元宵节 Yuánxiāojié 원소절, 정월 대보름날 [음력 정월 15일]

날씨, 기후

闷热 mēnrè 휑무덥다 | 干燥 gānzào 휑건조하다 | 潮湿 cháoshī 휑눅눅하다 | 冰冷 bīnglěng 휑차디차다

寒冷 hánlěng 휑한랭하다, 몹시 춥다 | 凛冽 lǐnliè 휑무섭게 춥다 | 吹风 chuīfēng 됭바람이 불다 | 狂风 kuángfēng 몡광풍

龙卷(风) lóngjuǎn(fēng) 몡회오리바람 | 秋风 qiūfēng 몡가을바람 | 沙尘暴 shāchénbào 몡황사, 모래바람

雷 léi 몡천둥 | 雷雨 léiyǔ 몡소나기 | 冰雹 bīngbáo 몡우박 | 闪电 shǎndiàn 몡번개 | 台风 táifēng 몡태풍

彩虹 cǎihóng 몡무지개 | 蓝天 lántiān 푸른 하늘 | 太阳 tàiyáng 몡태양, 해 | 星星 xīngxing 몡별

星座 xīngzuò 몡별자리 | 夕阳 xīyáng 몡석양 | 阳光 yángguāng 몡햇빛 | 月光 yuèguāng 몡달빛

月亮 yuèliang 몡달 | 霜 shuāng 몡서리 | 露 lù 몡이슬 | 毛毛雨 máomaoyǔ 몡이슬비 | 梅雨 méiyǔ 몡장마(비)

晴朗 qínglǎng 휑쾌청하다 | 风雨 fēngyǔ 몡바람과 비 | 落叶 luòyè 몡낙엽 | 雪橇 xuěqiāo 몡썰매

雪人 xuěrén 몡눈사람 | 严冬 yándōng 몡엄동, 몹시 추운 겨울 | 冬眠 dōngmián 몡겨울잠 | 摄氏度 shèshìdù 몡섭씨

中暑 zhòngshǔ 됭더위 먹다 | 秋老虎 qiūlǎohǔ 몡초가을의 무더위 | 避暑 bìshǔ 됭피서하다

乘凉 chéngliáng 됭더위 피해 서늘한 바람을 쐬다 | 晒太阳 shài tàiyáng 일광욕하다

夏时制 xiàshízhì 몡서머 타임(summer time) 제도

따페이 훈련

너무 잘됐다　太好 X　太好了 ○

01 保重 bǎozhòng 통 건강에 주의하다, 몸조심하다 [다른 사람에게 당부하는 표현으로 많이 사용됨]

多(多)保重 duō(duō) bǎozhòng 부디 몸 조심하세요
请多保重 qǐng duō bǎozhòng 부디 몸 조심하세요

保重身体 bǎozhòng shēntǐ 건강 잘 챙기세요

你一个人在外，一定要多保重啊。 너 혼자 떨어져 있으니까, 건강 조심해야 한다.
Nǐ yí ge rén zài wài, yídìng yào duō bǎozhòng a.

早晚天冷，小心着凉，保重身体。 아침저녁으로 쌀쌀하니, 감기 조심하고, 건강 잘 챙기세요.
Zǎowǎn tiān lěng, xiǎoxīn zháoliáng, bǎozhòng shēntǐ.

我走了！保重！ 갈게! 잘 지내!
Wo zǒu le! Bǎozhòng!

02 抱歉 bàoqiàn 형 미안해하다 [다른 사람에게 미안한 일을 해서 마음이 불안한 상태를 나타냄]

非常抱歉 fēicháng bàoqiàn 정말 미안하다
感到抱歉 gǎndào bàoqiàn 미안하게 생각하다

抱歉得很 bàoqiàn de hěn 대단히 미안하다
抱歉地说 bàoqiàn de shuō 미안해하며 말하다

妈妈，非常抱歉，这个春节我不能回家了。 엄마, 너무 죄송한데, 이번 설에는 집에 못 가겠어요.
Māma, fēicháng bàoqiàn, zhè ge Chūnjié wǒ bù néng huí jiā le.

"对不起，都是我的错。"他十分抱歉地说。 "죄송해요, 다 제 잘못이에요."라고 그는 대단히 송구스러워하며 말했다.
"Duìbuqǐ, dōu shì wǒ de cuò." Tā shífēn bàoqiàn de shuō.

抱歉！再等我一会儿，好吗？ 미안한데, 조금만 더 기다려 줄래요?
Bàoqiàn! Zài děng wǒ yíhuìr, hǎo ma?

03 打扰 dǎrǎo 통 폐를 끼치다, (일에) 지장을 주다, 방해하다

打扰你了 dǎrǎo nǐ le 폐를 끼쳤습니다
打扰一下 dǎrǎo yíxià 실례합니다
打扰休息 dǎrǎo xiūxi 휴식을 방해하다
打扰工作 dǎrǎo gōngzuò 업무를 방해하다

打扰吃饭 dǎrǎo chī fàn 식사를 방해하다
打扰 dǎrǎo + 사람 ~에게 폐를 끼치다, 방해하다
打扰半天 dǎrǎo bàntiān 한참을 귀찮게 하다
请勿/别打扰 qǐng wù/bié dǎrǎo 방해하지 마세요

对不起，打扰你了。 죄송해요. 폐를 끼쳤네요.
Duìbuqǐ, dǎrǎo nǐ le.

打扰一下，请问会议室在哪儿？ 실례합니다만, 회의실이 어디인가요?
Dǎrǎo yíxià, qǐngwèn huìyìshì zài nǎr？

马先生，我很忙，别打扰我好吗？ 마 선생님, 제가 좀 바빠서요. 방해하지 말아 주시겠어요?
Mǎ xiānsheng, wǒ hěn máng, bié dǎrǎo wǒ hǎo ma?

04 道歉 dàoqiàn 图 사과하다, 사죄하다, 미안함을 표하다

道个歉 dào ge qiàn 사죄하다
表示道歉 biǎoshì dàoqiàn 미안함을 나타내다

向 xiàng + 사람 + 道歉 dàoqiàn ~에게 사과하다
赔礼道歉 péilǐ dàoqiàn 예를 갖추고 사죄하다

我说的话太过分了，我向你道个歉。 내 말이 너무 심했어. 너한테 사과할게.
Wǒ shuō de huà tài guòfèn le, wǒ xiàng nǐ dào ge qiàn.

冰冰诚心诚意地向玲玲赔礼道歉。 빙빙은 진심으로 예의를 다해 링링에게 사과했다.
Bīngbing chéngxīn chéngyì de xiàng Línglíng péilǐ dàoqiàn.

我道了好几次歉，她还是不理我。 내가 몇 번이나 미안하다고 했는데도, 그 애는 여전히 냉랭해.
Wǒ dàole hǎo jǐ cì qiàn, tā háishi bù lǐ wǒ.

05 对不起 duìbuqǐ 图 미안합니다, 죄송합니다

对不起各位 duìbuqǐ gèwèi 여러분에게 죄송합니다
对不起父母 duìbuqǐ fùmǔ 부모님에게 죄송합니다

实在对不起 shízài duìbuqǐ 정말 죄송해요
表示对不起 biǎoshì duìbuqǐ 미안해하다

对不起，我错了。 죄송해요. 잘못했어요.
Duìbuqǐ, wǒ cuò le.

我觉得很对不起父母。 부모님께 많이 죄송스러워.
Wǒ juéde hěn duìbuqǐ fùmǔ.

他对这件事表示对不起。 그는 이 일에 대해 미안해했다.
Tā duì zhè jiàn shì biǎoshì duìbuqǐ.

06 多亏 duōkuī 图 은혜를 입다, 덕분이다 图 덕분에, 다행히

多亏你 duōkuī nǐ 네 덕분에
多亏老师的辅导 duōkuī lǎoshī de fǔdǎo 선생님의 지도 덕분에
多亏你们的帮助 duōkuī nǐmen de bāngzhù 너희들의 도움으로

多亏了你，我才有今天。 네 덕분에 지금의 내가 있어.
Duōkuī le nǐ, wǒ cái yǒu jīntiān.

这次真是多亏你了。 이번에 정말이지 자네한테 신세를 졌네.
Zhè cì zhēnshi duōkuī nǐ le.

多亏你们的帮助，不然我都不知道怎么坚持下去。 너희들의 도움이 있었기에 망정이지. 아니었음 어떻게 버텼을지 모르겠어.
Duōkuī nǐmen de bāngzhù, bùrán wǒ dōu bù zhīdào zěnme jiānchí xiàqù.

07 感谢 gǎnxiè 图 감사하다

感谢父母 gǎnxiè fùmǔ 부모님께 감사하다

衷心感谢 zhōngxīn gǎnxiè 진심으로 감사하다

感谢老师 gǎnxiè lǎoshī 선생님께 감사하다

再三感谢 zàisān gǎnxiè 재삼 감사드리다

表示感谢 biǎoshì gǎnxiè 고마움을 표하다

深深地感谢 shēnshēn de gǎnxiè 깊이 감사하다

我该怎么感谢你呢？ 제가 어떻게 감사드려야 할까요?
Wǒ gāi zěnme gǎnxiè nǐ ne?

感谢你们对我们灾区的关心。 여러분이 저희 재난 지역에 보여 주신 관심에 감사드립니다.
Gǎnxiè nǐmen duì wǒmen zāiqū de guānxīn

08 恭喜 gōngxǐ 图 축하하다

恭喜你们！ Gōngxǐ nǐmen! 자네들 축하하네!

恭喜发财！ Gōngxǐ fācái! 부자 되세요!

王菲，我恭喜你！ Wáng Fēi, wǒ gōngxǐ nǐ! 왕페이, 축하해!

你中奖了？恭喜恭喜！ Nǐ zhòngjiǎng le? Gōngxǐ gōngxǐ! 너 로또 됐어? 완전 축하해!

兄弟，恭喜你升职！ Xiōngdì, gōngxǐ nǐ shēngzhí! 자네, 승진 축하하네!

09 关照 guānzhào 图 돌보다, 보살피다, 배려하다, 협력하다

多多关照！ Duōduō guānzhào! 잘 부탁드립니다!

互相关照 hùxiāng guānzhào 서로 배려하다

老师的关照 lǎoshī de guānzhào 선생님의 보살핌

热情关照 rèqíng guānzhào 따뜻하게 보살피다

关照一下 guānzhào yíxià 보살피다

需要关照 xūyào guānzhào 배려가 필요하다

初次见面，请多多关照！ 처음 뵙겠습니다. 잘 부탁드립니다.
Chū cì jiànmiàn, qǐng duōduō guānzhào!

对这位客人，请关照一下。 이 손님 좀 챙겨 드리세요.
Duì zhè wèi kèrén, qǐng guānzhào yíxià.

他是新来的，需要你们关照。 저 친구는 새로 온 사람이니, 자네들의 배려가 필요해.
Tā shì xīn lái de, xūyào nǐmen guānzhào.

10 过奖 guòjiǎng 图 과찬이십니다, (칭찬이) 지나치십니다

过奖了！ Guòjiǎng le! 과찬이십니다!

太过奖了！ Tài guòjiǎng le! 칭찬이 지나치십니다!

您过奖了，我实在不敢当！ 과찬을 하시니, 몸 둘 바를 모르겠습니다!
Nín guòjiǎng le, wǒ shízài bùgǎndāng!

您太过奖了！这是我该做的。 칭찬이 지나치십니다! 제가 해야 할 일을 했을 뿐입니다.
Nín tài guòjiǎng le! Zhè shì wǒ gāi zuò de.

过奖，过奖！我还差得远呢。 과분한 말씀이세요! 아직 많이 부족합니다.
Guòjiǎng, guòjiǎng! Wǒ hái chà de yuǎn ne.

11 好 hǎo 톙 좋다, 훌륭하다 톙 안녕하다

你好! Nǐ hǎo! 안녕하세요!

早上好! Zǎoshang hǎo! 굿모닝! 좋은 아침입니다

晚上好! Wǎnshang hǎo! 굿이브닝! 안녕하세요

好消息 hǎo xiāoxi 좋은 소식

过得很好 guò de hěn hǎo 잘 지내다

好看 hǎokàn 근사하다, 보기 좋다

好听 hǎotīng 듣기 좋다

好闻 hǎowén 냄새가 좋다

好吃 hǎochī 맛있다

好玩儿 hǎowánr 재미있다

你好，很高兴见到你! Nǐ hǎo, hěn gāoxìng jiàndào nǐ! 안녕하세요. 만나 뵙게 되어 반갑습니다.

真的吗? 那太好了! Zhēnde ma? Nà tài hǎo le! 정말? 너무 잘됐다!

早上好! 今天天气真好! Zǎoshang hǎo! Jīntiān tiānqì zhēn hǎo! 좋은 아침! 오늘 날씨가 정말 좋네요!

你在那儿过得好吧? Nǐ zài nàr guò de hǎo ba? 너 거기에서 잘 지내고 있지?

➕ 太好 tài hǎo VS 太好了 tài hǎo le
과장의 뜻을 나타내는 정도부사 '太'와 형용사 '好'가 결합해 '정말 잘됐다'라는 뜻을 나타낼 때는 '太好了' 형식으로 쓴다. '太' 대신 '挺'을 쓰게 되면 '挺好的' 형식으로 만들 수 있다. '일반부사+好'로 쓸 때는 '了'를 쓰지 않는다.

太好(X) 太好了(O) 정말 잘됐다

非常好了(X) 非常好(O) 너무 좋다

12 欢迎 huānyíng 동 환영하다, 기쁘게 영접하다

欢迎光临 huānyíng guānglín 어서 오세요

欢迎，欢迎! Huānyíng, huānyíng! 환영합니다!

受欢迎 shòu huānyíng 환영을 받다

欢迎仪式 huānyíng yíshì 환영식

谢谢您的光临，欢迎下次再来。 찾아 주셔서 고맙습니다. 다음에 또 뵈어요.
Xièxie nín de guānglín, huānyíng xià cì zài lái.

我非常荣幸能够主持今天的欢迎仪式。 오늘 환영식의 사회를 보게 되어 대단히 영광스럽습니다.
Wǒ fēicháng róngxìng nénggòu zhǔchí jīntiān de huānyíng yíshì.

13 介绍 jièshào 동 소개하다, 중매하다 동 설명하다

介绍一下 jièshào yíxià 소개할게요

自我介绍 zìwǒ jièshào 자기소개 (하다)

给 gěi + 사람 + 介绍 jièshào ～에게 소개하다

介绍对象 jièshào duìxiàng
애인을 소개하다, 소개팅을 주선하다

介绍情况 jièshào qíngkuàng 상황을 설명하다

介绍经验 jièshào jīngyàn 경험을 소개하다

介绍理论 jièshào lǐlùn 이론을 소개하다

介绍产品 jièshào chǎnpǐn 제품을 소개하다

听介绍 tīng jièshào 설명을 듣다

我来介绍一下，这位是唐总。 제가 소개드릴게요. 이 분은 탕 사장님이십니다.
Wǒ lái jièshào yíxià, zhè wèi shì Táng zǒng.

听了导游的介绍，大家都清楚了。 가이드의 설명을 듣고. 다들 이해가 되었다.
Tīngle dǎoyóu de jièshào, dàjiā dōu qīngchu le.

14 快乐 kuàilè 형 즐겁다, 유쾌하다

节日快乐! Jiérì kuàilè! 즐거운 명절 보내세요!
新年快乐! Xīnnián kuàilè! 새해 복 많이 받으세요!

感到快乐 gǎndào kuàilè 기쁨을 느끼다, 즐거워하다
快乐的生活 kuàilè de shēnghuó 즐거운 생활

祝愿大家新年快乐! Zhùyuàn dàjiā xīnnián kuàilè! 모두 새해 복 많이 받으시길 기원합니다!

希望你快乐每一天! Xīwàng nǐ kuàilè měi yì tiān! 너의 하루하루가 즐겁길!

我要让你每天都感到快乐。 Wǒ yào ràng nǐ měitiān dōu gǎndào kuàilè. 네가 매일 웃을 수 있도록 해 줄게.

15 麻烦 máfan 동 귀찮게 하다, 폐를 끼치다 형 귀찮다, 번거롭다 명 골칫거리, 힘든 일, 성가신 일

麻烦你…… máfan nǐ…… 미안하지만, ~
麻烦一下 máfan yíxia 번거로우시겠지만
太麻烦了 tài máfan le 너무 번거롭다, 폐가 많다
麻烦的事 máfan de shì 성가신 일, 귀찮은 일

添麻烦 tiān máfan 폐를 끼치다, 귀찮게 하다
惹麻烦 rě máfan 폐를 끼치다, 귀찮게 하다
找麻烦 zhǎo máfan 폐를 끼치다, 귀찮게 하다
遇到麻烦 yùdao máfan 어려움을 겪다

麻烦你帮我把这本书送给他。 Máfan ni bāng wǒ bǎ zhè běn shū sòng gěi tā. 미안하지만 나 대신 이 책을 그 친구에게 전해줘.

谢谢，太麻烦你了。 Xièxie, tài máfan nǐ le. 고마워요, 너무 폐를 끼쳤네요.

这次给他添了不少麻烦。 Zhè cì gěi tā tiānle bù shǎo máfan. 이번에 저 친구한테 폐를 많이 끼쳤어.

16 年纪 niánjì 명 연령, 나이

年纪轻 niánjì qīng 나이가 젊다
年纪老 niánjì lǎo 나이가 들다
年纪大 niánjì dà 나이가 많다
年纪小 niánjì xiǎo 나이가 적다

年纪轻轻 niánjì qīngqīng 한창 때다
小小年纪 xiǎoxiǎo niánjì 어린 나이
上年纪 shàng niánjì 나이가 들다
这把年纪 zhè bǎ niánjì 이 나이에

老爷爷，您多大年纪了？ 어르신, 연세가 어떻게 되시는지요?
Lǎoyéye, nín duō dà niánjì le?

爷爷虽然年纪大了，但还是拥有一个年轻的心。 할아버지는 연세가 지긋하시지만, 마음은 여전히 청춘이시다.
Yéye suīrán niánjì dà le, dàn háishi yōngyǒu yí ge niánqīng de xīn

我都这把年纪了，还有什么放不下？ 내가 이 나이에, 집착할 게 뭐가 있겠어요?
Wǒ dōu zhè bǎ niánjì le, hái yǒu shénme fàngbuxià?

➕ 나이를 묻는 표현
어른의 연세를 여쭐 때는 '年纪 niánjì'나 '岁数 suìshu'를 사용한다. 젊은 사람의 나이를 물을 때는 '你多大了? Nǐ duōdà le?' 어린아이의 나이를 물을 때는 '你几岁了? Nǐ jǐ suì le?'를 사용하면 된다.

17 亲爱 qīn'ài 웹 친애하다, 사랑하다 ['亲爱'는 보통 관형어로만 쓰이며, 반드시 조사 '的'를 동반함]

亲爱的妈妈 qīn'ài de māma 사랑하는 어머니

亲爱的老师 qīn'ài de lǎoshī 사랑하는 선생님

亲爱的祖国 qīn'ài de zǔguó 사랑하는 조국

亲爱的 qīn'ài de 달링, 자기야

亲爱的爸爸妈妈, 你们好吗? 사랑하는 아빠, 엄마. 잘 지내고 계신지요?
Qīn'ài de bàba māma, nǐmen hǎo ma?

亲爱的, 你想不想我? 자기야, 나 보고싶어?
Qīn'ài de, nǐ xiǎng bu xiǎng wǒ?

18 请 qǐng 툅 (상대에게 어떤 일을) 요청하다, 부탁하다, 권하다 [완곡한 표현에 주로 사용] 툅 초대하다, 한턱내다

请进 qǐng jìn 들어오세요

请坐 qǐng zuò 앉으세요

请喝茶 qǐng hē chá 차 드세요

请慢用 qǐng màn yòng 천천히 드세요

请留步 qǐng liúbù 안녕히 계세요

请慢走 qǐng mànzǒu 안녕히 가세요

请多指教 qǐng duō zhǐjiào 지도 편달 부탁드립니다

请了几个人 qǐngle jǐ ge rén 몇 사람을 초대하다

您先请! Nín xiān qǐng! 먼저 하시지요!

请客 qǐngkè 한턱내다

别起来, 请坐, 请坐。 일어서지 마시고, 앉아 계세요.
Bié qǐlái, qǐng zuò, qǐng zuò.

请准时到公司。 정시에 회사에 도착해 주세요.
Qǐng zhǔnshí dào gōngsī.

明天我请客, 一个不能少, 不见不散! 내일은 내가 쏜다. 한 사람도 빠지면 안 돼. 꼭 오라고!
Míngtiān wǒ qǐngkè, yí ge bù néng shǎo, bújiàn búsàn!

19 请问 qǐngwèn 툅 말씀 좀 여쭙겠습니다 [정중한 태도로 대답을 듣고자 하는 의문문에 쓰임]

请问一下 qǐngwèn yíxià 말씀 좀 여쭐게요

请问您 qǐngwèn nín 말씀 좀 여쭐게요

请问老师 qǐngwèn lǎoshī 선생님께 질문 있어요

请问, 易中天教授在哪儿? 말씀 좀 여쭐게요. 이중티엔 교수님은 어디 계신가요?
Qǐngwèn, Yì Zhōngtiān jiàoshòu zài nǎr?

请问一下, 去外滩怎么走? 말씀 좀 여쭐게요. 와이탄에 가려는데 어떻게 가면 될까요?
Qǐngwèn yíxià, qù Wàitān zěnme zǒu?

请问老师, 这个汉字怎么写? 선생님께 질문있는데요, 이 한자는 어떻게 쓰나요?
Qǐngwèn lǎoshī, zhè ge Hànzì zěnme xiě?

20 庆祝 qìngzhù ⑧경축하다, 축하하다 [비교적 규모가 큰 행사 등을 축하하는 경우]

庆祝新年 qìngzhù Xīnnián 새해를 경축하다
热烈庆祝 rèliè qìngzhù 열렬히 축하하다
全国庆祝 quán guó qìngzhù 전국적으로 경축하다

庆祝一天 qìngzhù yìtiān 하루 동안 축하하다
庆祝活动 qìngzhù huódòng 경축 행사, 기념 행사
庆祝晚会 qìngzhù wǎnhuì 축하 파티

热烈庆祝两国建交29周年。 양국 간 수교 29주년을 열렬히 축하합니다.
Rèliè qìngzhù liǎng guó jiànjiāo èrshíjiǔ zhōunián

我校举行了建校20周年的庆祝活动。 우리 학교는 개교 20주년 기념 행사를 개최했다.
Wǒ xiào jǔxíngle jiànxiào èrshí zhōunián de qìngzhù huódòng.

下个周末有个庆祝晚会。 다음 주말에 축하 파티가 있어.
Xià ge zhōumò yǒu ge qìngzhù wǎnhuì

21 认识 rènshi ⑧알다 ⑧인식하다, 이해하다 ⑨인식

互相认识 hùxiāng rènshi 서로 인사하다, 얼굴을 익히다
认识得早 rènshi de zǎo 일찍 만나다, 일찍 알게 되다
认识得晚 rènshi de wǎn 늦게 만나다, 늦게 알게 되다
认识一下 rènshi yíxià 인사하다, 알고 지내다
对中国的认识 duì Zhōngguó de rènshi 중국에 대한 이해
正确的认识 zhèngquè de rènshi 정확한 인식

我叫陈坤，很高兴认识你。 Wǒ jiào Chén Kūn, hěn gāoxìng rènshi nǐ. 천쿤이라고 합니다. 만나 뵙게 되어 기쁘군요.

可惜我们认识得太晚了。 Kěxī wǒmen rènshi de tài wǎn le. 안타깝게도 우리 너무 늦게 만났어.

咱们互相认识一下吧。 Zánmen hùxiāng rènshi yíxià ba. 우리 서로 알고 지내기로 해요.

22 问好 wènhǎo ⑧안부를 묻다, 문안드리다

问 wèn + 사람 + 好 hǎo ~에게 안부 전해 주세요
向 xiàng + 사람 + 问好 wènhǎo ~에게 안부 인사 드립니다

替我问她好 tì wǒ wèn tā hǎo
그녀에게 안부 전해 주세요

请代我们问金校长好。 저희를 대신해서 김 교장 선생님께 안부 전해 주세요.
Qǐng dài wǒmen wèn Jīn xiàozhǎng hǎo.

我打电话向叔叔问好。 나는 삼촌께 안부 전화를 드렸다.
Wǒ dǎ diànhuà xiàng shūshu wènhǎo.

请替我向陈总问好，祝她：身体健康，工作顺利！ 나 대신 천 사장님께 안부 전해 줘. 건강하시고, 일 잘 되시길 빈다고.
Qǐng tì wǒ xiàng Chén zǒng wènhǎo, zhù tā: Shēntǐ jiànkāng, gōngzuò shùnlì!

➕ 向/替/代+问好
'问好'는 주로 '向(xiàng, ~에게)' '替(tì, 대신하다)' '代(dài, 대신하다)' 등의 개사와 같이 사용한다.

23 问候 wènhòu ⑧ 안부를 묻다, 문안드리다

问候 wènhòu + 사람 ~에게 안부를 묻다

表示问候 biǎoshì wènhòu 인사를 건네다

互相问候 hùxiāng wènhòu 서로 안부를 전하다

代我问候 dài wǒ wènhòu 저 대신 안부 전해 주세요

春节问候 Chūnjié wènhòu 설 인사

问候的话 wènhòu de huà 안부의 말

我代表公司的领导问候大家。 제가 사장님을 대신해 여러분께 문안 올리겠습니다.
Wǒ dàibiǎo gōngsī de lǐngdǎo wènhòu dàjiā.

我向朋友们表示最亲切的问候。 나는 친구들에게 가장 다정한 인사를 건넸다.
Wǒ xiàng péngyoumen biǎoshì zuì qīnqiè de wènhòu.

请代我问候你的家人。 나 대신 너의 가족에게 안부 전해 줘.
Qǐng dài wǒ wènhòu nǐ de jiārén.

➕ **问好** wènhǎo 안부를 묻다 **VS 问候** wènhòu 안부를 묻다
'问好'는 이합사로 '代' '向' '替' 등의 개사를 동반해 술어로 많이 쓰이고, '问候'는 술어, 관형어, 목적어로 많이 쓰인다.

24 谢谢 xièxie ⑧ 감사합니다, 고맙습니다

谢谢您！ Xièxie nín! 고맙습니다!

谢谢夸奖！ Xièxie kuājiǎng! 칭찬 고마워요!

谢谢你的帮助！ Xièxie nǐ de bāngzhù!
도움을 주셔서 감사합니다!

谢谢您，金老师。 고맙습니다. 김 선생님.
Xièxie nín, Jīn lǎoshī.

谢谢您的夸奖，我今后会更加努力的。 칭찬 감사해요. 앞으로 더 노력하겠습니다.
Xièxie nín de kuājiǎng, wǒ jīnhòu huì gèngjiā nǔlì de.

谢谢大家的关心和帮助。 여러분의 관심과 도움에 감사드립니다.
Xièxie dàjiā de guānxīn hé bāngzhù.

我想对你说声："谢谢"。 너에게 '고맙다'는 말을 하고 싶어.
Wǒ xiǎng duì nǐ shuō shēng: "Xièxie."

25 辛苦 xīnkǔ ⑧ 고생하다, 수고하다 ⑨ 고생스럽다, 수고스럽다

辛苦，辛苦！ Xīnkǔ, xīnkǔ! 고생하셨어요!

辛苦你了！ Xīnkǔ nǐ le! 수고했어!

工作辛苦 gōngzuò xīnkǔ 일이 고되다

感到辛苦 gǎndào xīnkǔ 힘들어하다

不好意思，辛苦你了。 미안해. 널 고생시켰구나.
Bù hǎoyìsi, xīnkǔ nǐ le.

没事儿，不辛苦。 괜찮아요. 안 힘들어요.
Méishìr, bù xīnkǔ.

朴代理工作十分辛苦，然而从来不叫苦。 박 대리는 업무가 아주 고되도, 힘들다 불평 한 번을 안 해.
Piáo dàilǐ gōngzuò shífēn xīnkǔ, rán'ér cónglái bú jiàokǔ.

26 姓 xìng 통 성씨가 ~이다, ~를 성으로 하다 명 성씨

贵姓? Guì xìng? 성씨가 어떻게 되세요?	姓 xìng + 성씨 성이 ~이다
姓什么? Xìng shénme? 성씨가 어떻게 되죠?	同姓 tóngxìng 같은 성씨

先生，您贵姓？ Xiānsheng, nín guì xìng? 선생님, 성씨가 어떻게 되세요?

喂，她姓什么？ Wèi, tā xìng shénme? 얘, 저 여자애 성씨가 뭐야?

我姓王。 Wǒ xìng Wáng. 저는 왕씨입니다.

他们俩同姓。 Tāmen liǎ tóngxìng. 저 두 사람은 성이 같아.

➕ 이름을 묻는 표현
이름을 물을 때는 '你叫什么名字? (Nǐ jiào shénme míngzi? 이름이 뭐예요?)'를 쓰면 되는데, 중국인들은 초면에는 '您贵姓? (Nín guì xìng? 성씨가 어떻게 되세요?)'을 많이 쓴다. 자신을 낮춰 성씨를 말할 때는 '免贵 miǎnguì'를 사용해 '免贵姓王。 (Miǎnguì xìng Wáng. 저는 왕씨입니다.)'이라고 하면 된다.

27 招呼 zhāohu 통 인사하다 통 부르다 통 보살피다 통 알리다

打(个)招呼 dǎ (ge) zhāohu 인사하다	招呼客人 zhāohu kèrén 손님을 보살피다
招呼一下 zhāohu yíxià 인사하다, 보살피다	招呼同事 zhāohu tóngshì 동료를 보살피다
招呼一声 zhāohu yì shēng 인사 한마디 하다	招呼孩子 zhāohu háizi 아이를 보살피다

我们去跟李总打个招呼吧。 우리 리 사장님께 인사 드리죠.
Wǒmen qù gēn Lǐ zǒng dǎ ge zhāohu ba.

遇见相识的人，应该主动打招呼。 아는 사람을 만나면 당연히 먼저 인사해야지.
Yùjiàn xiāngshí de rén, yīnggāi zhǔdòng dǎ zhāohu.

他连一声招呼都不打就走了。 그는 한마디 인사도 없이 가 버렸다.
Tā lián yì shēng zhāohu dōu bù dǎ jiù zǒu le.

我暂时有事，你帮我招呼一下客人，好吗？ 내가 잠시 일이 좀 있으니, 자네가 손님을 챙겨드릴 수 있겠어?
Wǒ zànshí yǒu shì, nǐ bāng wǒ zhāohu yíxià kèrén, hǎo ma?

28 祝福 zhùfú 통 축복하다, 기원하다

祝福他们 zhùfú tāmen 그들을 축복하다	衷心地祝福 zhōngxīn de zhùfú 진심으로 축복하다
接受祝福 jiēshòu zhùfú 축복을 받다	真诚的祝福 zhēnchéng de zhùfú 진심 어린 축복

祝福天下学子前程万里。 세상 모든 학생들의 앞길이 탄탄대로이길 기원합니다.
Zhùfú tiānxià xuézǐ qiánchéng wànlǐ.

亲爱的姐姐、姐夫，衷心地祝福你们幸福、快乐、安康!
Qīn'ài de jiějie, jiěfu, zhōngxīn de zhùfú nǐmen xìngfú, kuàilè, ānkāng!
사랑하는 언니, 형부. 두 분이 행복하고, 즐겁고 평안하길 진심으로 기원할게요!

29 祝贺 zhùhè 통 축하하다

祝贺一下 zhùhè yíxià 축하하다
表示祝贺 biǎoshì zhùhè 축하드리다
热烈祝贺 rèliè zhùhè 열렬히 축하하다

值得祝贺 zhíde zhùhè 축하할 만하다
祝贺的电话 zhùhè de diànhuà 축하 전화
祝贺的信 zhùhè de xìn 축하 편지

我从内心向你表示祝贺。 제가 진심으로 축하드립니다.
Wǒ cóng nèixīn xiàng nǐ biǎoshì zhùhè.

祝贺您获得今年的终身成就奖。 올해의 공로상 수상을 축하드립니다.
Zhùhè nín huòdé jīnnián de zhōngshēn chéngjiùjiǎng.

30 尊敬 zūnjìng 통 존경하다 [선생님이나 윗사람에 대하여 사용함]

尊敬的各位来宾 zūnjìng de gè wèi láibīn 존경하는 내빈 여러분
尊敬的女士们、先生们 zūnjìng de nǚshìmen、xiānshengmen 존경하는 신사 숙녀 여러분
尊敬的同志们 zūnjìng de tóngzhìmen 존경하는 동지들
尊敬的老师 zūnjìng de lǎoshī 존경하는 선생님
尊敬和爱戴 zūnjìng hé àidài 존경과 사랑
受到尊敬 shòudào zūnjìng 존경을 받다
受人尊敬 shòu rén zūnjìng 존경을 받다

尊敬的各位来宾，大家好! 존경하는 내빈 여러분, 안녕하세요!
Zūnjìng de gè wèi láibīn, dàjiā hǎo!

各位亲爱的观众、尊敬的评委，给我一个机会。 친애하는 관중 여러분, 존경하는 심사위원님. 저에게 기회를 주십시오.
Gè wèi qīn'ài de guānzhòng、zūnjìng de píngwěi, gěi wǒ yí ge jīhuì.

尊敬的观众朋友们大家好，我是白岩松。 존경하는 시청자 여러분 안녕하십니까. 저는 바이옌쑹입니다.
Zūnjìng de guānzhòng péngyoumen dàjiā hǎo, wǒ shì Bái Yánsōng.

嘱咐 zhǔfù 동 부탁하다, 당부하다

拜托 bàituō 동 부탁드리다

叮嘱 dīngzhǔ 동 신신당부하다

敬请 jìngqǐng 공경히 부탁하다

恭祝 gōngzhù 동 삼가 축원하다

但愿 dànyuàn 오로지 ~되기를 바라다

吉祥 jíxiáng 형 운수가 좋다, 길하다

荣幸 róngxìng 형 영광스럽다

预祝 yùzhù 동 미리 축하하다

压岁钱 yāsuìqián 명 세뱃돈

红包(儿) hóngbāo(r) 명 세뱃돈, 보너스

虚岁 xūsuì 명 집에서 세는 나이

周岁 zhōusuì 명 만 나이

명절, 기념일

节日 jiérì 명 명절, 기념일

纪念日 jìniànrì 명 기념일

元旦 Yuándàn 고유 새해 [1월 1일]

春节 Chūnjié 고유 춘절 [음력 1월 1일]

中秋节 Zhōngqiūjié 고유 중추절 [음력 8월 15일]

五一劳动节 Wǔ Yī Láodòngjié 노동절, 근로자의 날

国庆节 Guóqìngjié 고유 건국기념일 [10월 1일]

인사말

初次见面 chū cì jiànmiàn 처음 뵙겠습니다

好久不见 hǎojiǔ bújiàn 오래간만이에요

久仰 jiǔyǎng 동 말씀 많이 들었습니다

久闻大名 jiǔwén dàmíng 존함은 오래 전에 들었습니다

多多指教 duōduō zhǐjiào 많은 가르침 부탁드립니다

再见 zàijiàn 동 또 뵙겠습니다, 안녕히 계십시오

拜拜 báibái 동 안녕, 잘 가

走好 zǒuhǎo 잘 가요, 안녕히 가세요

慢走 mànzǒu 동 안녕히 가세요, 살펴 가세요

留步 liúbù 동 나오지 마십시오

失陪 shīpéi 동 먼저 실례하겠습니다

告辞 gàocí 동 작별을 고하다

后会有期 hòuhuì yǒuqī 다음에 또 만납시다

哪里哪里 nǎli nǎli 천만에요

不敢当 bùgǎndāng 동 천만의 말씀입니다

不客气 bú kèqi 천만에요, 원 별말씀을요

彼此彼此 bǐcǐ bǐcǐ 피차일반입니다

不好意思 bù hǎoyìsi 미안하다, 죄송하다

劳驾 láojià 동 실례합니다, 죄송합니다

没关系 méi guānxi 괜찮다, 문제없다, 염려 없다

没事(儿) méishì(r) 동 괜찮다, 상관없다

加油 jiāyóu 동 힘내세요

早安 zǎo'ān 동 안녕히 주무셨습니까?

晚安 wǎn'ān 동 안녕히 주무세요, 잘 자

别来无恙 biéláiwúyàng 잘 지내시지요?, 여전하시지요?

安然无恙 ānrán wúyàng 무탈하다

年年有余 niánnián yǒuyú 해마다 풍요롭길 바랍니다

万事如意 wànshì rúyì 모든 일이 뜻대로 이루어지다

过年好 guònián hǎo 새해 복 많이 받으세요

洗耳恭听 xǐ'ěr gōngtīng 공손하게 가르침을 받다

인생예찬

따페이 훈련

열심히 살아야지   **认真认真活着** X   **认认真真地活着** ○

01 成功 chénggōng 圄 성공하다

一定成功 yídìng chénggōng 반드시 성공하다

赢得成功 yíngdé chénggōng 성공을 거두다

取得成功 qǔdé chénggōng 성공을 거두다

成功的机会 chénggōng de jīhuì 성공의 기회

成功率 chénggōnglǜ 성공률

失败是成功之母。 Shībài shì chénggōng zhī mǔ
실패는 성공의 어머니이다.

最大的成功 zuì dà de chénggōng 가장 큰 성공

我相信你一定会成功的，加油！ 나는 네가 꼭 성공할 거라 믿어. 파이팅!
Wǒ xiāngxìn nǐ yídìng huì chénggōng de, jiāyóu!

只有用心做事，才能取得成功。 진심을 다해 일을 해야만, 성공을 거둘 수 있다.
Zhǐyǒu yòngxīn zuòshì, cái néng qǔdé chénggōng.

遇见你是我一生最大的成功啊！ 너를 만난 건 내 인생 최고의 성공이야!
Yùjiàn nǐ shì wǒ yìshēng zuì dà de chénggōng a!

02 出生 chūshēng 圄 태어나다

1973年出生 yī jiǔ qī sān nián chūshēng 1973년 출생

在 zài + 지역 + 出生 chūshēng ~에서 태어나다

出生年月日 chūshēng nián yuè rì 출생 연월일

出生证明 chūshēng zhèngmíng 출생증명서

出生率 chūshēnglǜ 출생률

郑代表是1973年出生的。 Zhèng dàibiǎo shì yī jiǔ qī sān nián chūshēng de. 정 대표는 1973년생이다.

我在重庆出生。 Wǒ zài Chóngqìng chūshēng. 나는 충칭에서 태어났어.

请在申请书上填上出生年月。 Qǐng zài shēnqǐngshū shang tiánshàng chūshēng niányuè. 신청서에 출생 연월을 적어 주세요.

➕ 出生 chūshēng 태어나다 **VS** 诞生 dànshēng 태어나다, 생기다
'出生'은 보통 사람에게 사용하고, '诞生'은 위인, 유명인 혹은 새로운 사물의 출현에 쓴다.
诞生地(X) 出生地(O) 출생지 | 新中国出生(X) 新中国诞生(O) 신중국 탄생

03 等待 děngdài 圄 기다리다

等待一会儿 děngdài yíhuìr 잠시 기다리다

等待两个月 děngdài liǎng ge yuè 두 달 기다리다

等待的滋味 děngdài de zīwèi 기다리는 심정

等待时机 děngdài shíjī 타이밍을 기다리다

等待消息 děngdài xiāoxi 소식을 기다리다

耐心等待 nàixīn děngdài 참고 기다리다

我们再等待一会儿吧。 Wǒmen zài děngdài yíhuìr ba. 우리 조금만 더 기다리죠.

我静静等待着好消息。 Wǒ jìngjìng děngdàizhe hǎo xiāoxi. 나는 조용히 좋은 소식을 기다리는 중이야.

➕ 等待 děngdài 기다리다, 期待 qīdài 기대하다
'等待'는 어떤 행동을 취하지 않고, 단순히 기다리는 것을 뜻하고, '期待'는 희망에 중점을 두고 기다리는 것을 뜻한다.
等待着鱼儿入网。 물고기가 잡히기를 기다리다. | 期待着美好的日子。 좋은 날을 기대하다.

04 奋斗 fèndòu 통 분투하다, 노력하다

努力奋斗 nǔlì fèndòu 열심히 노력하다
艰苦奋斗 jiānkǔ fèndòu 각고분투하다
停止奋斗 tíngzhǐ fèndòu 분투를 멈추다

奋斗精神 fèndòu jīngshén 분투하는 정신
奋斗到底 fèndòu dàodǐ 끝까지 분투하다
为 wèi + 목표 + 而 ér + 奋斗 fèndòu ~를 위해 분투하다

为了梦想，我正在艰苦奋斗。 나는 내 꿈을 위해 각고분투하는 중이다.
Wèile mèngxiǎng, wǒ zhèngzài jiānkǔ fèndòu.

我们从来没有停止过奋斗，从来没有放弃过理想。 우리는 분투를 멈춘 적도 없고, 이상을 포기한 적도 없다.
Wǒmen cónglái méiyǒu tíngzhǐguo fèndòu, cónglái méiyǒu fàngqìguo lǐxiǎng.

05 后悔 hòuhuǐ 통 후회하다

后悔极了 hòuhuǐ jí le 몹시 후회하다
后悔莫及 hòuhuǐmòjí 후회막급이다
绝不后悔 jué bú hòuhuǐ 절대 후회하지 않는다
后悔一辈子 hòuhuǐ yíbèizi 한평생 후회하다

后悔的话 hòuhuǐ de huà 후회하는 말
后悔的样子 hòuhuǐ de yàngzi 후회하는 모습
后悔药 hòuhuǐyào 후회약, 잘못을 되돌리는 방법

我的选择，我绝不后悔！ 내 선택을 나는 절대 후회하지 않아!
Wǒ de xuǎnzé, wǒ jué bú hòuhuǐ!

错过她，你会后悔一辈子的。 그녀를 놓치면 너는 평생 후회할 거야.
Cuòguò tā, nǐ huì hòuhuǐ yíbèizi de.

你花费时间和精力去后悔，倒不如专注于当下的生活。
Nǐ huāfèi shíjiān hé jīnglì qù hòuhuǐ, dào bùrú zhuānzhù yú dāngxià de shēnghuó.
후회하는 데 시간과 에너지를 쓸 바에, 차라리 지금 해야 할 일에 집중하는 것이 낫다.

06 机会 jīhuì 명 기회

好机会 hǎo jīhuì 좋은 기회
碰到机会 pèngdào jīhuì 기회를 만나다
遇到机会 yùdào jīhuì 기회를 만나다
提供机会 tígōng jīhuì 기회를 제공하다
等待机会 děngdài jīhuì 기회를 기다리다

错过机会 cuòguò jīhuì 기회를 놓치다
失去机会 shīqù jīhuì 기회를 잃다
得到机会 dédào jīhuì 기회를 얻다
创造机会 chuàngzào jīhuì 기회를 만들다
机会难得 jīhuì nándé 기회를 얻기 어렵다

这么好的机会，千万不要错过！ 너무 좋은 기회니까, 절대로 놓치지 말라고!
Zhème hǎo de jīhuì, qiānwàn búyào cuòguò!

等待机会，不如创造机会。 기회를 기다리느니, 기회를 만드는 게 낫다.
Děngdài jīhuì, bùrú chuàngzào jīhuì.

人这一生有三次改变命运的机会。 사람의 인생에는 운명을 바꿀 만한 세 번의 기회가 있다.
Rén zhè yìshēng yǒu sān cì gǎibiàn mìngyùn de jīhuì.

07 坚持 jiānchí 통 고집하다, 고수하다, 견지하다

坚持下去 jiānchí xiàqù 밀고 나가다, 계속하다
坚持到底 jiānchí dàodǐ 끝까지 견지하다
坚持原则 jiānchí yuánzé 원칙을 고수하다

坚持观点 jiānchí guāndiǎn 관점을 견지하다
坚持错误 jiānchí cuòwù 잘못을 고집하다
坚持不住 jiānchí buzhù 버티지 못하다

开始做一件事其实并不难，难的是你能不能坚持下去。
Kāishǐ zuò yí jiàn shì qíshí bìng bù nán, nán de shì nǐ néng bù néng jiānchí xiàqù.
어떤 일을 시작하는 게 어려운 게 아니라, 계속 밀고 나갈 수 있느냐가 힘든 거지.

坚持到底就是胜利！ Jiānchí dàodǐ jiù shì shènglì! 끝까지 버티면 승리하는 거야!

他做事坚持自己的原则，不徇私情。 그는 자신의 원칙대로 일 처리를 하고, 사사로운 정에 휘둘리지 않는다.
Tā zuòshì jiānchí zìjǐ de yuánzé, bù xún sīqíng.

08 尽力 jìnlì 통 힘을 다하다, 전력을 다하다

尽力完成 jìnlì wánchéng 전력을 다해 완성하다
尽力帮助 jìnlì bāngzhù 힘써 돕다
尽力争取 jìnlì zhēngqǔ 최선을 다해 이루다

尽力而为 jìnlì'érwéi 전력을 다하다, 최선을 다하다
尽了力 jìnle lì 최선을 다하다
一定尽力 yídìng jìnlì 반드시 힘을 쓰다

谁有了困难，他都尽力去帮助。 누군가에게 어려움이 생기면, 그는 온 힘을 다해 돕는다.
Shéi yǒule kùnnan, tā dōu jìnlì qù bāngzhù.

只要有一分希望，我们就尽力争取。 일말의 희망이라도 보이면, 우리는 최선을 다해 이루어 낼 거예요.
Zhǐyào yǒu yì fēn xīwàng, wǒmen jiù jìnlì zhēngqǔ.

我已经为你尽了很大力了。 나는 이미 너를 위해 애를 많이 썼어.
Wǒ yǐjīng wèi nǐ jìnle hěn dà lì le.

09 经历 jīnglì 통 겪다, 경험하다, 체험하다 명 경력, 경험

亲身经历 qīnshēn jīnglì 직접 겪은 일, 경험담
经历过很多事 jīnglìguo hěn duō shì 많은 일을 겪다

难忘的经历 nánwàng de jīnglì 잊을 수 없는 경험
旅游的经历 lǚyóu de jīnglì 여행의 경험

有些事，不亲身经历是永远都不会懂的。 어떤 일은 직접 겪어 보지 않는 이상 알 수가 없다.
Yǒuxiē shì, bù qīnshēn jīnglì shì yǒngyuǎn dōu bú huì dǒng de.

我们绝大多数人没经历过战争。 우리 중 절대 다수가 전쟁을 겪지 않았다.
Wǒmen jué dàduōshù rén méi jīnglìguo zhànzhēng.

使人成熟的是经历，而不是岁月。 사람을 성숙하게 만드는 것은 경험이지, 세월이 아니란다.
Shǐ rén chéngshú de shì jīnglì, ér bú shì suìyuè.

10 克服 kèfú 圖 극복하다, 참고 견디다

克服不了 kèfú buliǎo 극복할 수 없다

克服困难 kèfú kùnnan 어려움을 극복하다

克服缺点 kèfú quēdiǎn 결점을 극복하다

克服障碍 kèfú zhàng'ài 장애를 극복하다

克服错误 kèfú cuòwù 잘못을 극복하다

克服不利条件 kèfú búlì tiáojiàn
불리한 조건을 극복하다

不断克服 búduàn kèfú 계속해서 이겨 내다

生活中，没有克服不了的难题。 살면서 극복할 수 없는 어려움은 없다.
Shēnghuó zhōng, méiyǒu kèfú buliǎo de nántí.

你克服了残疾的障碍，让我们为你骄傲。 네가 장애라는 걸림돌을 극복해서, 우리는 네가 자랑스럽단다.
Nǐ kèfúle cánjí de zhàng'ài, ràng wǒmen wèi nǐ jiāo'ào.

这里的工作条件比较差，我们只好克服克服了。 이곳의 업무 조건이 조금 열악하지만, 우리가 견뎌 내는 수밖에 없다.
Zhèlǐ de gōngzuò tiáojiàn bǐjiào chà, wǒmen zhǐhǎo kèfu kèfu le.

11 理想 lǐxiǎng 圕 이상, 꿈 圐 이상적이다, 만족스럽다

远大的理想 yuǎndà de lǐxiǎng 원대한 이상

我的理想 wǒ de lǐxiǎng 나의 꿈

实现理想 shíxiàn lǐxiǎng 이상을 실현하다

不太理想 bú tài lǐxiǎng 그리 만족스럽지 않다

青年人要有远大的理想和目标。 청년은 원대한 이상과 목표가 있어야 한다.
Qīngniánrén yào yǒu yuǎndà de lǐxiǎng hé mùbiāo.

我希望找到一份理想的工作。 나는 마음에 드는 직장을 구했으면 해.
Wǒ xīwàng zhǎodào yí fèn lǐxiǎng de gōngzuò.

这次期末考试成绩很不理想。 이번 기말고사 성적이 아주 형편없어.
Zhè cì qīmò kǎoshì chéngjì hěn bù lǐxiǎng.

12 明白 míngbai 圖 이해하다 圐 분명하다, 명백하다, 명확하다 圐 솔직하다 圐 똑똑하다

明白道理 míngbai dàolǐ 이치를 깨닫다, 도리를 이해하다

弄不明白 nòng bu míngbai 명확하지 않다

明白地说 míngbai de shuō 솔직하게 말하다

明白人 míngbai rén 똑똑한 사람, 현명한 사람

听了您的一席话，使我顿时明白了许多道理。 귀한 말씀을 듣고, 제가 잠깐 동안 많은 이치를 깨달았네요.
Tīngle nín de yì xí huà, shǐ wǒ dùnshí míngbaile xǔduō dàolǐ.

人生一辈子，有很多事永远弄不明白的。 한평생 사는 동안 영원히 이해 안 되는 일들이 참 많아.
Rénshēng yíbèizi, yǒu hěn duō shì yǒngyuǎn nòng bu míngbai de.

你有什么话就明白地说出来，不要吞吞吐吐的。 할 말 있으면 속 시원히 털어놔. 우물쭈물하지 말고.
Nǐ yǒu shénme huà jiù míngbai de shuō chūlái, búyào tūntūntǔtǔ de.

他是明白人，不会做这种傻事。 저 친구는 현명한 사람이라, 이렇게 어리석은 일을 할 리가 없어.
Tā shì míngbai rén, bú huì zuò zhè zhǒng shǎ shì.

13 命运 mìngyùn 명운명 명발전 변화의 추세

改变命运 gǎibiàn mìngyùn 운명을 바꾸다
相信命运 xiāngxìn mìngyùn 운명을 믿다

公司的命运 gōngsī de mìngyùn 회사의 운명
我的命运 wǒ de mìngyùn 내 운명

改变自己，就能改变世界，改变命运。 자신을 바꾸면, 세상을 바꿀 수 있고 운명을 바꿀 수 있다.
Gǎibiàn zìjǐ, jiù néng gǎibiàn shìjiè, gǎibiàn mìngyùn.

我的命运我做主。 내 운명은 내가 만든다.
Wǒ de mìngyùn wǒ zuòzhǔ.

韩国的命运由韩国人民决定。 한국의 운명은 한국 국민이 결정한다.
Hánguó de mìngyùn yóu Hánguó rénmín juédìng.

14 目标 mùbiāo 명목표 명목적물, 표적

下一个目标 xià yí ge mùbiāo 다음 목표
自己的目标 zìjǐ de mùbiāo 자신의 목표
人生目标 rénshēng mùbiāo 인생 목표

达到目标 dádào mùbiāo 목표를 달성하다
实现目标 shíxiàn mùbiāo 목표를 실현하다
追求目标 zhuīqiú mùbiāo 목표를 추구하다

我的人生目标是长大后一定要考上重点大学。 나의 인생 목표는 커서 꼭 좋은 대학에 가는 거야.
Wǒ de rénshēng mùbiāo shì zhǎngdà hòu yídìng yào kǎoshàng zhòngdiǎn dàxué.

为了达到目标，人生中有些事情不得已只能放弃。 목표를 달성하기 위해, 살면서 할 수 없이 포기해야만 하는 것들이 있다.
Wèile dádào mùbiāo, rénshēng zhōng yǒuxiē shìqing bùdéyǐ zhǐ néng fàngqì.

人生需要目标，有了目标才有奋斗的方向。 삶에는 목표가 필요하고, 목표가 생기면 분투의 방향도 정해진다.
Rénshēng xūyào mùbiāo, yǒule mùbiāo cái yǒu fèndòu de fāngxiàng.

15 耐心 nàixīn 형인내심이 강하다, 참을성이 있다 명인내심

有/没有耐心 yǒu / méiyǒu nàixīn 인내심이 있다/없다
不耐心 bú nàixīn 참을성이 없다
缺乏耐心 quēfá nàixīn 인내심이 부족하다

耐心地说 nàixīn de shuō 참을성 있게 말하다
耐心地回答 nàixīn de huídá 참을성 있게 대답하다
耐心的态度 nàixīn de tàidù 인내심 있는 태도

对待最亲近的人，我们总是缺乏耐心。 가장 가까운 사람을 대할 때, 우리는 늘 인내심이 부족하다.
Duìdài zuì qīnjìn de rén, wǒmen zǒngshì quēfá nàixīn.

他耐心地回答我的问题。 그는 꾹꾹 참으며 내 물음에 대답했다.
Tā nàixīn de huídá wǒ de wèntí.

多一分耐心，少一分失误。 조금 더 참을수록 실수가 줄어든다.
Duō yì fēn nàixīn, shǎo yì fēn shīwù.

16 年轻 niánqīng 휑 나이가 적다, 젊다

年轻人 niánqīngrén 젊은이

年轻能干 niánqīng nénggàn 젊고 유능하다

长得年轻 zhǎng de niánqīng 어려 보인다, 젊어 보인다

人口年轻化 rénkǒu niánqīnghuà 인구 저령화

反正你还年轻，这也是优势。 어쨌든 자네는 아직 젊으니, 이것도 경쟁력이야.
Fǎnzhèng nǐ hái niánqīng, zhè yě shì yōushì.

人家虽然长得年轻，可已经快六十了。 저 분이 젊어 보여도, 60세 가까이 되셨어.
Rénjiā suīrán zhǎng de niánqīng, kě yǐjīng kuài liùshí le.

17 去世 qùshì 됭 (성인이) 세상을 떠나다, 사망하다

早已去世 zǎoyǐ qùshì 벌써 사망했다

去世得早 qùshì de zǎo 일찍 돌아가시다

去世的消息 qùshì de xiāoxi 돌아가셨다는 소식

去世以后 qùshì yǐhòu 돌아가신 후에

去世八年了 qùshì bā nián le 돌아가신 지 8년째다

对 duì + 사람 + 的去世 de qùshì ~의 죽음에 대해

我爷爷已经去世八年了。 할아버지가 돌아가신 지 벌써 8년이 되었다.
Wǒ yéye yǐjīng qùshì bā nián le.

大家都对姜总的去世表示了怀念之情。 모두들 강 사장의 죽음에 안타까운 마음을 전했다.
Dàjiā dōu duì Jiāng zǒng de qùshì biǎoshìle huáiniàn zhī qíng.

18 认真 rènzhēn 휑 진지하다, 성실하다, 열심이다

认真负责 rènzhēn fùzé 성실히 책임지다, 책임감이 강하다

认真听取 rènzhēn tīngqǔ 주의 깊게 듣다, 새겨듣다

认真考虑 rènzhēn kǎolǜ 진지하게 고려하다

认真地做 rènzhēn de zuò 성실히 처리하다

认真地研究 rènzhēn de yánjiū 열심히 연구하다

认真的态度 rènzhēn de tàidù 성실한 태도

他做什么事都很认真负责。 그는 무슨 일을 하든 책임감이 강하다.
Tā zuò shénme shì dōu hěn rènzhēn fùzé.

认真听取同事的建议，不要轻易否定别人意见。 동료의 건의 사항을 새겨듣고, 다른 사람의 의견을 함부로 부정하지 마세요.
Rènzhēn tīngqǔ tóngshì de jiànyì, búyào qīngyì fǒudìng biérén yíjiàn.

张飞是开玩笑的，你别太认真了。 장페이가 농담한 것이니, 너무 심각하게 듣지는 말고.
Zhāng Fēi shì kāi wánxiào de, nǐ bié tài rènzhēn le.

➕ 2음절 형용사의 중첩

◆ 2음절 형용사를 중첩할 때, 기본형은 'AABB' 형식이고, 묘사의 뜻을 갖는 단어는 'ABAB' 형식을 쓰기도 한다.

干干净净 gānganjìngjìng 깨끗하다 → 형용사 '干净'을 AABB 형식으로 중첩

雪白雪白 xuěbai xuěbai 희디 희다 → 형용사 '雪白'를 ABAB 형식으로 중첩

◆ 2음절 형용사 중첩형이 부사어로 쓰일 때는 조사 '地'를 동반하고, 관형어, 보어, 술어로 쓰일 때는 조사 '的'를 동반한다.

我要认认真真地活着。 나는 열심히 살아갈 거야. → 부사어

雪白雪白的云朵 희디 흰 구름 → 관형어

19 失败 shībài 동 실패하다, 패배하다

经历过失败 jīnglìguo shībài 실패해 보다
享受失败 xiǎngshòu shībài 실패를 즐기다
正视失败 zhèngshì shībài 실패를 직시하다
反复失败 fǎnfù shībài 거듭 실패하다

甘心失败 gānxīn shībài 실패를 인정하다
失败的教训 shībài de jiàoxùn 실패의 교훈
失败两次 shībài liǎng cì 두 번 실패하다
失败者 shībàizhě 패배자, 패자

只有经历过失败的人，才能更接近成功。 실패를 해 본 사람만이 성공에 더욱 가까이 갈 수 있다.
Zhǐyǒu jīnglìguo shībài de rén, cái néng gèng jiējìn chénggōng.

失败并不代表你就是失败者。 실패가 곧 패배자임을 뜻하는 것은 아니다.
Shībài bìng bú dàibiǎo nǐ jiù shì shībàizhě.

20 失去 shīqù 동 잃다, 잃어버리다

失去信心 shīqù xìnxīn 자신감을 잃다, 기가 죽다
失去机会 shīqù jīhuì 기회를 잃다
失去效力 shīqù xiàolì 효력을 상실하다

失去亲人 shīqù qīnrén 가족을 잃다
失去朋友 shīqù péngyou 친구를 잃다
失去爱情 shīqù àiqíng 사랑을 잃다

人们都说失去后才懂得珍惜。 다들 '잃어본 후에야 소중함을 알게 된다'고 말한다.
Rénmen dōu shuō shīqù hòu cái dǒngde zhēnxī.

我失去了一次宝贵的机会。 나는 귀중한 기회를 놓쳐 버렸어.
Wǒ shīqùle yí cì bǎoguì de jīhuì.

人生最大的痛苦就是失去亲人。 인생에서 가장 큰 슬픔은 가족을 잃는 것이야.
Rénshēng zuì dà de tòngkǔ jiù shì shīqù qīnrén.

21 失望 shīwàng 동 실망하다, 낙담하다, 희망을 잃다

失望的样子 shīwàng de yàngzi 실망한 모습
失望的心情 shīwàng de xīnqíng 실망한 기분
失望的声音 shīwàng de shēngyīn 실망한 목소리
彻底失望 chèdǐ shīwàng 완전히 실망하다

失望两次 shīwàng liǎng cì 두 번 실망하다
失望地说 shīwàng de shuō 실망해서 말하다
失望地流泪 shīwàng de liú lèi 낙담해 눈물을 흘리다
失望地离开 shīwàng de líkāi 실망한 채 떠나다

看着他失望的样子，我有些不忍心。 저 친구가 낙담한 모습을 보니, 내 마음이 좀 짠하네.
Kànzhe tā shīwàng de yàngzi, wǒ yǒuxiē bù rěnxīn.

她对男朋友彻底失望了。 그녀는 남자 친구에게 완전히 실망했다.
Tā duì nán péngyou chèdǐ shīwàng le.

金主任失望地离开了这个公司。 김 주임은 낙담한 채 이 회사를 떠났다.
Jīn zhǔrèn shīwàng de líkāile zhè ge gōngsī.

22 时机 shíjī 阅 타이밍, 시기, 기회

掌握时机 zhǎngwò shíjī 타이밍을 잡다
把握时机 bǎwò shíjī 타이밍을 잡다
错过时机 cuòguò shíjī 타이밍을 놓치다
失去时机 shīqù shíjī 기회를 잃다
等待时机 děngdài shíjī 때를 기다리다

利用时机 lìyòng shíjī 타이밍을 이용하다
不失时机 bù shī shíjī 기회를 놓치지 않다
大好时机 dàhǎo shíjī 아주 적절한 시기
时机成熟 shíjī chéngshú 때가 무르익다
时机对 shíjī duì 타이밍이 맞다

现在是创业的大好时机。 지금이 창업하기에 가정 적절한 때야.
Xiànzài shì chuàngyè de dàhǎo shíjī.

时机成熟了，快动手吧。 때가 됐어. 얼른 시작하자고.
Shíjī chéngshú le, kuài dòngshǒu ba.

人生最重要的是时机，时机对了，凡事都有可能。 인생에서 가장 중요한 것이 타이밍이야. 타이밍이 맞으면 모든 일이 가능해.
Rénshēng zuì zhòngyào de shì shíjī, shíjī duì le, fán shì dōu yǒu kěnéng.

23 体会 tǐhuì 圖 체득하다, 이해하다, 경험하다, 느끼다 圆 체득, 이해, 경험, 느낌

体会到 tǐhuì dào 체득하다
体会不到 tǐhuì budào 체득하지 못하다
体会到痛苦 tǐhuì dào tòngkǔ 아픔을 느끼다

体会到感受 tǐhuì dào gǎnshòu 기분을 이해하다
心得体会 xīndé tǐhuì 체험 소감
个人体会 gèrén tǐhuì 개인의 경험, 느낌

只有做了妈妈之后，才能体会到做妈妈的心情。 엄마가 되어 봐야 비로소 엄마의 마음을 이해할 수 있다.
Zhǐyǒu zuòle māma zhīhòu, cái néng tǐhuì dào zuò māma de xīnqíng.

每个人背后都有别人体会不到的心酸。 누구나 이면에는 다른 사람이 알 수 없는 아픔이 있기 마련이다.
Měi ge rén bèihòu dōu yǒu biérén tǐhuì budào de xīnsuān.

➕ 体会 tǐhuì 체험하다 VS 体验 tǐyàn 체험하다
'体会'는 몸소 경험하여 느끼고 이해하는 것이고, '体验'은 단순히 직접 체험하는 것만을 뜻한다.
体会到别人的痛苦 다른 사람의 고통을 이해하다
体验渔村生活 어촌 생활을 체험하다

24 挑战 tiǎozhàn 圖 도전하다 圆 도전

接受挑战 jiēshòu tiǎozhàn 도전을 받다
向 xiàng + 대상 + 挑战 tiǎozhàn ~에게 도전하다
提出挑战 tíchū tiǎozhàn 도전장을 내밀다

面临挑战 miànlín tiǎozhàn 도전에 직면하다
新的挑战 xīn de tiǎozhàn 새로운 도전

在我们的生活中每时每刻都要面临着挑战。 우리가 사는 동안 늘 도전에 직면하게 된다.
Zài wǒmen de shēnghuó zhōng měi shí měi kè dōu yào miànlínzhe tiǎozhàn.

每一场比赛对我们来说都是全新的挑战。 우리에게는 매 경기가 다 완전히 새로운 도전이다.
Měi yì chǎng bǐsài duì wǒmen láishuō dōu shì quán xīn de tiǎozhàn.

25 希望 xīwàng 图 희망하다 图 희망, 바람

不希望 bù xīwàng 희망하지 않다

有希望 yǒu xīwàng 희망이 있다

未来和希望 wèilái hé xīwàng 미래와 희망

希望工程 Xīwàng Gōngchéng 희망 프로젝트

很希望 hěn xīwàng 매우 희망하다

越是不希望某件事情发生，就越容易发生。 안 일어났으면 하는 일일수록 더 잘 일어난다.
Yuè shì bù xīwàng mǒ jiàn shìqing fāshēng, jiù yuè róngyì fāshēng.

孩子是一个家庭的未来和希望。 아이는 한 가정의 미래이자 희망이다.
Háizi shì yí ge jiātíng de wèilái hé xīwàng.

➕ **希望工程** Xīwàng Gōngchéng 희망 프로젝트
'希望工程(Project Hope)'은 배움의 기회를 잃은 빈곤 지역의 아동을 돕기 위한 사회 공익사업으로, 1989년 10월부터 시작되었다. 주요 사업은 빈곤 지역에 학교를 세우거나 빈곤 학생의 취학을 돕는 것이다.
希望工程改变了一大批失学儿童的命运。 희망 프로젝트가 배움의 기회를 잃은 많은 아동들의 운명을 바꾸어 놓았다.

26 幸运 xìngyùn 图 운이 좋다 图 행운

幸运的人 xìngyùn de rén 운 좋은 사람

幸运的机会 xìngyùn de jīhuì 행운의 기회

幸运的一生 xìngyùn de yìshēng 운 좋은 삶

幸运地通过 xìngyùn de tōngguò 운 좋게 통과하다

幸运地见到 xìngyùn de jiàndào 운 좋게 만났다

十分幸运 shífēn xìngyùn 대단히 운이 좋다

我一直都觉得，自己是个很幸运的人。 나는 언제나 내가 운이 좋은 사람이라 생각해.
Wǒ yìzhí dōu juéde, zìjǐ shì ge hěn xìngyùn de rén.

他们安全返回，十分幸运。 그들이 안전하게 돌아와서 정말 다행이야.
Tāmen ānquán fǎnhuí, shífēn xìngyùn.

27 选择 xuǎnzé 图 선택하다

选择职业 xuǎnzé zhíyè 직업을 선택하다

做出选择 zuòchū xuǎnzé 선택하다

面临选择 miànlín xuǎnzé 선택에 직면하다

正确的选择 zhèngquè de xuǎnzé 올바른 선택

明智的选择 míngzhì de xuǎnzé 현명한 선택

选择题 xuǎnzétí 객관식 문제

我们就应该做出自己的选择。 우리는 스스로 선택해야 한다.
Wǒmen jiù yīnggāi zuòchū zìjǐ de xuǎnzé.

人生往往面临着很多选择。 살다 보면 수많은 선택과 맞닥뜨리게 된다.
Rénshēng wǎngwǎng miànlínzhe hěn duō xuǎnzé.

无论你选择什么样的人生，我都为你加油。 네가 어떤 인생을 선택하든, 나는 너를 응원해.
Wúlùn nǐ xuǎnzé shénmeyàng de rénshēng, wǒ dōu wèi nǐ jiāyóu.

28 运气 yùnqi 몡 운명, 운세 혱 운이 좋다

有运气 yǒu yùnqi 운이 있다

靠运气 kào yùnqi 운에 맡기다

碰运气 pèng yùnqi 운에 맡기다

试试运气 shìshi yùnqi 운에 맡기다, 운을 시험해 보다

运气好 yùnqi hǎo 운이 좋다

运气不好 yùnqi bù hǎo 운이 안 좋다

你这小子，运气真好啊！ 넌 참 운도 좋다!
Nǐ zhè xiǎozi, yùnqì zhēn hǎo a!

俗话说，三分靠运气，七分靠打拼。 3할은 운에, 7할은 노력에 맡겨야 한다는 말이 있다.
Súhuà shuō, sān fēn kào yùnqì, qī fēn kào dǎpīn.

既然郭先生这样说了，那我就试试运气吧。 곽 선생님께서 이렇게 말씀하시니, 운에 한번 맡겨 보겠습니다.
Jìrán Guō xiānsheng zhèyàng shuō le, nà wǒ jiù shìshi yùnqì ba.

29 追求 zhuīqiú 동 추구하다, 탐구하다 동 구애하다

努力追求 nǔlì zhuīqiú 열심히 추구하다

追求真理 zhuīqiú zhēnlǐ 진리를 추구하다

追求理想 zhuīqiú lǐxiǎng 이상을 추구하다

追求名利 zhuīqiú mínglì 명예를 쫓다

追求自由 zhuīqiú zìyóu 자유를 추구하다

追求 zhuīqiú + **사람** ~에게 구애하다

年轻人应该追求理想。 젊은이는 당연히 이상을 추구해야지.
Niánqīngrén yīnggāi zhuīqiú lǐxiǎng.

是我喜欢她，主动追求她的。 내가 그 애를 좋아해서 먼저 쫓아 다닌 거야.
Shì wǒ xǐhuan tā, zhǔdòng zhuīqiú tā de.

30 尊重 zūnzhòng 동 존중하다 동 중시하다

尊重别人 zūnzhòng biérén 다른 사람을 존중하다

尊重人才 zūnzhòng réncái 인재를 중시하다

尊重意见 zūnzhòng yìjiàn 의견을 중시하다

受到尊重 shòudào zūnzhòng 존중받다

互相尊重 hùxiāng zūnzhòng 서로 존중하다

尊重的口气 zūnzhòng de kǒuqì 존중하는 말투

不管怎么样，我还是尊重你的意见。 어쨌든 나는 너의 의견을 존중해.
Bùguǎn zěnmeyàng, wǒ háishi zūnzhòng nǐ de yìjiàn.

别用有色眼镜来看待周围的人，每一个人都应受到尊重。
Bié yòng yǒusè yǎnjìng lái kàndài zhōuwéi de rén, měi yí ge rén dōu yīng shòudào zūnzhòng.
색안경을 끼고 주위 사람을 보지는 말라고. 모든 사람은 존중받아야 하니까.

➕ 尊重 zūnzhòng 존중하다 VS 尊敬 zūnjìng 존경하다
'尊重'은 중시하는 마음을 강조하고, '尊敬'은 공경하는 태도에 중점을 둔다. '尊重'은 사람, 단체, 추상적인 사물 등에 광범위하게 사용되는 반면, '尊敬'은 사람, 단체, 정신, 행위 등에 사용한다.
尊重别人的权力 다른 사람의 권리를 존중하다 | 尊敬老师 선생님을 존경하다

悲观 bēiguān 형 비관적이다

烦恼 fánnǎo 형 번뇌하다, 걱정하다

吃苦 chīkǔ 동 고생하다

执着 zhízhuó 형 집착하다

如意 rúyì 동 뜻대로 되다, 마음에 들다

太平 tàipíng 형 태평하다, 평안하다

潇洒 xiāosǎ 형 멋스럽다, 구속을 받지 않다

自立 zìlì 동 자립하다

注定 zhùdìng 동 운명으로 정해져 있다

顺应 shùnyìng 동 순응하다

惊喜 jīngxǐ 형 놀라고 기뻐하다

乐观 lèguān 형 낙관적이다

美妙 měimiào 형 아름답고 즐겁다, 미묘하다

梦想 mèngxiǎng 동 갈망하다 명 꿈

愿望 yuànwàng 명 원하고 바람

打拼 dǎpīn 동 최선을 다하다, 분투하다

多彩 duōcǎi 다채롭다

回忆 huíyì 동 회상하다

坚强 jiānqiáng 형 굳세다, 강하다

旁观 pángguān 동 방관하다

曲折 qūzhé 형 곡절이 많다

青春 qīngchūn 명 청춘

人情 rénqíng 명 인정

坟墓 fénmù 명 무덤

座右铭 zuòyòumíng 명 좌우명

世故 shìgù 명 세상사, 세상 물정

身份 shēnfèn 명 신분, 지위

人生 rénshēng 명 인생

生平 shēngpíng 명 생애, 평생, 일생

宿命 sùmìng 명 숙명

一辈子 yíbèizi 명 한평생

终身 zhōngshēn 명 종신, 일생

福禄 fúlù 명 복록, 행복, 번영

花样年华 huāyàng niánhuá 꽃다운 시절, 꽃다운 나이

성어

饱经风霜 bǎojīng fēngshuāng 온갖 시련을 다 겪다

悲欢离合 bēihuān líhé 슬픔, 기쁨, 이별, 만남 등 세상의 각종 일

光阴似箭 guāngyīn sìjiàn 세월이 화살처럼 아주 빨리 지나간다

何去何从 héqù hécóng 어느 길로 갈 것인가
[어떤 태도를 취할 것인가]

及时行乐 jíshí xínglè 시기를 놓치지 않고 즐기다, 지금을 즐기다

名不虚传 míngbùxūchuán 명실상부하다

千辛万苦 qiānxīn wànkǔ 천신만고
[온갖 어려운 고비를 다 겪으며 심하게 고생함]

人情世故 rénqíng shìgù 세상 물정

人生如梦 rénshēng rúmèng 인생은 덧없다 [인생은 꿈과 같다]

人死留名 rénsǐ liúmíng 사람은 죽어서 이름을 남긴다

人之常情 rén zhī chángqíng 인지상정
[사람이면 누구나 가지는 보통의 마음]

塞翁失马 sàiwēng shīmǎ 새옹지마
[인생의 길흉화복은 변화무쌍해서 예측하기 어렵다]

一生一世 yìshēng yíshì 한평생

愚公移山 yúgōng yíshān 우공이산
[하고자 마음만 먹으면 못해 낼 일이 없다]

朝生暮死 zhāoshēng mùsǐ 아침에 생겨나 저녁에 죽다
[생명이 매우 짧다]

知足常乐 zhīzú chánglè 만족을 알면 항상 즐겁다

不怕慢，只怕站 bú pà màn, zhǐ pà zhàn
느린 것을 두려워 말고, 중도에 그만두는 것을 두려워하라

DAY
04
일상다반사

너무 재미있게 얘기했다　**聊天得很开心** X　**聊天聊得很开心** ○

01 帮忙 bāngmáng 图 일을 돕다, 원조하다, 일을 거들어 주다

帮帮忙 bāngbang máng 거들다, 도와주다

帮个忙 bāng ge máng 도와주다

帮了大忙 bāngle dà máng 큰 도움을 주다

帮了不少忙 bāngle bù shǎo máng 많이 도와주다

帮不上忙 bāngbushàng máng 도움이 안 되다

我想请大家帮帮忙。Wǒ xiǎng qǐng dàjiā bāngbang máng. 여러분에게 도움을 요청하고 싶어요.

这次，他帮了我不少忙。Zhè cì, tā bāngle wǒ bù shǎo máng. 이번에 저 친구가 많이 도와줬어.

老公工作压力大，我又帮不上忙。남편이 업무 스트레스가 많은데, 내가 도움이 되어 주지도 못하네.
Lǎogōng gōngzuò yālì dà, wǒ yòu bāngbushàng máng.

02 吃 chī 图 먹다

吃饭 chī fàn 밥을 먹다

吃菜 chī cài 반찬을 먹다

吃午饭 chī wǔfàn 점심을 먹다

吃不了 chībuliǎo 먹을 수 없다

别光吃饭，吃菜吧。Bié guāng chī fàn, chī cài ba. 밥만 먹지 말고, 반찬도 먹어요.

你来我家吃午饭吧。Nǐ lái wǒ jiā chī wǔfàn ba. 우리집으로 점심 먹으러 와요.

吃不了兜着走。Chībuliǎo, dōuzhe zǒu. 끝까지 책임 지다. [직역: 다 먹을 수 없어 싸 가지고 가다]

➕ 吃 chī 먹다 VS 喝 hē 마시다

중국어에서는 음식에 따라 '먹다'와 '마시다'를 구분한다. 예를 들면, 우리는 밥도 국도 '먹다'로 표현하지만, 중국에서는 밥은 '먹다'로, 국은 '마시다'로 구분해 표현한다. (예외적으로 '약'과 '젖'에는 '吃'를 쓴다.)

吃饭 밥을 먹다 | 喝汤 국을 마시다 | 吃药 약을 먹다 | 吃奶 젖을 먹다

03 打听 dǎting 图 물어보다, 알아보다

打听打听 dǎting dǎting 알아보다

打听一下 dǎting yíxià 알아보다

打听清楚 dǎting qīngchu 확실히 알아보다

打听不到 dǎting budào 알아보지 못하다

打听消息 dǎting xiāoxi 소식을 알아보다

打听个人 dǎting ge rén 어떤 사람에 대해 묻다

你帮我打听一下黄轩的消息。황쉬앤의 소식에 대해 좀 알아봐 줘.
Nǐ bāng wǒ dǎting yíxià Huáng Xuān de xiāoxi.

学生食堂几点开门，打听清楚了吗？학생 식당은 몇 시에 여는지, 확실하게 알아봤어?
Xuéshēng shítáng jǐ diǎn kāimén, dǎting qīngchule ma?

04 工作 gōngzuò 图 일하다, 노동하다 图 일자리, 직업, 일, 작업, 업무

找工作 zhǎo gōngzuò 일자리를 구하다

介绍工作 jièshào gōngzuò 일자리를 소개하다

开始工作 kāishǐ gōngzuò 일을 시작하다

积极工作 jījí gōngzuò 적극적으로 일하다

分配工作 fēnpèi gōngzuò 업무를 분배하다

工作量 gōngzuòliàng 업무량

你爸爸做什么工作呢? 너희 아빠는 어떤 일 하셔?
Nǐ bàba zuò shénme gōngzuò ne?

想找到一个合适的工作真的太难了。 마땅한 일자리 구하기가 정말 힘들어.
Xiǎng zhǎodào yí ge héshì de gōngzuò zhēn de tài nán le.

好了, 开始工作吧。 좋아요, 일 시작합시다.
Hǎo le, kāishǐ gōngzuò ba.

05 喊 hǎn 图 외치다, 큰 소리로 부르다

大声喊 dà shēng hǎn 크게 외치다

喊口号 hǎn kǒuhào 구호를 외치다

喊救命 hǎn jiùmìng 살려 달라고 소리치다

大喊大叫 dà hǎn dà jiào 큰 소리로 부르짖다

他在山顶上大声喊着, 然后聆听着回声。 그는 산 정상에서 크게 소리를 지르고는, 메아리를 듣고 있었다.
Tā zài shāndǐng shang dà shēng hǎnzhe, ránhòu língtīngzhe huíshēng.

你大晚上的喊什么呢? 한밤중에 왜 소리는 지르고 난리야?
Nǐ dà wǎnshang de hǎn shénme ne?

➕ 喊 hǎn 외치다 VS 叫 jiào 외치다
'喊'과 '叫' 모두 큰 소리로 부르고, 외치는 것을 뜻하는데, '喊'은 사람에 국한되어 쓰이고, '叫'는 사람 이외에 동물이 '울거나 짖는 것'도 포함하며, 사람 이름을 말할 때에도 쓴다.

有人喊你。 누가 널 부르고 있어.

有人叫你。 누가 널 부르고 있어. | 鸟在叫。 새가 지저귀고 있다. | 她叫蒋雯丽。 그녀는 장원리라고 해.

06 喝 hē 图 마시다

喝一杯牛奶 hē yì bēi niúnǎi 우유를 한 잔 마시다

喝了一口 hēle yì kǒu 한 모금 마시다

喝个够 hē ge gòu 실컷 마시다

喝多了 hēduō le 많이 마셨다

每天喝2000毫升水, 对减肥是有帮助的。 매일 물 2리터를 마시면 다이어트하는 데 도움이 된다.
Měi tiān hē liǎngqiān háoshēng shuǐ, duì jiǎnféi shì yǒu bāngzhù de.

我今天一定要喝, 一定要喝个够, 喝个开心! 나는 오늘 반드시, 실컷, 기분 좋게 마실거라고!
Wǒ jīntiān yídìng yào hē, yídìng yào hē ge gòu, hē ge kāixīn!

➕ 不能喝 bù néng hē 못 마신다 VS 不会喝 bú huì hē 못 마신다
'不能喝'는 '상황이 허락되지 않아' 못 마시는 것이고, '不会喝'는 '체질상' 마시지 못하는 것을 뜻한다.

我今天不能喝酒。 내가 오늘은 술을 못 마셔. [=오늘만 못 마신다]

我不会喝酒。 나는 술 못 마셔. [=선천적으로 못 마신다]

07 见面 jiànmiàn [통] 만나다

见过面 jiànguo miàn 만난 적 있다	初次见面 chū cì jiànmiàn 처음 뵙겠습니다
见面的时候 jiànmiàn de shíhou 만날 때	见见面 jiànjian miàn 얼굴을 보다
见了一面 jiànle yí miàn 한 번 만났다	

我们俩一见面就觉得很投机。 우리 둘은 만나자마자 잘 통했어.
Wǒmen liǎ yí jiànmiàn jiù juéde hěn tóujī.

我们是不是在哪里见过面? 우리 어디서 만난 적 있나요?
Wǒmen shì bu shì zài nǎli jiànguo miàn?

爸爸忙得要命，难得见他一面。 아빠가 너무 바쁘시다보니, 얼굴 뵙기가 힘들어.
Bàba máng de yàomìng, nándé jiàn tā yí miàn.

08 叫 jiào [통] (이름을) ~라고 하다 [통] 부르다, 고함치다 [통] (동물이) 지저귀다, 울다

叫 jiào + 사람 이름 ~라고 부르다	使劲儿叫 shǐjìnr jiào 힘껏 소리치다
大声叫 dà shēng jiào 큰 소리로 부르다	叫救护车 jiào jiùhùchē 구급차를 부르다

他叫什么名字? Tā jiào shénme míngzi? 저 사람은 이름이 뭐야?

别那么大声地叫我的名字。 Bié nàme dà shēng de jiào wǒ de míngzì. 그렇게 큰 소리로 내 이름 부르지 마.

快去叫救护车! Kuài qù jiào jiùhùchē! 얼른 구급차를 불러!

09 借 jiè [통] 빌리다, 빌려주다 [개] ~를 이용하여

借一下 jiè yíxià 빌리다	借给 jiè gěi + 사람 ~에게 빌려주다
借了几次 jièle jǐ cì 몇 번을 빌리다	借着酒劲 jièzhe jiǔjìn 술 기운을 빌려
借不出来 jiè buchūlái 빌리지 못하다	借这次机会 jiè zhè cì jīhuì 이번 기회를 빌려
借 jiè + 사람 + 사물 ~에게 ~를 빌려주다	借花献佛 jièhuā xiànfó 남의 것으로 인심을 쓰다

我可以借一下你的自行车吗? 네 자전거를 좀 빌릴 수 있을까?
Wǒ kěyǐ jiè yíxià nǐ de zìxíngchē ma?

陈数借了我三千块钱。 천수는 나에게 3000위앤을 빌려주었어.
Chénshù jièle wǒ sānqiān kuài qián.

我想借这次机会向女朋友表白。 나는 이번 기회를 빌려 여자 친구에게 고백하고 싶어.
Wǒ xiǎng jiè zhè cì jīhuì xiàng nǚ péngyou biǎobái.

10 看 kàn ⑧ 보다 ⑧ 구경하다 ⑧ ~라 생각하다 ⑧ 지키다 [kān]

看电视 kàn diànshì TV를 보다

看一看 kàn yi kàn 좀 보다

看了看 kànle kàn 좀 보았다

看清楚 kàn qīngchu 분명하게 보이다

看 kàn + 시간 (얼마 동안) 보다

看三遍 kàn sān biàn 세 번 보다

看家 kān jiā 집을 지키다

看东西 kān dōngxi 물건을 지키다

这幅画只能看，不能摸。Zhè fú huà zhǐ néng kàn, bù néng mō. 이 그림은 보는 건 되지만, 만지면 안 됩니다.

都过来看一看，谁会获胜呢？Dōu guòlái kàn yi kàn, shéi huì huòshèng ne? 다들 좀 와서 보세요. 누가 이길까요?

雾太大了，什么也看不清楚。Wù tài dà le, shénme yě kàn buqīngchu. 안개가 너무 심해서, 아무것도 보이질 않아.

请问您能帮我看一会儿行李吗？ 저의 짐을 좀 잠깐 봐 주실 수 있을까요?
Qǐngwèn nín néng bāng wǒ kān yíhuìr xíngli ma?

11 哭 kū ⑧ (소리 내어) 울다

爱哭 ài kū 잘 울다

大哭起来 dà kū qǐlái 크게 울기 시작하다

哭了三天 kūle sān tiān 3일 동안 울다

哭着哭着 kūzhe kūzhe 울다가 울다가

哭得死去活来 kū de sǐqù huólái 몹시 슬프게 울다

哭笑不得 kūxiào bùdé 울지도 웃지도 못하다, 어이없다

眼睛红红的，谁惹你哭了？Yǎnjing hónghóng de, shéi rě nǐ kū le? 눈이 빨간데, 누가 널 울린 거니?

哭也没用，咱还是想想办法吧。울어도 소용없어. 우리 방법을 찾아 보자꾸나.
Kū yě méi yòng, zán háishi xiǎngxiang bànfǎ ba.

小孩哭着哭着就昏过去了。Xiǎohái kūzhe kūzhe jiù hūn guòqù le. 아이는 너무 울어서 기절했어.

想起那件事，我就哭笑不得。그 일을 생각하면 어이가 없다니까.
Xiǎngqǐ nà jiàn shì, wǒ jiù kūxiào bùdé.

12 来 lái ⑧ 오다

来 lái + 장소 ~에 오다

没来过 méi láiguo 와 본 적이 없다

再来 zài lái 다시 오다

来得及 láidejí ~에 미치다, 늦지 않았다

来不及 láibují ~에 미치지 않다

对我来说 duì wǒ láishuō 나에게 있어서는

来来去去 lái lái qù qù 오가다, 왔다갔다 하다

一来、二来 yì lái、èr lái 첫째, 둘째

我以前来过这个地方。Wǒ yǐqián láiguo zhè ge dìfang. 나는 전에 이곳에 와 본 적이 있다.

那好，我明天再来。Nà hǎo, wǒ míngtiān zài lái. 그래요, 제가 내일 다시 올게요.

这一切重新开始还来得及。Zhè yíqiè chóngxīn kāishǐ hái láidejí. 이 모든 걸 다시 시작하기에 아직 늦지 않았어.

你对我来说，比任何人都重要。Nǐ duì wǒ lái shuō, bǐ rènhé rén dōu zhòngyào. 너는 나에게 있어 그 누구보다 중요해.

➕ '来'의 특별한 용법
어떤 일을 주동적으로 할 때 '来+동사' 형식으로 쓴다.

我来介绍一下。제가 소개해 드릴게요. | 你来安排一下日程。네가 스케줄을 짜도록 해.

13 聊天(儿) liáotiān(r) 图 수다 떨다, 한담을 나누다

聊聊天 liáoliao tiān 수다를 떨다

聊一会儿天 liáo yíhuìr tiān 잠깐 동안 수다 떨다

聊过一次天 liáoguo yí cì tiān 한 번 얘기 나누다

跟 gēn + 사람 + 聊天 liáotiān ~와 한담을 나누다

聊起天来 liáo qǐ tiān lái 얘기를 시작하면

聊天聊到凌晨 liáotiān liáodào língchén 새벽까지 수다 떨다

顾不上聊天 gùbushàng liáotiān 수다 떨 여유가 없다

聊天的内容 liáotiān de nèiróng 얘기한 내용

我姑姑没事就喜欢串门聊天儿。 우리 고모는 한가할 때면 이웃집으로 마실 가서 수다 떠는 걸 좋아하셔.
Wǒ gūgu méishì jiù xǐhuan chuànmén liáotiānr.

昨天晚上我跟朋友聊天聊到凌晨三点多。 어젯밤에 나는 친구와 새벽 세 시 넘어까지 수다를 떨었어.
Zuótiān wǎnshang wǒ gēn péngyou liáotiān liáo dào língchén sān diǎn duō.

我们俩聊起天来，有说不完的话。 우리는 얘기만 시작했다 하면 끝나질 않아.
Wǒmen liǎ liáoqǐ tiān lái, yǒu shuōbuwán de huà.

➕ 이합사와 보어의 어순
이합사는 '동사+목적어' 구조로 된 2음절 동사를 말한다. 이합사가 보어를 동반할 때는 '동사 부분+보어' 어순으로 써 주어야 한다.
我们聊天得很开心。(X) 我们聊得很开心。(O) 我们聊天聊得很开心。(O) 우리는 유쾌하게 수다를 떨었다.

14 起床 qǐchuáng 图 일어나다, 기상하다

시간 + 起床 qǐchuáng (어떤 시간에) 일어나다

早点儿起床 zǎodiǎnr qǐchuáng 일찌감치 일어나다

很晚起床 hěn wǎn qǐchuáng 느즈막히 일어나다

起不了床 qǐbuliǎo chuáng 못 일어나다

还没起床 hái méi qǐchuáng 아직 안 일어나다

懒得起床 lǎnde qǐchuáng 일어나기 싫다

她每天早晨四点准时起床。 그녀는 매일 새벽 4시에 정확히 일어난다.
Tā měi tiān zǎochén sì diǎn zhǔnshí qǐchuáng.

星移身体不舒服，起不了床。 Xīngyí shēntǐ bù shūfu, qǐbuliǎo chuáng. 싱이는 몸이 안 좋아서 못 일어난다.

周末不上班，懒得起床。 Zhōumò bú shàngbān, lǎnde qǐchuáng. 주말에는 출근을 안 하니까 일어나기가 싫다.

15 起来 qǐlái 图 (잠자리에서) 일어나다 图 일어서다, 일어나 앉다 ['起来'는 보어로 쓰여 여러 가지 뜻을 나타냄]

起来一下 qǐlái yíxià 일어나세요

起不来 qǐbulái 못 일어나다

起来得早 qǐlái de zǎo 일찍 기상하다

说起来 shuō qǐlái 말하기에는, 말해 보면, 말하자면

想起来 xiǎng qǐlái 생각이 나다

马上就要迟到了，快起来上学去吧！ 그러다 지각하겠다. 얼른 일어나서 학교에 가!
Mǎshàng jiù yào chídào le, kuài qǐlái shàngxué qù ba!

麻烦你起来一下，拖地。 Máfan nǐ qǐlái yíxià, tuō dì. 죄송한데 좀 일어나 주세요. 바닥 닦을게요.

蹲的时间长了就起不来了。 Dūn de shíjiān cháng le jiù qǐbulái le. 오래 쪼그려 앉아 있었더니, 못 일어나겠다.

说起来容易，做起来难。 Shuō qǐlái róngyì, zuò qǐlái nán. 말하기는 쉬워도 하기는 어렵지.

16 去 qù 동 가다

去 qù + 장소 ~에 가다　　　　　　　去 qù + 장소 + 出差 chūchāi ~로 출장 가다
去 qù + 동작 ~하러 가다　　　　　　去 qù + 장소 + 旅游 lǚyóu ~로 여행 가다
去玩儿 qù wánr 놀러 가다　　　　　　走来走去 zǒu lái zǒu qù 왔다갔다 하다, 서성이다
没(有)去过 méi(yǒu) qùguo 못 가 봤다, 안 가 봤다　　去一趟 qù yí tàng 한 번 다녀오다

星期天我去你那儿。 Xīngqītiān wǒ qù nǐ nàr. 일요일에 너한테 갈게.

我去买东西，你也去吗? Wǒ qù mǎi dōngxi, nǐ yě qù ma? 나는 장 보러 갈 건데, 너도 갈래?

我没有去过非洲。 Wǒ méiyǒu qùguo Fēizhōu. 나는 아프리카에 못 가 봤어.

我们打算去杭州旅游。 Wǒmen dǎsuàn qù Hángzhōu lǚyóu. 우리는 항저우로 여행 가려고 해.

下礼拜我得去一趟上海。 다음 주에 나는 상하이에 한 번 다녀와야 해.
Xià lǐbài wǒ děi qù yí tàng Shànghǎi.

你去看一看，月亮代表我的心。 좀 보렴, 달님이 내 마음을 대신하고 있단다.
Nǐ qù kàn yi kàn, yuèliang dàibiǎo wǒ de xīn.

➕ 去你那儿 qù nǐ nàr 너한테 가다
일상에서 많이 쓰는 '~한테 가다' 라는 표현을 할 때는 '那儿'을 써서 표현한다. '너한테 가다'라고 할 때, '去你'라고만 하면 안 되고, 반드시 '去你那儿'이라고 한다는 것을 기억하자.
去你那儿 너한테 가다 ｜ 去他那儿 그 친구한테 가다 ｜ 去张老师那儿 장 선생님께 가다

17 伤心 shāngxīn 동 상심하다, 슬퍼하다, 마음 아파하다

伤心流泪 shāngxīn liú lèi 속상해서 눈물을 흘리다　　伤透了心 shāngtòule xīn 마음을 너무 아프게 하다
伤心难过 shāngxīn nánguò 속상해서 어쩔 줄 모르다　　哭得很伤心 kū de hěn shāngxīn 구슬피 울다
伤了她的心 shāngle tā de xīn 그녀의 마음을 아프게 하다　　伤心事 shāngxīn shì 속상한 일, 슬픈 일, 가슴 아픈 일

他没考上大学，所以伤心难过。 그는 대학에 떨어져 몹시 속상해하고 있다.
Tā méi kǎoshàng dàxué, suǒyǐ shāngxīn nánguò.

这一次我真的被你伤透了心。 이번엔 정말이지 너한테 상처 많이 받았어.
Zhè yí cì wǒ zhēn de bèi nǐ shāngtòule xīn.

想起这段伤心事，她就哭了。 가슴 아픈 일이 떠올라 그녀는 울고 말았다.
Xiǎngqǐ zhè duàn shāngxīn shì, tā jiù kū le.

18 刷牙 shuāyá 이를 닦다

刷刷牙 shuāshua yá 이를 닦다　　　　　养成刷牙习惯 yǎngchéng shuāyá xíguàn
刷三次牙 shuā sān cì yá 이를 세 번 닦다　　이 닦는 습관을 기르다

我洗脸刷牙后，就开始复习功课。 나는 세수하고 이를 닦고, 복습을 시작했어.
Wǒ xǐ liǎn shuā yá hòu, jiù kāishǐ fùxí gōngkè.

每天刷三次牙可以降低心脏病的风险。 매일 이를 세 번 닦으면 심장병의 위험을 줄일 수 있다.
Měi tiān shuā sān cì yá kěyǐ jiàngdī xīnzàngbìng de fēngxiǎn.

19 睡觉 shuìjiào 통 자다

睡了一觉 shuìle yí jiào 한숨 자다
睡午觉 shuì wǔjiào 낮잠 자다
睡觉睡到 shuìjiào shuì dào + 시간 ~까지 자다

睡不好觉 shuìbuhǎo jiào 잠을 잘 못 자다
睡不着觉 shuìbuzháo jiào 잠이 안 오다
睡大觉 shuì dà jiào 실컷 자다

你去睡吧，好好睡一觉就不累了。 가서 자렴. 한숨 잘 자면 피곤이 풀릴 거야.
Nǐ qù shuì ba, hǎohǎo shuì yí jiào jiù bú lèi le.

这几天晚上老睡不着觉。 요며칠 밤에 잠이 안 오네.
Zhè jǐ tiān wǎnshang lǎo shuìbuzháo jiào.

20 说话 shuōhuà 통 말하다, 이야기하다, 잡담하다

说话的声音 shuōhuà de shēngyīn 말하는 목소리
说话的表情 shuōhuà de biǎoqíng 말하는 표정
爱说话 ài shuōhuà 이야기하는 것을 좋아하다

不爱说话 bú ài shuōhuà 말수가 적다
说几句话 shuō jǐ jù huà 몇 마디 하다
说不出话来 shuōbuchū huà lái 말이 안 나오다

他平时不爱说话，喜欢一个人静一静。 그는 평소에 말수가 적고, 혼자 조용히 있는 것을 좋아한다.
Tā píngshí bú ài shuōhuà, xǐhuan yí ge rén jìng yi jìng.

他们俩客气地说了几句话，就分开了。 그 두 사람은 형식적으로 몇 마디 하고는 헤어졌다.
Tāmen liǎ kèqi de shuōle jǐ jù huà, jiù fēnkāi le.

今天真倒霉！气得我说不出话来。 오늘 정말 재수없어! 화가 나서 말도 안 나온다니까.
Jīntiān zhēn dǎoméi! Qì de wǒ shuōbuchū huà lái.

21 躺 tǎng 통 눕다, 가로눕다

躺在草地上 tǎng zài cǎodì shang 잔디밭에 눕다
躺在床上 tǎng zài chuáng shang 침대에 눕다

躺一会儿 tǎng yíhuìr 잠시 눕다
躺着看书 tǎngzhe kàn shū 누워서 책을 보다

我们俩躺在草地上，看着天上的星星。 우리는 잔디밭에 누워 하늘의 별을 바라보았다.
Wǒmen liǎ tǎng zài cǎodì shang, kànzhe tiānshàng de xīngxing.

你老躺着看书，对眼睛不好。 그렇게 만날 누워서 책 보면 눈에 안 좋아요.
Nǐ lǎo tǎngzhe kàn shū, duì yǎnjing bù hǎo.

22 听 tīng 통 듣다

听听 tīngting 들어 보다
听音乐 tīng yīnyuè 음악을 듣다
听清楚 tīng qīngchu 분명하게 들리다
听不清楚 tīng buqīngchu 불분명하게 들리다
听不懂 tīngbudǒng (들어서) 이해가 안 되다

没听到 méi tīngdào 못 들었다
听错了 tīngcuò le 잘못 듣다
听一遍 tīng yí biàn 한 번 듣다
听一个小时 tīng yí ge xiǎoshí 한 시간 동안 듣다

你听听，这是谁的声音？ Nǐ tīngting, zhè shì shéi de shēngyīn? 들어 봐 봐. 이게 누구 목소리지?

我没听清楚，请你再说一遍好吗？ 분명하게 못 알아들었는데, 한 번만 더 말씀해 주시겠어요?
Wǒ méi tīng qīngchu, qǐng nǐ zài shuō yí biàn hǎo ma?

不好意思，我听错了！ Bù hǎoyìsi, wǒ tīngcuò le! 죄송해요. 제가 잘못 들었어요!

23 玩(儿) wán(r) 图 놀다, 놀이하다

出去玩儿 chūqù wánr 놀러 나가다　　玩儿游戏 wánr yóuxì 게임을 하다

玩儿了半天 wánrle bàntiān 한참 동안 놀다　玩儿手机 wánr shǒujī 휴대폰을 가지고 놀다

玩儿电脑 wánr diànnǎo 컴퓨터를 다루다　玩世不恭 wánshì bùgōng 냉소적이다

她喜欢待在家里看书，不喜欢出去玩儿。 그녀는 집에서 책 보는 거나 좋아하지, 놀러 나가는 것은 좋아하지 않는다.
Tā xǐhuan dāi zài jiālǐ kàn shū, bù xǐhuan chūqù wánr.

早上起床就玩儿游戏玩得时间都忘了。 아침에 일어나자마자 게임하기 시작해서 시간도 까먹었어.
Zǎoshang qǐchuáng jiù wánr yóuxì wán de shíjiān dōu wàng le.

24 闻 wén 图 냄새를 맡다　图 듣다

闻闻 wénwen 냄새를 좀 맡다　　　　所见所闻 suǒ jiàn suǒ wén 보고 들은 것

闻不出来 wén buchūlái 냄새를 알 수 없다　不闻不问 bù wén bú wèn

闻起来 wén qǐlái 냄새로는, 냄새 맡아 보면　자기 일 이외에 다른 일엔 관심이 없다

不好闻 bù hǎo wén 냄새가 안 좋다　　百闻不如一见 bǎi wén bùrú yí jiàn 백문이 불여일견

你闻闻，香不香？ 냄새 좀 맡아 봐. 향기로워?
Nǐ wénwen, xiāng bu xiāng?

你吃啊，闻起来是臭的，吃起来很香。 먹어 봐. 냄새는 고릿해도 맛은 좋아.
Nǐ chī a, wén qǐlái shì chòu de, chī qǐlái hěn xiāng.

我闻到了一股淡淡的清香味儿。 나는 은은한 프레시 향을 맡았어.
Wǒ wéndàole yì gǔ dàndàn de qīngxiāng wèir.

我把我的所见所闻跟大家分享一下。 제가 보고 들은 것을 여러분과 공유하고자 합니다.
Wǒ bǎ wǒ de suǒ jiàn suǒ wén gēn dàjiā fēnxiǎng yíxià.

25 问 wèn 图 묻다　图 (어떤 일에 대해) 관여하다, 따지다

去问问 qù wènwen 물어보다　　　　问路 wèn lù 길을 묻다

问 wèn + 사람 ~에게 질문하다　　　问几次 wèn jǐ cì 몇 번을 묻다

问个问题 wèn ge wèntí 질문을 하다　从来不问 cónglái bú wèn 절대 따지지 않다

我去问问舅舅吧。 Wǒ qù wènwen jiùjiu ba. 내가 외삼촌께 여쭤볼게.

老师问了我一个非常有趣的问题。 선생님께서 내게 아주 재미있는 질문을 하셨다.
Lǎoshī wènle wǒ yí ge fēicháng yǒuqù de wèntí.

⊕ 打听 dǎtīng 묻다 **VS 问** wèn 묻다

'打听'은 어떤 사람이나 일이 처한 상황에 대해 알아보는 것을 뜻하고, '问'은 화자가 궁금한 것을 직접적으로 묻거나, 다른 사람의 안부를 묻는 것을 뜻한다.

打听不到她在哪儿。 그녀가 어디 있는지 알아내지 못했어. | 我问一个问题。 한 가지 질문 드릴게요.

打听妈妈好。(X) 问妈妈好。(O) 엄마께 안부를 전하다.

---

26 洗澡 xǐzǎo 图 목욕하다, 몸을 씻다, 샤워하다

洗个澡 xǐ ge zǎo 샤워하다	洗澡设备 xǐzǎo shèbèi 샤워 시설
洗 一次澡 xǐ yí cì zǎo 목욕을 한 번 하다	洗澡的时间 xǐzǎo de shíjiān 목욕 시간
正在洗澡 zhèngzài xǐzǎo 샤워 중이다	洗冷水澡 xǐ lěngshuǐ zǎo 냉수 목욕

天太热了，我只是想洗个澡！ Tiān tài rè le, wǒ zhǐshì xiǎng xǐ ge zǎo! 날씨가 너무 더워서 나는 샤워 생각만 나네.

秋天洗澡的时间不要太长。 Qiūtiān xǐzǎo de shíjiān búyào tài cháng. 가을에는 목욕 시간을 너무 길게 하지 마세요.

---

27 笑 xiào 图 웃다

爱笑 ài xiào 잘 웃다	笑了起来 xiàole qǐlái 웃기 시작하다
哈哈大笑 hāhā dà xiào 크게 웃다	笑个不停 xiào ge bù tíng 웃음을 그치지 못하다
笑嘻嘻 xiàoxīxī 배시시 웃다	笑脸 xiào liǎn 웃는 얼굴

他从小就爱笑，整天笑嘻嘻的。 그 애는 어릴 때부터 웃음이 많아서, 하루종일 싱글벙글했다니까.
Tā cóngxiǎo jiù ài xiào, zhěng tiān xiàoxīxī de.

这太逗了，逗得大家笑个不停。 이거 너무 웃기다. 웃겨서 다들 웃음이 멎질 않아.
Zhè tài dòu le, dòu de dàjiā xiào ge bù tíng.

笑一笑，十年少、愁一愁、白了头。 웃으면 십년이 젊어지고, 걱정하면 늙는다.
Xiào yi xiào, shí nián shào, chóu yi chóu, báile tóu.

---

28 学习 xuéxí 图 공부하다 图 배우다, 본받다

放弃学习 fàngqì xuéxí 배움을 포기하다	学习外语 xuéxí wàiyǔ 외국어를 공부하다
喜欢学习 xǐhuan xuéxí 공부를 좋아하다	学习汉语 xuéxí Hànyǔ 중국어를 공부하다
学习方法 xuéxí fāngfǎ 학습 방법	好好学习 hǎohǎo xuéxí 열심히 공부하다
向他学习 xiàng tā xuéxí 그에게 배우다, 그를 본받다	努力学习 nǔlì xuéxí 열심히 공부하다

他在北京大学学习中国现代文学。 그는 베이징대학교에서 중국 현대 문학을 공부한다.
Tā zài Běijīng Dàxué xuéxí Zhōngguó xiàndài wénxué.

她从来不放弃学习，无论多苦多累。 그녀는 아무리 힘들고 지쳐도 배움을 포기하지 않았다.
Tā cónglái bú fàngqì xuéxí, wúlùn duōkǔ duōlèi.

我们以你为榜样，向你学习。 우리는 너를 롤모델로 삼고, 본받으려고 해.
Wǒmen yǐ nǐ wéi bǎngyàng, xiàng nǐ xuéxí.

29 原谅 yuánliàng 동용서하다, 양해하다

请原谅 qǐng yuánliàng 용서해 주세요

原谅 yuánliàng + 사람 ~를 용서하다

原谅错误 yuánliàng cuòwù 잘못을 용서하다

原谅她一次 yuánliàng tā yí cì 그녀를 한 번 봐 주다

不原谅 bù yuánliàng 용서하지 않다

不可原谅 bùkě yuánliàng 용서할 수 없다

不得不原谅 bùdébù yuánliàng 할 수 없이 용서하다

原谅不了 yuánliàng buliǎo 용서가 안 된다, 용서할 수 없다

对不起，请原谅我。 죄송해요. 용서해 주세요.
Duìbuqǐ, qǐng yuánliàng wǒ.

求求你，求你原谅我一次，好吗？ 부탁이야. 제발 한 번만 봐 주라, 응?
Qiúqiu nǐ, qiú nǐ yuánliàng wǒ yí cì, hǎo ma?

我嘴上说原谅他了，可是心里就是原谅不了。 나는 입으로는 그를 용서했지만, 마음으로는 용서가 안 돼.
Wǒ zuǐ shang shuō yuánliàng tā le, kěshì xīnlǐ jiù shì yuánliàng buliǎo.

30 坐 zuò 동앉다 동(교통수단을) 타다

坐一会儿 zuò yíhuìr 잠시 앉다

坐得下 zuòdexià 앉을 수 있다

坐不下 zuòbuxià 앉을 수 없다

坐下来 zuò xiàlái 앉다

坐在沙发上 zuò zài shāfā shang 소파에 앉다

坐好 zuòhǎo 자리에 앉다, 바르게 앉다

坐着看 zuòzhe kàn 앉아서 보다

坐 zuò + 교통 수단 ~를 타다

坐立不安 zuòlì bù'ān 안절부절 못하다

坐井观天 zuòjǐng guāntiān 우물 안 개구리

别站着，过来坐一会儿吧。 서 있지 말고, 이리 와서 좀 앉아요.
Bié zhànzhe, guòlái zuò yíhuìr ba.

你千万别激动，坐下来慢慢说。 흥분하지 말고, 앉아서 천천히 얘기해.
Nǐ qiānwàn bié jīdòng, zuò xiàlái mànmān shuō.

妈妈和姑姑坐在沙发上聊天、喝茶。 엄마와 고모는 소파에 앉아 한담을 나누며 차를 들고 계시다.
Māma hé gūgu zuò zài shāfā shang liáotiān, hē chá.

➕ 坐 zuò 타다 VS 骑 qí 타다
'坐'는 일반적인 교통수단을 탈 때 사용하고, '骑'는 말, 자전거, 오토바이 등과 같이 두 다리를 걸치고 탈 때 사용한다. 참고로 무등을 탈 때도 '骑'를 쓴다.

坐公共汽车 시내버스를 타다 ｜ 骑自行车 자전거를 타다 ｜ 骑在爸爸脖子上 아빠의 무등을 타다

上厕所 shàng cèsuǒ 화장실에 가다

睡午觉 shuì wǔjiào 낮잠 자다

洗脸 xǐ liǎn 세수하다

写日记 xiě rìjì 일기를 쓰다

睁 zhēng 통 눈을 뜨다

代际关系 dàijì guānxi 세대 간 관계

遇到 yùdào 만나다, 마주치다

打交道 dǎ jiāodao 교제하다, 사귀다, 왕래하다

串门(儿) chuànmén(r) 통 남의 집에 놀러 가다

人际关系 rénjì guānxi 인맥, 대인 관계

人缘(儿) rényuán(r) 명 인간관계, 붙임성

人情味 rénqíngwèi 명 인정머리, 인간미

铁哥们儿 tiěgēmenr 명 절친한 친구

踏实 tāshi 형 마음이 놓이다, 편안하다

舒心 shūxīn 형 마음이 편하다, 한가롭다

瞎忙 xiāmáng 공연히 바쁘다, 헛수고하다

单调 dāndiào 형 단조롭다

无聊 wúliáo 형 무료하다, 한심하다

好奇 hàoqí 형 호기심이 많다

劝 quàn 통 권하다, 충고하다

支着儿 zhīzhāor 통 (바둑, 장기 둘 때) 훈수 들다

插嘴 chāzuǐ 통 말참견하다

偶然 ǒurán 형 우연하다 부 우연히

骂人 mà rén 남을 욕하다

撒谎 sāhuǎng 통 거짓말하다

做作 zuòzuo 형 가식적이다, ~인 체하다

丢脸 diūliǎn 통 체면이 깎이다

拒绝 jùjué 통 거절하다, 거부하다

流泪 liú lèi 눈물을 흘리다

发火 fāhuǒ 통 화내다

事情 shìqing 명 일, 업무

琐事 suǒshì 명 사소한 일

急事 jíshì 급한 일

态度 tàidù 명 태도 거동, 기색

长辈 zhǎngbèi 명 손윗사람, 연장자

习惯 xíguàn 명 습관, 버릇 통 습관이 되다

抽烟 chōuyān 담배를 피우다

传闻 chuánwén 명 소문, 루머

성어, 속담

晨昏定省 chénhūn dìngxǐng
자식이 부모에게 아침저녁으로 문안드리다

出作入息 chūzuò rùxī 해 뜨면 일하고 해 지면 쉬다

鸡毛蒜皮 jīmáo suànpí 사소하고 보잘 것 없는 일

将心比心 jiāngxīn bǐxīn 처지를 바꾸어 생각하다

暖衣饱食 nuǎnyī bǎoshí 의식 걱정이 없는 편안한 생활

省吃俭用 shěngchī jiǎnyòng 절약해서 생활하다

说话算数 shuōhuà suànshù 한 말은 꼭 지킨다

一言为定 yìyánwéidìng 한마디로 정하다

早睡早起 zǎoshuì zǎoqǐ 일찍 자고 일찍 일어나다

柴米油盐酱醋茶 chái mǐ yóu yán jiàng cù chá
7가지 생활필수품 [직역하면 '땔감, 쌀, 기름, 소금, 간장, 식초, 차'
이나, 시대에 따라 가리키는 대상은 다름]

君子一言，驷马难追 jūnzǐ yìyán, sìmǎ nánzhuī
군자가 한 번 말하면 네 필의 말이라도 따라잡기 어렵다, 말은 한
번 하면 주워 담기 힘들다

DAY
05
외모, 성격

따페이 훈련

예의가 없다   **不说礼貌** X   **不讲礼貌** ○

01 矮 ǎi 휑(키가) 작다 휑(높이가) 낮다

个子矮 gèzi ǎi 키가 작다	矮矮的 ǎi'ǎi de 작다, 낮다
长得很矮 zhǎng de hěn ǎi 키가 작다	矮一点儿 ǎi yìdiǎnr 조금 작다
矮个儿 ǎigèr 키가 작은 사람	矮凳子 ǎi dèngzi 낮은 의자, 스툴

那个时候他比我矮一点，现在比我高大半个头了。 그때는 저 녀석이 나보다 작았는데, 지금은 나보다 머리통 반 개가 더 크다니까.
Nà ge shíhou tā bǐ wǒ ǎi yìdiǎn, xiànzài bǐ wǒ gāodà bàn ge tóu le.

➕ 矮 ǎi 작다, 낮다 VS 低 dī 낮다
'矮'는 사람, 나무, 산, 건축 등에 쓰이고, '低'는 정도, 수준, 가격, 소리, 지형, 건축 등에 쓰인다. '矮'는 구어에, '低'는 서면어에 많이 쓴다.

矮树 키 작은 나무 | 矮山 낮은 산 | 矮房子 지붕이 낮은 집
水平低 수준이 낮다 | 低价 저가 | 声音低 목소리가 저음이다 | 低矮的围墙 나즈막한 담장

02 聪明 cōngming 휑똑똑하다, 영리하다, 총명하다

聪明人 cōngming rén 똑똑한 사람, 현명한 사람	算聪明 suàn cōngming 똑똑한 편이다
聪明透了 cōngming tòu le 너무 똑똑하다	变聪明 biàn cōngming 똑똑해지다

他是个聪明人，就是不努力。 저 친구는 머리는 좋은데, 노력을 안 해.
Tā shì ge cōngming rén, jiù shì bù nǔlì.

我好像突然变聪明了。 내가 갑자기 똑똑해진 것 같아.
Wǒ hǎoxiàng tūrán biàn cōngming le.

03 粗心 cūxīn 휑(일 처리 등이) 데면데면하다, 세심하지 못하다, 부주의하다, 덜렁대다

粗心的人 cūxīn de rén 덤벙대는 사람	挺粗心的 tǐng cūxīn de 너무 대충대충하다
粗心起来 cūxīn qǐlái 덤벙대다	粗心大胆 cūxīn dàdǎn 조심성이 없다
太粗心了 tài cūxīn le 몹시 덜렁대다	粗心大意 cūxīn dàyì 꼼꼼하지 않다, 덜렁대다

我是一个粗心的人，但我不傻。 내가 좀 덤벙대긴 해도 바보는 아니라고.
Wǒ shì yí ge cūxīn de rén, dàn wǒ bù shǎ.

你也太粗心了，把"心有灵犀"写成了"心有灵屎"。 덜렁이 같으니라구. '心有灵犀'를 '心有灵屎'라고 썼잖니.
Nǐ yě tài cūxīn le, bǎ "xīnyǒulíngxī" xiěchéngle "xīn yǒu líng shǐ".

➕ 心有灵犀 xīnyǒulíngxī
'心有灵犀一点通 xīn yǒu língxī yì diǎn tōng'은 '텔레파시가 통했다'는 말로, 회화에서 자주 사용되는 표현이다. '灵犀'는 고대 전설에 나오는 동물의 뿔로, 감응이 예민하다고 한다.

04 高 gāo 웹 (키가) 크다, (높이가) 높다

个子高 gèzi gāo 키가 크다
山很高 shān hěn gāo 산이 높다
水平高 shuǐpíng gāo 수준이 높다

高标准 gāo biāozhǔn 높은 기준
高高地举起手 gāogāo de jǔqǐ shǒu 손을 높이 들다
眼高手低 yǎngāo shǒudī 눈만 높고, 손재주가 없다

你多高? 키가 어떻게 되니?
Nǐ duō gāo?

虽然她个子并不高，但是腿却很长。 저 애는 키는 별로 안 큰데 다리가 길어.
Suīrán tā gèzi bìng bù gāo, dànshì tuǐ què hěn cháng.

山再高也能踩在脚下。 아무리 높은 산도 오르지 못할 산은 없다. [=산이 아무리 높아도 발 아래에 있다]
Shān zài gāo yě néng cǎi zài jiǎoxià.

05 骄傲 jiāo'ào 웹 거만하다, 교만하다 웹 자랑스럽다, 자부하다 웹 자랑, 자랑거리

不可骄傲 bùkě jiāo'ào 거만해서는 안 된다
从不骄傲 cóng bù jiāo'ào 절대 거만하지 않다
骄傲自满 jiāo'ào zìmǎn 교만을 떨다

为 wèi + A + 而骄傲 ér jiāo'ào A로 인해 자랑스럽다
为 wèi + 사람 + 感到骄傲 gǎndào jiāo'ào
~가 자랑스럽다

她总是那么骄傲，从来不把别人放在眼里。 저 아이는 얼마나 거만한지, 다른 사람은 안중에도 없다니까.
Tā zǒngshì nàme jiāo'ào, cónglái bù bǎ biérén fàng zài yǎn li.

你能取得这样的成绩，我们都为你感到骄傲。 네가 이런 성적을 거두다니, 우리는 네가 자랑스럽구나.
Nǐ néng qǔdé zhèyàng de chéngjì, wǒmen dōu wèi nǐ gǎndào jiāo'ào.

06 可爱 kě'ài 웹 사랑스럽다, 귀엽다

可爱的小狗 kě'ài de xiǎogǒu 귀여운 강아지
可爱的小孩 kě'ài de xiǎohái 귀여운 아이
打扮得可爱 dǎban de kě'ài 귀엽게 차려 입었다

显得可爱 xiǎnde kě'ài 귀여워 보이다
可爱起来 kě'ài qǐlái 귀여워지다
可爱极了 kě'ài jí le 몹시 귀엽다

玲玲她很可爱、性格开朗、跟谁都合得来。 링링은 귀엽고, 성격도 밝고, 그 누구와도 잘 어울려.
Línglíng tā hěn kě'ài, xìnggé kāilǎng, gēn shéi dōu hédelái.

不错嘛，今天打扮得很可爱! 괜찮은데, 오늘 귀엽게 차려 입었네!
Búcuò ma, jīntiān dǎban de hěn kě'ài!

小狗睡觉的样子，简直可爱极了。 강아지가 자는 모습이 그야말로 너무 귀엽다.
Xiǎogǒu shuìjiào de yàngzi, jiǎnzhí kě'ài jí le.

你说，他可爱在什么地方呢? 쟤 어디가 귀엽다는 거야?
Nǐ shuō, tā kě'ài zài shénme dìfang ne?

07 客气 kèqi 휑 예의 바르다, 정중하다, 겸손하다, 깍듯하다　휑 점잖은 언행을 하다

客气话 kèqihuà 인사말, 빈말

客客气气 kèkeqìqì 점잖다, 깍듯하다

不客气 bú kèqi 천만에요, 별말씀을요

毫不客气 háo bú kèqi 오만불손하다

他和别人说话总是客客气气的。 그는 다른 사람과 대화할 때 언제나 깍듯해.
Tā hé biérén shuōhuà zǒngshì kèkeqìqì de.

不客气，我们俩谁跟谁呀? 별말씀을요. 우리 사이에.
Bú kèqi, wǒmen liǎ shéi gēn shéi ya?

她很客气地拒绝了我们的请求。 그녀는 우리의 부탁을 정중하게 거절하더라고.
Tā hěn kèqi de jùjuéle wǒmen de qǐngqiú.

08 懒 lǎn 휑 게으르다, 나태하다

懒得很 lǎn de hěn 몹시 게으르다

懒得要命 lǎn de yàomìng 너무 게으르다

懒惯了 lǎnguàn le 게으름이 몸에 배다

偷懒 tōulǎn 게으름 피우다, 꾀부리다

好吃懒做 hàochī lǎnzuò
먹기만 좋아하고 일은 게을리하다

他从小懒惯了，家里的事，从来不管。 그는 어릴 때부터 게으름이 몸에 배서, 집안일에 늘 나몰라라 한다.
Tā cóngxiǎo lǎnguàn le, jiā li de shì, cónglái bù guǎn.

我同事特别喜欢偷懒，但是很会装。 내 동료는 꾀를 엄청 부리는데, 아닌 척을 해 댄다니까.
Wǒ tóngshì tèbié xǐhuan tōulǎn, dànshì hěn huì zhuāng.

我就没见过像你这么懒的人，我服了你了! 나는 너처럼 게으른 사람을 본 적이 없어. 너한테 졌다 졌어!
Wǒ jiù méi jiànguo xiàng nǐ zhème lǎn de rén, wǒ fúle nǐ le!

➕ 懒得 + 동작
회화에서 많이 쓰는 표현으로 '~하기 귀찮아하다'의 뜻으로 쓰인다.
今天太累了，懒得起床。 오늘은 너무 피곤해서 일어나기 싫어.
外边下雨，我懒得出去。 밖에 비가 와서 나가기 귀찮아.

09 老实 lǎoshi 휑 성실하다, 정직하다, 점잖다, 얌전하다, 고분고분하다

说老实话 shuō lǎoshi huà 솔직히 말해서

不老实 bù lǎoshi 얌전하지 않다

老实人 lǎoshi rén 정직한 사람, 점잖은 사람

老老实实 lǎolaoshíshí 몹시 성실하다, 온순하다

他很老实，从来不给别人添麻烦。 그는 착해서 절대로 다른 사람에게 누를 끼치는 법이 없다.
Tā hěn lǎoshi, cónglái bù gěi biérén tiān máfan.

说老实话，我这人有点外貌协会。 솔직히 말해서, 나는 좀 외모지상주의야.
Shuō lǎoshihuà, wǒ zhè rén yǒudiǎn wàimào xiéhuì.

表弟是个老实人不会撒谎。 사촌 동생은 정직한 사람이라 거짓말을 못한다.
Biǎodì shì ge lǎoshi rén bú huì sāhuǎng.

10 礼貌 lǐmào 명 예의 형 예의 바르다, 예의 있다

有礼貌 yǒu lǐmào 예의 바르다

没有礼貌 méiyǒu lǐmào 예의가 없다

讲礼貌 jiǎng lǐmào 예의 바르다

不讲礼貌 bù jiǎng lǐmào 예의가 없다

不礼貌 bù lǐmào 예의가 아니다

懂礼貌 dǒng lǐmào 예의 바르다

不懂礼貌 bù dǒng lǐmào 예의가 없다

讲究礼貌 jiǎngjiū lǐmào 예의를 중시하다

礼貌待人 lǐmào dàirén 예의 바르게 사람을 대하다

礼貌语言 lǐmào yǔyán 예의 바른 언어

她对长辈很有礼貌，待朋友慷慨大方。 그녀는 윗사람에게는 깍듯하고, 친구들에게는 관대하다.
Tā duì zhǎngbèi hěn yǒu lǐmào, dài péngyou kāngkǎi dàfang.

这孩子不讲礼貌，见了老奶奶也没大没小。 이 아이는 예의가 없어. 할머니를 보고도 위아래도 모르고.
Zhè háizi bù jiǎng lǐmào, jiànle lǎo nǎinai yě méidà méixiǎo.

希望你做一个讲文明懂礼貌的人。 네가 교양 있고 예의 바른 사람이 되었으면 해.
Xīwàng nǐ zuò yí ge jiǎng wénmíng dǒng lǐmào de rén.

➕ 讲礼貌 jiǎng lǐmào 예의 바르다
'예의 바르다'고 표현할 때는 동사 '说'를 쓰지 않고, '讲'을 쓴다는 것에 주의하자. 마찬가지로, '예의 바르지 않다'라고 할 때는 '不说礼貌'가 아니라 **不讲礼貌**라고 해야 맞다.

11 美丽 měilì 형 아름답다, 미려하다

美丽的姑娘 měilì de gūniang 아름다운 아가씨

美丽的风景 měilì de fēngjǐng 아름다운 풍경

美丽的城市 měilì de chéngshì 아름다운 도시

美丽的传说 měilì de chuánshuō 아름다운 전설

美丽的花朵 měilì de huāduǒ 아름다운 꽃송이

山水美丽 shānshuǐ měilì 산수가 아름답다

美丽善良 měilì shànliáng 아름답고 어질다

美丽动人 měilì dòngrén 매우 아름답다

你的微笑，像春天里的花一样美丽。 너의 미소는 봄의 꽃처럼 아름답구나.
Nǐ de wēixiào, xiàng chūntiān li de huā yíyàng měilì.

刘涛是一位又美丽又善良的姑娘。 리우타오는 아름답고 착한 아가씨이다.
Liú Tāo shì yí wèi yòu měilì yòu shànliáng de gūniang.

杭州西湖是个美丽的地方。 항저우 시후는 아름다운 곳이다.
Hángzhōu Xīhú shì ge měilì de dìfang.

➕ 美丽 měilì 아름답다 **VS** 漂亮 piàoliang 예쁘다
- '**美丽**'는 주로 풍경이나, 경치 등에 많이 쓰고 '**漂亮**'은 복식이나 물품, 건축물에 쓴다.
  漂亮的传说（X）美丽的传说（O）아름다운 전설
- '**美丽**'는 여성을 형용할 때만 쓰지만 '**漂亮**'은 수식하는 대상의 성별 제한이 없다.
  美丽的小伙子（X）美丽的姑娘（O）아름다운 아가씨

12 内向 nèixiàng 톙 내성적이다　　　　外向 wàixiàng 톙 외향적이다

性格内向 xìnggé nèixiàng 성격이 내성적이다
有点儿内向 yǒudiǎnr nèixiàng 조금 내성적이다
内向的人 nèixiàng de rén 내성적인 사람

性格外向 xìnggé wàixiàng 성격이 외향적이다
外向活泼 wàixiàng huópō 외향적이고 활발하다
外向的人 wàixiàng de rén 외향적인 사람

我性格内向，不善于表达自己。나는 성격이 내성적이라 표현에 서툴러.
Wǒ xìnggé nèixiàng, bú shànyú biǎodá zìjǐ.
咱家老二性格外向活泼，喜欢交朋友。우리 둘째 애는 성격이 외향적이고 활발해 친구 사귀는 걸 좋아해.
Zán jiā lǎo'èr xìnggé wàixiàng huópō, xǐhuan jiāo péngyou.

13 胖 pàng 톙 뚱뚱하다

胖一点 pàng yìdiǎn 통통하다
吃不胖 chībupàng 먹어도 살이 안 찌다
发胖 fāpàng 살 찌다, 살이 붙다
胖起来 pàng qǐlái 살이 찌다

胖不起来 pàng buqǐlái 살이 안 찌다
胖下去 pàng xiàqù 계속 살이 찌다
不胖也不瘦 bú pàng yě bú shòu
뚱뚱하지도 마르지도 않다

胖一点其实挺可爱的嘛。통통하면 사실 참 귀엽잖아.
Pàng yìdiǎn qíshí tǐng kě'ài de ma.
胖就胖吧，无所谓了。살 좀 찌면 어때. 괜찮아.
Pàng jiù pàng ba, wúsuǒwèi le.
嫂子生了孩子以后就胖起来了。새언니는 아이를 낳고는 살이 찌기 시작했어.
Sǎozi shēngle háizi yǐhòu jiù pàng qǐlái le.

➕ 胖 pàng 뚱뚱하다 VS 肥 féi 뚱뚱하다, 넉넉하다
'胖'은 보통 사람에 쓰고, '肥'는 동물, 의류, 풍토 등에 쓴다.
谁敢说你胖?누가 너더러 살쪘대? | 这只羊很肥啊。이 양은 토실토실하군. | 大衣有点儿肥。코트가 좀 벙벙한데.

14 脾气 píqi 톙 성격, 기질, 성깔, 화를 잘 내는 성질

发脾气 fā píqi 성질 부리다, 화를 내다
耍脾气 shuǎ píqi 화내다, 짜증 내다
闹脾气 nào píqi 생떼를 쓰다, 어리광 부리다

没脾气 méi píqi 성질이 없다
脾气好 píqi hǎo 성격이 좋다, 비위가 좋다
脾气很急 píqi hěn jí 성질이 급하다

不要发脾气，有话好好儿说。성질 내지 말고, 할 말 있으면 알아듣게 이야기해 보렴.
Búyào fā píqi, yǒu huà hǎohāor shuō.
我不是没脾气，只是不轻易发脾气。나라고 성질이 없겠니, 함부로 화를 안 내는 것뿐이지.
Wǒ bú shì méi píqi, zhǐshì bù qīngyì fā píqi.
她脾气超级好，我从来没有看过她生气。그 애는 성격이 얼마나 좋은지, 나는 그 애가 성내는 걸 한 번도 못 봤어.
Tā píqi chāojí hǎo, wǒ cónglái méiyǒu kànguo tā shēngqì.

15 漂亮 piàoliang 휑예쁘다, 아름답다 휑(일 처리, 행동, 스포츠 등이) 뛰어나다, 훌륭하다

长得很漂亮 zhǎng de hěn piàoliang 예쁘게 생기다
风景很漂亮 fēngjǐng hěn piàoliang 풍경이 아름답다
漂亮的衣服 piàoliang de yīfu 예쁜 옷

漂亮的女孩儿 piàoliang de nǚháir 예쁜 여자아이
漂亮的房子 piàoliang de fángzi 멋진 집
球打得很漂亮 qiú dǎ de hěn piàoliang 경기가 훌륭하다

她长得很漂亮，性格也很温柔。 그 애는 예쁘고 성격도 다정하다.
Tā zhǎng de hěn piàoliang, xìnggé yě hěn wēnróu.

看过很多红叶，这里的最漂亮。 단풍을 많이 봤지만, 이곳의 단풍이 가장 아름답다.
Kànguo hěn duō hóngyè, zhèli de zuì piàoliang.

这场球打得太漂亮了。 이번 경기는 정말 훌륭했어.
Zhè chǎng qiú dǎ de tài piàoliang le.

佛莱迪能说一口漂亮的法语和德语。 프레디는 불어와 독일어를 유창하게 할 수 있다.
Fóláidí néng shuō yìkǒu piàoliang de Fǎyǔ hé Déyǔ.

16 谦虚 qiānxū 휑겸손하다, 겸허하다

谦虚的态度 qiānxū de tàidù 겸손한 태도
谦虚的人 qiānxū de rén 겸손한 사람

过分谦虚 guòfèn qiānxū 지나치게 겸손하다
不谦虚 bù qiānxū 겸손하지 않다

人不能过分谦虚，过分谦虚就是虚伪。 사람이 너무 겸손해도 안 돼. 너무 겸손하면 위선이라고.
Rén bù néng guòfèn qiānxū, guòfèn qiānxū jiù shì xūwěi.

家明这次考了全校第一名，他还是那么谦虚。 지아밍은 이번에 전교 일등을 했는데도, 그렇게 겸손하다.
Jiāmíng zhè cì kǎole quán xiào dì yī míng, tā háishi nàme qiānxū.

她从来不谦虚，她的性格耿直，做事我行我素。 그녀는 겸손이란 걸 몰라, 성격은 꼬장꼬장하고 자기 고집대로만 일을 한다니까.
Tā cónglái bù qiānxū, tā de xìnggé gěngzhí, zuòshì wǒxíng wǒsù.

17 亲切 qīnqiè 휑친근하다, 친절하다, 다정하다

亲切得很 qīnqiè de hěn 아주 친절하다
亲切热情 qīnqiè rèqíng 친절하고 자상하다
亲切的声音 qīnqiè de shēngyīn 다정한 목소리
亲切的笑容 qīnqiè de xiàoróng 다정한 미소

亲切地慰问 qīnqiè de wèiwèn 심심한 위로를 하다
亲切地回答 qīnqiè de huídá 친절하게 대답하다
亲切地迎接 qīnqiè de yíngjiē 반갑게 맞이하다
亲切关怀 qīnqiè guānhuái 친절을 베풀다

他对所有人都亲切热情，而且温文尔雅。 그는 모든 이에게 친절하고 자상하면서도 기품이 있다.
Tā duì suǒyǒu rén dōu qīnqiè rèqíng, érqiě wēnwén ěryǎ.

她那亲切的笑容，让我感到无比的温暖。 그녀의 다정한 미소에 내 마음이 한없이 따뜻해졌다.
Tā nà qīnqiè de xiàoróng, ràng wǒ gǎndào wúbǐ de wēnnuǎn.

校长亲切地慰问受灾学生。 교장 선생님은 재해를 입은 학생들에게 심심한 위로를 하셨다.
Xiàozhǎng qīnqiè de wèiwèn shòuzāi xuéshēng.

18 勤奋 qínfèn 阌 근면하다, 꾸준하다, 열심이다

勤奋学习 qínfèn xuéxí 열심히 공부하다	勤奋认真 qínfèn rènzhēn 근면 성실하다
勤奋的人 qínfèn de rén 근면한 사람	不够勤奋 búgòu qínfèn 그리 부지런하지 않다
勤奋地工作 qínfèn de gōngzuò 부지런히 일하다	更加勤奋 gèngjiā qínfèn 더 노력하다

我只是比你更勤奋一些而已。 나는 그저 너보다 조금 더 부지런할 뿐이야.
Wǒ zhǐ shì bǐ nǐ gèng qínfèn yìxiē éryǐ.

从此她更加勤奋学习，苦练基本功。 그때부터 그녀는 더 열심히 공부하면서 기본기를 닦았다.
Cóngcǐ tā gèngjiā qínfèn xuéxí, kǔ liàn jīběngōng.

他默默地、勤奋地工作着。 그는 묵묵히 부지런하게 일만 하고 있다.
Tā mòmò de、qínfèn de gōngzuòzhe.

✚ 2음절 형용사는 모두 중첩이 될까?
대답은 No! 다음에 제시한 단어들은 2음절 형용사이지만 중첩형으로 쓰지 않는다.

勤奋 qínfèn 부지런하다 ｜ 美丽 měilì 아름답다 ｜ 方便 fāngbiàn 편리하다

公平 gōngpíng 공평하다 ｜ 年轻 niánqīng 젊다 ｜ 容易 róngyì 쉽다 ｜ 亲切 qīnqiè 친절하다

19 傻 shǎ 阌 멍청하다, 어리석다, 고집스럽다, 융통성이 없다

傻极了 shǎ jí le 너무 멍청하다	傻小子 shǎ xiǎozi 멍청한 녀석, 답답한 놈
傻乎乎的 shǎhūhū de 바보스럽다	傻里傻气 shǎlishǎqì 어리숙하다, 맹하다
犯傻了 fànshǎ le 바보짓을 하다, 의뭉을 떨다	装傻 zhuāng shǎ 바보인 척하다

都说你傻，我看你一点儿也不傻。 다들 네가 바보같다 하지만, 내가 보기에는 조금도 바보스럽지 않아.
Dōu shuō nǐ shǎ, wǒ kàn nǐ yìdiǎnr yě bù shǎ.

他说话做事情都是这样傻里傻气的。 저 애는 말하는 것도 일하는 것도 다 맹한 구석이 있어.
Tā shuōhuà zuò shìqing dōu shì zhèyàng shǎlishǎqì de.

别装傻了，你做的事我们都知道。 바보인 척하지 말라고. 자네가 한 일을 우리가 다 알고 있으니까.
Bié zhuāng shǎ le, nǐ zuò de shì wǒmen dōu zhīdào.

20 善良 shànliáng 阌 착하다, 어질다, 선량하다

心地善良 xīndì shànliáng 마음씨가 착하다	为人善良 wéirén shànliáng 사람이 착하다
善良的心 shànliáng de xīn 선량한 마음씨	善良的人 shànliáng de rén 착한 사람
不善良 bú shànliáng 착하지 않다	善良得很 shànliáng de hěn 매우 착하다

她心地善良，善解人意。 그녀는 마음씨가 착하고, 사람의 속마음을 잘 헤아린다.
Tā xīndì shànliáng, shàn jiě rényì.

我昨天才发现他一点儿也不善良。 나는 어제서야 그 사람이 전혀 착하지 않다는 걸 알았지 뭐니.
Wǒ zuótiān cái fāxiàn tā yìdiǎnr yě bú shànliáng.

为什么善良的人容易受骗呢？ 왜 착한 사람이 쉽게 잘 속는 걸까?
Wèi shéme shànliáng de rén róngyì shòupiàn ne?

21 瘦 shòu ⑧마르다, 여위다 ⑧(옷, 신발, 양말 등이) 꼭 끼다, 작다

又矮又瘦 yòu ǎi yòu shòu 작고 마르다

瘦瘦的 shòushòu de 깡마르다, 여위다

瘦了一圈 shòule yì quān 바짝 마르다

瘦了六斤 shòule liù jīn 살이 3kg 빠졌다

瘦一点儿 shòu yìdiǎnr 약간 말랐다, 몸에 약간 낀다

瘦衣服 shòu yīfu 끼는 옷

我弟弟瘦瘦的，怎么吃都胖不起来。 내 동생은 깡말랐는데, 아무리 먹어도 살이 안 쪄.
Wǒ dìdi shòushòu de, zěnme chī dōu pàng bu qǐlái.

最近我在减肥，已经瘦了六斤。 요즈음 내가 다이어트 중이거든. 벌써 3kg 빠졌어.
Zuìjìn wǒ zài jiǎnféi, yǐjīng shòule liù jīn.

这条裤子穿着瘦了点儿。 이 바지 좀 끼는데.
Zhè tiáo kùzi chuānzhe shòule diǎnr.

22 帅 shuài ⑧멋있다, 잘생기다

帅小伙儿 shuài xiǎohuǒr 잘생긴 청년

帅呆了 shuàidāi le 정말 잘생겼다

长得很帅 zhǎng de hěn shuài 잘생겼다

又高又帅 yòu gāo yòu shuài 키가 크고 멋있다

我第一眼就喜欢上这个帅小伙儿了。 나는 이 멋진 청년한테 한눈에 반했다.
Wǒ dì yī yǎn jiù xǐhuan shàng zhè ge shuài xiǎohuǒr le.

帅呆了，酷毙了！ 정말 잘생겼고, 멋지다!
Shuàidāi le, kùbì le!

他又高又帅又体贴，简直完美！ 그 사람은 키도 크고, 잘생기고, 자상하기까지, 정말이지 완벽해!
Tā yòu gāo yòu shuài yòu tǐtiē, jiǎnzhí wánměi!

23 坦率 tǎnshuài ⑧솔직하다, 정직하다

为人坦率 wéirén tǎnshuài 사람이 솔직하다

坦率地承认 tǎnshuài de chéngrèn 솔직히 시인하다

坦率地说 tǎnshuài de shuō 솔직히 말하다

坦率的言行 tǎnshuài de yánxíng 솔직한 언행

真诚坦率的人最容易受到信任。 진실되고 정직한 사람이 가장 쉽게 신임을 받는다.
Zhēnchéng tǎnshuài de rén zuì róngyì shòudào xìnrèn.

她坦率地承认了自己的错误。 그녀는 자신의 잘못을 솔직히 시인했다.
Tā tǎnshuài de chéngrènle zìjǐ de cuòwù.

24 体贴 tǐtiē 동 자상하게 돌보다, 살뜰히 보살피다, 극진히 배려하다

体贴别人 tǐtiē biérén 남을 챙기다, 보살피다

互相体贴 hùxiāng tǐtiē 서로 챙겨 주다

体贴和关怀 tǐtiē hé guānhuái 보살핌과 배려

体贴入微 tǐtiē rùwēi 극진히 돌보다

他从小就知道体贴父母。그는 어릴 때부터 부모님을 챙길 줄 알았다.
Tā cóngxiǎo jiù zhīdào tǐtiē fùmǔ.

非常感谢老师对我的体贴和关怀。선생님의 보살핌과 배려에 진심으로 감사드립니다.
Fēicháng gǎnxiè lǎoshī duì wǒ de tǐtiē hé guānhuái.

25 调皮 tiáopí 형 장난치다, 까불다, 빤질거리다, 고분고분하지 않다

调皮极了 tiáopí jí le 몹시 까불다

调皮的孩子 tiáopí de háizi 장난꾸러기

调皮得很 tiáopí de hěn 빤질거리다

调皮捣蛋 tiáopí dǎodàn 까불고 말썽부리다

占·基利调皮地朝我们扮了一个鬼脸。짐 캐리는 까불며 우리를 향해 짓궂은 표정을 지어 보였다.
Zhàn Jīlì tiáopí de cháo wǒmen bànle yí ge guǐliǎn.

这个孩子越大就越调皮，越来越不听话。이 녀석은 클수록 장난이 심해지고, 갈수록 말도 안 들어.
Zhè ge háizi yuè dà jiù yuè tiáopí, yuèláiyuè bù tīnghuà.

26 为人 wéirén 명 사람 됨됨이, 인간성, 위인, 인품

为人真诚 wéirén zhēnchéng 사람이 진국이다

为人大方 wéirén dàfang 시원시원하다, 통이 크다

为人朴实 wéirén pǔshí 인품이 소박하다

他的为人 tā de wéirén 그의 인품

张国力为人很好，学问很好，也有修养。장구어리는 사람이 좋고, 학식은 물론 교양까지 있다.
Zhāng Guólì wéirén hěn hǎo, xuéwen hěn hǎo, yě yǒu xiūyǎng.

丽丽不仅业务能力强，关键为人大方，待人和善。리리는 업무 능력도 뛰어나지만, 결정적으로 시원시원하고, 사람들에게 상냥하다.
Lìli bùjǐn yèwù nénglì qiáng, guānjiàn wéirén dàfang, dàirén héshàn.

27 温柔 wēnróu 형 순하다, 상냥하다, 온유하다

性格温柔 xìnggé wēnróu 성격이 온순하다

温柔细腻 wēnróu xìnì 온화하고 세심하다

温柔的一面 wēnróu de yímiàn 따뜻한 면

温柔的目光 wēnróu de mùguāng 그윽한 눈빛

温柔的声音 wēnróu de shēngyīn 부드러운 목소리

温柔的表情 wēnróu de biǎoqíng 온화한 표정

安然的性格非常温柔细腻，很会照顾人。안란의 성격이 온화하고 세심해서 다른 사람을 잘 챙긴다.
Ānrán de xìnggé fēicháng wēnróu xìnì, hěn huì zhàogù rén.

她既有温柔的一面，也有厉害的一面。그녀는 부드러운 면도 있고, 모진 면도 있다.
Tā jì yǒu wēnróu de yímiàn, yě yǒu lìhai de yímiàn.

她常常用温柔的目光来看着我。그녀는 때때로 그윽한 눈빛으로 나를 바라본다.
Tā chángcháng yòng wēnróu de mùguāng lái kànzhe wǒ.

28 孝顺 xiàoshùn 图 효도하다 图 효성스럽다

孝顺父母 xiàoshùn fùmǔ 부모님께 효도하다
孝顺公婆 xiàoshùn gōngpó 시부모님께 효도하다

孝顺的孩子 xiàoshùn de háizi 효성스런 아이
不孝顺 bú xiàoshùn 불효하다

他是一个孝顺的孩子，从来不惹事生非，很乖巧。 저 아이는 효성스런 아이로, 말썽 한 번 안 부리고 얌전하다.
Tā shì yí ge xiàoshùn de háizi, cónglái bù rěshì shēngfēi, hěn guāiqiǎo.

孝不孝顺，其实和能力没多大关系，关键看有没有心。
Xiào bú xiàoshùn, qíshí hé nénglì méi duōdà guānxi, guānjiàn kàn yǒu méiyǒu xīn.
효도와 불효는 사실 능력과는 크게 상관없어. 마음이 있느냐 없느냐가 중요하지.

29 幽默 yōumò 图 익살맞다, 익살스럽다

太幽默了 tài yōumò le 유머가 뛰어나다
幽默风趣 yōumò fēngqù 유머러스하다
缺乏幽默 quēfá yōumò 유머 감각이 부족하다

幽默感 yōumògǎn 유머 감각
幽默的语言 yōumò de yǔyán 기지 넘치는 말
谈吐幽默 tántǔ yōumò 재미있게 이야기하다

葛优太幽默了，不动声色，让人笑得前仰后合。 거여우는 유머가 넘쳐서, 표정도 안 바꾸고 사람을 배꼽 잡게 만든다.
Gé Yōu tài yōumò le, búdòng shēngsè, ràng rén xiào de qiányǎng hòuhé.

宋丹丹幽默风趣，大家都喜欢和她聊天。 쑹딴딴은 유머러스해서, 다들 그녀와 얘기하고 싶어한다.
Sòng Dāndān yōumò fēngqù, dàjiā dōu xǐhuan hé tā liáotiān.

30 自私 zìsī 图 이기적이다

自私的人 zìsī de rén 이기적인 사람
自私的想法 zìsī de xiǎngfǎ 이기적인 생각
自私自利 zìsī zìlì 이기적이다, 사리사욕을 채우다

显得自私 xiǎnde zìsī 이기적으로 보이다
过于自私 guòyú zìsī 지나치게 이기적이다
自私得厉害 zìsī de lìhai 몹시 이기적이다

他小气、吝啬而自私，没有人喜欢他。 쟤는 속도 좁고, 인색한데다 이기적이라 아무도 안 좋아해.
Tā xiǎoqì, lìnsè ér zìsī, méiyǒu rén xǐhuan tā.

我知道，这是很自私的想法。 나도 이게 이기적인 생각이란 걸 알아.
Wǒ zhīdào, zhè shì hěn zìsī de xiǎngfǎ.

在这件事上，他就是自私自利的小人。 이 일에 있어서 만큼은 그는 자신의 이익만 챙기는 소인배였다.
Zài zhè jiàn shì shang, tā jiù shì zìsī zìlì de xiǎorén.

DAY 05

仗义 zhàngyì 혱 의리 있다

诚实 chéngshí 혱 성실하다

粗壮 cūzhuàng 혱 몸이 실하고 튼튼하다

乖 guāi 혱 얌전하다, 착하다, 말을 잘 듣다

活泼 huópō 혱 활발하다, 활기차다

英俊 yīngjùn 혱 영민하고 준수하다

开朗 kāilǎng 혱 낙관적이다, 명랑하다

笨 bèn 혱 어리석다, 멍청하다

吹牛 chuīniú 동 허풍 떨다

固执 gùzhi 혱 고집스럽다, 완고하다

狡猾 jiǎohuá 혱 교활하다

吝啬 lìnsè 혱 인색하다

挑剔 tiāoti 동 트집 잡다 혱 까다롭다

任性 rènxìng 혱 제멋대로 하다, 제 마음대로 하다

爱面子 ài miànzi 체면을 차리다

神秘 shénmì 혱 신비하다, 신비롭다

单纯 dānchún 혱 단순하다

优点 yōudiǎn 명 장점, 우수한 점

缺点 quēdiǎn 명 결점, 단점

魅力 mèilì 명 매력

酒窝(儿) jiǔwō(r) 명 보조개

高鼻梁 gāo bíliáng 우뚝 선 콧날

表情 biǎoqíng 명 표정

外貌 wàimào 명 외모

丑 chǒu 혱 못생기다, 추악하다

性格 xìnggé 명 성격, 성정

신조어

娃娃脸 wáwaliǎn 동안, 베이비 페이스

渣男 zhā nán 쓰레기 같은 남자

暖男 nuǎn nán 훈남

帅哥 shuàigē 잘생긴 남자

花花公子 huāhuā gōngzǐ 플레이보이

马大哈 mǎdàhā 명 덜렁꾼, 건성꾼

胆小鬼 dǎnxiǎoguǐ 명 겁쟁이

大胖子 dàpàngzi 뚱보

성어, 속담

表里不一 biǎolǐ bùyī 겉과 속이 다르다

冰雪聪明 bīngxuě cōngming 대단히 총명하다

丢三落四 diūsān làsì 건망증이 심하다, 실수가 잦다

浓眉大眼 nóngméi dàyǎn
진한 눈썹에 부리부리한 눈, 늠름한 남자

平易近人 píngyì jìnrén 붙임성이 좋다, 사귀기 쉽다

饶有风趣 ráoyǒu fēngqù 유머 감각이 풍부하다

舍己为人 shějǐ wèirén 남을 위해 자기의 이익을 버리다

小巧玲珑 xiǎoqiǎo línglóng 깜찍하고 귀엽다

心直口快 xīnzhí kǒukuài
성격이 솔직하고 입바른 소리를 잘한다

秀色可餐 xiùsè kěcān
(여자의 용모나 자연의 경치가) 매우 아름답다

以貌取人 yǐmào qǔrén
용모로 사람을 평가하다, 용모로 사람을 고르다

士为知己者死 shì wèi zhījǐzhě sǐ
선비는 자신을 알아 주는 이를 위해 죽는다

江山易改, 秉性难移 jiāngshān yì gǎi, bǐngxìng nán yí
강산은 쉽게 바뀌어도 사람의 본성은 바뀌기가 어렵다, 제 버릇 개 못 준다

路遥知马力, 日久见人心
lù yáo zhī mǎlì, rì jiǔ jiàn rénxīn
사람은 겪어 봐야 알고, 말은 타 보아야 안다

聪明反被聪明误 cōngming fǎn bèi cōngming wù
제 꾀에 넘어가다

따페이 훈련

너무 반갑다 **高兴极** X **高兴极了** O

01 安心 ānxīn 휑 안심하다, 마음 놓다

安下心来 ānxià xīn lái 마음을 놓다

安不下心 ānbuxià xīn 마음을 놓지 못하다

安心工作 ānxīn gōngzuò 안심하고 일하다

安心地休息 ānxīn de xiūxi 마음 편히 쉬다

拿到录取通知书，他终于安下心来了。 합격 통지서를 받고 나서야, 그는 마침내 마음이 놓였다.
Nádào lùqǔ tōngzhīshū, tā zhōngyú ānxià xīn lái le.

家里一切都好，爸爸您安心工作吧。 가족들 다 잘 있으니까, 아빠는 안심하고 일하세요.
Jiā li yíqiè dōu hǎo, bàba nín ānxīn gōngzuò ba.

你呀，就安心地休息吧。 Nǐ ya, jiù ānxīn de xiūxi ba. 얘야, 마음 편히 쉬렴.

➕ **安心** ānxīn 마음을 놓다 **VS 放心** fàngxīn 마음을 놓다, 걱정하지 않다
'安心'은 '일적인 면'에 대해서만 '마음을 놓다'라는 뜻으로 쓰이는 반면, '放心'은 '사람과 일' 두 가지 방면에 모두 쓰인다. 이밖에 '放心'에는
'걱정하지 않다'라는 뜻도 들어 있다.
安心学习 안심하고 공부하다 | 不放心你 네가 마음에 걸려 | 我就放心了 마음 놓을게

02 抱怨 bàoyuàn 동 (마음에 불만이 있어) 원망하다, 불평하다, 탓하다

抱怨别人 bàoyuàn biérén 남을 원망하다

互相抱怨 hùxiāng bàoyuàn 서로 원망하다

抱怨起来 bàoyuàn qǐlái 불평하기 시작하면

从不抱怨 cóng bú bàoyuàn 한 번도 원망을 안 하다

他总是抱怨别人的不好。 그는 늘 남의 잘못을 탓한다.
Tā zǒngshì bàoyuàn biérén de bù hǎo.

她一抱怨起来，就没完没了。 그녀는 불평을 늘어놓기 시작하면 끝이 없어.
Tā yí bàoyuàn qǐlái, jiù méiwán méi liǎo.

生活中，多多少少都会出现抱怨的事情。 살다 보면 어느 정도는 원망할 일이 생기게 되기 마련이다.
Shēnghuó zhōng, duōduō shǎoshǎo dōu huì chūxiàn bàoyuàn de shìqing.

03 不安 bù'ān 휑 (마음이) 편안하지 않다, 불안하다

感到不安 gǎndào bù'ān 불안해하다

不安起来 bù'ān qǐlái 불안해지다

真是不安 zhēnshi bù'ān 많이 불안하다

坐立不安 zuòlì bù'ān 안절부절 못하다

忐忑不安 tǎntè bù'ān 안절부절 못하다

不安的心情 bù'ān de xīnqíng 불안한 마음

听到这坏消息，我感到不安。 이 나쁜 소식을 듣고 나는 불안해졌다.
Tīngdào zhè huài xiāoxi, wǒ gǎndào bù'ān.

在重要考试的前几天，我就坐立不安。 중요한 시험을 며칠 앞두고 있으면 나는 불안해져.
Zài zhòngyào kǎoshì de qián jǐ tiān, wǒ jiù zuòlì bù'ān.

04 不满 bùmǎn 웹 불만족하다, 불만스럽다

不满情绪 bùmǎn qíngxù 불만스런 감정

一直很不满 yìzhí hěn bùmǎn 계속 불만스럽다

特别不满 tèbié bùmǎn 대단히 불만스럽다

对 duì + 대상 + 的不满 de bùmǎn ~에 대한 불만

不满地说 bùmǎn de shuō 불만조로 말하다

不满地回答 bùmǎn de huídá 시큰둥하게 대답하다

她说了一大堆对我的不满。 Tā shuōle yí dà duī duì wǒ de bùmǎn. 그녀는 나에 대한 불만을 한바탕 쏟아 냈다.

武松不满宋江已经不是一天两天了。 우쑹이 쏭지앙에 불만을 가진 게 하루 이틀이 아니야.
Wǔ Sōng bùmǎn Sòng Jiāng yǐjīng bú shì yì tiān liǎng tiān le.

05 惭愧 cánkuì 웹 (결점이 있거나, 잘못을 저질러서) 부끄럽다, 송구스럽다

惭愧地低头 cánkuì de dītóu 부끄러워하며 고개를 숙이다

惭愧不已 cánkuì bùyǐ 부끄럽기 그지없다

感到惭愧 gǎndào cánkuì 부끄럽게 여기다

惭愧极了 cánkuì jí le 몹시 송구스럽다

他惭愧地低着头，眼帘也不敢抬。 Tā cánkuì de dīzhe tóu, yǎnlián yě bùgǎn tái. 그는 부끄러워 고개를 숙인 채, 눈도 못 맞추었다.

这次考试又考砸了，我感到十分惭愧。 이번 시험을 또 망쳐서, 마음이 천근만근이야.
Zhè cì kǎoshì yòu kǎozá le, wǒ gǎndào shífēn cánkuì.

06 操心 cāoxīn 동 마음을 쓰다, 걱정하다, 애태우다

白操心 bái cāoxīn 괜히 걱정하다

瞎操心 xiā cāoxīn 쓸데없이 애태우다

让人操心 ràng rén cāoxīn 걱정시키다

操了一辈子心 cāole yíbèizi xīn 평생 마음을 졸이다

咸吃萝卜淡操心 xián chī luóbo dàn cāoxīn
쓸데없이 걱정하다 [짠 무를 먹으며 싱거울까 걱정하다]

不要为未来的事儿瞎操心。 Búyào wèi wèilái de shìr xiā cāoxīn. 미래의 일로 쓸데없이 걱정하지 말라고.

妈，谢谢你为我们操了一辈子的心。 Mā, xièxie nǐ wèi wǒmen cāole yíbèizi de xīn. 엄마, 평생 저희들 걱정해 주셔서 감사해요.

你真是咸吃萝卜淡操心，没事儿就去睡吧。 너 정말 별 걱정을 다 한다. 할 일 없음 잠이나 주무시든가.
Nǐ zhēnshi xián chī luóbo dàn cāoxīn, méishìr jiù qù shuì ba.

07 吃惊 chījīng 동 깜짝 놀라다

吃了一惊 chīle yì jīng 깜짝 놀라다

大吃一惊 dà chī yì jīng 크게 놀라다

吃惊得很 chījīng de hěn 깜짝 놀라다

感到吃惊 gǎndào chījīng 많이 놀라다

令人吃惊 lìng rén chījīng 놀라게 하다

吃惊的样子 chījīng de yàngzi 깜짝 놀란 모습

这件事使她大吃一惊，吓得冷汗直流。 이 일로 그녀는 깜짝 놀라서 식은땀이 쫙 흘렀다.
Zhè jiàn shì shǐ tā dà chī yì jīng, xià de lěnghàn zhí liú.

牛郎吃惊得瞪大了眼睛。 Niúláng chījīng de dèngdàle yǎnjing. 견우는 놀라서 눈을 동그랗게 떴다.

瑞莲带来了令人吃惊的惊喜。 Ruìlián dàiláile lìng rén chījīng de jīngxǐ. 서연이는 깜짝 놀랄 만한 기쁜 소식을 들고 왔다.

08 担心 dānxīn 통(마음이 안 놓여) 걱정하다

不用担心 búyòng dānxīn 걱정할 필요 없다
担心得不得了 dānxīn de bùdeliáo 몹시 걱정하다
担心地问 dānxīn de wèn 걱정스럽게 묻다

担心地看 dānxīn de kàn 걱정스럽게 쳐다보다
担心的事 dānxīn de shì 걱정되는 일
担了半天心 dānle bàntiān xīn 한참을 걱정하다

我担心的事终于发生了。 내가 걱정했던 일이 결국 발생했어.
Wǒ dānxīn de shì zhōngyú fāshēng le.

如果你竭尽全力，你就不用担心失败。 최선을 다했다면, 실패에 대한 걱정은 안 해도 된다.
Rúguǒ nǐ jiéjìn quánlì, nǐ jiù búyòng dānxīn shībài.

09 倒霉 dǎoméi 형 재수 없다, 운수가 사납다

倒霉透了 dǎoméi tòu le 대단히 재수 없다
真倒霉 zhēn dǎoméi 정말 재수 없다
倒了霉了 dǎole méi le 재수 없다

倒了大霉 dǎole dà méi 운수가 사납다
倒八辈子霉 dǎo bābèizi méi 재수에 옴 붙었다
倒霉的事 dǎoméi de shì 재수 없는 일

倒了霉了，车钥匙丢了。 Dǎole méi le, chē yàoshi diū le. 재수 없게, 자동차 열쇠를 잃어버렸어.

最近我经常遇到倒霉的事。 Zuìjìn wǒ jīngcháng yùdào dǎoméi de shì. 요즘 계속 재수 없는 일을 당하네.

10 得意 déyì 형 의기양양하다, 득의양양하다, 거들먹거리다

十分得意 shífēn déyì 굉장히 의기양양하다
得意的样子 déyì de yàngzi 거들먹거리는 모습

得意地告诉 déyì de gàosu 득의양양하게 알리다
得意忘形 déyì wàngxíng 기쁜 나머지 자기 자신을 잊다

他取得一点好成绩，就开始得意了。 그는 조금 좋은 성적을 거두었다고, 우쭐대기 시작했다.
Tā qǔdé yìdiǎn hǎo chéngjì, jiù kāishǐ déyì le.

瞧她得意的样子，真可笑! 거들먹거리는 모양새하고는, 웃기지도 않네!
Qiáo tā déyì de yàngzi, zhēn kěxiào!

11 放心 fàngxīn 통 마음을 놓다, 안심하다, 걱정하지 않다

很不放心 hěn bú fàngxīn 몹시 마음이 안 놓이다
一百个放心 yìbǎi ge fàngxīn 아주 안심하다

放不下心 fàngbuxià xīn 마음을 놓을 수 없다
放得下心 fàngdexià xīn 마음을 놓다

请放心，到时候我一定来接你。 안심하세요. 그 시간에 제가 꼭 모시러 올게요.
Qǐng fàngxīn, dào shíhou wǒ yídìng lái jiē nǐ.

嘿嘿，大姐办事我一百个放心。 헤헤, 누님 일 처리 하시는 거야 제가 백 퍼센트 안심하죠.
Hēi hēi, dàjiě bànshì wǒ yìbǎi ge fàngxīn.

孩子放学没回家，妈妈还是放不下心。 아이가 방과 후에 집에 돌아오지 않아, 엄마는 마음을 놓을 수가 없다.
Háizi fàngxué méi huí jiā, māma háishi fàngbuxià xīn.

12 感激 gǎnjī 통 (호의, 도움에 대해) 감사하다

感激不尽 gǎnjī bùjǐn 감사할 따름이다

深深感激 shēnshēn gǎnjī 깊이 감사하다

感激万分 gǎnjī wànfēn 몹시 감사하다

感激之情 gǎnjī zhī qíng 감사의 마음

你能做到现在这样，我们已经很感激了。 지금처럼 해 주시는 것만 해도, 저희는 이미 감지덕지해요.
Nǐ néng zuòdào xiànzài zhèyàng, wǒmen yǐjīng hěn gǎnjī le.

我深深感激你对我的热心帮助。 온정을 베풀어 주심에 진심으로 감사드립니다.
Wǒ shēnshēn gǎnjī nǐ duì wǒ de rèxīn bāngzhù.

13 高兴 gāoxìng 형 기쁘다, 유쾌하다, 즐겁다 통 좋아하다, 즐거워하다

高兴极了 gāoxìng jí le 너무 기쁘다

高兴的样子 gāoxìng de yàngzi 기뻐하는 모습

高兴得不得了 gāoxìng de bùdeliǎo 몹시 기쁘다

不高兴 bù gāoxìng 즐겁지 않다

高兴的事 gāoxìng de shì 즐거운 일

感到高兴 gǎndào gāoxìng 기뻐하다

我听到这个好消息，高兴极了。 나는 이 좋은 소식을 듣고 너무 기뻤어.
Wǒ tīngdào zhè ge hǎo xiāoxi, gāoxìng jí le.

今天有什么高兴的事吗？ 오늘 뭐 기분 좋은 일 있어?
Jīntiān yǒu shénme gāoxìng de shì ma?

您先别高兴得太早，天上不会掉馅饼。 김칫국부터 마시지 말라고. 세상에 공짜는 없는 법이니까.
Nín xiān bié gāoxìng de tài zǎo, tiān shang bú huì diào xiànbǐng.

➕ 高兴极 gāoxìng jí **VS** 高兴极了 gāoxìng jí le

성질이나 상태를 나타내는 형용사나 동사 뒤에 '极了'를 붙여 정도가 아주 심함을 나타낼 수 있다. 여기에서 '极了'는 최상급을 표현하는 정도보어 역할을 하기 때문에 '极'만 단독으로 쓰지 않음에 주의한다.

高兴极 (X)　高兴极了 (O) 너무 기쁘다

14 害怕 hàipà 통 두려워하다, 무서워하다

害怕考试 hàipà kǎoshì 시험을 무서워하다

并不害怕 bìng bú hàipà 결코 무섭지 않다

害怕黑暗 hàipà hēi'àn 어둠을 무서워하다

叫人害怕 jiào rén hàipà 겁나게 하다

害怕失败 hàipà shībài 실패를 두려워하다

感到害怕 gǎndào hàipà 무섭다고 느끼다

深夜一个人走路，还真有点儿害怕。 한밤중에 혼자서 걸으면, 정말 좀 겁이 나.
Shēnyè yí ge rén zǒulù, hái zhēn yǒudiǎnr hàipà.

不要害怕失败，事在人为呢。 실패를 두려워하지 마. 다 사람 노력에 달려 있는 거니까.
Búyào hàipà shībài, shìzàirénwéi ne.

➕ 害怕 hàipà 두려워하다, 무서워하다 **VS** 怕 pà 근심하다, 걱정하다

'害怕'에는 '두려운 마음'이, '怕'에는 '걱정하는 마음' 이 들어있다.

我害怕狼。 나는 늑대가 무서워. │ 我怕你出事。 나는 너한테 무슨 일이 생길까 걱정이야.

15 害羞 hàixiū 图 (소심해서 실수할까 봐) 부끄러워하다, 수줍어하다, 낯가리다

不害羞 bú hàixiū 낯가리지 않다	害羞的事 hàixiū de shì 부끄러운 일
害羞地笑 hàixiū de xiào 수줍어하며 미소 짓다	不知道害羞 bù zhīdào hàixiū 부끄러움을 모르다

大家这么熟了, 害什么羞啊? Dàjiā zhème shú le, hài shénme xiū a? 다들 잘 아는 처지에, 수줍을 게 뭐 있어?

这不是害不害羞的事。Zhè bú shì hài bú hàixiū de shì. 이건 부끄럽고 말고 할 일이 아니야.

她红着脸, 腼腆地低下头, 害羞地笑了。그녀는 얼굴을 붉히며, 부끄러운 듯 고개를 떨구고는 수줍게 웃었다.
Tā hóngzhe liǎn, miǎntiǎn de dīxià tóu, hàixiū de xiào le.

16 恨 hèn 图 원망하다, 증오하다

恨死了 hèn sǐ le 죽도록 원망하다	并不恨 bìng bú hèn 악감정이 없다
恨得不得了 hèn de bùdeliǎo 매우 원망하다	恨敌人 hèn dírén 적을 증오하다

我恨你, 我恨死你了! Wǒ hèn nǐ, wǒ hèn sǐ nǐ le! 널 증오해, 죽도록 원망한다고!

他骗过我, 可我却并不恨他。Tā piànguo wǒ, kě wǒ què bìng bú hèn tā. 그는 나를 속였지만, 나는 그에게 악감정이 없어.

17 怀疑 huáiyí 图 의심하다

产生怀疑 chǎnshēng huáiyí 의심을 낳다	不必怀疑 búbì huáiyí 의심할 필요가 없다
消除怀疑 xiāochú huáiyí 의심을 풀다	怀疑别人 huáiyí biérén 다른 사람을 의심하다

这件事来去分明, 不必怀疑。이 일은 전말이 확실해서 의심할 필요가 없어요.
Zhè jiàn shì láiqù fēnmíng, búbì huáiyí.

不要乱去怀疑别人, 你看到听到不一定是事实。함부로 남을 의심하면 안 돼. 네가 보고 들은 것이 사실이 아닐 수도 있으니까.
Búyào luàn qù huáiyí biérén, nǐ kàndào tīngdào bù yídìng shì shìshí.

18 开心 kāixīn 图 유쾌하다, 즐겁다, 기분 좋다

开心地笑 kāixīn de xiào 유쾌하게 웃다	让 ràng + 사람 + 开心 kāixīn ~를 즐겁게 하다

妈妈摸着我的头开心地笑了。엄마는 내 머리를 쓰다듬으시며 기분 좋게 웃으셨다.
Māma mōzhe wǒ de tóu kāixīn de xiào le.

跳舞让我太开心了, 让我感到活着! 춤은 나를 너무 즐겁게 하고, 내가 살아 있음을 느끼게 한다.
Tiàowǔ ràng wǒ tài kāixīn le, ràng wǒ gǎndào huózhe!

19 可惜 kěxī 혱아깝다, 아쉽다, 애석하다

太可惜了 tài kěxī le 너무 안타깝다

真可惜 zhēn kěxī 정말 아깝다

并不可惜 bìng bù kěxī 결코 아쉽지 않다

可惜的事 kěxī de shì 애석한 일

错过这次机会，实在太可惜了。 Cuòguo zhè cì jīhuì, shízài tài kěxī le. 이런 기회를 놓치다니 너무 아깝다.

没关系，没有什么好可惜。 Méi guānxi, méiyǒu shénme hǎo kěxī. 괜찮아. 썩 아쉬울 것도 없어.

20 难过 nánguò 혱고통스럽다, 괴롭다, 슬프다, 상심하다

难过极了 nánguò jí le 너무 속상하다

难过的心情 nánguò de xīnqíng 괴로운 마음

感到难过 gǎndào nánguò 속상하다, 안타깝다

别难过了 bié nánguò le 괴로워 마라

我丢了很多钱，难过极了。 Wǒ diūle hěn duō qián, nánguò jí le. 돈을 많이 잃어버려서 속상해 죽겠어.

别难过了，过去的就让它过去吧，水不会倒流。 괴로워 말고 지나간 것은 잊어버려. 물이 거꾸로 흐르지는 못하잖아.
Bié nánguò le, guòqù de jiù ràng tā guòqù ba, shuǐ bú huì dàoliú.

21 怕 pà 동무서워하다, 두려워하다, 근심하다, 걱정되다

怕吃苦 pà chīkǔ 고생을 겁내다

怕起来 pà qǐlái 무서워지다

什么都不怕 shénme dōu bú pà 겁날 게 없다

天不怕，地不怕 tiān bú pà, dì bú pà
하늘도 땅도 무섭지 않다

只要和你在一起，我什么都不怕。 당신과 함께 할 수만 있다면, 저는 아무것도 두렵지 않아요.
Zhǐyào hé nǐ zài yìqǐ, wǒ shénme dōu bú pà.

小时候，天不怕地不怕，现在却很多都不敢做了。 어릴 때는 무서운 게 없었는데, 지금은 엄두를 못 내는 것들이 많아졌어.
Xiǎo shíhou, tiān bú pà dì bú pà, xiànzài què hěn duō dōu bùgǎn zuò le.

➕ '怕'의 다른 뜻
'怕'는 '~에 약하다, ~를 꺼리다'의 뜻으로 쓰이기도 한다.

怕热 더위를 타다 | 怕冷 추위를 타다 | 怕酸 신맛을 꺼리다

22 生气 shēngqì 동화내다, 성내다

生气的力气 shēngqì de lìqi 화낼 힘

生气的样子 shēngqì de yàngzi 화난 모습

生我的气 shēng wǒ de qì 나한테 화나다

容易生气 róngyì shēngqì 쉽게 화를 내다

不值得生气 bù zhíde shēngqì 화낼 가치가 없다

我现在连生气的力气都没有了。 Wǒ xiànzài lián shēngqì de lìqi dōu méiyǒu le. 내가 지금은 화낼 힘도 없어졌어.

兰兰，你还在生我的气吗？ Lánlán, nǐ hái zài shēng wǒ de qì ma? 란란, 너 아직도 나한테 화났어?

23 讨厌 tǎoyàn 휑 싫다, 밉다, 짜증 나다, 혐오스럽다 휑 성가시다, 귀찮다 동 미워하다, 혐오하다

讨厌死了 tǎoyàn sǐ le 짜증 나 죽겠어
够讨厌的 gòu tǎoyàn de 정말 혐오스럽다
令人讨厌 lìng rén tǎoyàn 미움을 사다, 미움을 받다

讨厌 tǎoyàn + 사람 ~를 미워하다
讨厌的事 tǎoyàn de shì 싫어하는 일
讨厌的问题 tǎoyàn de wèntí 골칫거리

这讨厌的鬼天气，天天下暴雨。 이 놈의 망할 날씨 같으니라고. 날마다 폭우가 내리네.
Zhè tǎoyàn de guǐ tiānqì, tiāntiān xià bàoyǔ.

今天遇到一件我特讨厌的事。 오늘 내가 특히 싫어하는 일이 생겼지 뭐야.
Jīntiān yùdào yí jiàn wǒ tè tǎoyàn de shì.

那些自以为是的人，真令人讨厌。 자기만 잘났다고 하는 사람들은 정말이지 얄미워.
Nàxiē zìyǐ wéishì de rén, zhēn lìng rén tǎoyàn.

24 同情 tóngqíng 동 동정하다, 공감하다

同情 tóngqíng + 사람 ~를 동정하다
同情心 tóngqíngxīn 동정심

值得同情 zhíde tóngqíng 동정할 만하다
表示同情 biǎoshì tóngqíng 동정하다, 공감하다

我们应该同情帮助处于困境中的人。 우리는 어려움에 처한 사람을 동정하고 도와야 해요.
Wǒmen yīnggāi tóngqíng bāngzhù chǔyú kùnjìng zhōng de rén.

他是个冷漠无情的人，连一点同情心都没有。 그는 냉정하고 무정해서, 일말의 동정심도 없다.
Tā shì ge lěngmò wúqíng de rén, lián yìdiǎn tóngqíngxīn dōu méiyǒu.

25 委屈 wěiqu 휑 (부당한 대우를 받아) 억울하다 동 섭섭하게 하다, 억울하게 하다

委屈 wěiqu + 사람 ~를 섭섭하게 하다
委屈的样子 wěiqu de yàngzi 억울해하는 모습

受了委屈 shòule wěiqu 억울한 일을 당하다
无比委屈 wúbǐ wěiqu 억울하기 짝이 없다

他们误解了宋佳，她感到十分委屈。 그들이 쏭지아를 오해하여, 쏭지아는 많이 억울했다.
Tāmen wùjiěle Sòng Jiā, tā gǎndào shífēn wěiqu.

对不起，我委屈你了。 Duìbuqǐ, wǒ wěiqu nǐ le. 미안해, 내가 널 섭섭하게 했구나.

他委屈得说不出话来，只是借酒浇愁。 그는 억울해서 말이 안 나와 술잔만 기울이고 있었다.
Tā wěiqu de shuōbuchū huà lái, zhǐshì jiè jiǔ jiāo chóu.

26 吓 xià 동 놀라다, 두려워하다

吓坏了 xiàhuài le 깜짝 놀라다
吓跑了 xiàpǎo le 놀라서 도망가다
吓了一跳 xiàle yí tiào 깜짝 놀라다

吓不住 xiàbuzhù 놀라게 할 수 없다
吓 xià + 사람 ~를 놀라게 하다
吓出一身汗 xiàchū yìshēn hàn 놀라서 땀이 나다

今天她的消息真的把我吓坏了。 Jīntiān tā de xiāoxi zhēn de bǎ wǒ xiàhuài le. 오늘 그녀의 소식은 나를 깜짝 놀라게 했다.

哎，我的妈呀！你吓我一跳！ Āi, wǒ de mā ya! Nǐ xià wǒ yí tiào! 아이고머니나! 놀라 자빠질 뻔했네!

27 羡慕 xiànmù 图 부러워하다

令人羡慕 lìng rén xiànmù 부러움을 사다
值得羡慕 zhíde xiànmù 부러워할 만하다

羡慕别人 xiànmù biérén 남을 부러워하다
引起 yǐnqǐ + 대상 + 的羡慕 de xiànmù ~의 부러움을 사다

他们俩的爱情是令人羡慕的。 그 둘의 사랑은 부러움을 사고 있다.
Tāmen liǎ de àiqíng shì lìng rén xiànmù de.

什么样的人生值得羡慕呢? 어떤 인생이 부러워할 만한 걸까?
Shénme yàng de rénshēng zhíde xiànmù ne?

28 犹豫 yóuyù 혱 (결정을 못내리고) 망설이다, 주저하다

犹豫不定 yóuyù bú dìng 망설이며 결정을 못 내리다
犹豫不决 yóuyù bù jué 우유부단하다, 주저하다

毫不犹豫地 háo bù yóuyù de 서슴없이, 주저하지 않고
犹豫了半天 yóuyùle bàntiān 한참을 망설이다

他办事总是犹豫不决, 真急死人了。 그는 일 처리할 때 우유부단해서, 답답해 죽을 지경이야.
Tā bànshì zǒngshì yóuyù bù jué, zhēn jí sǐ rén le.

没有时间了, 不要再犹豫了。 Méiyǒu shíjiān le, búyào zài yóuyù le. 시간이 없어. 더 이상 끌면 안 된다고.

他犹豫了半天还是答应了。 Tā yóuyùle bàntiān háishi dāying le. 그는 한참을 망설이다가 겨우 승낙을 했다.

29 愉快 yúkuài 혱 기분이 좋다, 유쾌하다

愉快的经历 yúkuài de jīnglì 유쾌한 경험
愉快的生活 yúkuài de shēnghuó 즐거운 인생

愉快地接受 yúkuài de jiēshòu 기분 좋게 받아들이다
不愉快 bù yúkuài 유쾌하지 않다

他快人快语, 跟他相处非常愉快。 그는 시원시원해서, 그와 같이 있으면 아주 즐겁다.
Tā kuàirén kuàiyǔ, gēn tā xiāngchǔ fēicháng yúkuài.

我愉快地接受了大家的劝告。 나는 모두의 충고를 기분 좋게 받아들였다.
Wǒ yúkuài de jiēshòule dàjiā de quàngào.

那些不愉快的事就别再提了。 기분 안 좋았던 일들은 꺼내지 말자고.
Nàxiē bù yúkuài de shì jiù bié zài tí le.

30 着急 zháojí 혱 조급해하다, 안달하다, 초조해하다

着急也没用 zháojí yě méi yòng 안달해 봐야 소용없다
着什么急? Zháo shénme jí? 뭘 그리 안달해?

着急的事 zháojí de shì 급한 일
着急的样子 zháojí de yàngzi 초조해하는 모습

事情到了这个地步, 着急也没用。 일이 이렇게까지 된 이상, 안달해서 될 게 아니야.
Shìqíng dàole zhè ge dìbù, zháojí yě méi yòng.

着什么急呀? 没事儿的, 有我呢! Zháo shénme jí ya? Méishìr de, yǒu wǒ ne! 뭘 그리 안달해? 괜찮아. 내가 있잖아!

你要是有着急的事, 就先走一步。 Nǐ yàoshi yǒu zháojí de shì, jiù xiān zǒu yí bù. 급한 일 있으면 먼저 가 봐.

痛快 tòngkuài 휑 유쾌하다, 통쾌하다

满足 mǎnzú 휑 만족하다

荣幸 róngxìng 휑 영광스럽다

自豪 zìháo 휑 자랑으로 여기다

哀愁 āichóu 휑 슬프고 근심스럽다

悲哀 bēi'āi 휑 슬프다, 비참하다

辛酸 xīnsuān 휑 슬프고 괴롭다

孤独 gūdú 휑 고독하다, 외롭다

怀念 huáiniàn 동 그리워하다, 생각하다

思念 sīniàn 동 그리워하다

灰心 huīxīn 동 낙담하다, 낙심하다, 의기소침하다

惦记 diànjì 동 늘 생각하다, 염려하다

难为情 nánwéiqíng 휑 난처하다, 거북하다

尴尬 gāngà 휑 난처하다, 곤혹스럽다

恐惧 kǒngjù 휑 겁먹다, 두려워하다

慌张 huāngzhāng 휑 당황하다, 허둥대다

激动 jīdòng 휑 흥분하다

惊讶 jīngyà 휑 놀랍고 의아하다

嫉妒 jídù 동 질투하다

反感 fǎngǎn 동 반감을 갖다

看不起 kànbuqǐ 동 깔보다, 경멸하다

可恶 kěwù 휑 얄밉다, 가증스럽다

气冲冲 qìchōngchōng 휑 노발대발하다

埋怨 mányuàn 동 불평하다, 원망하다

怨恨 yuànhèn 동 원망하다

冤仇 yuānchóu 명 원한, 원수

空虚 kōngxū 휑 공허하다

死心 sǐxīn 동 단념하다, 마음을 접다

自责 zìzé 동 자책하다

内疚 nèijiù 휑 양심의 가책을 느끼다

성어, 속담

不共戴天 búgòng dàitiān 원한이 매우 깊어 더불어 살 수 없다

愁眉苦脸 chóuméi kǔliǎn 수심에 찬 얼굴

后悔莫及 hòuhuǐ mòjí 후회막급이다, 후회해도 소용없다

欢天喜地 huāntiān xǐdì 매우 기뻐하다, 미친 듯이 기뻐하다

火冒三丈 huǒmào sānzhàng 화가 머리끝까지 치밀다

乐不可支 lèbù kězhī 기뻐서 어쩔 줄 모르다

毛骨悚然 máogǔ sǒngrán 소름이 끼치다

闷闷不乐 mènmèn búlè 마음이 답답하고 울적하다.

七上八下 qīshàng bāxià 안절부절하다, 가슴이 두근두근하다

杞人忧天 qǐrén yōutiān 기우, 쓸데없는 걱정, 불필요한 걱정

痛不欲生 tòngbúyùshēng
너무도 슬픈 나머지 죽고 싶은 생각뿐이다

心急如火 xīnjí rúhuǒ 마음이 불타는 듯 초조하다

心乱如麻 xīnluàn rúmá
몹시 심란하다 [마음이 삼 가닥처럼 어지럽다]

心满意足 xīnmǎn yìzú 매우 만족해하다

问心无愧 wènxīn wúkuì 마음에 물어 부끄러운 바가 없다

无地自容 wúdì zìróng 부끄러워 쥐구멍에라도 들어가고 싶다

怨天尤人 yuàntiān yóurén 모든 것을 원망하다

做贼心虚 zuòzéi xīnxū 도둑이 제 발 저리다

洋洋得意 yángyáng déyì 득의양양하다

脸红脖子粗 liǎn hóng bózi cū
붉으락푸르락하다, 얼굴을 붉히며 목에 핏대를 세우다

따페이 훈련

나를 잠깐 기다려 줘   等一会儿我 X   等我一会儿 ◯

01 爱 ài 동 사랑하다, 좋아하다 동 ~를 잘하다 명 사랑

爱上了 àishàngle 사랑에 빠지다	**爱发脾气** ài fā píqi 성질을 잘 내다
爱得死去活来 ài de sǐqù huólái 죽도록 사랑하다	**爱不释手** àibúshìshǒu 잠시도 손에서 놓지 못하다
爱面子 ài miànzi 체면을 중시하다	**爱的力量** ài de lìliàng 사랑의 힘

我爱上了一个比我大六岁的女人。 나는 나보다 여섯 살 많은 여인을 사랑하게 됐어.
Wǒ àishàngle yí ge bǐ wǒ dà liù suì de nǚrén.

这就是爱的力量！ Zhè jiù shì ài de lìliàng! 이게 바로 사랑의 힘이에요!

02 吵架 chǎojià 동 다투다, 말다툼하다

吵了一架 chǎole yí jià 한바탕 싸우다	**大声吵架** dà shēng chǎojià 큰 소리로 싸우다
吵大架 chǎo dà jià 크게 싸우다	**没吵什么架** méi chǎo shénme jià 별로 싸운 적이 없다

昨晚和他吵了一架，我一气之下提出了分手。 어젯밤에 그와 한바탕 하고는 홧김에 헤어지자 했어.
Zuówǎn hé tā chǎole yí jià, wǒ yí qì zhī xià tíchūle fēnshǒu.

我们俩每次吵架都是当天吵架，当天和好。 우리 둘은 매번 그날 싸움은 그날 풀어 버려.
Wǒmen liǎ měi cì chǎojià dōu shì dāngtiān chǎojià, dāngtiān héhǎo.

03 代沟 dàigōu 명 세대 차이

有代沟 yǒu dàigōu 세대차가 있다	**家庭代沟** jiātíng dàigōu 가족 간의 세대차
消除代沟 xiāochú dàigōu 세대차를 없애다	**代沟问题** dàigōu wèntí 세대차의 문제

我们俩聊得开，不会有什么代沟的。 우리는 얘기가 잘 통하니, 세대차 같은 건 없을 거야.
Wǒmen liǎ liáodekāi, bú huì yǒu shénme dàigōu de.

我觉得从年龄上我们就有代沟。 나는 우리 사이에 나이에서 오는 세대차가 있는 것 같아.
Wǒ juéde cóng niánlíng shang wǒmen jiù yǒu dàigōu.

04 耽误 dānwu 동 (시간을 지체하다가) 일을 그르치다, 시간을 허비하다

耽误功夫 dānwu gōngfu 시간을 지체하다	**耽误人生** dānwu rénshēng 인생에 방해가 되다
耽误不了 dānwu buliǎo 그르치지 않다	**耽误前途** dānwu qiántú 앞길을 막다
耽误大事 dānwu dàshì 큰일을 그르치다	**耽误一年** dānwu yì nián 1년을 허비하다
耽误青春 dānwu qīngchūn 청춘을 헛되이 보내다	**耽误学习** dānwu xuéxí 학습을 게을리하다

既然分不了，那别瞎耽误功夫了，结婚吧。 못 헤어질 것 같으면, 괜히 시간 낭비하지 말고 결혼하자!
Jìrán fēnbuliǎo, nà bié xiā dānwu gōngfu le, jiéhūn ba.

对不起，我不适合你，我不想耽误你的人生。 미안해. 나는 너한테 안 어울려. 네 인생에 걸림돌이 되긴 싫어.
Duìbuqǐ, wǒ bú shìhé nǐ, wǒ bù xiǎng dānwu nǐ de rénshēng.

05 等 děng 图 기다리다 图 ~할 때까지 기다렸다가

等客人 děng kèrén 손님을 기다리다

等朋友 děng péngyou 친구를 기다리다

等车 děng chē 차를 기다리다

等一会儿 děng yíhuìr 잠깐 기다리다

等他一年 děng tā yì nián 그를 1년 동안 기다리다

等她回来 děng tā huílái 그녀가 돌아오면

不好意思，让你久等了。Bù hǎoyìsi, ràng nǐ jiǔ děng le. 죄송해요. 오래 기다리시게 했네요.

那你等我一会儿，我快去快回。Nà nǐ děng wǒ yíhuìr, wǒ kuài qù kuài huí. 그럼 잠깐만 기다려 줘. 내가 얼른 갔다올게.

等我找到工作，我们再结婚吧。Děng wǒ zhǎodào gōngzuò, wǒmen zài jiéhūn ba. 내가 직장 구하면 우리 결혼하자고.

➕ 等+인칭대명사+시간보어

시간보어는 동사 뒤에 동반되는데, 목적어가 인칭대명사일 경우에는 '동사+인칭대명사+시간보어'의 어순을 따른다.

等一个小时 (O) 한 시간 동안 기다리다

等一个小时他 (X) 等他一个小时 (O) 그를 한 시간 동안 기다리다

06 恩爱 ēn'ài 图 금슬이 좋다, 사랑이 깊다

恩恩爱爱 ēnēn àiài 금슬이 좋다

恩爱夫妻 ēn'ài fūqī 금슬 좋은 부부, 잉꼬부부

太恩爱了 tài ēn'ài le 너무 금슬이 좋다

恩爱指数 ēn'ài zhǐshù (부부 간의) 애정 지수

愿你俩恩恩爱爱，爱到天长地久、长相厮守。너희 둘이 금슬 좋게 오래오래 해로하길 바라.
Yuàn nǐ liǎ ēnēn àiài, àidào tiāncháng dìjiǔ, chángxiàng sīshǒu.

周总理和夫人邓颖超是恩爱夫妻的典范。저우 총리와 부인 땅잉차오는 잉꼬부부의 롤모델이다.
Zhōu zǒnglǐ hé fūrén Dèng Yǐngchāo shì ēn'ài fūqī de diǎnfàn.

07 分手 fēnshǒu 图 헤어지다, 이별하다, 관계를 끊다

分手的理由 fēnshǒu de lǐyóu 이별의 이유

分手的原因 fēnshǒu de yuányīn 이별의 원인

分了手 fēnle shǒu 헤어졌다

分手一年 fēnshǒu yì nián 헤어진 지 1년

分手以后 fēnshǒu yǐhòu 헤어진 후에

分手不久 fēnshǒu bùjiǔ 헤어진 지 얼마 안 되어

咱们分手吧，从此以后各走各的路! 우리 헤어져요. 지금 이후로는 각자의 길을 가자고요.
Zánmen fēnshǒu ba, cóngcǐ yǐhòu gè zǒu gè de lù!

他们俩合不到一起，早分了手。그 두 사람은 서로 맞지 않아서 오래 전에 헤어졌어.
Tāmen liǎ hébudào yìqǐ, zǎo fēnle shǒu.

我和男朋友分手已经快一年了，但我还是忘不了他。
Wǒ hé nán péngyou fēnshǒu yǐjīng kuài yì nián le, dàn wǒ háishi wàngbuliǎo tā.
나는 남자 친구와 헤어진 지 이미 1년 가까이 되었지만, 아직도 그를 잊을 수가 없다.

DAY 07

08 夫妻 fūqī 명 부부, 남편과 아내

夫妻双方 fūqī shuāngfāng 부부 쌍방

这对夫妻 zhè duì fūqī 이 부부

夫妻关系 fūqī guānxi 부부 사이

夫妻之间的事 fūqī zhī jiān de shì 부부 사이의 일

夫妻无隔夜之仇 fūqī wú géyè zhī chóu
부부 싸움은 칼로 물베기

我们是夫妻，我当然知道我爱人喜欢什么。 우리는 부부인걸요. 당연히 제 아내가 뭘 좋아하는지 알죠.
Wǒmen shì fūqī, wǒ dāngrán zhīdào wǒ àirén xǐhuan shénme.

这是我们夫妻之间的事，别把我逼急了。 이건 우리 부부 사이의 일이니, 저를 너무 몰아치지 마세요.
Zhè shì wǒmen fūqī zhī jiān de shì, bié bǎ wǒ bījí le.

09 父母 fùmǔ 명 부모

父母之恩 fùmǔ zhī ēn 부모님의 은혜

看望父母 kànwàng fùmǔ 부모님을 뵙다

天下父母都望子成龙。 세상의 모든 부모는 자식이 큰 인물이 되기를 바란다.
Tiānxià fùmǔ dōu wàngzǐ chénglóng.

上个周末，我们一家三口又去看望父母。 지난 주말에 우리 세 식구는 또 부모님을 뵈러 갔었어.
Shàng ge zhōumò, wǒmen yì jiā sān kǒu yòu qù kànwàng fùmǔ.

10 感情 gǎnqíng 명 감정, 애정, 친근감

产生感情 chǎnshēng gǎnqíng 정들다

没有感情 méiyǒu gǎnqíng 애정이 없다

动感情 dòng gǎnqíng 감정이 북받치다

重感情 zhòng gǎnqíng 정을 중시하다

感情流露 gǎnqíng liúlù 감정을 드러내다

感情丰富 gǎnqíng fēngfù 감정이 풍부하다

感情好 gǎnqíng hǎo 사이가 좋다

感情深 gǎnqíng shēn 정이 깊다

他们俩一来二去就产生了感情。 그 두 사람은 자주 만나다 보니 정이 든 거야.
Tāmen liǎ yìlái èrqù jiù chǎnshēngle gǎnqíng.

男女之间的感情说不清楚。 남녀 사이의 감정은 뭐라 단정할 수 없어.
Nánnǚ zhī jiān de gǎnqíng shuō bu qīngchu.

11 怀孕 huáiyùn 동 임신하다

怀上孕 huáishàng yùn 임신하다

怀过两次孕 huáiguo liǎng cì yùn 두 번 임신하다

怀孕四个月 huáiyùn sì ge yuè 임신한 지 4개월 되다

怀孕期间 huáiyùn qījiān 임신 기간

第八次试管，老婆终于怀上孕了。 8번째 시험관 시술에서 아내는 마침내 임신을 했다.
Dì bā cì shìguǎn, lǎopo zhōngyú huáishàng yùn le.

怀孕四个多月就可以开始胎教了。 임신 4개월이 넘으면 태교를 시작해도 된다.
Huáiyùn sì ge duō yuè jiù kěyǐ kāishǐ tāijiào le.

12 婚礼 hūnlǐ 명 결혼식, 혼례

举行婚礼 jǔxíng hūnlǐ 결혼식을 하다
参加婚礼 cānjiā hūnlǐ 결혼식에 참석하다

小型婚礼 xiǎoxíng hūnlǐ 작은 결혼식, 스몰웨딩
中式婚礼 zhōngshì hūnlǐ 중국 전통 혼례

今天去参加朋友的婚礼，当了人生第一次伴娘。 오늘 친구 결혼식에 참석해서 태어나서 처음으로 들러리를 섰다.
Jīntiān qù cānjiā péngyou de hūnlǐ, dāngle rénshēng dì yī cì bànniáng.

我们想举行一个简约而又浪漫的小型婚礼。 우리는 소박하면서도 낭만적인 작은 결혼식을 하려고 해.
Wǒmen xiǎng jǔxíng yí ge jiǎnyuē ér yòu làngmàn de xiǎoxíng hūnlǐ.

13 婚姻 hūnyīn 명 혼인, 결혼

赞同婚姻 zàntóng hūnyīn 결혼을 찬성하다
反对婚姻 fǎnduì hūnyīn 결혼을 반대하다

婚姻生活 hūnyīn shēnghuó 결혼 생활
婚姻破裂 hūnyīn pòliè 결혼 생활에 금이 가다

双方父母都非常赞同他们的婚姻。 양가 부모님 모두 이 결혼을 적극 찬성하셨다.
Shuāngfāng fùmǔ dōu fēicháng zàntóng tāmen de hūnyīn.

我们夫妻之间出现第三者导致我们婚姻破裂。 우리 부부 사이에 제3자가 나타나 우리 결혼 생활에 금이 간 거예요.
Wǒmen fūqī zhī jiān chūxiàn dìsānzhě dǎozhì wǒmen hūnyīn pòliè.

➕ 结婚 jiéhūn 결혼하다, 婚姻 hūnyīn 혼인, 결혼
'结婚'은 부부가 되기 위해 형식을 갖추는 것, 즉 '예식'을 올리는 것을 말하고, '婚姻'은 부부가 되어 생활하는 것을 말한다.

14 家庭 jiātíng 명 가정

幸福的家庭 xìngfú de jiātíng 행복한 가정
家庭成员 jiātíng chéngyuán 가족 구성원

大家庭 dàjiātíng 대가족
核心家庭 héxīn jiātíng 핵가족

我非常羡慕他有一个幸福的家庭。 나는 그 친구가 행복한 가정을 꾸린 것이 정말 부럽다.
Wǒ fēicháng xiànmù tā yǒu yí ge xìngfú de jiātíng.

小狗是我们的家庭成员，我们应该对它负责。 강아지도 우리의 가족 구성원이니까 우리는 책임을 다해야 해.
Xiǎogǒu shì wǒmen de jiātíng chéngyuán, wǒmen yīnggāi duì tā fùzé.

15 结婚 jiéhūn 동 결혼하다

跟 gēn + 대상 + 结婚 jiéhūn ~ 와 결혼하다
结婚十年 jiéhūn shí nián 결혼한 지 10년 되다
登记结婚 dēngjì jiéhūn 혼인 신고하다

结两次婚 jié liǎng cì hūn 두 번 결혼하다
结婚典礼 jiéhūn diǎnlǐ 결혼식
结婚纪念日 jiéhūn jìniànrì 결혼기념일

明天我们去登记结婚。 내일 우리는 혼인 신고 하러 가.
Míngtiān wǒmen qù dēngjì jiéhūn.

他们俩结婚十年来，一直恩恩爱爱，被称为"模范夫妇"。 그 둘은 결혼 생활 10년 동안 한결같이 금슬이 좋아 잉꼬부부로 불린다.
Tāmen liǎ jiéhūn shí nián lái, yìzhí ēnen àiài, bèi chēngwéi "mófàn fūfù".

16 借口 jièkǒu 몡 핑계, 구실 통 구실로 삼다, 빙자하다

找借口 zhǎo jièkǒu 핑계를 대다, 구실을 찾다

拿 ná＋A＋做借口 zuò jièkǒu A를 핑계 삼다

当借口 dāng jièkǒu 핑계 삼다

有借口 yǒu jièkǒu 핑계가 있다

没有借口 méiyǒu jièkǒu 핑계가 없다

不需要借口 bù xūyào jièkǒu 핑계가 필요 없다

你那么爱找借口，一定活得很累吧。 너는 그렇게 핑계만 대느라 사는 게 참 피곤하겠다.
Nǐ nàme ài zhǎo jièkǒu, yídìng huó de hěn lèi ba.

他不爱你，爱你的男人不会用忙来当借口。 그 사람은 너를 사랑하지 않아. 널 사랑하는 남자라면 바쁘다는 걸로 핑계 삼지 않을 거야.
Tā bú ài nǐ, ài nǐ de nánrén bú huì yòng máng lái dāng jièkǒu.

17 离婚 líhūn 통 이혼하다

离了婚 líle hūn 이혼하다

离过两次婚 líguo liǎng cì hūn 두 번 이혼하다

离婚率 líhūnlǜ 이혼율

离婚诉讼 líhūn sùsòng 이혼 소송

他们俩结婚半年因为性格不和离了婚。 그 둘은 결혼 반년만에 성격이 안 맞아서 이혼했어.
Tāmen liǎ jiéhūn bàn nián yīnwèi xìnggé bùhé líle hūn.

她是个离过婚有孩子的单亲妈妈。 그녀는 이혼했고 아이가 있는 싱글맘이야.
Tā shì ge líguo hūn yǒu háizi de dānqīn māma.

18 礼物 lǐwù 몡 선물

生日礼物 shēngrì lǐwù 생일 선물

送礼物 sòng lǐwù 선물하다

收到礼物 shōudào lǐwù 선물을 받다

赐礼物 cì lǐwù 선물을 하사하다

这是给您的礼物，请收下。 Zhè shì gěi nín de lǐwù, qǐng shōuxià. 이거 제 선물인데. 받아 주세요.

孩子，你是上帝赐给我们的礼物。 Háizi, nǐ shì shàngdì cì gěi wǒmen de lǐwù. 얘야, 너는 하늘이 우리에게 주신 선물이란다.

19 恋爱 liàn'ài 통 연애하다 몡 연애

谈恋爱 tán liàn'ai 연애하다

恋爱五年 liàn'ài wǔ nián 5년 동안 연애하다

没恋爱过 méi liàn'àiguo 한 번도 연애를 안 해 봤다

恋爱过程 liàn'ài guòchéng 연애 과정

我们恋爱五年，也到了谈婚论嫁的地步了。 우리 연애한 지도 5년이네. 결혼 얘기할 때가 됐지.
Wǒmen liàn'ài wǔ nián, yě dàole tánhūn lùnjià de dìbù le.

她从来没谈过恋爱却很懂爱情。 쟤는 연애 한 번 안 해 본 애가 사랑에 대해서는 잘 안다니까.
Tā cónglái méi tánguo liàn'ài què hěn dǒng àiqíng.

20 情人 qíngrén 圐 연인, 애인

一对情人 yí duì qíngrén 한 쌍의 연인
情人节 Qíngrénjié 발렌타인데이

梦中情人 mèng zhōng qíngrén 이상형
情人眼里出西施 qíngrén yǎnli chū Xīshī 제 눈에 안경

因为你，我的生活精彩了！情人节快乐！ 너로 인해 내 삶이 빛나기 시작했어! 해피 발렌타인데이!
Yīnwèi nǐ, wǒ de shēnghuó jīngcǎi le! Qíngrénjié kuàilè!

你就是我的梦中情人！ 당신이 나의 이상형이오!
Nǐ jiù shì wǒ de mèng zhōng qíngrén!

21 情绪 qíngxù 圐 정서, 기분, 마음가짐, 의욕 圐 불쾌한 감정

情绪不错 qíngxù búcuò 기분이 좋다
情绪不稳定 qíngxù bù wěndìng 정서가 불안정하다
闹情绪 nào qíngxù 토라지다, 삐지다, 짜증 내다

带情绪 dài qíngxù 감정이 섞이다
情绪智商 qíngxù zhìshāng 감성 지수(EQ)
情绪化 qíngxùhuà 감정적이다, 격앙되다

我女朋友三天两头闹情绪，真让人受不了。 내 여자 친구는 하루가 멀다 하고 짜증을 부려. 정말 미치겠어.
Wǒ nǚ péngyou sān tiān liǎngtóu nào qíngxù, zhēn ràng rén shòubuliǎo.

夫妻可以吵架，但不要带着情绪吵架。 부부끼리 싸울 수도 있지만, 감정을 섞어서 싸우면 안 되는 거야.
Fūqī kěyǐ chǎojià, dàn búyào dàizhe qíngxù chǎojià.

22 求婚 qiúhūn 圄 구혼하다, 청혼하다

向 xiàng + 사람 + 求婚 qiúhūn ～에게 청혼하다
求过婚 qiúguo hūn 청혼한 적이 있다

拒绝求婚 jùjué qiúhūn 청혼을 거절하다
求婚成功 qiúhūn chénggōng 프로포즈에 성공하다

说真的，遇到你之前，我没有求过婚。 솔직히 말해서, 너를 만나기 전에는 프로포즈 해 본 적이 없어.
Shuō zhēn de, yùdào nǐ zhīqián, wǒ méiyǒu qiúguo hūn.

他想结婚，女友却拒绝了他的求婚。 그는 결혼하고 싶었지만, 여자 친구가 그의 청혼을 거절했다.
Tā xiǎng jiéhūn, nǚyǒu què jùjuéle tā de qiúhūn.

23 甜蜜 tiánmì 圀 달콤하다, 행복하다, 즐겁다

甜蜜的生活 tiánmì de shēnghuó 행복한 생활
甜蜜的人生 tiánmì de rénshēng 달콤한 인생

笑得很甜蜜 xiào de hěn tiánmì 환하게 웃다
甜蜜的回忆 tiánmì de huíyì 달콤한 추억

我们一家四口人过着甜甜蜜蜜的生活。 우리 네 식구는 행복한 생활을 하고 있다.
Wǒmen yì jiā sì kǒu rén guòzhe tiántiánmìmì de shēnghuó.

大学的生活成了我甜蜜的回忆。 대학 생활은 나에게 달콤한 추억이 되었다.
Dàxué de shēnghuó chéngle wǒ tiánmì de huíyì.

24 相处 xiāngchǔ 통 사귀다, 어울리다, 교류하다

相处得好 xiāngchǔ de hǎo 잘 어울리다	很难相处 hěn nán xiāngchǔ 어울리기 힘들다
友好相处 yǒuhǎo xiāngchǔ 우의 좋게 지내다	不好相处 bù hǎo xiāngchǔ 어울리기 힘들다
和平相处 hépíng xiāngchǔ 평화롭게 살다	朝夕相处 zhāoxī xiāngchǔ 늘 함께 지내다, 사이가 좋다
和睦相处 hémù xiāngchǔ 사이좋게 지내다	相处久了 xiāngchǔ jiǔ le 오래 교제하다

我公公平易近人，跟谁都相处得很好。 우리 시아버지는 붙임성이 좋은 분이라, 누구와도 잘 어울리셔.
Wǒ gōnggong píngyì jìnrén, gēn shéi dōu xiāngchǔ de hěn hǎo.

我和男朋友相处久了，慢慢有种亲人的感觉了。 나와 남자 친구는 오래 만나다 보니, 서서히 가족같은 느낌이 들어.
Wǒ hé nán péngyou xiāngchǔ jiǔ le, mànmàn yǒu zhǒng qīnrén de gǎnjué le.

25 想 xiǎng 통 그리워하다 통 생각하다 통 ~라 여기다 조동 ~하고 싶다, ~하려고 하다

想 xiǎng + 사람 ~를 그리워하다	想办法 xiǎng bànfǎ 방법을 생각해 내다
想家 xiǎng jiā 집을 그리워하다	想一想 xiǎng yi xiǎng 생각해 보다
사람 + 想 xiǎng ~가 보기에는	想 xiǎng + 행동 ~하고 싶다

我真的好想你呀，都快想死你了。 나는 정말이지 네가 너무 보고 싶어서, 죽을 것 같아.
Wǒ zhēn de hǎo xiǎng nǐ ya, dōu kuài xiǎng sǐ nǐ le.

我想，他们俩是两口子。 내가 보기에 저 둘은 부부 같아.
Wǒ xiǎng, tāmen liǎ shì liǎng kǒuzi.

你给我点时间，让我好好想一想。 나한테 시간을 좀 줘. 곰곰히 생각해 볼게.
Nǐ gěi wǒ diǎn shíjiān, ràng wǒ hǎohǎo xiǎng yi xiǎng.

这个寒假，你想做什么？ 이번 겨울방학 때 너는 뭐 하려고?
Zhè ge hánjià, nǐ xiǎng zuò shénme?

26 像 xiàng 통 (생김새가) 닮다, 비슷하다 통 그럴듯하다

长得像 zhǎng de xiàng 생김새가 닮다	一点儿也不像 yì diǎnr yě bú xiàng 전혀 안 닮다
像爸爸 xiàng bàba 아빠를 닮다	有点儿像 yǒudiǎnr xiàng 조금 비슷하다

我儿子的眼睛长得像他奶奶，又大又圆。 우리 아들 눈은 제 할머니를 닮아서, 크고 동그래.
Wǒ érzi de yǎnjing zhǎng de xiàng tā nǎinai, yòu dà yòu yuán.

她们是双胞胎，看着一点儿也不像。 쟤네는 쌍둥이인데도 하나도 안 닮아 보여.
Tāmen shì shuāngbāotāi, kànzhe yìdiǎnr yě bú xiàng.

27 心情 xīnqíng 몡 기분, 마음, 심정

影响心情 yǐngxiǎng xīnqíng 기분에 영향을 주다

心情的好坏 xīnqíng de hǎohuài 기분의 좋고 나쁨

心情好 xīnqíng hǎo 기분이 좋다

心情不好 xīnqíng bù hǎo 기분이 안 좋다

心情沉重 xīnqíng chénzhòng 마음이 무겁다

心情愉快 xīnqíng yúkuài 기분이 유쾌하다

天气的好坏能够影响一个人的心情。 날씨의 좋고 나쁨이 한 사람의 기분을 좌우하기도 하지.
Tiānqì de hǎohuài nénggòu yǐngxiǎng yí ge rén de xīnqíng.

对不起啊，心情不好，找你吐槽。 미안해. 기분이 안 좋아서 너한테 투덜거렸어.
Duìbuqǐ a, xīnqíng bù hǎo, zhǎo nǐ tǔcáo.

倾诉了自己的委屈后，我的心情好多了。 억울함을 토로했더니 마음이 많이 풀렸어.
Qīngsùle zìjǐ de wěiqu hòu, wǒ de xīnqíng hǎoduō le.

28 幸福 xìngfú 몡 행복 휑 행복하다

感到幸福 gǎndào xìngfú 행복을 느끼다

得到幸福 dédào xìngfú 행복을 얻다

最大的幸福 zuì dà de xìngfú 가장 큰 행복

幸福的生活 xìngfú de shēnghuó 행복한 생활

幸福的晚年 xìngfú de wǎnnián 행복한 노년

幸福的童年 xìngfú de tóngnián 행복한 어린 시절

真的，和你在一起，是我最大的幸福。 진짜야. 너하고 같이 있는 게 나한테는 가장 큰 행복이야.
Zhēn de, hé nǐ zài yìqǐ, shì wǒ zuì dà de xìngfú.

幸福的婚姻生活需要彼此的尊重和信任。 행복한 결혼 생활은 서로의 존중과 믿음이 필요하다.
Xìngfú de hūnyīn shēnghuó xūyào bǐcǐ de zūnzhòng hé xìnrèn.

29 养育 yǎngyù 됭 양육하다, 키우다, 기르다

养育之恩 yǎngyù zhī ēn 길러 준 은혜

养育之情 yǎngyù zhī qíng 기른 정

养育子女 yǎngyù zǐnǚ 자식을 키우다

养育成人 yǎngyù chéng rén 잘 키우다

我一定会报答父母对我的养育之恩。 나는 부모님의 길러 주신 은혜에 꼭 보답할 거야.
Wǒ yídìng huì bàodá fùmǔ duì wǒ de yǎngyù zhī ēn.

奶奶辛苦地养育了我们姐弟俩。 할머니는 힘들게 우리 남매를 키워 주셨다.
Nǎinai xīnkǔ de yǎngyùle wǒmen jiědì liǎ.

30 约会 yuēhuì 됭 만날 약속을 하다, 데이트하다

第一次约会 dì yī cì yuēhuì 첫 데이트

约会两次 yuēhuì liǎng cì 두 번 데이트하다

有个约会 yǒu ge yuēhuì 약속이 있다

取消约会 qǔxiāo yuēhuì 약속을 취소하다

你还记得我们的第一次约会吗？ Nǐ hái jìde wǒmen de dì yī cì yuēhuì ma? 우리가 처음 데이트 한 날 기억해요?

我和男朋友每星期约会两次。 Wǒ hé nán péngyou měi xīngqī yuēhuì liǎng cì. 나는 남자 친구와 일주일에 두 번 데이트해.

我不得不取消明天的约会。 Wǒ bùdébù qǔxiāo míngtiān de yuēhuì. 내가 부득이 내일 약속을 취소해야 할 것 같아.

연애, 결혼, 임신, 출산

对象 duìxiàng 똉 애인, 결혼 상대 ｜ 情书 qíngshū 똉 연애편지 ｜ 相配 xiāngpèi 똉 서로 어울리다, 짝이 맞다

相亲 xiāngqīn 똉 선을 보다 ｜ 缘分 yuánfèn 똉 인연, 연분 ｜ 亲 qīn 똉 입맞춤하다 ｜ 吻 wěn 똉 키스하다, 입맞춤하다

初恋 chūliàn 똉 첫 연애를 하다 똉 첫사랑 ｜ 单相思 dānxiāngsī 똉 짝사랑하다 똉 짝사랑

新郎 xīnláng 똉 신랑 ｜ 新娘 xīnniáng 똉 신부, 새댁 ｜ 伴郎 bànláng 똉 신랑 들러리 ｜ 伴娘 bànniáng 똉 신부 들러리

嫁人 jià rén (여자가) 결혼하다 ｜ 订婚 dìnghūn 똉 약혼하다 ｜ 闪婚 shǎnhūn 똉 초고속으로 결혼하다

复婚 fùhūn 똉 (헤어진 부부가) 재결합하다 ｜ 再婚 zàihūn 똉 재혼하다 ｜ 彩礼 cǎilǐ 똉 (신랑 측이 신부에게 주는) 결혼 예물

婚礼进行曲 hūnlǐ jìnxíngqǔ 결혼행진곡 ｜ 主婚人 zhǔhūnrén 주례 ｜ 礼金 lǐjīn 똉 축의금 ｜ 礼堂 lǐtáng 똉 강당, 식장

喜帖 xǐtiě 청첩장 ｜ 喜糖 xǐtáng 똉 [약혼식이나 결혼식 때에 사람들에게 나누어 주는 사탕]

喜酒 xǐjiǔ 똉 결혼 축하주, 결혼 피로연 ｜ 婚纱照 hūnshāzhào 똉 결혼사진 ｜ 全家福 quánjiāfú 똉 가족사진

度蜜月 dù mìyuè 신혼 여행 ｜ 太太 tàitai 똉 부인, 마님 ｜ 爱人 àiren 똉 배우자 [남편 또는 아내]

伴侣 bànlǚ 똉 반려, 동반자 ｜ 配偶 pèi'ǒu 똉 배필, 배우자 ｜ 避孕 bìyùn 똉 피임하다 ｜ 生孩子 shēng háizi 아이를 낳다

假性怀孕 jiǎxìng huáiyùn 상상임신 ｜ 婚前检查 hūnqián jiǎnchá 혼전 검사 ｜ 坐月子 zuò yuèzi 산후조리하다

연애/결혼 관련 용어

姐弟恋 jiědìliàn 연상연하 커플 ｜ 不婚族 bùhūnzú 싱글족 ｜ 不婚主义 bùhūn zhǔyì 비혼주의

单身贵族 dānshēn guìzú 화려한 싱글 ｜ 接盘人 jiēpánrén 아이 딸린 여자와 결혼하는 남자

白马王子 báimǎ wángzǐ 이상형의 남자 ｜ 梦中情人 mèng zhōng qíngrén 꿈속의 연인, 이상형 ｜ 丁克族 dīngkèzú 딩크족

职场妈妈 zhíchǎng māmā 워킹맘 ｜ 准妈妈 zhǔnmāma 예비 엄마 ｜ 单亲妈妈 dānqīn māma 싱글맘

剩女 shèngnǚ 노처녀 ｜ 出轨 chūguǐ 똉 바람을 피우다 ｜ 外遇 wàiyù 똉 부부 이외의 남녀 관계

三角恋 sānjiǎoliàn 삼각 관계 ｜ 第三者 dìsānzhě 똉 제삼자 [바람/불륜 상대를 나타내는 완곡한 표현]

婆媳矛盾 póxí máodùn 고부 갈등 ｜ 跨国婚姻 kuàguó hūnyīn 국제 결혼

가족, 친척

老大 lǎodà 똉 맏이, 첫째 ｜ 老幺 lǎoyāo 똉 막내 ｜ 独生子 dúshēngzǐ 똉 외동아들 ｜ 独生女 dúshēngnǚ 똉 외동딸

独生子女 dúshēng zǐnǚ 외동 자녀 ｜ 亲戚 qīnqi 똉 친척 ｜ 祖先 zǔxiān 똉 선조, 조상 ｜ 姥爷 lǎoye 똉 외할아버지

姥姥 lǎolao 똉 외할머니 ｜ 祖父 zǔfù 똉 조부 ｜ 祖母 zǔmǔ 똉 조모 ｜ 外祖父 wàizǔfù 똉 외조부

外祖母 wàizǔmǔ 똉 외조모 ｜ 嫂子 sǎozi 똉 형수, 새언니 [형, 오빠의 아내] ｜ 弟媳 dìxí 똉 제수, 올케 [남동생의 아내]

姐夫 jiěfu 똉 매형, 형부 [언니, 누나의 남편] ｜ 妹夫 mèifu 똉 매제, 제부 [여동생의 남편] ｜ 侄子 zhízi 똉 조카

侄女 zhínǚ 똉 조카딸, 질녀 ｜ 外甥 wàisheng 똉 생질 [누나의 아들] ｜ 外甥女 wàishengnǚ 똉 생질녀 [누나의 딸]

伯父 bófù 똉 백부, 큰아버지 ｜ 伯母 bómǔ 똉 큰어머니, 아주머니 ｜ 叔叔 shūshu 똉 숙부, 삼촌, 아저씨

婶婶 shěnshen 똉 작은 어머니 ｜ 姑姑 gūgu 똉 고모 ｜ 姑父 gūfu 똉 고모부 ｜ 舅舅 jiùjiu 똉 외숙, 외삼촌

舅母 jiùmǔ 똉 외숙모 ｜ 姨妈 yímā 똉 결혼한 이모 ｜ 姨父 yífu 똉 이모부 ｜ 媳妇 xífù 똉 며느리 ｜ 女婿 nǚxu 똉 사위

上门女婿 shàngmén nǚxu 데릴사위 ｜ 孙子 sūnzi 똉 손자 ｜ 孙女(儿) sūnnǚ(r) 똉 손녀 ｜ 外孙 wàisūn 똉 외손자

外孙女(儿) wàisūnnǚ(r) 똉 외손녀 ｜ 公公 gōnggong 똉 시아버지 ｜ 婆婆 pópo 똉 시어머니

岳父 yuèfù 똉 장인 ｜ 岳母 yuèmǔ 똉 장모 ｜ 表姐妹 biǎojiěmèi 고종, 외종, 이종 사촌 자매

表兄弟 biǎoxiōngdi 고종, 외종, 이종 사촌 형제 ｜ 堂姐妹 tángjiěmèi 사촌 자매 ｜ 堂兄弟 tángxiōngdì 사촌 형제

亲家 qìnjia 똉 사돈 ｜ 亲家母 qìnjiamǔ 똉 안사돈

DAY
08
학교 생활(1)

따페이 훈련

전공 두 개　　**二门专业课** X　　**两门专业课** ○

01 帮助 bāngzhù 图 돕다, 원조하다, 보좌하다

帮助别人 bāngzhù biérén 다른 사람을 돕다　　　**关心和帮助** guānxīn hé bāngzhù 관심과 도움

互相帮助 hùxiāng bāngzhù 서로 돕다　　　**曾经帮助过** céngjīng bāngzhùguo 전에 도운 적이 있다

如果没有他的帮助，我可考不了这么好。 그의 도움이 없었다면 나는 이렇게 좋은 성적을 거두지 못했을 거야.
Rúguǒ méiyǒu tā de bāngzhù, wǒ kě kǎobuliǎo zhème hǎo.

亚文是我同桌，在学习上他经常帮助我。 야원이는 내 짝인데, 공부할 때 도움을 많이 줘.
Yàwén shì wǒ tóngzhuō, zài xuéxí shang tā jīngcháng bāngzhù wǒ.

➕ **帮忙** bāngmáng 돕다 VS **帮助** bāngzhù 돕다
'**帮忙**'은 이합사로 목적어를 동반할 수 없지만, '**帮助**'는 타동사로 목적어 동반이 가능하다.
帮忙他 (X)　帮助他 (O) 그를 돕다
帮他的助 (X)　帮他的忙 (O) 그를 돕다

02 报考 bàokǎo 图 응시 원서를 내다, 시험에 응시하다

报考大学 bàokǎo dàxué 대학에 지원하다

报考音乐专业 bàokǎo yīnyuè zhuānyè 음악 전공을 지원하다

报考研究生 bàokǎo yánjiūshēng 대학원에 응시하다

报考的人 bàokǎo de rén 응시자, 지원자

报考条件 bàokǎo tiáojiàn 응시 조건

报考的资格 bàokǎo de zīgé 응시 자격

他今年报考了北京大学。 그는 올해 베이징 대학교에 지원했다.
Tā jīnnián bàokǎole Běijīng Dàxué.

这次HSK报考的人有两千多。 이번 HSK 응시자가 2천 명이 넘는다.
Zhè cì HSK bàokǎo de rén yǒu liǎngqiān duō.

03 报名 bàomíng 图 신청하다, 등록하다, 지원하다

报上名 bàoshàng míng 등록하다　　　**报名费** bàomíngfèi 신청비

报不上名 bàobushàng míng 등록을 못하다　　　**报名表** bàomíngbiǎo 신청표

报名参加 bàomíng cānjiā 참가 신청을 하다　　　**报名时间** bàomíng shíjiān 신청 시간

报名手续 bàomíng shǒuxù 신청 수속　　　**报名名额** bàomíng míng'é 신청 인원

可惜，我迟到了，就报不上名了。 속상하게도 지각을 해서 등록을 못했지 뭐야.
Kěxī, wǒ chídào le, jiù bàobushàng míng le.

报名名额已满，还没报名的同学请报下期吧！ 정원 마감 됐어요. 신청을 못한 학생들은 다음 학기에 신청해 주세요.
Bàomíng míng'é yǐ mǎn, hái méi bàomíng de tóngxué qǐng bào xiàqī ba!

04 辅导 fǔdǎo 图 (학습, 훈련 등을) 도와주고 지도하다

辅导老师 fǔdǎo lǎoshī 과외 선생님

辅导班 fǔdǎobān 과외반

课外辅导 kèwài fǔdǎo 과외 지도

个别辅导 gèbié fǔdǎo 개별 지도하다

辅导 fǔdǎo **+ 과목** (어떤 과목을) 지도하다

辅导 fǔdǎo **+ 시간** ~동안 지도하다

我想请个家教给孩子辅导辅导。 나는 가정 교사를 모셔다가 아이 과외를 시키고 싶어.
Wǒ xiǎng qǐng ge jiājiào gěi háizi fǔdǎo fǔdǎo.

明天上午汤老师给我们辅导汉语。 내일 오전에 탕 선생님께서 우리에게 중국어 보충 수업을 해 주실 거야.
Míngtiān shàngwǔ Tāng lǎoshī gěi wǒmen fǔdǎo Hànyǔ.

宋老师已经给我辅导半年了。 송 선생님께서는 벌써 반년째 나에게 과외 수업을 해 주고 계셔.
Sòng lǎoshī yǐjīng gěi wǒ fǔdǎo bàn nián le.

05 鼓励 gǔlì 图 격려하다, 북돋우다

受到鼓励 shòudào gǔlì 격려를 받다

对 duì **+ 대상 + 的鼓励** de gǔlì ~에 대한 격려

鼓励和支持 gǔlì hé zhīchí 격려와 지지

鼓励和帮助 gǔlì hé bāngzhù 격려와 도움

一句鼓励的话 yí jù gǔlì de huà 격려의 말 한마디

无限的鼓励 wúxiàn de gǔlì 무한한 격려

互相鼓励 hùxiāng gǔlì 서로 격려하다

给我鼓励 gěi wǒ gǔlì 나를 격려해 주다

在学校的鼓励和支持下，学生创办了许多社团。 학교의 독려와 지원으로, 학생들은 다양한 동아리를 만들었다.
Zài xuéxiào de gǔlì hé zhīchí xià, xuéshēng chuàngbànle xǔduō shètuán.

老师一句鼓励的话可以改变孩子的命运。 선생님의 격려의 말 한마디가 아이의 운명을 바꿀 수 있다.
Lǎoshī yí jù gǔlì de huà kěyǐ gǎibiàn háizi de mìngyùn.

有了妈妈的鼓励，我会充满自信，变得更坚强。 엄마의 격려를 받으면 저는 자신감 넘치고 더 강한 사람이 될 거예요.
Yǒule māma de gǔlì, wǒ huì chōngmǎn zìxìn, biànde gèng jiānqiáng.

06 积累 jīlěi 图 쌓이다, 누적하다, 축적하다 图 축적

积累知识 jīlěi zhīshi 지식을 쌓다

积累经验 jīlěi jīngyàn 경험을 쌓다

积累资料 jīlěi zīliào 자료를 모으다

积累资金 jīlěi zījīn 자금을 모으다

积累起来 jīlěi qǐlái 모으다, 쌓다

平时的积累 píngshí de jīlěi 평소의 꾸준한 노력

生活积累 shēnghuó jīlěi 생활의 경험

全部积累 quánbù jīlěi 전 재산

几年来，他积累了大量的资料。 몇 년 동안 그는 대량의 자료를 모았다.
Jǐ nián lái, tā jīlěile dàliàng de zīliào.

平时的积累，是学习外语的关键。 평소의 꾸준한 노력이 외국어 공부의 키포인트야.
Píngshí de jīlěi, shì xuéxí wàiyǔ de guānjiàn.

知识和能力是一点一点积累起来的。 지식과 능력은 조금씩 조금씩 쌓아가는 거란다.
Zhīshi hé nénglì shì yì diǎn yì diǎn jīlěi qǐlái de.

07 纪律 jìlǜ 몡 규율, 규칙, 기강

遵守纪律 zūnshǒu jìlǜ 규율을 지키다	**学校**纪律 xuéxiào jìlǜ 학교 교칙
不守纪律 bù shǒu jìlǜ 규율을 지키지 않다	**考场**纪律 kǎochǎng jìlǜ 시험장 규정
制订纪律 zhìdìng jìlǜ 규칙을 제정하다	**课堂**纪律 kètáng jìlǜ 교실 기강

我们要自觉遵守学校纪律。 우리는 교칙을 자발적으로 준수해야 한다.
Wǒmen yào zìjué zūnshǒu xuéxiào jìlǜ.

班主任点名批评了不守纪律的同学。 담임 선생님께서 규율을 안 지키는 학우 이름을 불러 혼내셨다.
Bānzhǔrèn diǎnmíng pīpíngle bù shǒu jìlǜ de tóngxué.

08 教学 jiàoxué 툉 교수하다, 가르치다 몡 교수, 수업, 교육

教学**方法** jiàoxué fāngfǎ 교수법	教学**实习** jiàoxué shíxí 교생 실습
教学**计划** jiàoxué jìhuà 강의 계획	教学**工作** jiàoxué gōngzuò 교육 업무, 교직
教学**经验** jiàoxué jīngyàn 지도 경험, 교수 경험	**互动**教学 hùdòng jiàoxué 쌍방향 학습
教学**质量** jiàoxué zhìliàng 수업의 질	**课堂**教学 kètáng jiàoxué 교실 수업

韩老师有一套独特的教学方法。 한 선생님은 독특한 교수법을 가지고 계신다.
Hán lǎoshī yǒu yí tào dútè de jiàoxué fāngfǎ.

从教20多年的李老师教学经验十分丰富。 20여 년 동안 교직에 계신 리 선생님께서는 교수 경험이 대단히 풍부하시다.
Cóng jiāo èrshí duō nián de Lǐ lǎoshī jiàoxué jīngyàn shífēn fēngfù.

09 进步 jìnbù 툉 진보하다, (실력이) 향상되다, 늘다

进步**很快** jìnbù hěn kuài 빨리 늘다	**很有**进步 hěn yǒu jìnbù 크게 향상되다
进步**很大** jìnbù hěn dà 많이 발전하다	**不断地**进步 búduàn de jìnbù 꾸준히 향상되다

在同学们的帮助下，她的成绩有了很大的进步。 반 친구들의 도움으로 그 애의 성적이 아주 많이 향상되었다.
Zài tóngxuémen de bāngzhù xià, tā de chéngjì yǒule hěn dà de jìnbù.

你进步得很快，老师为你感到高兴。 네 실력이 빨리 늘어서 선생님도 기쁘구나.
Nǐ jìnbù de hěn kuài, lǎoshī wèi nǐ gǎndào gāoxìng.

10 刻苦 kèkǔ 톙 고생을 참다, 몹시 애쓰다

刻苦**努力** kèkǔ nǔlì 각고의 노력을 하다	刻苦**认真** kèkǔ rènzhēn 성실하고 인내심 있다
刻苦**研究** kèkǔ yánjiū 연구에 힘쓰다	刻苦**得很** kèkǔ de hěn 몹시 애쓰다
刻苦**学习** kèkǔ xuéxí 독하게 공부하다	**勤奋**刻苦 qínfèn kèkǔ 근면 성실하다

马化腾当之无愧的学霸，刻苦学习，他当年高考分数739。
Mǎ Huàténg dāngzhīwúkuì de xuébà, kèkǔ xuéxí, tā dāngnián gāokǎo fēnshù qībǎi sānshíjiǔ.
마화텅은 수재답게 독하게 공부해서, 당시 대입 시험 점수가 739점이었다.

他那勤奋刻苦的学习精神可以成为同学们的榜样。
Tā nà qínfèn kèkǔ de xuéxí jīngshén kěyǐ chéngwéi tóngxuémen de bǎngyàng.
그의 근면 성실한 학습 정신은 학우들의 귀감이 될 만하다.

➕ **高考** gāokǎo 대학 입학시험
'高考'는 '普通高等学校招生全国统一考试'의 줄임말로, 중국의 대학 입학시험이다. 매년 7월에 시험을 보고, 9월에 1학기가 시작된다.
중국에서는 각 성마다 입시 제도가 달라, 입시생들이 지원 경쟁률이 보다 낮은 지역으로 이주하기도 하는, 이런 현상을 '高考移民(가오카오 이민)'이라 부른다.

---

11 课程 kèchéng 몡 교육 과정, 과목, 강좌, 커리큘럼

课程表 kèchéngbiǎo 교과 과정표, 시간표
课程进度 kèchéng jìndù 수업 진도

入门课程 rùmén kèchéng 입문 과정
四门课程 sì mén kèchéng 4과목

新学期的课程表已经排出来了。 Xīn xuéqī de kèchéngbiǎo yǐjīng pái chūlái le. 새 학기 시간표가 이미 나왔어.
本课程为三学分、隔周上课、一次两节课。 이 과목은 3학점이고, 2주에 한 번, 두 시간씩 수업한다.
Běn kèchéng wéi sān xuéfēn, gé zhōu shàngkè, yí cì liǎng jié kè.
你应该从入门课程开始。 Nǐ yīnggāi cóng rùmén kèchéng kāishǐ. 너는 입문 과정부터 시작해야 해.

---

12 录取 lùqǔ 동 (시험으로) 합격시키다, 채용하다, 뽑다

录取分数 lùqǔ fēnshù 합격 점수
录取线 lùqǔxiàn 커트라인
录取名单 lùqǔ míngdān 합격자 명단

录取的新生 lùqǔ de xīnshēng 합격한 신입생
录取通知书 lùqǔ tōngzhīshū 합격 통지서, 입학 통지서
录取不了 lùqǔ buliǎo 합격할 수 없다

我的高考成绩仅比录取线低6分。 내 대입 시험 성적은 커트라인에 겨우 6점 미달이야.
Wǒ de gāokǎo chéngjì jǐn bǐ lùqǔxiàn dī liù fēn.
我弟弟接到了人民大学的录取通知书。 내 동생은 인민대학교의 합격 통지서를 받았다.
Wǒ dìdi jiēdàole Rénmín Dàxué de lùqǔ tōngzhīshū.

---

13 念书 niànshū 동 공부하다, 학교에 다니다

喜欢念书 xǐhuan niànshū 공부하는 것을 좋아하다
没念什么书 méi niàn shénme shū 공부를 많이 안 했다

念了两年书 niànle liǎng nián shū 2년 동안 학교에 다니다
没念过书 méi niànguo shū 학교에 다닌 적이 없다

我有两个姐姐在高中念书。 나는 언니가 둘인데, 고등학교에 다니고 있어.
Wǒ yǒu liǎng ge jiějie zài gāozhōng niànshū.
他小时候因为家里贫穷，只念过三年书。 그는 어릴 때 집이 어려워 학교를 3년밖에 못 다녔어.
Tā xiǎo shíhou yīnwèi jiā li pínqióng, zhǐ niànguo sān nián shū.
她没有念过书，未接受过任何教育。 그녀는 학교에 다닌 적 없고, 그 어떤 교육도 받아 본 적이 없다.
Tā méiyǒu niànguo shū, wèi jiēshòuguo rènhé jiàoyù.

14 培养 péiyǎng 동 양성하다, 키우다, 배양하다

培养人才 péiyǎng réncái 인재를 양성하다
培养自学能力 péiyǎng zìxué nénglì 자습 능력을 키우다
培养独立精神 péiyǎng dúlì jīngshén 독립 정신을 기르다
培养创新精神 péiyǎng chuàngxīn jīngshén 창의력을 키우다
培养不起 péiyǎng buqǐ 양성할 수 없다
老师的培养 lǎoshī de péiyǎng 선생님의 가르침
培养目标 péiyǎng mùbiāo 양성 목표

培养人才是长久之计，不是一蹴而就的。 인재 양성은 장기적인 것이지, 하루아침에 뚝딱 되는 게 아니야.
Péiyǎng réncái shì chángjiǔ zhī jì, bú shì yícù'érjiù de.

这个孩子智力超常，好好培养。 이 아이는 머리가 비상하기 때문에, 잘 키우셔야 해요.
Zhè ge háizi zhìlì chāocháng, hǎohǎo péiyǎng.

15 请教 qǐngjiào 동 가르침을 청하다, 지도를 받다

向老师请教 xiàng lǎoshī qǐngjiào
선생님께 가르침을 구하다

请教问题 qǐngjiào wèntí 질문하다

请教一下 qǐngjiào yíxià 한 수 가르쳐 주십시오
请教几次 qǐngjiào jǐ cì 몇 차례 가르침을 구하다
请教专家 qǐngjiào zhuānjiā 전문가에게 자문을 구하다

学习遇到困难时，及时向老师请教。 공부하다가 어려움이 생기면 바로 선생님께 여쭈어 보렴.
Xuéxí yùdào kùnnan shí, jíshí xiàng lǎoshī qǐngjiào.

文老师，可以请教一下吗？ 문 선생님, 가르침을 구해도 될까요?
Wén lǎoshī, kěyǐ qǐngjiào yíxià ma?

我去他的研究所请教过几次。 나는 그의 연구소로 찾아가 몇 차례 가르침을 구했었다.
Wǒ qù tā de yánjiūsuǒ qǐngjiàoguo jǐ cì.

16 讨论 tǎolùn 동 토론하다

讨论会 tǎolùnhuì 토론회
进行讨论 jìnxíng tǎolùn 토론을 진행하다
停止讨论 tíngzhǐ tǎolùn 토론을 중단하다
值得讨论 zhíde tǎolùn 토론할 만 하다

讨论 tǎolùn + 시간 ~ 동안 토론하다
讨论三次 tǎolùn sān cì 세 번 토론하다
讨论过几次 tǎolùnguo jǐ cì 몇 차례 토론했다
讨论得很激烈 tǎolùn de hěn jīliè 열띤 토론을 벌이다

经过讨论，大家一致推选张飞做班长。 토론을 거쳐, 모두가 만장일치로 장페이를 반장으로 추천했다.
Jīngguò tǎolùn, dàjiā yìzhì tuīxuǎn Zhāng Fēi zuò bānzhǎng.

我同意刘备的意见，这个问题值得讨论。 나는 리우뻬이의 의견에 동의해. 이 문제는 토론해 볼 만해.
Wǒ tóngyì Liú Bèi de yìjiàn, zhè ge wèntí zhíde tǎolùn.

班会上，同学们讨论得十分激烈。 학급 회의에서 학우들이 열띤 토론을 벌였다.
Bānhuì shang, tóngxuémen tǎolùn de shífēn jīliè.

17 提高 tígāo 图 제고하다, 향상시키다, 끌어올리다

提高水平 tígāo shuǐpíng 수준을 높이다
提高标准 tígāo biāozhǔn 기준을 높이다
提高效率 tígāo xiàolǜ 효율을 향상시키다

大大提高 dàdà tígāo 크게 향상시키다
进一步提高 jìn yí bù tígāo 한 단계 더 향상시키다
提高不了 tígāo buliǎo 향상되지 않다

为了提高汉语水平，我们应该多听多说。 중국어 실력 향상을 위해 우리는 많이 듣고 많이 말해 봐야 해.
Wèile tígāo Hànyǔ shuǐpíng, wǒmen yīnggāi duō tīng duō shuō.

小孩平时学习很用功，可成绩总是提高不了。 아이가 평소에 열심히 공부하는데도 성적이 좀처럼 오르지 않네요.
Xiǎohái píngshí xuéxí hěn yònggōng, kě chéngjì zǒngshì tígāo buliǎo.

18 同学 tóngxué 图 동창, 학우, 동급생 图 학생 [제3자가 부르는 호칭]

同班同学 tóngbān tóngxué 같은 반 친구
大学同学 dàxué tóngxué 대학 동창
高中同学 gāozhōng tóngxué 고등학교 동창

初中同学 chūzhōng tóngxué 중학교 동창
小学同学 xiǎoxué tóngxué 초등학교 동창
新同学 xīn tóngxué 신입생

我有个高中同学是个富二代。 내 고등학교 동창 중에 금수저가 있어.
Wǒ yǒu ge gāozhōng tóngxué shì ge fù'èrdài.

欢迎新同学加入我们社团！ 신입생 여러분 우리 동아리 가입을 환영합니다.
Huānyíng xīn tóngxué jiārù wǒmen shètuán!

这位同学，第二教学楼怎么走？ 학생, 제2강의동은 어떻게 가나요?
Zhè wèi tóngxué, dì èr jiàoxuélóu zěnme zǒu?

➕ 同桌 tóngzhuō, 同屋 tóngwū
교실 옆자리 짝꿍을 지칭할 때는 '同桌'라고 하고, 기숙사 룸메이트를 지칭할 때는 '同屋'라고 한다.

19 学历 xuélì 图 학력

学历很高 xuélì hěn gāo 학력이 높다
高学历 gāo xuélì 고학력
低学历 dī xuélì 저학력
大学本科学历 dàxué běnkē xuélì 대학 본과 학력

重视学历 zhòngshì xuélì 학력을 중시하다
最终学历 zuìzhōng xuélì 최종 학력
学历证明 xuélì zhèngmíng 학력 증명서
学历的高低 xuélì de gāodī 학력의 높고 낮음

上大学不等于成功，学历不等于能力。 대학에 간다고 성공하는 것도 아니고, 학력이 곧 능력인 것도 아니다.
Shàng dàxué bù děngyú chénggōng, xuélì bù děngyú nénglì.

人家可是高学历人才，毕业于英国名牌大学。 그 사람은 고학력 인재라고요. 영국의 명문 대학을 졸업했다니까요.
Rénjiā kě shì gāo xuélì réncái, bìyè yú Yīngguó míngpái dàxué.

20 学术 xuéshù 圏 학술

学术**机构** xuéshù jīgòu 학술 기관	学术**界** xuéshùjiè 학술계
学术**刊物** xuéshù kānwù 학술 잡지	学术**报告会** xuéshù bàogàohuì 학술 세미나
学术**会议** xuéshù huìyì 학술 회의	学术**论文** xuéshù lùnwén 학술 논문

这篇文章扩大了她在学术界的影响。 이 글로 그녀가 학술계에 미치는 영향력이 더 커졌다.
Zhè piān wénzhāng kuòdàle tā zài xuéshùjiè de yǐngxiǎng.

我校历史系举行了第一次学术报告会。 우리 학교 사학과에서 제1회 학술 세미나를 개최했다.
Wǒ xiào lìshǐxì jǔxíngle dì yī cì xuéshù bàogàohuì.

21 学问 xuéwèn 圏 학문, 학식, 지식

有学问 yǒu xuéwèn 학식 있다	**做**学问 zuò xuéwèn 학문을 하다
学问**高深** xuéwèn gāoshēn 학문이 깊다	学问**的深浅** xuéwèn de shēnqiǎn 학문의 깊이
学问**很大** xuéwèn hěn dà 박학하다	**新兴的**学问 xīnxīng de xuéwèn 새로운 학문

他很有学问，多才多艺。 Tā hěn yǒu xuéwèn, duōcái duōyì. 그는 대단히 유식하고, 다재다능하다.

再高深的学问也是从字母学起的。 아무리 풍부한 학식도 기초부터 시작된 것이다.
Zài gāoshēn de xuéwèn yě shì cóng zìmǔ xuéqǐ de.

人际关系学是一门新兴的学问。 인간관계학은 새로운 학문이다.
Rénjì guānxi xué shì yì mén xīnxīng de xuéwèn.

22 用功 yònggōng 圄 힘써 배우다, 열심히 공부하다 圈 힘쓰다, 애쓰다, 노력하다

用功**学习** yònggōng xuéxí 열심히 공부하다	**不**用功 bú yònggōng 열심히 안 하다
用功**读书** yònggōng dúshū 열심히 공부하다	**现**用功 xiàn yònggōng 벼락치기 하다
用用功 yòngyong gōng 노력하다	用**几天**功 yòng jǐ tiān gōng 며칠 반짝 노력하다

用功读书不是为了父母，而是为了自己的将来。 열심히 공부하는 건 부모님을 위해서가 아니라, 자신의 장래를 위해서이다.
Yònggōng dúshū bú shì wèile fùmǔ, érshì wèile zìjǐ de jiānglái.

他的最大特点就是贪玩，学习不用功。 저 녀석의 가장 큰 특징은 놀기 좋아하고, 공부를 열심히 안 한다는 것이다.
Tā de zuì dà tèdiǎn jiù shì tān wán, xuéxí bú yònggōng.

平时不好好学习，等到考试时现用功就来不及了。 평소에 열심히 공부 안 하다가, 시험 때 벼락치기 해 봐야 소용없어.
Píngshí bù hǎohǎo xuéxí, děngdào kǎoshì shí xiàn yònggōng jiù láibují le.

23 优秀 yōuxiù 휑 (품행, 학문, 성적 등이) 우수하다, 뛰어나다

优秀毕业生 yōuxiù bìyèshēng 우수 졸업생

成绩优秀 chéngjì yōuxiù 성적이 우수하다

品质优秀 pǐnzhì yōuxiù 품행이 방정하다

品德优秀 pǐndé yōuxiù 인품이 훌륭하다

优秀人才 yōuxiù réncái 우수한 인재

优秀教师 yōuxiù jiàoshī 우수 교사

陈杰学习成绩优秀，每次考试都是全班第一。 천지에는 성적이 뛰어나, 시험 볼 때마다 우리 반 1등이야.
Chén Jié xuéxí chéngjì yōuxiù, měi cì kǎoshì dōu shì quán bān dì yī.

佟老师曾被评为全国优秀教师。 통 선생님은 전국 우수 교사로 선정되셨었다.
Tóng lǎoshī céng bèi píngwéi quán guó yōuxiù jiàoshī.

24 友谊 yǒuyì 휑 우정, 우의

珍惜友谊 zhēnxī yǒuyì 우정을 소중히 여기다

为了友谊 wèile yǒuyì 우정을 위해

深厚的友谊 shēnhòu de yǒuyì 깊은 우정

真诚的友谊 zhēnchéng de yǒuyì 진정한 우정

友谊第一 yǒuyì dì yī 우정이 가장 중요하다

谈不上友谊 tánbushàng yǒuyì 우정이라 할 수 없다

朋友之间的友谊，不会因距离而隔断。 친구 사이의 우정은 거리 때문에 멀어지지 않는다.
Péngyou zhī jiān de yǒuyì, bú huì yīn jùlí ér géduàn.

来，为了我们的友谊干杯！ 자, 우리의 우정을 위해 건배!
Lái, wèile wǒmen de yǒuyì gānbēi!

25 掌握 zhǎngwò 휭 터득하다, 마스터하다, 숙달하다

掌握学习方法 zhǎngwò xuéxí fāngfǎ 학습 방법을 터득하다

掌握三门外语 zhǎngwò sān mén wàiyǔ 3개 국어를 마스터하다

掌握原理 zhǎngwò yuánlǐ 원리를 터득하다

掌握规律 zhǎngwò guīlǜ 규칙을 파악하다

掌握信息 zhǎngwò xìnxī 정보를 갖다

掌握时间 zhǎngwò shíjiān 시간을 컨트롤하다

姐姐已经掌握了四门外语。 언니는 이미 4개 국어를 마스터했다.
Jiějie yǐjīng zhǎngwòle sì mén wàiyǔ.

只要掌握了基本原理，学起来就快多了。 기본 원리만 터득하면 훨씬 빨리 배울 수 있어.
Zhǐyào zhǎngwòle jīběn yuánlǐ, xué qǐlái jiù kuài duō le.

26 招生 zhāoshēng 图 (학교가) 학생을 모집하다

招生简章 zhāoshēng jiǎnzhāng 학생 모집 요강

招生名额 zhāoshēng míng'é 학생 모집 정원

招生情况 zhāoshēng qíngkuàng 학생 모집 현황

招生要求 zhāoshēng yāoqiú 학생 모집 요건

招生工作 zhāoshēng gōngzuò 신입생 모집 업무

自主招生 zìzhǔ zhāoshēng 대학별 입시 특별(수시) 전형

七月份招生 qī yuèfèn zhāoshēng 7월에 모집하다

扩大招生 kuòdà zhāoshēng 신입생 모집 인원을 확대하다

你们可以提供艺术类专业招生简章吗？ 예술계 전공 신입생 모집 요강을 제공해 주실 수 있나요？
Nǐmen kěyǐ tígōng yìshù lèi zhuānyè zhāoshēng jiǎnzhāng ma?

普通高校招生录取工作今天结束。 일반 대학 신입생 모집 선발 업무가 오늘 끝난다.
Pǔtōng gāoxiào zhāoshēng lùqǔ gōngzuò jīntiān jiéshù.

我们学校今年继续扩大招生。 우리 학교는 올해도 계속 신입생 모집 인원을 확대한다.
Wǒmen xuéxiào jīnnián jìxù kuòdà zhāoshēng.

27 知识 zhīshi 명 지식, 학식, 문화

知识经济 zhīshi jīngjì 지식 경제

知识阶层 zhīshi jiēcéng 지식 계층

知识产业 zhīshi chǎnyè 지식 산업

基础知识 jīchǔ zhīshi 기초지식

理论知识 lǐlùn zhīshi 이론 지식

知识丰富 zhīshi fēngfù 지식이 풍부하다

增长知识 zēngzhǎng zhīshi 지식을 늘리다

学到知识 xuédào zhīshi 지식을 습득하다

掌握知识 zhǎngwò zhīshi 지식을 체화하다

运用知识 yùnyòng zhīshi 지식을 활용하다

知识就是力量。 아는 것이 힘이다.
Zhīshi jiù shì lìliàng.

这次活动，使我开阔了眼界，增长了知识。 이번 활동을 통해, 나는 시야도 넓히고, 지식도 늘릴 수 있었다.
Zhè cì huódòng, shǐ wǒ kāikuòle yǎnjiè, zēngzhǎngle zhīshi.

28 专心 zhuānxīn 형 전심하다, 몰두하다, 열중하다

专心学习 zhuānxīn xuéxí 공부에 열중하다

专心研究 zhuānxīn yánjiū 연구에 몰두하다

不专心 bù zhuānxīn 전념하지 않다

专心听课 zhuānxīn tīngkè 집중해서 강의를 듣다

专心写论文 zhuānxīn xiě lùnwén 논문 쓰기에 몰두하다

专心一致 zhuānxīn yízhì 전심전력

家里的事不用你担心，专心学习就行了。 집안일은 걱정 말고 열심히 공부만 해.
Jiā li de shì búyòng nǐ dānxīn, zhuānxīn xuéxí jiù xíng le.

教室里，同学们都正在专心听课。 교실에서는 학생들이 열심히 강의를 듣고 있다.
Jiàoshì li, tóngxuémen dōu zhèngzài zhuānxīn tīngkè.

29 专业 zhuānyè 🅜(대학에서의) 전공, 학과 🅗(지식 분야의) 전문적인, 전업의

选择专业 xuǎnzé zhuānyè 전공을 선택하다

专业课 zhuānyèkè 전공 과목

双学位专业 shuāngxuéwèi zhuānyè 복수 전공

热门专业 rèmén zhuānyè 인기 전공

历史专业 lìshǐ zhuānyè 역사 전공

不专业 bù zhuānyè 전문적이지 않다

专业水平 zhuānyè shuǐpíng 전문가 수준

专业作家 zhuānyè zuòjiā 전업 작가

我知道我的专业不好找工作。 내 전공은 직장 구하기가 힘들다는 걸 알아.
Wǒ zhīdào wǒ de zhuānyè bù hǎo zhǎo gōngzuò.

他选择了自己喜欢的"历史"专业。 그는 자기가 좋아하는 역사 전공을 택했다.
Tā xuǎnzéle zìjǐ xǐhuan de "lìshǐ" zhuānyè.

这个学期选了两门专业课。 이번 학기에 전공 과목 두 개를 수강 신청했어.
Zhè ge xuéqī xuǎnle liǎng mén zhuānyèkè.

他公共课听得比专业课还要多。 그는 교양 과목을 전공 과목 보다 더 많이 듣는다.
Tā gōnggòngkè tīng de bǐ zhuānyèkè hái yào duō.

我只是个业余的，并不专业。 나는 아마추어라, 전문적이지 않아.
Wǒ zhǐ shì ge yèyú de, bìng bù zhuānyè.

➕ 二门专业课 èr mén zhuānyèkè **VS** 两门专业课 liǎng mén zhuānyèkè

'2'는 쓰임이 많은 수사로 양사 앞에서는 '两'으로 쓰고 읽는 것에 주의해야 한다. 전공 과목을 말할 때는 양사 '门'을 사용해 표현한다. '门'은
'문'의 뜻을 갖는 명사지만 '언어, 학과목, 기술' 등을 표현할 때는 양사로 사용된다.

两门外语 외국어 2개 | 两门专业必修课 전공 필수 과목 2개

30 准备 zhǔnbèi 🅓준비하다 🅓~하려고 하다, ~할 계획이다 🅜준비

认真准备 rènzhēn zhǔnbèi 착실히 준비하다

准备好 zhǔnbèi hǎo 준비가 되다

准备参加 zhǔnbèi cānjiā 참가 준비하다

准备考试 zhǔnbèi kǎoshì 시험 준비를 하다

提前准备 tíqián zhǔnbèi 미리 준비하다

心理准备 xīnlǐ zhǔnbèi 마음의 준비

思想准备 sīxiǎng zhǔnbèi 마음의 준비

准备工作 zhǔnbèi gōngzuò 준비 작업

高三，我们准备好了。 고3, 우리는 준비되었습니다.
Gāo sān, wǒmen zhǔnbèi hǎo le.

我准备参加全国英语演讲比赛。 나는 전국 영어 웅변 대회에 참가하려고 해.
Wǒ zhǔnbèi cānjiā quán guó yīngyǔ yǎnjiǎng bǐsài.

你做好心理准备吧，高中的学习完全不同于初中。 마음 단단히 먹어. 고등학교 공부는 중학교 때랑은 완전히 다르니까.
Nǐ zuòhǎo xīnlǐ zhǔnbèi ba, gāozhōng de xuéxí wánquán bùtóng yú chūzhōng.

黑板 hēibǎn 명 칠판

课间 kèjiān 명 수업과 수업 사이, 쉬는 시간

师生 shīshēng 스승과 제자

操场 cāochǎng 명 운동장

学生食堂 xuéshēng shítáng (교내의) 학생 식당

宿舍 sùshè 명 기숙사

铅笔 qiānbǐ 명 연필

圆珠笔 yuánzhūbǐ 명 볼펜

本子 běnzi 명 공책

桌子 zhuōzi 명 탁자, 테이블

椅子 yǐzi 명 의자

书包 shūbāo 명 책가방

自习 zìxí 동 자습하다

학과목

科目 kēmù 명 과목

语文 yǔwén 명 국어

数学 shùxué 명 수학

化学 huàxué 명 화학

政治 zhèngzhì 명 정치

体育 tǐyù 명 체육

物理 wùlǐ 명 물리

生物 shēngwù 명 생물

历史 lìshǐ 명 역사

地理 dìlǐ 명 지리

외국어

外语 wàiyǔ 명 외국어

汉语 Hànyǔ 고유 중국어

英语 Yīngyǔ 고유 영어

西班牙语 Xībānyáyǔ 고유 스페인어

阿拉伯语 Ālābóyǔ 고유 아랍어

日语 Rìyǔ 고유 일본어

德语 Déyǔ 고유 독일어

俄语 Éyǔ 고유 러시아어

法语 fǎyǔ 고유 불어

교실 표현

谁缺席了? Shéi quēxí le? 누가 결석이죠?

上课时间到了。shàngkè shíjiān dào le. 수업 시작합니다.

请安静! Qǐng ānjìng! 조용히 하세요!

请交作业。Qǐng jiāo zuòyè. 숙제를 제출하세요.

请背课文。Qǐng bèi kèwén. 본문을 외워 보세요.

把书合上。Bǎ shū héshàng. 책을 덮어요.

把书翻到第10页。Bǎ shū fāndào dì shí yè. 10쪽을 펴세요.

不懂，请举手。Bù dǒng, qǐng jǔshǒu.
이해가 안 되면, 손을 들어요.

我再解释一遍。Wǒ zài jiěshì yí biàn. 한 번 더 설명할게요.

请注意! Qǐng zhùyì! 주목하세요!

今天就到这儿。Jīntiān jiù dào zhèr.
오늘은 여기까지 할게요.

성어, 속담

爱不释手 àibúshìshǒu 잠시도 손에서 놓지 않다

好为人师 hàowéirénshī 남의 스승 노릇 하기를 좋아하다

温故知新 wēngù zhīxīn 옛것을 배우고 익혀 새로운 것을 알다

似懂非懂 sìdǒng fēidǒng 아는 듯 모르는 듯하다

心不在焉 xīnbúzàiyān 정신을 딴 데 팔다

学而不厌 xué'érbúyàn 배움에 싫증내지 않다

三人行，必有我师 sān rén xíng, bì yǒu wǒ shī
누구에게나 배울 점은 있다

DAY

09

학교 생활(2)

따페이 훈련

대학을 졸업하다   毕业大学 X   大学毕业 ○

01 安静 ānjìng 형 조용하다, 고요하다 형 평정을 되찾다, 진정하다

保持安静 bǎochí ānjìng 조용히 하다

安静一下 ānjìng yíxià 조용히 하다

安静一会儿 ānjìng yíhuìr 잠시 조용히 하다

一片安静 yí piàn ānjìng 아주 고요하다

安静下来 ānjìng xiàlái 조용해지다

安静地坐着 ānjìng de zuòzhe 얌전히 앉아 있다

请大家安静一下，现在我们张校长讲话。여러분 조용히 해 주세요. 이제 장 교장 선생님 말씀이 있겠습니다.
Qǐng dàjiā ānjìng yíxià, xiànzài wǒmen Zhāng xiàozhǎng jiǎnghuà.

教室里一片安静，一点儿动静也没有。교실 안이 너무 고요해 숨소리조차 들리지 않았다.
Jiàoshì li yí piàn ānjìng, yìdiǎnr dòngjìng yě méiyǒu.

02 把握 bǎwò 명 자신, 가망 동 (손으로) 움켜쥐다, 꽉 잡다 동 (추상적인 것을) 파악하다

有把握 yǒu bǎwò 자신 있다

没有把握 méiyǒu bǎwò 자신 없다

把握时机 bǎwò shíjī 타이밍을 잡다

把握分寸 bǎwò fēncun 분수를 지키다

把握现在 bǎwò xiànzài 현재에 충실하다

把握机会 bǎwò jīhuì 기회를 포착하다

在这一题上，我有绝对的把握。이 문제만큼은 내가 확실하게 자신 있어.
Zài zhè yì tí shang, wǒ yǒu juéduì de bǎwò.

这次汉语考试能否获得满分，我没有把握。이번 중국어 시험에서 만점을 받을 수 있을지 자신이 없어.
Zhè cì Hànyǔ kǎoshì néng fǒu huòdé mǎnfēn, wǒ méiyǒu bǎwò.

03 毕业 bìyè 동 졸업하다

大学毕业 dàxué bìyè 대학교를 졸업하다

毕业于 bìyèyú + 학교 ~를 졸업하다

中文系毕业 Zhōngwénxì bìyè 중문과 졸업하다

明年毕业 míngnián bìyè 내년에 졸업하다

毕了业 bìle yè 졸업하다

毕业典礼 bìyè diǎnlǐ 졸업식

毕业文凭 bìyè wénpíng 졸업장

毕业证书 bìyè zhèngshū 졸업증

毕业论文 bìyè lùnwén 졸업 논문

毕业生 bìyèshēng 졸업생

我大学毕业已经三年了。나는 대학 졸업한 지 벌써 3년 됐어.
Wǒ dàxué bìyè yǐjīng sān nián le.

胡锦涛1964年毕业于清华大学。후진타오는 1964년에 칭화대학교를 졸업했다.
Hú Jǐntāo yī jiǔ liù sì nián bìyè yú Qīnghuá Dàxué.

我校举行2021届毕业生毕业典礼。우리 학교는 2021년 졸업생들의 졸업식을 거행했다.
Wǒ xiào jǔxíng èr líng èr yī jiè bìyèshēng bìyè diǎnlǐ.

➕ 毕业大学 bìyè dàxué VS 大学毕业 dàxué bìyè

'毕业'는 비지속동사이면서 이합사로, 단어 자체에 이미 목적어를 갖고 있기 때문에, '대학교를 졸업하다'라고 할 때는 '大学毕业'라고 해야
한다. 자주 실수하는 표현이니 외워 두도록 하자.

04 表扬 biǎoyáng 图 칭찬하다, 표창하다

表扬 biǎoyáng + 사람 ~를 칭찬하다

老师的表扬 lǎoshī de biǎoyáng 선생님의 칭찬

值得表扬 zhíde biǎoyáng 표창할 만하다

受到表扬 shòudào biǎoyáng 칭찬받다

从来没表扬过 cónglái méi biǎoyángguo
한 번도 칭찬한 적이 없다

表扬好人好事 biǎoyáng hǎo rén hǎo shì
모범적인 사람과 일을 표창하다

她受到了老师的表扬，心里美滋滋的。 그 애는 선생님의 칭찬을 들어 마음이 뿌듯해졌다.
Tā shòudàole lǎoshī de biǎoyáng, xīnlǐ měizīzī de.

我爸从来没表扬过我，他总是让我争取"更上一层楼"。
Wǒ bà cónglái méi biǎoyángguo wǒ, tā zǒngshì ràng wǒ zhēngqǔ "gèng shàng yì céng lóu".
우리 아빠는 절대로 나를 칭찬하는 법이 없고, 늘 '조금 더 노력하라'고 하셔.

05 吵 chǎo 图 시끄럽다, 떠들다 图 말다툼하다

太吵了 tài chǎo le 너무 시끄럽다

吵个不停 chǎo ge bù tíng 쉴 새 없이 떠들다

吵起来 chǎo qǐlái 다투기 시작하다

吵得很凶 chǎo de hěn xiōng 격하게 싸우다

吵了一上午 chǎole yí shàngwǔ 오전 내내 싸우다

大吵一顿 dà chǎo yí dùn 대판 싸우다

你们别吵，有话好商量嘛。 너희들 말다툼하지 말고, 좋게 좋게 풀자고.
Nǐmen bié chǎo, yǒu huà hǎo shāngliang ma.

他们你一言我一语地吵个不停。 그들은 서로 질세라 쉴 새 없이 떠들었다.
Tāmen nǐ yì yán wǒ yì yǔ de chǎo ge bù tíng.

你们俩好好的，怎么突然吵起来了？ 너희 둘 잘 지내다 왜 갑자기 싸우는 거야?
Nǐmen liǎ hǎohǎo de, zěnme tūrán chǎo qǐlái le?

06 成绩 chéngjì 图 성적, 성과, 기록

成绩好 chéngjì hǎo 성적이 좋다

成绩差 chéngjì chà 성적이 나쁘다

成绩优良 chéngjì yōuliáng 성적이 우수하다

成绩一般 chéngjì yìbān 성적이 그저그렇다

取得成绩 qǔdé chéngjì 성적을 거두다

提高成绩 tígāo chéngjì 성적을 올리다

公布成绩 gōngbù chéngjì 성적을 발표하다

考试成绩 kǎoshì chéngjì 시험 성적

学习成绩 xuéxí chéngjì 학습 성적

成绩单 chéngjìdān 성적표

孩子成绩差点没关系，以后能好好做人就行了。 아이 성적이 좀 처져도 괜찮아요. 앞으로 사람 노릇만 잘하면 돼죠 뭐.
Háizi chéngjì chàdiǎn méi guānxi, yǐhòu néng hǎohǎo zuòrén jiù xíng le.

这学期，我的语文成绩提高了。 이번 학기에 내 국어 성적이 올랐어.
Zhè xuéqī, wǒ de yǔwén chéngjì tígāo le.

今天老师公布了期末考试成绩。 오늘 선생님께서 기말고사 성적을 발표하셨다.
Jīntiān lǎoshī gōngbùle qīmò kǎoshì chéngjì.

07 读 dú 图 낭독하다, 읽다, 공부하다

读一遍 dú yí biàn 한 번 읽다
不会读 bú huì dú 읽지 못하다
读不了 dúbuliǎo 읽을 수가 없다

读书 dúshū 학교에 다니다
在大学读书 zài dàxué dúshū 대학에 다니다

现在我先读一遍，你们跟着我读，好吗？ 이제 내가 먼저 한 번 읽을 테니, 너희들은 나를 따라 읽으렴. 알겠니?
Xiànzài wǒ xiān dú yí biàn, nǐmen gēnzhe wǒ dú, hǎo ma?

最近有什么好书可以读？ Zuìjìn yǒu shénme hǎo shū kěyǐ dú? 요즘 읽을 만한 책 있어?

08 放假 fàngjià 图 방학하다, 휴가로 쉬다

放一周假 fàng yì zhōu jià 1주일 동안 방학하다
放暑假 fàng shǔjià 여름 방학을 하다
放寒假 fàng hánjià 겨울 방학을 하다

趁放假 chèn fàngjià 방학을 이용하다
盼着放假 pànzhe fàngjià 방학을 기다리다
放假期间 fàngjià qījiān 방학 기간, 휴가 기간

孩子们放假了，家长们却忙开了。 아이들이 방학하면, 학부모들은 오히려 바빠진다.
Háizimen fàngjià le, jiāzhǎngmen què mángkāi le.

放暑假了，还要上辅导班，我都快累死了！ 여름 방학인데도 학원에 가야 하다니, 피곤해 죽을 것 같아!
Fàng shǔjià le, hái yào shàng fǔdǎobān, wǒ dōu kuài lèi sǐ le!

春节我们放一周假。 설에 우리는 일주일 동안 휴가야.
Chūnjié wǒmen fàng yì zhōu jià.

09 复习 fùxí 图 복습하다

复习一下 fùxí yíxià 복습을 좀 하다
复习三遍 fùxí sān biàn 3번 복습하다
复习一整天 fùxí yìzhěngtiān 하루 종일 복습하다
认真复习 rènzhēn fùxí 철저히 복습하다

复习语法 fùxí yǔfǎ 어법을 복습하다
复习课文 fùxí kèwén 본문을 복습하다
复习功课 fùxí gōngkè 배운 것을 복습하다
复习到第六课 fùxí dào dì liù kè 6과까지 복습하다

哎呀，累了，复习了一整天，头都昏了。 아이 피곤해. 하루 종일 복습했더니 머리가 다 어지럽네.
Āiyā, lèi le, fùxíle yìzhěngtiān, tóu dōu hūn le.

上课前好好预习，下课后认真复习。 수업 전에는 예습을 잘하고, 수업이 끝나면 복습을 확실히 한다.
Shàngkè qián hǎohǎo yùxí, xiàkè hòu rènzhēn fùxí.

这次考试复习得差不多了。 이번 시험 준비는 거의 완벽해.
Zhè cì kǎoshì fùxí de chàbuduō le.

10 回答 huídá 图 대답하다, 회답하다

回答问题 huídá wèntí 문제에 대답하다
回答正确 huídá zhèngquè 정확하게 대답하다
回答两次 huídá liǎng cì 두 번 회답했다
回答不了 huídá buliǎo 대답할 수가 없다

难回答 nán huídá 대답하기 어렵다
拒绝回答 jùjué huídá 대답을 거절하다
回答对 huídá duì 정답이다
回答错 huídá cuò 대답이 틀리다

明明在课上积极回答问题。 밍밍은 수업 시간에 적극적으로 대답을 한다.
Míngmíng zài kè shang jījí huídá wèntí.

这真是一个很难回答的问题。 이건 정말이지 대답하기 곤란한 문제야.
Zhè zhēnshi yí ge hěn nán huídá de wèntí.

我拒绝回答这个问题。 Wǒ jùjué huídá zhè ge wèntí. 나는 이 질문에 대해 노코멘트 했다.

11 及格 jígé 图 합격하다, 통과하다

考试及格 kǎoshì jígé 시험에 합격하다, 통과하다
不及格 bù jígé 불합격하다, 낙제하다

没及格 méi jígé 시험에 떨어지다
及不了格 jíbuliǎo gé 점수에 못 미치다, 낙제하다

我考试及格了，妈妈松了一口气。 내가 시험에 붙어, 엄마는 한시름 놓으셨다.
Wǒ kǎoshì jígé le, māma sōngle yì kǒuqì.

期中考试没及格，还得参加补考。 중간고사에서 낙제해서 재시험을 봐야 해.
Qīzhōng kǎoshì méi jígé, hái děi cānjiā bǔkǎo.

离高考仅50天，物理和英语都及不了格。 대입 시험까지 50일밖에 안 남았는데, 물리하고 영어가 점수에 못 미쳐.
Lí gāokǎo jǐn wǔshí tiān, wùlǐ hé Yīngyǔ dōu jíbuliǎo gé.

12 讲课 jiǎngkè 图 강의하다, 수업하다

讲过课 jiǎngguo kè 강의한 적 있다
讲完课 jiǎngwán kè 수업을 마치다
讲口语课 jiǎng kǒuyǔ kè 회화 수업을 하다
讲两次课 jiǎng liǎng cì kè 수업을 2번 하다

讲15节课 jiǎng shíwǔ jié kè 15시간 강의하다
讲一个学期的课 jiǎng yí ge xuéqī de kè
한 학기 수업을 하다
讲课经验 jiǎngkè jīngyàn 강의 경험

他曾经在厦门大学讲过课。 그는 이전에 시아먼대학교에서 강의를 한 적이 있다.
Tā céngjīng zài Xiàmén dàxué jiǎngguo kè.

讲完这堂课，姜老师就要告别讲台。 이 수업을 끝으로, 강 선생님은 교단을 떠나신다.
Jiǎngwán zhè táng kè, Jiāng lǎoshī jiù yào gàobié jiǎngtái.

薛老师讲课讲得有声有色。 쉐 선생님은 강의를 참으로 맛깔나게 하신다.
Xuē lǎoshī jiǎngkè jiǎng de yǒushēng yǒusè.

13 教 jiāo 동 가르치다, 전수하다

教 jiāo + 사람 + 과목 ~에게 ~를 가르치다
没教过 méi jiāoguo 가르친 적이 없다
教起来 jiāo qǐlái 가르치기에
教出来 jiāo chūlái 가르쳐 내다

教不好 jiāobuhǎo 잘 가르칠 수 없다
教不会 jiāobuhuì 가르쳐도 못하다
教得非常棒 jiāo de fēicháng bàng 아주 잘 가르친다
教一辈子书 jiāo yíbèizi shū 평생 가르치다

班主任方老师，教我们历史。담임이신 방 선생님께서는 우리에게 역사를 가르치신다.
Bānzhǔrèn Fāng lǎoshī, jiāo wǒmen lìshǐ.

这门课程学起来教起来会非常吃力。이 과목은 배우는 사람이나 가르치는 사람이나 다 힘들다.
Zhè mén kèchéng xué qǐlái jiāo qǐlái huì fēicháng chīlì.

张教授教了一辈子书，桃李满天下。장 교수님은 평생 교직 생활을 하셔서 제자가 아주 많다.
Zhāng jiàoshòu jiāole yíbèizi shū, táolǐ mǎn tiānxià.

14 开学 kāixué 동 개학하다, 개강하다

明天开学 míngtiān kāixué 내일 개학한다
快开学了 kuài kāixué le 곧 개학이다
开学开得很晚 kāixué kāi de hěn wǎn 개학이 늦다

开学日期 kāixué rìqī 개학일
开学第一天 kāixué dì yī tiān 개학 첫날
开学典礼 kāixué diǎnlǐ 개학식, 입학식

快开学了，妈妈给我准备了新书包。개학이 가까워오자 엄마가 새 가방을 사 주셨다.
Kuài kāixué le, māma gěi wǒ zhǔnbèile xīn shūbāo.

开学没几天，我们班里转来了两个新同学。개학한 지 얼마 안 되어, 우리 반에 새 친구가 두 명 전학 왔다.
Kāixué méi jǐ tiān, wǒmen bān li zhuǎnlái le liǎng ge xīn tóngxué.

15 考试 kǎoshì 동 시험 보다 명 시험

考试及格 kǎoshì jígé 합격하다
参加考试 cānjiā kǎoshì 시험을 보다
考试成绩 kǎoshì chéngjì 시험 성적

专业考试 zhuānyè kǎoshì 전공 시험
入学考试 rùxué kǎoshì 입학 시험
考试资格 kǎoshì zīgé 시험 자격

我宁可考试不及格，也不愿意作弊。나는 시험에 불합격하는 한이 있어도 컨닝은 안 하고 싶다.
Wǒ nìngkě kǎoshì bù jígé, yě bú yuànyì zuòbì.

儿子，期中考试成绩出来了没有？아들아, 중간고사 성적 나왔니?
Érzi, qīzhōng kǎoshì chéngjì chūláile méiyǒu?

他平时学习用功，数学考试得了100分。쟤는 평소에 열심히 공부하더니, 수학 시험에서 100점을 받았어.
Tā píngshí xuéxí yònggōng, shùxué kǎoshì déle yìbǎi fēn.

16 练习 liànxí 통 연습하다 명 연습, 훈련

练习写字 liànxí xiě zì 글자 쓰기 연습을 하다

练习 liànxí + 시간 ~동안 연습하다

练习一下 liànxí yíxià 연습하다

做练习 zuò liànxí 연습 문제를 풀다

练习题 liànxítí 연습 문제

练习本 liànxíběn 연습장

她喜欢书法，每天都练习一个小时到两个小时。 그녀는 서예를 좋아해서, 매일 한 시간에서 두 시간씩 연습을 해.
Tā xǐhuan shūfǎ, měi tiān dōu liànxí yí ge xiǎoshí dào liǎng ge xiǎoshí.

再练习一下，你会做得更好的。 좀 더 연습하면, 더 잘할 수 있을 거야.
Zài liànxí yíxià, nǐ huì zuò de gèng hǎo de.

平时多做练习题但不要做太难的题。 평소에 연습 문제를 많이 풀되, 너무 어려운 건 풀지 마.
Píngshí duō zuò liànxítí dàn búyào zuò tài nán de tí.

17 留学 liúxué 통 유학하다

留学 liúxué + 시간 ~동안 유학하다

留过学 liúguo xué 유학한 적이 있다

出国留学 chūguó liúxué 외국에서 유학하다

留学生活 liúxué shēnghuó 유학 생활

留学经历 liúxué jīnglì 유학 경험

留学手续 liúxué shǒuxù 유학 수속

他去意大利留学五年了。 그는 이탈리아에서 5년 동안 유학했다.
Tā qù Yìdàlì liúxué wǔ nián le.

他没留过学，但西班牙语说得非常好。 그는 유학을 한 적이 없는데도 스페인어를 아주 잘한다.
Tā méi liúguo xué, dàn xībānyáyǔ shuō de fēicháng hǎo.

18 流利 liúlì 형 유창하다, 막힘이 없다

说得流利 shuō de liúlì 유창하게 말하다

读得流利 dú de liúlì 유창하게 읽다

流利得很 liúlì de hěn 대단히 유창하다

不流利 bù liúlì 유창하지 않다

流利地背下来 liúlì de bèi xiàlái 줄줄 외우다

流利的外语 liúlì de wàiyǔ 유창한 외국어

他汉语说得非常流利。 그는 중국어를 아주 유창하게 한다.
Tā Hànyǔ shuō de fēicháng liúlì.

她能流利地背下一百多首唐诗了。 그녀는 당시 100여 수를 줄줄 외울 수 있다.
Tā néng liúlì de bèixià yìbǎi duō shǒu tángshī le.

19 年级 niánjí 몡 학년

小学三年级 xiǎoxué sān niánjí 초등학교 3학년	高年级学生 gāo niánjí xuéshēng 고학년 학생
每个年级 měi ge niánjí 매 학년	低年级学生 dī niánjí xuéshēng 저학년 학생

我们学校有六个年级，每个年级有五个班。 우리 학교에는 6학년까지 있고, 각 학년마다 5개 반이 있다.
Wǒmen xuéxiào yǒu liù ge niánjí, měi ge niánjí yǒu wǔ ge bān.

这本教科书适用于初中一年级的学生。 이 교재는 중학교 1학년 학생에게 적합하다.
Zhè běn jiàokēshū shìyòng yú chūzhōng yī niánjí de xuéshēng.

20 努力 nǔlì 동 노력하다, 힘쓰다 형 열심이다, 애쓰다

努力学习 nǔlì xuéxí 열심히 공부하다	不够努力 búgòu nǔlì 노력이 부족하다
尽努力 jìn nǔlì 노력을 다하다	共同努力 gòngtóng nǔlì 공동 노력하다
不努力 bù nǔlì 노력 안 하다	努一把力 nǔ yì bǎ lì 노력하다

从读一年级开始他就努力学习。 1학년 때부터 그는 열심히 공부했어.
Cóng dú yī niánjí kāishǐ tā jiù nǔlì xuéxí.

我已经尽了最大的努力了。 나는 이미 최선의 노력을 다했어.
Wǒ yǐjīng jìnle zuì dà de nǔlì le.

你自己不努力，没有人能帮助你。 네 스스로 노력하지 않으면, 너를 도와줄 사람이 없어.
Nǐ zìjǐ bù nǔlì, méiyǒu rén néng bāngzhù nǐ.

少壮不努力，老大徒伤悲。 젊어서 노력하지 않으면 늙어서 슬퍼해도 소용없다.
Shàozhuàng bù nǔlì, lǎodà tú shāng bēi

21 批评 pīpíng 동 비평하다, 평가하다, 혼내다, 꾸중하다 동 (장단점을) 지적하다

批评 pīpíng + 사람 ～를 꾸중하다	当面批评 dāngmiàn pīpíng 면전에서 혼내다
自我批评 zìwǒ pīpíng 스스로 반성하다	批评一顿 pīpíng yí dùn 한차례 혼내다
接受批评 jiēshòu pīpíng 지적을 받아들이다	批评意见 pīpíng yìjiàn 비판적인 의견

老师批评我们是为我们好的。 선생님이 우리를 혼내시는 건 우리를 위해서야.
Lǎoshī pīpíng wǒmen shì wèi wǒmen hǎo de.

是我不对！我可以接受大家的批评。 제가 잘못했어요! 여러분의 지적을 받아들일게요.
Shì wǒ búduì! Wǒ kěyǐ jiēshòu dàjiā de pīpíng.

教育孩子，不能当面批评。 아이를 교육할 때는 그 자리에서 혼내면 안 된다.
Jiàoyù háizi, bù néng dāngmiàn pīpíng.

22 上课 shàngkè 동 수업하다

开始上课 kāishǐ shàngkè 수업을 시작하다
去上课 qù shàngkè 수업하러 가다
不上课 bú shàngkè 수업 안 하다

上网课 shàng wǎng kè 온라인 수업을 하다
上 shàng + 과목 + 课 kè (과목) 수업을 하다
上四节课 shàng sì jié kè 4교시 수업

我们下午一点半开始上课。우리는 오후 한 시 반에 수업을 시작해.
Wǒmen xiàwǔ yī diǎn bàn kāishǐ shàngkè.

你最喜欢上哪门课呢？너는 어떤 수업을 가장 좋아하니?
Nǐ zuì xǐhuan shàng nǎ mén kè ne?

上午第三节课上体育课。오전 셋째 시간에 체육 수업을 한다.
Shàngwǔ dì sān jié kè shàng tǐyù kè.

我们学校每天上午上四节课，下午上两节课。우리 학교는 매일 오전에 4교시, 오후에 2교시 수업을 해.
Wǒmen xuéxiào měitiān shàngwǔ shàng sì jié kè, xiàwǔ shàng liǎng jié kè.

23 上学 shàngxué 동 등교하다, 학교에 다니다 동 취학하다, 진학하다, 학교에 들어가다

一起上学 yìqǐ shàngxué 같이 등교하다
送孩子上学 sòng háizi shàngxué 아이를 등교시키다
上大学 shàng dàxué 대학에 다니다
没上过学 méi shàngguo xué 학교에 다닌 적이 없다

明年上学 míngnián shàngxué 내년에 학교에 들어가다
上了两年学 shàngle liǎng nián xué
2년 동안 학교에 다니다

我和弟弟一起上学，一起回家。나는 동생과 같이 학교에 갔다가, 같이 집에 온다.
Wǒ hé dìdi yìqǐ shàngxué, yìqǐ huí jiā.

我每天早上先送孩子上学，再去上班。나는 매일 아침 아이를 먼저 등교시킨 후 출근한다.
Wǒ měi tiān zǎoshang xiān sòng háizi shàngxué, zài qù shàngbān.

他不后悔自己没有上过大学。그는 대학에 가지 않은 것을 후회하지 않는다.
Tā bú hòuhuǐ zìjǐ méiyǒu shàngguo dàxué.

我女儿今年六岁，明年就要上学了。우리 딸은 올해 여섯 살이고, 내년에 학교에 들어가요.
Wǒ nǚ'ér jīnnián liù suì, míngnián jiù yào shàngxué le.

24 提问 tíwèn 동 질문하다

向 xiàng + 대상 + 提问 tíwèn ~에게 질문하다
随时提问 suíshí tíwèn 언제든지 질문하다

提问两次 tíwèn liǎng cì 두 번 질문하다
开始提问 kāishǐ tíwèn 질문을 시작하다

上课了，老师提问，我们回答问题。수업이 시작되면, 선생님이 질문하고 우리는 물음에 답을 한다.
Shàngkè le, lǎoshī tíwèn, wǒmen huídá wèntí.

今天我的课，大家可以随时提问。오늘 제가 수업한 내용에 대해서 여러분은 언제든지 질문하셔도 돼요.
Jīntiān wǒ de kè, dàjiā kěyǐ suíshí tíwèn.

演讲结束后，同学们开始向易教授提问。강연이 끝난 후에, 학우들이 이 교수님께 질문하기 시작했다.
Yǎnjiǎng jiéshù hòu, tóngxuémen kāishǐ xiàng Yì jiàoshòu tíwèn.

DAY 09

25 **下课** xiàkè 图 수업을 마치다, 수업이 끝나다

下了课 xiàle kè 수업이 끝나다
提前下课 tíqián xiàkè 수업을 앞당겨 끝내다
下体育课 xià tǐyù kè 체육 수업이 끝나다

下课时间 xiàkè shíjiān 수업 마치는 시간
下课以后 xiàkè yǐhòu 수업이 끝난 후에
下课铃 xiàkèlíng 수업이 끝나는 종소리

下课时间到了，同学们像火箭一样冲出教室。 수업이 끝나자, 학생들이 화살처럼 교실을 빠져나갔다.
Xiàkè shíjiān dào le, tóngxuémen xiàng huǒjiàn yíyàng chōngchū jiàoshì.

最后一堂课的下课铃响了。 마지막 수업 시간이 끝나는 종이 울렸다.
Zuìhòu yì táng kè de xiàkèlíng xiǎng le.

26 **写** xiě 图 (글씨를) 쓰다 图 (글을) 짓다

写汉字 xiě Hànzì 한자를 쓰다
写信 xiě xìn 편지를 쓰다
写情书 xiě qíngshū 연애편지를 쓰다
写书 xiě shū 책을 집필하다
写诗 xiě shī 시를 쓰다

写小说 xiě xiǎoshuō 소설을 쓰다
写文章 xiě wénzhāng 글을 쓰다
写作文 xiě zuòwén 글짓기를 하다
写一会儿 xiě yíhuìr 잠깐 동안 쓰다
写在 xiě zài + 장소 ~에 쓰다

他汉字写得非常好看。 그는 한자를 아주 예쁘게 쓴다.
Tā Hànzì xiě de fēicháng hǎokàn.

老师给出了"幸福"一词，让我们写作文。 선생님은 '행복'이라는 단어를 주시고는 우리에게 글짓기를 하라고 하셨다.
Lǎoshī gěichūle "xìngfú" yì cí, ràng wǒmen xiě zuòwén.

请大家把黑板上的这些词写在本子上。 여러분, 칠판에 있는 이 단어들을 공책에 쓰세요.
Qǐng dàjiā bǎ hēibǎn shang de zhèxiē cí xiě zài běnzi shang.

27 **学期** xuéqī 图 학기

新学期 xīn xuéqī 새 학기
一个学期 yí ge xuéqī 한 학기
两个学期 liǎng ge xuéqī 두 학기

上学期 shàng xuéqī 지난 학기
这学期 zhè xuéqī 이번 학기
下学期 xià xuéqī 다음 학기, 2학기

一眨眼，一个学期就飞过去了。 눈 깜짝할 사이에 한 학기가 훌쩍 지나가 버렸다.
Yì zhǎyǎn, yí ge xuéqī jiù fēi guòqù le.

上学期，我获得了一等奖学金。 지난 학기에 나는 일등 장학금을 받았어.
Shàng xuéqī, wǒ huòdéle yī děng jiǎngxuéjīn.

我现在是大二下学期，大一，大二都挂了一科。 나는 지금 대학 2학년 2학기인데, 1·2학년 때 다 한 과목씩 낙제를 받았어.
Wǒ xiànzài shì dà èr xià xuéqī, dà yī, dà èr dōu guàle yì kē.

28 学校 xuéxiào 명학교

成立学校 chénglì xuéxiào 학교를 설립하다
创办学校 chuàngbàn xuéxiào 학교를 창립하다
离开学校 líkāi xuéxiào 학교를 떠나다
这所学校 zhè suǒ xuéxiào 이 학교
重点学校 zhòngdiǎn xuéxiào 중점 학교

特殊学校 tèshū xuéxiào 특수 학교
高等学校 gāoděng xuéxiào 고등 교육 기관
私立学校 sīlì xuéxiào 사립 학교
职业学校 zhíyè xuéxiào 직업 학교
成人学校 chéngrén xuéxiào 성인 교육 센터

这所学校自成立以来，培养了大批优秀的科学人才。 이 학교는 설립 이래, 우수한 과학 인재를 무수히 배출했다.
Zhè suǒ xuéxiào zì chénglì yǐlái, péiyǎngle dàpī yōuxiù de kēxué réncái.

我大学毕业后就回到家乡的一所学校里当老师。 나는 대학 졸업 후에 고향에 있는 한 학교로 돌아가 선생님이 되었다.
Wǒ dàxué bìyè hòu jiù huídào jiāxiāng de yì suǒ xuéxiào li dāng lǎoshī.

29 预习 yùxí 동예습하다

课前预习 kè qián yùxí 수업 전에 예습하다
提前预习 tíqián yùxí 미리 예습하다
好好预习 hǎohǎo yùxí 철저히 예습하다
认真预习 rènzhēn yùxí 꼼꼼하게 예습하다

做好预习 zuòhǎo yùxí 예습을 잘하다
不预习 bú yùxí 예습을 안 하다
预习课文 yùxí kèwén 본문을 예습하다
预习得很充分 yùxí de hěn chōngfēn 충분히 예습하다

尚银课前认真预习，上课专心听讲。 상은이는 수업 전에 꼼꼼하게 예습하고, 수업 시간에 집중해서 강의를 듣는다.
Shàngyín kè qián rènzhēn yùxí, shàngkè zhuānxīn tīngjiǎng.

我打算提前预习一下下学期的课程。 나는 다음 학기 교과목을 미리 예습해 놓으려고 해.
Wǒ dǎsuàn tíqián yùxí yíxià xià xuéqī de kèchéng.

催老师常挂在嘴边一句话："预习要比复习更重要"。 최 선생님은 "예습이 복습보다 더 중요하니라."를 입에 달고 계신다.
Cuī lǎoshī cháng guà zài zuǐ biān yí jù huà: "Yùxí yào bǐ fùxí gèng zhòngyào".

30 作业 zuòyè 명숙제

做作业 zuò zuòyè 숙제하다
交作业 jiāo zuòyè 숙제를 제출하다
留作业 liú zuòyè 숙제를 내주다

我还要做作业，不能出去玩。 나는 숙제해야 해서 놀러 못 나가.
Wǒ hái yào zuò zuòyè, bù néng chūqù wán.

今天的作业太多了，我得开夜车。 오늘 숙제가 너무 많아서 밤샘해야겠어.
Jīntiān de zuòyè tài duō le, wǒ děi kāi yèchē.

老师说，假期他不留作业了，要我们看点书。 선생님께서는 방학 때 숙제를 안 내줄 테니, 우리더러 책을 좀 읽으라고 하셨다.
Lǎoshī shuō, jiàqī tā bù liú zuòyè le, yào wǒmen kàn diǎn shū.

系 xì 몡 학과

学分 xuéfēn 몡 학점

选课 xuǎnkè 수강 신청을 하다

本科 běnkē 몡 본과, 학과목

论文 lùnwén 몡 논문

批改 pīgǎi 통 숙제 검사하다

听写 tīngxiě 통 받아쓰기하다

开夜车 kāi yèchē 밤새워 공부하다, 밤새워 일하다

旁听 pángtīng 통 청강하다

模拟考试 mónǐ kǎoshì 모의고사

补考 bǔkǎo 통 추가 시험을 보다

挂科 guà kē F학점을 받다, 낙제하다

监考老师 jiānkǎo lǎoshī 시험 감독관

班主任 bānzhǔrèn 몡 학급 담임

校长 xiàozhǎng 몡 학교장

校园 xiàoyuán 몡 교정

学费 xuéfèi 몡 학비, 학자금, 수업료

奖学金 jiǎngxuéjīn 몡 장학금

学位 xuéwèi 몡 학위

托福考试 tuōfú kǎoshì 토플(TOEFL) 시험

汉语水平考试 Hànyǔ Shuǐpíng Kǎoshì
중국어 능력 시험(HSK)

准考证 zhǔnkǎozhèng 몡 수험표

试卷 shìjuàn 몡 시험지

作弊 zuòbì 통 시험에서 부정행위를 하다

社团 shètuán 몡 동아리

体罚 tǐfá 통 체벌하다

校园暴力 xiàoyuán bàolì 학교 폭력

书呆子 shūdāizi 몡 책벌레, 공부 벌레

学霸 xuébà 몡 공부의 신, 수재, 공부 벌레

三好学生 sānhǎo xuéshēng
모범생, 지(智)·덕(德)·체(體)를 겸비한 학생

교육 기관

幼儿园 yòu'éryuán 몡 유아원, 유치원

小学 xiǎoxué 몡 초등학교

初中 chūzhōng 몡 중학교

高中 gāozhōng 몡 고등학교

大学 dàxué 몡 대학교

研究生院 yánjiūshēngyuàn 대학원

학생

小学生 xiǎoxuéshēng 몡 초등학생

初中生 chūzhōngshēng 몡 중학생

高中生 gāozhōngshēng 몡 고등학생

大学生 dàxuéshēng 몡 대학생

本科生 běnkēshēng 몡 학부생, 대학생

研究生 yánjiūshēng 몡 대학원생

留学生 liúxuéshēng 몡 유학생

学士 xuéshì 몡 학사

硕士 shuòshì 몡 석사

博士 bóshì 몡 박사

성어

独占鳌头 dúzhàn áotóu 장원 급제하다, 1등을 하다

名列前茅 míngliè qiánmáo 선두·상위에 있다

取长补短 qǔcháng bǔduǎn 장점을 취하여 단점을 보충하다

学有专长 xuéyǒu zhuāncháng 한 가지 전문 기술을 익히다

专心致志 zhuānxīn zhìzhì 열심이다, 온 마음을 다하다

桃李满天下 táolǐ mǎn tiānxià 제자가 상당히 많다

따페이 훈련

상하이로 출장 가다　**出差去上海** X　　**去上海出差** ○

01 出差 chūchāi 동 출장 가다, 파견되다

去 qù + 장소 + 出差 chūchāi ~로 출장 가다	经常出差 jīngcháng chūchāi 자주 출장 가다
出了 chūle + 시간 + 差 chāi ~동안 출장 가다	长期出差 chángqī chūchāi 장기 출장

林总去上海出差了。 린 사장님은 상하이로 출장 가셨다.
Lín zǒng qù Shànghǎi chūchāi le.

上个月他去南京出了十天差。 지난달에 그는 난징으로 10일 동안 출장 갔었어.
Shàng ge yuè tā qù Nánjīng chūle shí tiān chāi.

我经常到外地出差，差旅费也不少。 나는 자주 지방으로 출장을 다녀서, 출장비도 만만치 않아.
Wǒ jīngcháng dào wàidì chūchāi, chāilǚfèi yě bù shǎo.

➕ 出差去上海 chūchāi qù Shànghǎi vs 去上海出差 qù Shànghǎi chūchāi
우리가 '어딘가로 출장가다'라는 표현을 할 때는 '去+장소+出差' 형식을 쓰면 된다. 이 어순에는 중국인들의 생각이 반영되어 있는데, 중국인들은 먼저 장소 이동을 한 다음에 출장이 시작된다고 생각한다. 그러니 '상하이로 출장간다'라고 한다면 '去上海(상하이에 가서)+出差(출장한다)'라고 하면 되는 것이다.

02 辞职 cízhí 동 사직하다, 퇴사하다

辞职报告 cízhí bàogào 사직서	辞过两次职 cíguo liǎng cì zhí 두 번 사직하다
辞了职 cíle zhí 사직하다	辞职不干 cízhí bú gàn 회사를 그만두다

她已经向部门经理提交了辞职报告。 그녀는 이미 팀장님께 사직서를 제출했어.
Tā yǐjīng xiàng bùmén jīnglǐ tíjiāole cízhí bàogào.

老婆，我想辞职回家当全职先生。 여보, 나 사직하고 집에 들어앉아서 전업 남편 하고 싶어.
Lǎopo, wǒ xiǎng cízhí huí jiā dāng quánzhí xiānsheng.

03 打工 dǎgōng 동 아르바이트하다, 일하다, 노동하다

在 zài + 장소 + 打工 dǎgōng ~에서 일하다, 아르바이트하다	打一年工 dǎ yì nián gōng 1년 동안 아르바이트하다
打打工 dǎda gōng 아르바이트하다	打过短工 dǎguo duǎngōng 일용직으로 일하다
打过工 dǎguo gōng 아르바이트를 해 봤다	打工挣钱 dǎgōng zhèngqián 아르바이트로 돈을 모으다
	打工族 dǎgōngzú 월급쟁이, 샐러리맨, 아르바이트족

他在外打工，一年半载难回家一趟。 그는 외지에서 일하느라, 1년에 한 번 집에 오기도 힘들다.
Tā zài wài dǎgōng, yì nián bàn zǎi nán huí jiā yí tàng.

放学后她在一家咖啡厅打工。 방과 후에 그녀는 카페에서 아르바이트를 한다.
Fàngxué hòu tā zài yì jiā kāfēitīng dǎgōng.

你在国外留学的时候打过工吧? 외국 유학 시절에 아르바이트 해 봤죠?
Nǐ zài guówài liúxué de shíhou dǎguo gōng ba?

04 待遇 dàiyù 명 (급료, 보수, 지위 등의) 대우, 취급 동 대우하다

福利待遇 fúlì dàiyù 복리후생

工资待遇 gōngzī dàiyù 급여 대우

待遇水平 dàiyù shuǐpíng 대우 수준

待遇好 dàiyù hǎo 대우가 좋다

待遇差 dàiyù chà 대우가 형편없다

改善待遇 gǎishàn dàiyù 대우를 개선하다

不公平待遇 bù gōngpíng dàiyù 불공평한 대우

优厚的待遇 yōuhòu de dàiyù 후한 대우

月薪8000元以上，福利待遇面议。월급은 8천 위앤 이상이고, 복리후생은 면담에서 정합니다.
Yuèxīn bāqiān yuán yǐshàng, fúlì dàiyù miànyì.

我在工作中受到不公平待遇，想辞职。저는 업무 중 불공평한 대우를 받아서 사직하고 싶습니다.
Wǒ zài gōngzuò zhōng shòudào bù gōngpíng dàiyù, xiǎng cízhí.

05 担任 dānrèn 동 맡다, 담임하다, 담당하다

担任职务 dānrèn zhíwù 직무를 맡다

担任工作 dānrèn gōngzuò 업무를 담당하다

担任不了 dānrèn buliǎo 담당할 수 없다

由 yóu + 사람 + 担任 dānrèn ~가 맡다

自愿担任 zìyuàn dānrèn 자원해서 맡다

担任顾问 dānrèn gùwèn 고문을 역임하다

张律师担任了我们公司的常年法律顾问。장 변호사는 우리 회사의 상임 법률 고문을 맡고 있다.
Zhāng lǜshī dānrènle wǒmen gōngsī de chángnián fǎlǜ gùwèn.

我在公司里担任过管理职务。나는 회사에서 관리직을 맡았었어.
Wǒ zài gōngsī li dānrènguo guǎnlǐ zhíwù.

06 分配 fēnpèi 동 (규정, 기준에 따라) 배분하다 동 (부서, 업무를) 배치하다, 배속하다, 배정하다

分配人力 fēnpèi rénlì 인력을 배치하다

分配工作 fēnpèi gōngzuò 업무를 배정하다

分配住房 fēnpèi zhùfáng 주택을 분배하다

分配原则 fēnpèi yuánzé 분배 원칙

分配标准 fēnpèi biāozhǔn 배분 기준

分配制度 fēnpèi zhìdù 분배 제도

张格莱被分配到营业部3组。장그래는 영업 3팀에 배속되었다.
Zhāng Gélái bèi fēnpèi dào yíngyèbù sān zǔ.

这家公司给全体职工分配住房。이 회사는 전 직원에게 주택을 제공한다.
Zhè jiā gōngsī gěi quántǐ zhígōng fēnpèi zhùfáng.

有限责任公司按照股东的出资比例分配。유한 책임 회사는 주주의 출자 비율에 따라 배분한다.
Yǒuxiàn zérèn gōngsī ànzhào gǔdōng de chūzī bǐlì fēnpèi.

07 符合 fúhé 동 부합하다, 맞다, 일치하다

符合条件 fúhé tiáojiàn 조건에 부합하다

符合标准 fúhé biāozhǔn 기준에 미치다

符合规定 fúhé guīdìng 규정에 맞다

符合实际 fúhé shíjì 실제에 부합하다

符合身份 fúhé shēnfèn 신분에 맞다

符合要求 fúhé yāoqiú 요구 사항에 부합하다

不符合 bù fúhé 맞지 않다

完全符合 wánquán fúhé 완전히 부합하다

这批口罩不符合质量标准。 Zhè pī kǒuzhào bù fúhé zhìliàng biāozhǔn. 이번 마스크는 품질 기준에 못 미치는데요.

他的简历符合我们的招聘要求。 Tā de jiǎnlì fúhé wǒmen de zhāopìn yāoqiú. 그의 약력은 우리의 모집 요건에 부합하네요.

这份工作特别符合我的性格。 Zhè fèn gōngzuò tèbié fúhé wǒ de xìnggé. 이 일은 내 성격과 잘 맞아.

08 负责 fùzé 동 책임지다, 책임이 있다 형 책임감이 강하다

负责人 fùzérén 책임자

负全责 fù quán zé 모든 책임을 지다

专门负责 zhuānmén fùzé 전담하다

不负责 bú fùzé 책임을 안 지다

认真负责 rènzhēn fùzé 책임을 다하다

负责到底 fùzé dàodǐ 끝까지 책임지다

她是深圳一家金融公司财务部负责人。 그녀는 선전의 한 금융 회사 재무 책임자예요.
Tā shì Shēnzhèn yì jiā jīnróng gōngsī cáiwùbù fùzérén.

孟科长负责员工人事档案管理。 멍 과장이 직원 인사 자료 관리를 책임지고 있어요.
Mèng kēzhǎng fùzé yuángōng rénshì dǎng'àn guǎnlǐ.

他做事一贯认真负责，这一点请您放心。 그 친구는 무슨 일을 하든 책임을 다하니까, 그거에 대해서는 안심하셔요.
Tā zuòshì yíguàn rènzhēn fùzé, zhè yì diǎn qǐng nín fàngxīn.

09 工资 gōngzī 명 임금, 노임

发工资 fā gōngzī 임금을 지급하다

领工资 lǐng gōngzī 월급을 받다

涨工资 zhǎng gōngzī 임금이 오르다

调整工资 tiáozhěng gōngzī 임금을 조정하다

最低工资 zuìdī gōngzī 최저 임금

工资很高 gōngzī hěn gāo 월급이 많다

我一到月底就盼着下个月发工资。 나는 월말이면 다음 달 월급 나오기만 손꼽아 기다려.
Wǒ yí dào yuèdǐ jiù pànzhe xià ge yuè fā gōngzī.

他们公司每年都会调整一次工资。 그 회사는 해마다 한 차례 임금을 조정해.
Tāmen gōngsī měi nián dōu huì tiáozhěng yí cì gōngzī.

每个月都要拿出一半的工资来还房贷。 매달 월급의 반을 떼서 부동산 대출금을 갚아.
Měi ge yuè dōu yào náchū yíbàn de gōngzī lái huán fángdài.

10 公司 gōngsī 명 회사

总公司 zǒnggōngsī 본사
分公司 fēngōngsī 지사, 계열사
股份公司 gǔfèn gōngsī 주식회사
贸易公司 màoyì gōngsī 무역회사

网络公司 wǎngluò gōngsī 인터넷 회사
平台公司 píngtái gōngsī 플랫폼 회사
跨国公司 kuàguó gōngsī 다국적기업
公司职员 gōngsī zhíyuán 회사원

他原先在总公司工作，后来被调到分公司了。 그는 원래 본사에서 근무하다가, 나중에 지사로 발령받았다.
Tā yuánxiān zài zǒnggōngsī gōngzuò, hòulái bèi diàodào fēngōngsī le.

我们公司历来非常重视人才。 우리 회사는 줄곧 인재를 중시해 왔습니다.
Wǒmen gōngsī lìlái fēicháng zhòngshì réncái.

我在平台公司工作快六年了。 나는 플랫폼 회사에서 일한 지 6년 다 됐어.
Wǒ zài píngtái gōngsī gōngzuò kuài liù nián le.

11 合同 hétong 명 계약(서)

签合同 qiān hétong 계약하다
解除合同 jiěchú hétong 계약을 해지하다
续签合同 xùqiān hétong 재계약하다
执行合同 zhíxíng hétong 계약을 이행하다

贸易合同 màoyì hétong 무역 계약(서)
买卖合同 mǎimài hétong 매매 계약(서)
劳动合同 láodòng hétong 근로 계약(서)
租赁合同 zūlìn hétong 임대차 계약(서)

我跟公司签了劳动合同。 나는 회사와 근로 계약서를 썼다.
Wǒ gēn gōngsī qiānle láodòng hétong.

这份合同的有效期为四年。 이 계약서의 유효 기간은 4년입니다.
Zhè fèn hétong de yǒuxiàoqī wéi sì nián.

新签的合同今天开始生效。 새로 계약한 계약서는 오늘부터 효력이 발생합니다.
Xīn qiān de hétong jīntiān kāishǐ shēngxiào.

12 会议 huìyì 명 회의

会议日程 huìyì rìchéng 회의 일정
会议内容 huìyì nèiróng 회의 내용
会议主席 huìyì zhǔxí 회의 의장

工作会议 gōngzuò huìyì 업무 회의
紧急会议 jǐnjí huìyì 긴급 회의
会议室 huìyìshì 회의실

本次会议开得非常成功。 Běn cì huìyì kāi de fēicháng chénggōng. 이번 회의는 아주 성공적이었다.

今天的工作会议到此结束。 Jīntiān de gōngzuò huìyì dào cǐ jiéshù. 오늘 업무 회의는 이것으로 마치겠습니다.

吴书记召开了一个紧急会议。 Wú shūjì zhàokāile yí ge jǐnjí huìyì. 우 서기님이 긴급 회의를 소집하셨다.

13 加班 jiābān 등 초과 근무하다, 특근하다, 잔업하다

加夜班 jiā yèbān 야근하다
不加班 bù jiābān 잔업을 하지 않다
不准加班 bù zhǔn jiābān 잔업을 불허하다
加班费 jiābānfèi 잔업 수당
加了三个小时的班 jiāle sān ge xiǎoshí de bān 3시간 동안 잔업하다

每个人都不想加班，但每个人又很无奈。 누구도 야근하고 싶어하지 않지만, 다들 어쩔 수가 없다.
Měi ge rén dōu bù xiǎng jiābān, dàn měi ge rén yòu hěn wúnài.

他们公司不准员工加班。 그 회사는 직원이 잔업하는 것을 금지하고 있어.
Tāmen gōngsī bù zhǔn yuángōng jiābān.

今天又加了三个小时的班。 오늘 또 3시간 동안 잔업했어.
Jīntiān yòu jiāle sān ge xiǎoshí de bān.

14 简历 jiǎnlì 명 약력, 이력서

写简历 xiě jiǎnlì 이력서를 쓰다
个人简历 gèrén jiǎnlì 개인 약력

交简历 jiāo jiǎnlì 이력서를 제출하다
投递简历 tóudì jiǎnlì 이력서를 제출하다

这是我的简历，我有相关的工作经验。 이것은 저의 이력서이고, 저는 직무 관련 경험이 있습니다.
Zhè shì wǒ de jiǎnlì, wǒ yǒu xiāngguān de gōngzuò jīngyàn.

写简历要有重点，能让人一眼就看到你的特点。 이력서를 쓸 때는 포인트가 있어서, 한눈에 당신의 장점을 볼 수 있도록 해야 한다.
Xiě jiǎnlì yào yǒu zhòngdiǎn, néng ràng rén yì yǎn jiù kàndào nǐ de tèdiǎn.

对所述职位有兴趣者请投递简历到本公司。 상술한 직위에 관심 있는 분은 폐사에 이력서를 제출하시기 바랍니다.
Duì suǒshù zhíwèi yǒu xìngqùzhě qǐng tóudì jiǎnlì dào běn gōngsī.

15 聚餐 jùcān 등 회식하다 명 회식, 모임

有聚餐 yǒu jùcān 회식이 있다
一起聚餐 yìqǐ jùcān 같이 회식하다

聚一次餐 jù yí cì cān 회식을 한 번 하다
部门聚餐 bùmén jùcān 부서 회식

每年年底都和同事一起聚一次餐。 매년 연말에 동료들이랑 회식을 한 번씩 해.
Měi nián niándǐ dōu hé tóngshì yìqǐ jù yí cì cān.

昨天部门聚餐，回到家已经十二点多了。 어제 부서 회식이 있었는데, 집에 가니까 이미 12시가 넘었더라고.
Zuótiān bùmén jùcān, huídào jiā yǐjīng shí'èr diǎn duō le.

16 劳动 láodòng 통 노동하다, 육체노동하다 명 일, 노동

劳动力 láodònglì 노동력

体力劳动 tǐlì láodòng 육체노동

脑力劳动 nǎolì láodòng 정신노동

劳动模范 láodòng mófàn 모범 노동자

劳动争议 láodòng zhēngyì 노동 쟁의

五一劳动节 Wǔ Yī Láodòngjié 노동절

体力劳动并不等于体育运动。 육체노동은 결코 운동과 같지 않다.
Tǐlì láodòng bìng bù děngyú tǐyù yùndòng.

我从事脑力劳动的，体力活我不会。 저는 머리 쓰는 일을 하는 사람이라, 몸 쓰는 일은 할 줄 몰라요.
Wǒ cóngshì nǎolì láodòng de, tǐlìhuó wǒ bú huì.

今年五一劳动节，连放5天假。 올해 노동절에는 연이어 5일 동안 휴가야.
Jīnnián Wǔ Yī Láodòngjié, lián fàng wǔ tiān jià.

17 录用 lùyòng 통 채용하다, 고용하다, 임용하다

正式录用 zhèngshì lùyòng 정식 채용하다

破格录用 pògé lùyòng 특별 채용하다

录用新职员 lùyòng xīn zhíyuán 신입 사원을 채용하다

量才录用 liàngcái lùyòng 능력별 채용

恭喜，你被正式录用了。 축하합니다. 귀하는 정식 채용되었습니다.
Gōngxǐ, nǐ bèi zhèngshì lùyòng le.

他武艺高强，所以被破格录用。 그는 무공이 뛰어나 특별 채용되었다.
Tā wǔyì gāoqiáng, suǒyǐ bèi pògé lùyòng.

量才录用是这次招聘的一个原则。 능력별 채용이 이번 사원 모집의 원칙이다.
Liàngcái lùyòng shì zhè cì zhāopìn de yí ge yuánzé.

18 能干 nénggàn 형 능력이 뛰어나다, 유능하다, 일을 잘하다

能干的人 nénggàn de rén 유능한 사람

精明能干 jīngmíng nénggàn 똑똑하고 유능하다

能干得很 nénggàn de hěn 아주 유능하다

充能干 chōng nénggàn 유능한 척하다

单位里谁都知道他是个精明能干的人。 회사에서는 그가 똑똑하고 유능한 사람이라는 걸 누구나 다 안다.
Dānwèi li shéi dōu zhīdào tā shì ge jīngmíng nénggàn de rén.

他人很机灵，也能干得很，可以独当一面。 그는 영리하고 능력이 출중해 한 몫을 톡톡히 한다.
Tā rén hěn jīling, yě nénggàn de hěn, kěyǐ dúdāng yímiàn.

潭总虽然很能干，但见利忘义。 탄 사장님은 유능하긴 한데, 이익 앞에선 물불을 안 가리시지.
Tán zǒng suīrán hěn nénggàn, dàn jiànlì wàngyì.

19 能力 nénglì 명 능력, 역량

有能力 yǒu nénglì 능력이 있다, 유능하다
没有能力 méiyǒu nénglì 능력이 없다, 유능하지 않다
能力强 nénglì qiáng 능력이 뛰어나다
能力差 nénglì chà 능력이 안 되다

工作能力 gōngzuò nénglì 업무 능력
学习能力 xuéxí nénglì 학습 능력
承受能力 chéngshòu nénglì 감당할 수 있는 능력
适应能力 shìyìng nénglì 적응 능력

他能力很强，个性也很强，容易得罪人。 그는 능력이 뛰어난 만큼 개성도 강해서, 다른 사람한테 미움을 잘 사.
Tā nénglì hěn qiáng, gèxìng yě hěn qiáng, róngyì dézuì rén.

我们不在乎你的学历，只看你的工作能力。 우리는 귀하의 학력은 개의치 않고, 귀하의 업무 능력만 봅니다.
Wǒmen bú zàihu nǐ de xuélì, zhǐ kàn nǐ de gōngzuò nénglì.

20 请假 qǐngjià 동 휴가를 내다, 휴가를 받다

请个假 qǐng ge jià 휴가 내다
请半天假 qǐng bàntiān jià 반차를 내다
请几天假 qǐng jǐ tiān jià 며칠 동안 휴가 내다

请病假 qǐng bìngjià 병가 내다
请事假 qǐng shìjià 사적인 휴가를 내다
请假条 qǐngjiàtiáo 휴가 신청서

麻烦你帮我向科长请个假，好吗？ 미안한데, 자네가 나 대신 과장님께 휴가 신청 좀 해 주겠나?
Máfan nǐ bāng wǒ xiàng kēzhǎng qǐng ge jià, hǎo ma?

他下午请了半天假去医院看病。 그는 오후에 반차를 내고 병원에 진찰받으러 갔다.
Tā xiàwǔ qǐngle bàntiān jià qù yīyuàn kànbìng.

家里要办丧事，我想请几天假。 집안에 조사가 있어, 며칠 동안 휴가 내려고요.
Jiā li yào bàn sāngshì, wǒ xiǎng qǐng jǐ tiān jià.

21 人才 réncái 명 인재

缺乏人才 quēfá réncái 인재가 부족하다
优秀人才 yōuxiù réncái 우수한 인재
专业人才 zhuānyè réncái 전문 인력
一表人才 yìbiǎo réncái 훌륭한 인물

人才市场 réncái shìchǎng 인재 시장
人才竞争 réncái jìngzhēng 인재 유치 경쟁
重视人才 zhòngshì réncái 인재를 중시하다
人才济济 réncái jǐjǐ 인재가 차고 넘치다

企业需要人才，人才需要平台。 기업은 인재가 필요하고, 인재는 기회가 필요하다.
Qǐyè xūyào réncái, réncái xūyào píngtái.

一看你啊！就是一表人才。 자네는 딱 보니 인재일세!
Yí kàn nǐ a! Jiù shì yìbiǎo réncái.

我们公司虽小，但人才济济。 우리 회사는 작긴 해도 인재가 많다.
Wǒmen gōngsī suī xiǎo, dàn réncái jǐjǐ.

22 上班 shàngbān 图 출근하다, 근무하다

去上班 qù shàngbān 출근하다
提前上班 tíqián shàngbān 미리 출근하다
准时上班 zhǔnshí shàngbān 정시에 출근하다
上不了班 shàngbuliǎo bān 출근을 못하다

上一年班 shàng yì nián bān 1년 동안 근무하다
上白班 shàng báibān 주간 근무하다
上夜班 shàng yèbān 야간 근무하다
上班族 shàngbānzú 샐러리맨

他每天提前一个小时上班。 그는 매일 한 시간씩 일찍 출근한다.
Tā měi tiān tíqián yí ge xiǎoshí shàngbān.

你明天上什么班? 白班还是夜班? 내일 언제 근무해? 주간 근무야 야간 근무야?
Nǐ míngtiān shàng shénme bān? Báibān háishi yèbān?

他在这个公司上了十年班了。 그는 이 회사에서 10년째 근무 중이야.
Tā zài zhè ge gōngsī shàngle shí nián bān le.

23 失业 shīyè 图 직업을 잃다, 실업하다

失业率 shīyèlǜ 실업률
失业问题 shīyè wèntí 실업 문제

失业保险 shīyè bǎoxiǎn 실업 보험
失业工人 shīyè gōngrén 실업 노동자

近几年来, 我国年轻人失业率居高不下。 근 몇 년 사이 우리 나라 젊은이들의 실업률이 계속 늘고 있다.
Jìn jǐ nián lái, wǒ guó niánqīngrén shīyèlǜ jūgāo búxià.

目前, 失业问题已经成为世界各国共同面对的问题。 현재 실업 문제는 세계 각국이 공통으로 당면하고 있는 문제가 되었다.
Mùqián, shīyè wèntí yǐjīng chéngwéi shìjiè gè guó gòngtóng miànduì de wèntí.

24 退休 tuìxiū 图 퇴직하다

退休年龄 tuìxiū niánlíng 정년, 정년 퇴직 나이
提前退休 tíqián tuìxiū 조기 퇴임, 명예 퇴직

退休金 tuìxiūjīn 퇴직금
办理退休手续 bànlǐ tuìxiū shǒuxù 퇴직 수속을 밟다

爸爸还有一年就要退休了。 아빠는 1년 후면 정년 퇴직을 하신다.
Bàba hái yǒu yì nián jiù yào tuìxiū le.

巩叔叔提前退休后回到老家过着田园生活。 공씨 아저씨는 명예 퇴직 후, 고향으로 돌아가 전원생활을 하고 계신다.
Gǒng shūshu tíqián tuìxiū hòu huídào lǎojiā guòzhe tiányuán shēnghuó.

25 下班 xiàbān 동퇴근하다

下班时间 xiàbān shíjiān 퇴근 시간

准时下班 zhǔnshí xiàbān 제시간에 퇴근하다

提前下班 tíqián xiàbān 일찍 퇴근하다

下不了班 xiàbuliǎo bān 퇴근을 못 하다

老板，我想准时下班。 사장님, 저는 정시 퇴근하고 싶습니다.
Lǎobǎn, wǒ xiǎng zhǔnshí xiàbān.

今天工作特别忙，恐怕我下不了班了。 오늘 일이 너무 바빠서, 아마도 퇴근 못할 것 같아.
Jīntiān gōngzuò tèbié máng, kǒngpà wǒ xiàbuliǎo bān le.

每天早晨和下午上下班需花一个半小时的车程。 매일 아침과 오후에 한 시간 반씩 차를 타고 출퇴근해.
Měi tiān zǎochen hé xiàwǔ shàng xiàbān xū huā yí ge bàn xiǎoshí de chēchéng.

26 业务 yèwù 명업무, 일, 실무, 영업, 사업

业务能力 yèwù nénglì 실무 능력

业务范围 yèwù fànwéi 업무 범위

业务水平 yèwù shuǐpíng 실무 수준

业务量 yèwùliàng 업무량

跑业务 pǎo yèwù 영업을 하다

扩展业务 kuòzhǎn yèwù 사업을 확장하다

他业务能力很强，而且很富有创新精神。 그는 실무 능력도 뛰어난데다 창의력까지 탑재하고 있다.
Tā yèwù nénglì hěn qiáng, érqiě hěn fùyǒu chuàngxīn jīngshén.

我属于跑业务的一类，经常在外面跑。 나는 영업직의 일종이라, 늘 외부로 돌아다녀.
Wǒ shǔyú pǎo yèwù de yí lèi, jīngcháng zài wàimiàn pǎo.

27 应聘 yìngpìn 동지원하다, 면접에 참가하다, 초빙에 응하다

应聘者 yìngpìnzhě 지원자

等着应聘 děngzhe yìngpìn 면접을 기다리다

应聘了三次 yìngpìnle sān cì 세 번 지원하다

没人应聘 méi rén yìngpìn 지원자가 없다

应聘秘书一职 yìngpìn mìshū yì zhí
비서 업무에 지원하다

你为什么要应聘我们公司？ 귀하는 왜 저희 회사에 입사하려고 하시나요?
Nǐ wèi shéme yào yìngpìn wǒmen gōngsī?

上海人才市场大门口外应聘者排起长龙准备入场。 상하이 인재 시장 출입문 밖에 지원자들이 길게 줄을 서서 입장을 기다리고 있다.
Shànghǎi réncái shìchǎng dà ménkǒu wài yìngpìnzhě páiqǐ chánglóng zhǔnbèi rùchǎng.

我是来应聘秘书一职的。 저는 비서직 면접에 왔습니다.
Wǒ shì lái yìngpìn mìshū yì zhí de.

28 招聘 zhāopìn 통 (공개적으로) 초빙하다, 모집하다

招聘职员 zhāopìn zhíyuán 직원을 모집하다   **招聘考试** zhāopìn kǎoshì 입사 시험

招聘会 zhāopìnhuì 채용 박람회   **招聘业务** zhāopìn yèwù 채용 업무

公开招聘 gōngkāi zhāopìn 공채, 공개 채용   **招聘制度** zhāopìn zhìdù 채용 제도

这家出版社在报纸上登广告招聘5名编辑人员。 이 출판사에서는 신문에 광고를 내 편집자 5명을 모집 중이다.
Zhè jiā chūbǎnshè zài bàozhǐ shang dēng guǎnggào zhāopìn wǔ míng biānjí rényuán.

这是我第一次来参加招聘会，之前一直在准备考研。
Zhè shì wǒ dì yī cì lái cānjiā zhāopìnhuì, zhīqián yìzhí zài zhǔnbèi kǎoyán.
이번에 처음으로 채용 박람회에 와 봤어. 전에는 계속 대학원 준비하고 있었거든.

金部长负责公司的招聘工作。 김 부장님은 회사에서 직원 채용 업무를 맡고 계시다.
Jīn bùzhǎng fùzé gōngsī de zhāopìn gōngzuò.

29 挣钱 zhèng qián 일해서 돈을 벌다

挣钱养家 zhèng qián yǎngjiā 돈을 벌어 가족을 부양하다   **挣大钱** zhèng dàqián 큰돈을 벌다

挣了不少钱 zhèngle bù shǎo qián 많은 돈을 벌었다   **拼命挣钱** pīnmìng zhèng qián 억척같이 돈을 벌다

爸爸辛苦挣钱养家，不都是为了你吗？ 아빠가 가족을 위해 힘들게 돈 버는 게 다 너를 위한 것 아니겠니?
Bàba xīnkǔ zhèng qián yǎngjiā, bù dōu shì wèile nǐ ma?

你说怎样才能挣大钱呢？ 어떻게 해야 큰돈을 벌 수 있을까?
Nǐ shuō zěnyàng cái néng zhèng dàqián ne?

只要可以挣到钱，受苦受累，我都认了。 돈을 벌 수만 있다면, 고생스러운 것도 다 견딜 수 있어.
Zhǐyào kěyǐ zhèngdào qián, shòukǔ shòulèi, wǒ dōu rèn le.

挣钱不怕贱，有钱赛丞相。 개같이 벌어 정승같이 쓴다.
Zhèng qián bú pà jiàn, yǒu qián sài chéngxiàng.

30 职业 zhíyè 명 직업, 프로 형 전문적, 프로(적)

选择职业 xuǎnzé zhíyè 직업을 선택하다   **职业精神** zhíyè jīngshén 프로 정신

正当的职业 zhèngdàng de zhíyè 정당한 직업   **职业棒球** zhíyè bàngqiú 프로 야구

职业装 zhíyèzhuāng 오피스룩, 유니폼   **职业军人** zhíyè jūnrén 직업 군인

职业道德 zhíyè dàodé 직업 윤리   **职业摄影师** zhíyè shèyǐngshī 전문 사진사

他的职业是服装设计师。 그의 직업은 패션 디자이너야.
Tā de zhíyè shì fúzhuāng shèjìshī.

我选择了这份职业，从来没后悔过。 나는 이 직업을 택하고 한번도 후회한 적이 없어.
Wǒ xuǎnzéle zhè fèn zhíyè, cónglái méi hòuhuǐguo.

职业人应该具备良好的职业道德。 직장인이라면 당연히 건강한 직업 윤리를 갖고 있어야 한다.
Zhíyèrén yīnggāi jùbèi liánghǎo de zhíyè dàodé.

职业摄影师拍的照片就是不一样。 전문 사진사가 찍은 사진은 역시 달라.
Zhíyè shèyǐngshī pāi de zhàopiàn jiù shì bù yíyàng.

DAY 10

职场 zhíchǎng 명 직장, 일터
职位 zhíwèi 명 직위
面试 miànshì 동 면접시험 보다
打印 dǎyìn 동 인쇄하다
复印 fùyìn 동 복사하다
发传真 fā chuánzhēn 팩스 보내다
汇报 huìbào 동 보고하다
开会 kāihuì 동 회의를 하다
福利 fúlì 명 복리, 복지
病假 bìngjià 명 병가
产假 chǎnjià 명 출산 휴가
补贴 bǔtiē 명 보조금, 수당
差旅费 chāilǚfèi 명 출장비
薪水 xīnshui 명 급료, 봉급
年薪 niánxīn 명 연봉
报销 bàoxiāo 동 (영수증에 근거해) 정산하다
部门 bùmén 명 부문, 부서, 분과
办公室 bàngōngshì 명 사무실, 행정 부서
同事 tóngshì 명 동료
上司 shàngsi 명 상사, 상관
升职 shēngzhí 동 승진하다, 진급하다
跳槽 tiàocáo 동 직장을 옮기다, 회사를 옮기다
下岗 xiàgǎng 동 퇴직하다
职场霸凌 zhíchǎng bàlíng 직장 내 괴롭힘
白领 báilǐng 명 정신 노동자, 화이트칼라
工作狂 gōngzuòkuáng 일벌레
月光族 yuèguāngzú 명 월광족 [매달 자신의 월수입을 다 써 버리는 사람]

직업

律师 lǜshī 명 변호사
会计 kuàijì 명 회계사
编辑 biānjí 명 편집자
司机 sījī 명 운전기사
秘书 mìshū 명 비서
记者 jìzhě 명 기자
警察 jǐngchá 명 경찰
画家 huàjiā 명 화가
演员 yǎnyuán 명 배우
歌手 gēshǒu 명 가수
音乐家 yīnyuèjiā 명 음악가
工程师 gōngchéngshī 명 엔지니어
美发师 měifàshī 헤어 디자이너
服装设计师 fúzhuāng shèjìshī 패션 디자이너
全职太太 quánzhí tàitai 전업주부
建筑设计师 jiànzhù shèjìshī 건축설계사
心理咨询师 xīnlǐ zīxúnshī 심리 상담사

성어, 속담

兢兢业业 jīngjīng yèyè 부지런하고 성실하다
老马识途 lǎomǎ shítú 경험이 많으면 그 일에 익숙하다
全力以赴 quánlìyǐfù 전력을 다하여 일에 임하다
任劳任怨 rènláo rènyuàn
노고를 마다하지 않고 원망을 두려워하지 않다
事半功倍 shìbàn gōngbèi 적은 노력으로 많은 효과를 거두다
吃力不讨好 chīlì bù tǎohǎo
죽도록 고생만 하고 좋은 소리 못 듣다

그쪽에 대해 잘 알다　**理解那里的情况** ✗　**了解那里的情况** ○

01 标准 biāozhǔn 몡 표준, 기준, 표준 규격 혱 표준이다, 규범적이다

技术标准 jìshù biāozhǔn 기술 표준
质量标准 zhìliàng biāozhǔn 품질 기준
最低标准 zuì dī biāozhǔn 최저 기준

最佳标准 zuì jiā biāozhǔn 최적 기준
达到标准 dádào biāozhǔn 기준에 미치다
国际标准 guójì biāozhǔn 국제 표준 규격

合格只是最低标准，质量全优才是我们的目标。 합격은 단지 최저 기준일 뿐이고, 품질이 모두 우수한 것이야말로 우리의 목표지요.
Hégé zhǐ shì zuì dī biāozhǔn, zhìliàng quán yōu cái shì wǒmen de mùbiāo.

我司产品已经达到或者超过国际标准。 우리 회사의 제품은 이미 국제 표준 규격에 도달했거나 넘어섰습니다.
Wǒ sī chǎnpǐn yǐjīng dádào huòzhě chāoguò guójì biāozhǔn.

02 产量 chǎnliàng 몡 생산량

总产量 zǒng chǎnliàng 총 생산량
工业产量 gōngyè chǎnliàng 공업 생산량
三季度产量 sān jìdù chǎnliàng 3분기 생산량

重视产量 zhòngshì chǎnliàng 생산량을 중시하다
增加产量 zēngjiā chǎnliàng 생산량을 늘리다
减少产量 jiǎnshǎo chǎnliàng 생산량을 줄이다

工厂第三季度产量比第一季度增加25%。 공장의 3분기 생산량이 1분기보다 25퍼센트 증가했다.
Gōngchǎng dì sān jìdù chǎnliàng bǐ dì yī jìdù zēngjiā bǎi fēn zhī èrshíwǔ.

我们宁肯减少产量，也决不放松质量。 우리는 생산량을 줄이는 한이 있어도 품질을 소홀히 해서는 안 된다.
Wǒmen nìngkěn jiǎnshǎo chǎnliàng, yě jué bú fàngsōng zhìliàng.

03 成立 chénglì 동 설립하다, 창립하다, 결성하다

成立公司 chénglì gōngsī 회사를 설립하다
成立小组 chénglì xiǎozǔ 팀을 만들다

成立研究所 chénglì yánjiūsuǒ 연구소를 설립하다
成立于 chénglì yú + 연도 ~에 설립/창립하다

我和几个朋友合伙成立了公司，生意还挺火。 나와 친구 몇 명이 동업으로 회사를 설립했는데, 사업이 잘 되고 있어.
Wǒ hé jǐ ge péngyou héhuǒ chénglìle gōngsī, shēngyi hái tǐng huǒ.

我们公司成立了一支由采购人员和工程人员组成的小组。
Wǒmen gōngsī chénglìle yì zhī yóu cǎigòu rényuán hé gōngchéng rényuán zǔchéng de xiǎozǔ.
우리 회사는 구매 담당과 엔지니어로 구성된 팀을 만들었다.

04 处理 chǔlǐ 동 해결하다, 처리하다 동 처벌하다

处理问题 chǔlǐ wèntí 문제를 처리하다
处理纠纷 chǔlǐ jiūfēn 분쟁을 해결하다
不好处理 bù hǎo chǔlǐ 처리하기 곤란하다

严肃处理 yánsù chǔlǐ 엄히 다스리다
负责处理 fùzé chǔlǐ 책임지고 처리하다
妥善处理 tuǒshàn chǔlǐ 선처하다

处理问题要冷静考虑，不能感情用事。문제를 해결할 때는 냉정하게 숙고해야지, 감정적이어서는 안 된다.
Chǔlǐ wèntí yào lěngjìng kǎolǜ, bù néng gǎnqíng yòngshì.

这件事是个烫手山芋，不好处理。이 일은 뜨거운 감자라, 처리가 쉽지 않아.
Zhè jiàn shì shì ge tàngshǒu shānyù, bù hǎo chǔlǐ.

05 从事 cóngshì 통 종사하다, 일하다

从事贸易活动 cóngshì màoyì huódòng 무역업에 종사하다
从事会计工作满3年 cóngshì kuàijì gōngzuò mǎn sān nián 회계 업무에 종사한 지 만 3년 되다
从事文艺创作 cóngshì wényì chuàngzuò 문예 창작을 하다
从事人事管理工作 cóngshì rénshì guǎnlǐ gōngzuò 인사 관리 업무를 하다

我2008年毕业，一直从事贸易活动。나는 2008년에 졸업한 후에, 계속해서 무역업에 종사하고 있다.
Wǒ èr líng líng bā nián bìyè, yìzhí cóngshì màoyì huódòng.

他在公司人力资源部从事人事管理工作。그는 회사의 인적자원부에서 인사 관리 업무를 하고 있다.
Tā zài gōngsī rénlì zīyuánbù cóngshì rénshì guǎnlǐ gōngzuò.

06 方式 fāngshì 명 방식, 방법, 형식

工作方式 gōngzuò fāngshì 업무 방식, 업무 스타일
生产方式 shēngchǎn fāngshì 생산 방식
处理方式 chǔlǐ fāngshì 처리 방식

领导方式 lǐngdǎo fāngshì 리더십
思维方式 sīwéi fāngshì 사고방식
改变方式 gǎibiàn fāngshì 방식을 바꾸다

我们的生产方式和管理方式太传统了。우리의 생산 방식과 관리 방법은 너무 보수적이다.
Wǒmen de shēngchǎn fāngshì hé guǎnlǐ fāngshì tài chuántǒng le.

这样的处理方式非常有诚意。이러한 처리 방식은 매우 진정성이 있다.
Zhèyàng de chǔlǐ fāngshì fēicháng yǒu chéngyì.

07 改善 gǎishàn 통 개선하다

改善条件 gǎishàn tiáojiàn 조건을 개선하다
改善生活 gǎishàn shēnghuó 생활을 개선하다
改善工作环境 gǎishàn gōngzuò huánjìng
작업 환경을 개선하다

改善不了 gǎishàn bùliǎo 개선할 수 없다
得到改善 dédào gǎishàn 개선되다
全面改善 quánmiàn gǎishàn 전면적으로 개선하다
大大改善 dàdà gǎishàn 크게 개선하다

改善工作环境可以提高工作效率。작업 환경을 개선하면 업무 효율을 높일 수 있다.
Gǎishàn gōngzuò huánjìng kěyǐ tígāo gōngzuò xiàolǜ.

机械化系统可以大大地改善劳动条件。기계화 시스템은 노동 조건을 크게 개선할 수 있다.
Jīxièhuà xìtǒng kěyǐ dàdà de gǎishàn láodòng tiáojiàn.

08 规定 guīdìng 통 규정하다, 정하다 명 규정, 규칙

国家规定 guójiā guīdìng 국가에서 정하다, 국가 규정	**限制规定** xiànzhì guīdìng 제한 규정
公司规定 gōngsī guīdìng 회사에서 규정하다, 사규	**依照规定** yīzhào guīdìng 규정에 따르다
有关规定 yǒuguān guīdìng 관련 규정	**违反规定** wéifǎn guīdìng 규정을 어기다, 위반하다

国家规定每周工作不超过44小时。 국가에서는 근무 시간을 주당 44시간을 초과하지 않도록 정하고 있다.
Guójiā guīdìng měi zhōu gōngzuò bù chāoguò sìshísì xiǎoshí.

加班费依照公司有关规定办理。 잔업 비용은 회사 관련 규정에 따라 처리한다.
Jiābānfèi yīzhào gōngsī yǒuguān guīdìng bànlǐ.

这项规定全职工都要遵守，谁也不能例外。 이 규정은 전 직원이 준수해야 하는 것으로 누구도 예외가 될 수는 없다.
Zhè xiàng guīdìng quán zhígōng dōu yào zūnshǒu, shéi yě bù néng lìwài.

09 行业 hángyè 명 업무, 직업, 업종

各行各业 gè háng gè yè 각종 직업	**同一行业** tóngyī hángyè 같은 업종
零售行业 língshòu hángyè 소매업	**不同的行业** bù tóng de hángyè 다른 업종
了解行业 liǎojiě hángyè 업종을 이해하다	**新行业** xīn hángyè 새로운 업종
跨行业 kuà hángyè 업종의 경계를 넘다	**能源行业** néngyuán hángyè 에너지 업계

选择工作最重要的三个因素就是薪水、行业、兴趣。 직업을 선택할 때 가장 중요한 세 가지 요소는 급여, 업종, 흥미이다.
Xuǎnzé gōngzuò zuì zhòngyào de sān ge yīnsù jiù shì xīnshui、hángyè、xìngqù.

希望我们可以成为能源行业的合作典范。 우리가 에너지 업계의 협업 롤모델이 되었으면 합니다.
Xīwàng wǒmen kěyǐ chéngwéi néngyuán hángyè de hézuò diǎnfàn.

10 降低 jiàngdī 통 낮추다, 내리다, 인하하다, 하락하다

降低价格 jiàngdī jiàgé 가격을 내리다	**降低成本** jiàngdī chéngběn 원가를 절감하다
降低费用 jiàngdī fèiyòng 비용을 절감하다	**降低要求** jiàngdī yāoqiú 요구 조건을 하향하다
降低利息 jiàngdī lìxī 금리를 인하하다	**降低一半** jiàngdī yíbàn 반으로 낮추다

裁员并不是唯一的降低成本的方法。 감원이 결코 원가 절감의 유일한 방법은 아니다.
Cáiyuán bìng bú shì wéiyī de jiàngdī chéngběn de fāngfǎ.

干脆降低要求，先找到工作再说。 아예 눈높이를 낮춰. 우선 직장을 구하고 보자고.
Gāncuì jiàngdī yāoqiú, xiān zhǎodào gōngzuò zài shuō.

11 经营 jīngyíng 통 경영하다, 운영하다, 취급하다

经营管理 jīngyíng guǎnlǐ 경영 관리하다	**小本经营** xiǎoběn jīngyíng 소자본 장사
搞虚假经营 gǎo xūjiǎ jīngyíng 부실 경영을 하다	**差异化经营** chāyìhuà jīngyíng 차별화 경영
经营能力 jīngyíng nénglì 운영 능력	**苦心经营** kǔxīn jīngyíng 고심하여 경영하다

总之，差异化经营，避免竞争。 한마디로, 차별화 경영만이 경쟁을 피할 수 있다.
Zǒngzhī, chāyìhuà jīngyíng, bìmiǎn jìngzhēng.

他苦心经营了三年，公司终于盈利了。 그가 3년 동안 심혈을 기울여 경영한 끝에, 회사가 마침내 흑자로 돌아섰다.
Tā kǔxīn jīngyíng le sān nián, gōngsī zhōngyú yínglì le.

12 开发 kāifā 동 개발하다, 개척하다

开发商 kāifāshāng 개발업자, 개발상
开发技术 kāifā jìshù 기술을 개발하다
开发新产品 kāifā xīn chǎnpǐn 신제품을 개발하다

人才开发 réncái kāifā 인재 개발
西部大开发 xībù dà kāifā 서부 대개발
大力开发 dàlì kāifā 주력하다, 박차를 가하다

成功开发一个新产品，必须理解消费者的需求。
Chénggōng kāifā yí ge xīn chǎnpǐn, bìxū lǐjiě xiāofèizhě de xūqiú.
신제품 하나를 성공적으로 개발하려면, 반드시 소비자의 욕구를 이해해야 한다.

13 了解 liǎojiě 동 자세히 알다, 이해하다, 조사하다

了解情况 liǎojiě qíngkuàng 상황을 잘 알다
了解一个人 liǎojiě yí ge rén 한 사람을 이해하다
了解一下 liǎojiě yíxià 조사하다, 알아보다

了解清楚 liǎojiě qīngchu 정확히 알다
详细了解 xiángxì liǎojiě 자세히 이해하다
了解很深 liǎojiě hěn shēn 아주 잘 알다

他刚上任不了解这里的情况。 그는 갓 부임해서 이곳의 상황을 잘 모른다.
Tā gāng shàngrèn bù liǎojiě zhèli de qíngkuàng.

我和朱总仅是一面之交，并不了解他。 저는 주 사장님과 일면식밖에 없어서, 그 분에 대해 잘 모릅니다.
Wǒ hé Zhū zǒng jǐn shì yímiàn zhī jiāo, bìng bù liǎojiě tā.

➕ 了解 liǎojiě vs 理解 lǐjiě
'了解'는 접촉을 통해 사람이나 상황에 대해 알게 되는 것을 뜻하고, '理解'는 사물 사이에 내재되어 있는 관계에 대해 분명하게 알게 되는 것을 말한다. '理解'가 사람에 대해 쓰일 때는 '동정하다' '용서하다'의 의미가 있다.
了解那里的情况 그곳의 상황에 대해 잘 알다 | 能理解的事 이해할 수 있는 일
了解他 그에 대해 이해하다 (=어떤 사람인지 알다) | 理解他 그를 이해하다 (=심리나 행동을 이해하다)

14 名片 míngpiàn 명 명함

带名片 dài míngpiàn 명함을 가지고 가다
交换名片 jiāohuàn míngpiàn 명함을 교환하다

商业名片 shāngyè míngpiàn 업무용 명함
名片夹 míngpiànjiā 명함집

您好，这是我的名片，上面有我的电话。 안녕하세요. 이건 제 명함이고, 여기에 전화번호가 적혀 있습니다.
Nín hǎo, zhè shì wǒ de míngpiàn, shàngmiàn yǒu wǒ de diànhuà.

对不起，今天我忘带名片了。 죄송한데, 오늘은 제가 명함을 잊고 나왔네요.
Duìbuqǐ, jīntiān wǒ wàng dài míngpiàn le.

我们交换一下名片吧。 우리 명함 교환하죠.
Wǒmen jiāohuàn yíxià míngpiàn ba.

15 品牌 pǐnpái 명 상표, 브랜드

品牌效应 pǐnpái xiàoyìng 브랜드 효과

品牌策略 pǐnpái cèlüè 브랜드 전략

品牌价值 pǐnpái jiàzhí 브랜드 가치

品牌形象 pǐnpái xíngxiàng 브랜드 이미지

品牌知名度 pǐnpái zhīmíngdù 브랜드 인지도

成为品牌 chéngwéi pǐnpái 브랜드가 되다

国外品牌 guówài pǐnpái 외국 브랜드

当地品牌 dāngdì pǐnpái 로컬 브랜드

提升品牌价值就成为一些企业首选的策略。브랜드 가치를 향상시키는 일이 어떤 기업들에게는 최우선 전략이 되었다.
Tíshēng pǐnpái jiàzhí jiù chéngwéi yìxiē qǐyè shǒuxuǎn de cèlüè.

16 破产 pòchǎn 동 파산하다, 도산하다, 부도나다

面临破产 miànlín pòchǎn 파산에 직면하다

宣告破产 xuāngào pòchǎn 파산 신고하다

破不了产 pòbuliǎo chǎn 파산하지 않다

破产危机 pòchǎn wēijī 파산 위기

破产企业 pòchǎn qǐyè 부도 기업

破产原因 pòchǎn yuányīn 파산 원인

我们公司面临破产危机，三个月未发工资。우리 회사는 부도 위기에 직면해, 3개월 동안 급여를 지급하지 않고 있다.
Wǒmen gōngsī miànlín pòchǎn wēijī, sān ge yuè wèi fā gōngzī.

这个企业因资金不足，经营不佳，提前准备宣告破产。이 기업은 자금 부족과 경영 부실로 파산 선고를 앞당기려 하고 있다.
Zhè ge qǐyè yīn zījīn bùzú, jīngyíng bù jiā, tíqián zhǔnbèi xuāngào pòchǎn.

17 企业 qǐyè 명 기업

大企业 dà qǐyè 대기업

中小企业 zhōngxiǎo qǐyè 중소기업

企业家 qǐyèjiā 기업가

企业精神 qǐyè jīngshén 기업 정신

企业文化 qǐyè wénhuà 기업 문화

企业发展 qǐyè fāzhǎn 기업 발전

我认为一个企业的成败不在其他，而在缔造者。나는 한 기업의 성패는 다른 데 달린 것이 아니라, 창업자에 달렸다고 봐.
Wǒ rènwéi yí ge qǐyè de chéngbài bú zài qítā, ér zài dìzàozhě.

大多数成功的企业都拥有自己优秀的企业文化。대다수 성공한 기업은 모두 우수한 기업 문화를 갖고 있다.
Dàduōshù chénggōng de qǐyè dōu yōngyǒu zìjǐ yōuxiù de qǐyè wénhuà.

18 前途 qiántú 명 전도, 앞길, 전망

公司的前途 gōngsī de qiántú 회사의 앞날

前途光明 qiántú guāngmíng 전도 유망하다

有前途 yǒu qiántú 유망하다

发展前途 fāzhǎn qiántú 발전 가능성

我觉得公司现状对于个人前途还是非常重要的。나는 회사의 현황이 개인의 앞날에 아주 중요하다 생각해.
Wǒ juéde gōngsī xiànzhuàng duìyú gèrén qiántú hái shì fēicháng zhòngyào de.

即便收入不高，但却有发展前途的工作，我也乐意去干。
Jíbiàn shōurù bù gāo, dàn què yǒu fāzhǎn qiántú de gōngzuò, wǒ yě lèyì qù gàn.
설령 수입이 많지 않아도, 발전 가능성이 있는 일이면 나는 기꺼이 할 거야.

19 上市 shàngshì 图 상장하다

上市公司 shàngshì gōngsī 상장 회사

上市证券 shàngshì zhèngquàn 상장주

新上市企业 xīn shàngshì qǐyè 신규 상장 기업

上了市 shàngle shì 상장하다

祝贺你成为一家上市公司的老板。상장 회사의 사장님이 되신 걸 축하드립니다.
Zhùhè nǐ chéngwéi yì jiā shàngshì gōngsī de lǎobǎn.

这公司上了市也就是万里长征的第一步。이 회사가 상장이 되었어도 아직 시작에 불과해요.
Zhè gōngsī shàngle shì yě jiù shì wànlǐ chángzhēng de dì yī bù.

20 生产 shēngchǎn 图 생산하다

生产量 shēngchǎnliàng 생산량

生产车间 shēngchǎn chējiān 생산 현장, 작업장

生产能力 shēngchǎn nénglì 생산 능력

生产线 shēngchǎnxiàn 공업 생산 라인

生产任务 shēngchǎn rènwù 생산 목표

扩大生产 kuòdà shēngchǎn 생산을 확대하다

生产效率 shēngchǎn xiàolǜ 생산 효율, 생산성

专门生产 zhuānmén shēngchǎn 전문적으로 생산하다

我司专门生产防护服，日均生产量最高能够达到2000件。
Wǒ sī zhuānmén shēngchǎn fánghùfú, rìjūn shēngchǎnliàng zuì gāo nénggòu dádào liǎngqiān jiàn.
우리 회사에서는 방호복을 전문 생산하고 있는데, 일평균 생산량이 최고 2천 벌 정도 됩니다.

21 生意 shēngyi 명 장사, 영업, 사업

做生意 zuò shēngyi 장사하다, 사업하다

生意人 shēngyirén 장사꾼, 사업가

做食品生意 zuò shípǐn shēngyi 식품 사업을 하다

谈生意 tán shēngyi 비즈니스 상담하다

生意不景气 shēngyi bù jǐngqì 경기가 안 좋다

小本生意 xiǎoběn shēngyi 소자본 사업

我最近做生意赚了点钱，可以帮助你们。내가 요즘 사업으로 돈을 좀 벌어서, 자네들을 도울 수 있다네.
Wǒ zuìjìn zuò shēngyi zhuànle diǎn qián, kěyǐ bāngzhù nǐmen.

现在生意突然不景气，可要亏大本了。요즘 경기가 갑자기 안 좋아져서, 크게 손해 보게 생겼어.
Xiànzài shēngyi tūrán bù jǐngqì, kě yào kuī dà běn le.

22 熟练 shúliàn 형 숙련되다, 능숙하다

熟练工(人) shúliàn gōng(rén) 숙련공

技术熟练 jìshù shúliàn 기술이 숙련되다

非熟练工人 fēi shúliàn gōngrén 비 숙련공

熟练操作 shúliàn cāozuò 능숙하게 다루다

业务熟练 yèwù shúliàn 일이 손에 익다

熟练使用 shúliàn shǐyòng 능숙하게 사용하다

每个车间各有三分之一的工人是熟练工。작업장마다 각각 3분의 1의 노동자가 숙련공입니다.
Měi ge chējiān gè yǒu sān fēn zhī yī de gōngrén shì shúliàngōng.

工人们正在熟练地操作机械设备。노동자들이 기계 설비를 능숙하게 다루고 있다.
Gōngrénmen zhèngzài shúliàn de cāozuò jīxiè shèbèi.

23 提供 tígōng 图 제공하다

提供方便 tígōng fāngbiàn 편의를 제공하다
提供宿舍 tígōng sùshè 기숙사를 제공하다
提供消息 tígōng xiāoxi 정보를 제공하다

提供 tígōng＋A＋条件 tiáojiàn A의 조건을 제공하다
提供经济援助 tígōng jīngjì yuánzhù 경제 원조를 하다
免费提供 miǎnfèi tígōng 무료로 제공하다

我们公司为员工免费提供宿舍。 우리 회사에서는 직원을 위해 무료로 기숙사를 제공하고 있어.
Wǒmen gōngsī wèi yuángōng miǎnfèi tígōng sùshè.

24 调整 tiáozhěng 图 조정하다, 조절하다

进行调整 jìnxíng tiáozhěng 조정하다
重新调整 chóngxīn tiáozhěng 재조정하다
人事调整 rénshì tiáozhěng 인사 조정

调整计划 tiáozhěng jìhuà 계획을 조정하다
调整价格 tiáizhěng jiàgé 가격을 조정하다
调整时间 tiáizhěng shíjiān 시간을 조정하다

我们重新调整了今年的生产计划。 우리는 올해 생산 계획을 재조정했다.
Wǒmen chóngxīn tiáozhěngle jīnnián de shēngchǎn jìhuà.

我们准备调整几种产品的价格。 우리는 몇몇 제품의 가격을 조정하려고 한다.
Wǒmen zhǔnbèi tiáozhěng jǐ zhǒng chǎnpǐn de jiàgé.

25 通知 tōngzhī 图 통지하다, 알리다 图 통지, 연락

通知 tōngzhī＋A＋B A에게 B라고 알리다
通知 (A) 一声 tōngzhī (A) yì shēng (A에게) 알려 주다
通知说 tōngzhī shuō 연락하다, 통보하다

口头通知 kǒutóu tōngzhī 구두로 통지하다
书面通知 shūmiàn tōngzhī 서면으로 통지하다
贴通知 tiē tōngzhī 통지문을 게시하다

如果开会时间有变，请通知我一声。 회의 시간이 바뀌면, 저에게 알려 주세요.
Rúguǒ kāihuì shíjiān yǒu biàn, qǐng tōngzhī wǒ yì shēng.

公司已经口头通知我，准备给我加薪。 회사에서는 월급을 올려 주겠다고 이미 나에게 구두로 통지했다.
Gōngsī yǐjīng kǒutóu tōngzhī wǒ, zhǔnbèi gěi wǒ jiā xīn.

26 销售 xiāoshòu 图 팔다, 판매하다

销售不出去 xiāoshòu buchūqù 팔리지 않다
销售商品 xiāoshòu shāngpǐn 상품을 판매하다
销售到国外 xiāoshòu dào guówài 해외로 판매하다

销售量 xiāoshòuliàng 판매량, 매출고
销售价格 xiāoshòu jiàgé 판매가
销售额 xiāoshòu'é 매출액, 판매액

我们的产品百分之八十销售到国外。 우리 제품은 80퍼센트가 해외로 수출되지요.
Wǒmen de chǎnpǐn bǎi fēn zhī bāshí xiāoshòu dào guówài.

这个月，产品销售量大幅度增长。 이번 달에 제품 판매량이 대폭 증가했다.
Zhè ge yuè, chǎnpǐn xiāoshòuliàng dà fúdù zēngzhǎng.

27 营业 yíngyè 통영업하다

照常营业 zhàocháng yíngyè 평소대로 영업하다
停止营业 tíngzhǐ yíngyè 영업을 중단하다, 문을 닫다
试营业 shì yíngyè 시험 영업하다

营业时间 yíngyè shíjiān 영업 시간
营业项目 yíngyè xiàngmù 영업 종목(품목), 사업 분야
营业执照 yíngyè zhízhào 사업자 등록증

春节期间，这家百货公司照常营业。 춘절에도 이 백화점은 평소대로 영업한다.
Chūnjié qījiān, zhè jiā bǎihuò gōngsī zhàocháng yíngyè.

由于装修，我们餐厅暂时停止营业。 인테리어 관계로, 저희 식당은 영업을 일시 중단합니다.
Yóuyú zhuāngxiū, wǒmen cāntīng zànshí tíngzhǐ yíngyè.

28 增加 zēngjiā 통증가하다, 더하다, 늘리다

增加工资 zēngjiā gōngzī 임금이 인상되다
增加一倍 zēngjiā yí bèi 두 배 증가하다
增加负担 zēngjiā fùdān 부담이 커지다

有所增加 yǒu suǒ zēngjiā 다소 늘다
不断增加 búduàn zēngjiā 꾸준히 늘다
逐年增加 zhúnián zēngjiā 해마다 증가하다

今年3月份到5月份自行车销量增加了一倍。 올해 3월에서 5월까지 자전거 판매량이 2배로 뛰었다.
Jīnnián sān yuèfèn dào wǔ yuèfèn zìxíngchē xiāoliàng zēngjiāle yí bèi.

我国粮食进口同比有所增加。 우리 나라 곡물 수입이 전년도 동기 대비 다소 증가했다.
Wǒ guó liángshí jìnkǒu tóngbǐ yǒu suǒ zēngjiā.

29 质量 zhìliàng 몡품질, 질적인 내용 몡질량

产品质量 chǎnpǐn zhìliàng 품질, 제품의 질
工程质量 gōngchéng zhìliàng 공정상의 질

质量第一 zhìliàng dì yī 품질 제일, 품질 본위
确保质量 quèbǎo zhìliàng 품질을 확보하다

厂长改进了生产工艺后，产品质量大大提高了。
Chǎngzhǎng gǎijìn le shēngchǎn gōngyì hòu, chǎnpǐn zhìliàng dàdà tígāo le.
공장장님이 생산 공정을 개선한 후에, 제품의 품질이 크게 향상되었다.

公司本着"质量第一、顾客至上"为经营宗旨。 회사에서는 '품질 제일, 고객이 왕'을 경영 방침으로 삼고 있다.
Gōngsī běnzhe "zhìliàng dì yī、gùkè zhìshàng" wéi jīngyíng zōngzhǐ.

30 资金 zījīn 몡자금, 자본금

引进资金 yǐnjìn zījīn 자금을 유치하다
筹集资金 chóují zījīn 자금을 조달하다
投入资金 tóurù zījīn 자금을 투입하다

生产资金 shēngchǎn zījīn 생산 자금
运用资金 yùnyòng zījīn 운영 자금
经营资金 jīngyíng zījīn 사업 자금, 경영 자금

这家公司每年投入大量资金进行研发。 이 회사는 매년 연구 개발에 막대한 비용을 들이고 있다.
Zhè jiā gōngsī měi nián tóurù dàliàng zījīn jìnxíng yánfā.

生产资金已经按时到位，可以开工了。 생산 자금이 이미 예정대로 마련되어, 공장을 가동할 수 있다.
Shēngchǎn zījīn yǐjīng ànshí dàowèi, kěyǐ kāigōng le.

创业 chuàngyè 图 창업하다

雇用 gùyòng 图 고용하다

兼任 jiānrèn 图 겸임하다

兼职 jiānzhí 图 겸직하다

合并 hébìng 图 합병하다

罢工 bàgōng 图 파업하다

倒闭 dǎobì 图 (상점·회사·기업체가) 도산하다

合资 hézī 图 합자하다

合格 hégé 图 합격하다

下海 xiàhǎi 图 장사에 뛰어들다

采购 cǎigòu 图 사들이다, 구입하다

加工 jiāgōng 图 가공하다

团团转 tuántuánzhuàn 图 (바쁘게) 이리저리 뛰는 모습

半成品 bànchéngpǐn 图 반제품

成品 chéngpǐn 图 완제품

博览会 bólǎnhuì 图 박람회

交易会 jiāoyìhuì 图 교역회, 상품 박람회

技术 jìshù 图 기술

设备 shèbèi 图 설비, 시설

设施 shèshī 图 시설

零件 língjiàn 图 부품, 부속품

原料 yuánliào 图 원료, 소재

材料 cáiliào 图 자재, 재료

成本 chéngběn 图 원가, 코스트

销量 xiāoliàng 图 판매량

利润 lìrùn 图 이윤

成就 chéngjiù 图 성과, 업적

报酬 bàochou 图 보수, 사례금

公款 gōngkuǎn 图 공금

文件 wénjiàn 图 공문서, 서류, 문건

专利 zhuānlì 图 특허

工厂 gōngchǎng 图 공장

车间 chējiān 图 (회사, 공장의) 작업 현장

单位 dānwèi 图 (단체, 기관 등의) 부문, 회사

地位 dìwèi 图 (개인이나 단체의 사회적) 위치, 지위

厂长 chǎngzhǎng 图 공장장

代表 dàibiǎo 图 대표, 대표자 图 대표하다, 대신하다, 대리하다

经理 jīnglǐ 图 사장, 지배인, 매니저

总经理 zǒngjīnglǐ 图 회사의 대표, 사장

董事长 dǒngshìzhǎng 图 이사장, 회장

董事会 dǒngshìhuì 图 이사회

工人 gōngrén 图 노동자

老板 lǎobǎn 图 주인, 상점의 주인, 지배인

客户 kèhù 图 고객, 거래처

股东 gǔdōng 图 주주

股东大会 gǔdōng dàhuì 주주 총회

国企 guóqǐ 图 국유 기업 [=国有企业]

私企 sīqǐ 图 사기업

民办企业 mínbàn qǐyè 민영 기업

성어, 속담

安居乐业 ānjū lèyè 평안히 살면서 즐겁게 일하다

白手起家 báishǒu qǐjiā 자수성가하다

东山再起 dōngshān zàiqǐ 재기하다

同甘共苦 tónggān gòngkǔ 동고동락하다

蒸蒸日上 zhēngzhēng rìshàng 날로 번창하다

用人不疑，疑人不用 yòng rén bù yí, yí rén bú yòng
일단 사람을 썼으면 의심하지 말고, 의심스러운 사람은 쓰지 마라

DAY

12

무역, 비즈니스

따페이 훈련

상의해 봤다　商量着商量 ✗　商量了商量 ○

01 保证 bǎozhèng 📘담보하다, 보증하다, 보장하다 📗보증, 보장, 담보

保证质量 bǎozhèng zhìliàng 품질을 보증하다/보장하다	**保证不了** bǎozhèng buliǎo 보장하지 못하다
有保证 yǒu bǎozhèng 보증하다, 책임지다	**保证书** bǎozhèngshū 보증서
没有保证 méiyǒu bǎozhèng 보증하지 못하다	**保证金** bǎozhèngjīn 보증금

我们的产品绝对保证质量。 우리 제품은 틀림없이 품질을 보증합니다.
Wǒmen de chǎnpǐn juéduì bǎozhèng zhìliàng.

您说5月底订货，8月初交货？我方恐怕保证不了。
Nín shuō wǔ yuèdǐ dìnghuò, bā yuèchū jiāo huò? Wǒ fāng kǒngpà bǎozhèng buliǎo.
5월 말에 주문해서, 8월 초에 납품하라고요? 저희는 보장하기 어려울 것 같습니다.

02 报价 bàojià 📘견적서를 내다, 오퍼를 내다 📗견적, 오퍼

报价单 bàojiàdān 견적서	**最新报价单** zuì xīn bàojiàdān 최신 견적서
最低报价 zuì dī bàojià 최저 견적가	**报价有效期** bàojià yǒuxiàoqī 견적서 유효 기간
最初报价 zuìchū bàojià 최초 견적	**收到报价** shōudào bàojià 견적서를 받다

这是我们的最低报价，请过目一下。 이것이 저희의 최저 견적가입니다. 한번 보시지요.
Zhè shì wǒmen de zuì dī bàojià, qǐng guòmù yíxià.

我方期待着尽快收到贵方的报价。 저희는 되도록 빨리 귀사의 견적가를 받아 보았으면 합니다.
Wǒ fāng qīdàizhe jìnkuài shōudào guì fāng de bàojià.

我们的报价是青岛离岸价1200美元。 저희 견적가는 FOB 칭다오 1200달러입니다.
Wǒmen de bàojià shì Qīngdǎo líʼànjià yìqiān èrbǎi měiyuán.
[离岸价: FOB. 무역 거래 조건 중의 하나로, 매도인이 선박의 적재부터 본선상의 화물 인도까지 끝까지 책임지는 조건]

03 采用 cǎiyòng 📘채용하다, 도입하다, 채택하다

采用设备 cǎiyòng shèbèi 설비를 도입하다	**采用信用证** cǎiyòng xìnyòngzhèng 신용장을 채택하다
采用技术 cǎiyòng jìshù 기술을 도입하다	**采用工具** cǎiyòng gōngjù 장비를 도입하다
采用材料 cǎiyòng cáiliào 재료를 채택하다	**采用制度** cǎiyòng zhìdù 제도를 도입하다
采用方法 cǎiyòng fāngfǎ 방법을 채택하다	**无法采用** wúfǎ cǎiyòng 채용할 수 없다

公司通过采用先进技术，大大提高了劳动生产率。 회사는 선진 기술을 도입해 노동 생산성을 크게 끌어올렸다.
Gōngsī tōngguò cǎiyòng xiānjìn jìshù, dàdà tígāole láodòng shēngchǎnlǜ.

我们采用不可撤消的信用证。 우리는 취소불능 신용장을 채택하고 있습니다.
Wǒmen cǎiyòng bùkě chèxiāo de xìnyòngzhèng.

你的建议很有道理，可是我们现在无法采用。 자네의 제안이 매우 일리가 있지만, 우리가 지금은 채택할 수가 없네.
Nǐ de jiànyì hěn yǒu dàolǐ, kěshì wǒmen xiànzài wúfǎ cǎiyòng.

04 参观 cānguān 图 참관하다, 견학하다, 방문하다

参观参观 cānguān cānguān 견학하다
参观公司 cānguān gōngsī 회사를 견학하다
参观工厂 cānguān gōngchǎng 공장을 견학하다
参观展会 cānguān zhǎnhuì 전람회를 참관하다

参观展览 cānguān zhǎnlǎn 전시회를 관람하다
参观访问 cānguān fǎngwèn 참관 방문하다
参观三天 cānguān sān tiān 3일 동안 참관하다
欢迎参观 huānyíng cānguān 참관을 환영하다

我想直接去贵公司参观参观。 제가 직접 귀사를 방문하고 싶은데요.
Wǒ xiǎng zhíjiē qù guì gōngsī cānguān cānguān.

这次参观的行程安排得非常紧张。 이번 견학 일정은 아주 빡빡하게 짜였다.
Zhè cì cānguān de xíngchéng ānpái de fēicháng jǐnzhāng.

➕ 参观 cānguān 방문하다, 견학하다 VS 访问 fǎngwèn 방문하다

'参观'의 대상은 어떤 장소나 다른 사람들이 보게끔 진열된 물건을 말한다. '访问'의 대상은 사람으로, 만약 '访问' 뒤에 지역이 동반된다면 그 지역의 사람과 교류한다는 뜻을 나타낸다.

参观博物馆 박물관을 견학하다 | 访问马教授 마 교수님을 방문하다 | 访问美国 미국을 방문하다

05 产品 chǎnpǐn 图 제품, 산물

介绍产品 jièshào chǎnpǐn 제품을 소개하다
新产品 xīn chǎnpǐn 신제품
同类产品 tónglèi chǎnpǐn 동종의 제품
主要产品 zhǔyào chǎnpǐn 주요 생산품

工业产品 gōngyè chǎnpǐn 공산품
产品质量 chǎnpǐn zhìliàng 제품 품질
产品销路 chǎnpǐn xiāolù 제품의 판로
产品目录 chǎnpǐn mùlù 제품 목록, 제품 카달로그

我方对贵公司的新产品很感兴趣。 저희는 귀사의 신제품에 관심이 아주 많습니다.
Wǒ fāng duì guì gōngsī de xīn chǎnpǐn hěn gǎn xìngqù.

这个产品跟其他同类产品相比，性价比更高。 이 제품은 기타 동종의 제품과 비교했을 때, 가성비가 훨씬 높죠.
Zhè ge chǎnpǐn gēn qítā tónglèi chǎnpǐn xiāngbǐ, xìngjiàbǐ gèng gāo.

06 承担 chéngdān 图 담당하다, 맡다, 부담하다, 감수하다

由 yóu + A + 承担 chéngdān A가 부담하다
承担任务 chéngdān rènwù 임무를 맡다
承担责任 chéngdān zérèn 책임을 지다
承担义务 chéngdān yìwù 의무를 다하다

承担后果 chéngdān hòuguǒ 뒷감당을 하다
承担损失 chéngdān sǔnshī 손해를 떠안다
承担不起 chéngdān buqǐ 감당하지 못하다
承担下来 chéngdān xiàlái 떠맡다

由此造成的一切损失由贵公司承担。 이로 인해 발생한 모든 손실은 귀사에서 부담하셔야 해요.
Yóu cǐ zàochéng de yíqiè sǔnshī yóu guì gōngsī chéngdān.

不良率高于10%，品管部承担80%责任。 불량율이 10퍼센트가 넘어 품질관리부에서 80퍼센트의 책임을 져야 한다.
Bùliánglǜ gāoyú bǎi fēn zhī shí, pǐnguǎnbù chéngdān bǎi fēn zhī bāshí de zérèn.

07 出口 chūkǒu 동 수출하다

出口到 chūkǒu dào + 장소 ~로 수출하다
向国外出口 xiàng guówài chūkǒu 해외로 수출하다
大量出口 dàliàng chūkǒu 대량으로 수출하다
大规模出口 dàguīmó chūkǒu 대규모로 수출하다

出口业务 chūkǒu yèwù 수출 업무
出口生意 chūkǒu shēngyi 수출 사업
出口贸易 chūkǒu màoyì 수출 무역
出口商品 chūkǒu shāngpǐn 수출 상품

他们公司的产品大量出口到国外市场。 그 회사의 제품은 해외 시장으로 대량 수출하고 있다.
Tāmen gōngsī de chǎnpǐn dàliàng chūkǒu dào guówài shìchǎng.

我公司是一家新成立的贸易公司，专门做出口生意。 폐사는 새로 설립한 무역 회사로, 수출 사업에 주력하고 있습니다.
Wǒ gōngsī shì yì jiā xīn chénglì de màoyì gōngsī, zhuānmén zuò chūkǒu shēngyi.

08 订单 dìngdān 명 주문서, 주문

下订单 xià dìngdān 주문하다
接订单 jiē dìngdān 수주하다, 주문 받다
取消订单 qǔxiāo dìngdān 주문을 취소하다

按订单生产 àn dìngdān shēngchǎn 주문에 따라 생산하다
订单量 dìngdānliàng 주문량
订单编号 dìngdān biānhào 주문 번호

我们这个月下订单，贵公司什么时候可以交货?
Wǒmen zhè ge yuè xià dìngdān, guì gōngsī shénme shíhou kěyǐ jiāo huò?
우리가 이번 달에 주문하면, 귀사는 언제 납품 가능하신가요?

近两周以来，公司接到口罩订单超过千万片。
Jìn liǎng zhōu yǐlái, gōngsī jiēdào kǒuzhào dìngdān chāoguò qiānwàn piàn.
최근 2주에 걸쳐, 회사가 수주한 마스크 주문은 천만 개가 넘는다.

09 合作 hézuò 동 합작하다, 협력하다, 제휴하다, 거래하다

互相合作 hùxiāng hézuò 서로 협력하다
通力合作 tōnglì hézuò 힘을 합쳐 일을 하다
合作得很好 hézuò de hěn hǎo 협력이 잘 이루어지다
合作了十年 hézuòle shí nián 10년 동안 협업하다

合作方案 hézuò fāng'àn 협력 방안
合作协议 hézuò xiéyì 제휴 협의
合作搭档 hézuò dādàng 협력 파트너
合作愉快! Hézuò yúkuài! 협업이 잘 되기를!

双方已经合作了二十年了，互相很了解。 쌍방은 20년째 거래 중이라, 서로에 대해 잘 알고 있다.
Shuāngfāng yǐjīng hézuòle èrshí nián le, hùxiāng hěn liǎojiě.

这两家公司是生意场上的合作搭档。 이 두 회사는 사업상의 협력 파트너이다.
Zhè liǎng jiā gōngsī shì shēngyi chǎng shang de hézuò dādàng.

10 交货 jiāo huò 물품을 인도하다, 납품하다

按时交货 ànshí jiāo huò 시간에 맞춰 납품하다
即期交货 jí qī jiāo huò 지정된 날짜에 물건을 인도하다
定期交货 dìngqī jiāo huò 지정된 날짜에 물건을 인도하다

交货价 jiāohuòjià 인도 가격
交货日期 jiāo huò rìqī 납기일
产地交货 chǎndì jiāohuò 생산지 인도

这批货做得差不多了，下星期能按时交货。 이번 주문 건은 거의 준비가 되어서, 다음 주에 예정대로 납품할 수 있습니다.
Zhè pī huò zuò de chàbuduō le, xià xīngqī néng ànshí jiāo huò.

这次订货量比较大，一个月内交货可能有点困难。 이번에는 주문량이 많아서, 한 달 내에 납품하기엔 좀 버거울 것 같네요.
Zhè cì dìnghuòliàng bǐjiào dà, yí ge yuè nèi jiāo huò kěnéng yǒudiǎn kùnnan.

由我方在2月18日前完成交货并提供技术安装。 저희는 2월 18일까지 납품을 마치고, 기술을 지원하겠습니다.
Yóu wǒ fāng zài èr yuè shíbā rì qián wánchéng jiāo huò bìng tígōng jìshù ānzhuāng.

11 接受 jiēshòu 동 받아들이다, 수락하다, 접수하다 동 받다

可以接受 kěyǐ jiēshòu 수긍이 가다, 받아들일 수 있다
容易接受 róngyì jiēshòu 쉽게 받아들이다
难以接受 nányǐ jiēshòu 받아들이기 어렵다
无法接受 wúfǎ jiēshòu 받아들일 수 없다

接受邀请 jiēshòu yāoqǐng 초청에 응하다
接受失败 jiēshòu shībài 실패를 감수하다
接受帮助 jiēshòu bāngzhù 도움을 받다
接受任务 jiēshòu rènwu 임무를 맡다

希望贵公司提出一个令我方容易接受的价格。 귀사는 저희가 쉽게 수용할 수 있는 가격을 제시해 주시면 좋겠어요.
Xīwàng guì gōngsī tíchū yí ge lìng wǒ fāng róngyì jiēshòu de jiàgé.

如果贵公司坚持到岸价格，我方无法接受。 귀사가 계속 CIF를 고집하신다면 저희로서는 수락할 수가 없습니다.
Rúguǒ guì gōngsī jiānchí dào'àn jiàgé, wǒ fāng wúfǎ jiēshòu.

[到岸价格: CIF. 무역 거래 조건 중의 하나로, 매도인이 화물의 선적에서 목적지까지의 모든 운임과 보험료를 부담하는 방식]

12 进口 jìnkǒu 동 수입하다

进口商品 jìnkǒu shāngpǐn 수입 상품
进口限制 jìnkǒu xiànzhì 수입 규제
进口业务 jìnkǒu yèwù 수입 업무
进口货 jìnkǒuhuò 수입품

进口国 jìnkǒuguó 수입국
进口激增 jìnkǒu jīzēng 수입이 급증하다
从 cóng + 장소 + 进口 jìnkǒu ~에서 수입하다
主要进口 zhǔyào jìnkǒu 주로 수입하다

我们公司专门从事玩具进口业务。 우리 회사는 장난감 수입 업무를 전문으로 하고 있다.
Wǒmen gōngsī zhuānmén cóngshì wánjù jìnkǒu yèwù.

国产货正逐步取代进口货。 국산 제품이 차츰 수입품을 대체하고 있다.
Guóchǎnhuò zhèng zhúbù qǔdài jìnkǒuhuò.

中国主要进口小麦、玉米、大豆、大米等粮食。 중국은 밀, 옥수수, 대두, 쌀 등의 곡물을 주로 수입한다.
Zhōngguó zhǔyào jìnkǒu xiǎomài、yùmǐ、dàdòu、dàmǐ děng liángshí.

13 考虑 kǎolǜ 图 고려하다

认真考虑 rènzhēn kǎolǜ 진지하게 고려하다

慎重考虑 shènzhòng kǎolǜ 신중하게 고려하다

全面考虑 quánmiàn kǎolǜ 두루두루 생각하다

考虑考虑 kǎolǜ kǎolǜ 생각하다, 고려하다

考虑很久 kǎolǜ hěn jiǔ 오랫동안 고민하다

考虑周到 kǎolǜ zhōudào 꼼꼼하게 고려하다

考虑不周 kǎolǜ bùzhōu 사려가 부족하다

经过考虑 jīngguò kǎolǜ 고민 끝에, 숙고한 끝에

现在国内经济低迷，我们也得慎重考虑成本。 요즘 국내 경기가 침체되어 있으니, 우리도 원가를 신중하게 따져 봐야 하네.
Xiànzài guónèi jīngjì dīmí, wǒmen yě děi shènzhòng kǎolǜ chéngběn.

希望贵公司再考虑考虑。 귀사에서 조금 더 생각해 보셨으면 합니다.
Xīwàng guì gōngsī zài kǎolǜ kǎolǜ.

14 贸易 màoyì 명 무역, 교역, 상업, 매매

贸易公司 màoyì gōngsī 무역 회사

贸易伙伴 màoyì huǒbàn 무역 파트너

贸易合作 màoyì hézuò 무역 협력

贸易谈判 màoyì tánpàn 무역 협상

贸易合同 màoyì hétong 무역 계약

贸易规模 màoyì guīmó 무역 규모

贸易额 màoyì'é 무역액

贸易战 màoyìzhàn 무역 전쟁, 무역전

我们两家公司签订了贸易合同。 우리 두 회사는 무역 계약을 체결했다.
Wǒmen liǎng jiā gōngsī qiāndìngle màoyì hétong.

近年来，两国贸易规模不断扩大。 근 몇 년 동안, 두 나라의 무역 규모가 계속 늘어나고 있다.
Jìnnián lái, liǎng guó màoyì guīmó búduàn kuòdà.

两国之间发生了史上空前规模的贸易战。 두 나라 사이에 사상 전례 없는 규모의 무역전이 벌어졌다.
Liǎng guó zhī jiān fāshēngle shǐ shang kōngqián guīmó de màoyìzhàn.

15 赔偿 péicháng 图 배상하다, 변상하다, 보상하다

赔偿损失 péicháng sǔnshī 손해를 배상하다

进行赔偿 jìnxíng péicháng 배상하다

照价赔偿 zhào jià péicháng 가격대로 변상하다

无法赔偿 wúfǎ péicháng 배상할 수 없다

赔偿不起 péicháng buqǐ 배상할 수 없다

赔偿金额 péicháng jīn'é 배상 금액, 보상액

他们公司同意赔偿我们的经济损失。 그 회사는 우리의 경제적 손해를 배상하겠다고 했다.
Tāmen gōngsī tóngyì péicháng wǒmen de jīngjì sǔnshī.

对方要求的赔偿金额太大，我们无法赔偿。 상대가 요구한 보상액이 너무 커서, 우리는 배상할 수가 없다.
Duìfāng yāoqiú de péicháng jīn'é tài dà, wǒmen wúfǎ péicháng.

16 情况 qíngkuàng 圆 상황, 정황, 형편

了解情况 liǎojiě qíngkuàng 상황을 이해하다

掌握情况 zhǎngwò qíngkuàng 상황을 파악하다

新情况 xīn qíngkuàng 새로운 상황

实际情况 shíjì qíngkuàng 실정, 실제 상황

详细情况 xiángxì qíngkuàng 상세한 상황, 상세 정보

紧急情况 jǐnjí qíngkuàng 비상사태, 긴급 상황

希望贵公司能够考虑一下我司的实际情况。 귀사에서 폐사의 실정을 좀 고려해 주셨으면 합니다.
Xīwàng guì gōngsī nénggòu kǎolǜ yíxià wǒ sī de shíjì qíngkuàng.

有关产品的详细情况，请参阅所附的说明书。 제품에 대한 상세 정보는 첨부한 설명서를 참조해 주세요.
Yǒuguān chǎnpǐn de xiángxì qíngkuàng, qǐng cānyuè suǒ fù de shuōmíngshū.

17 取消 qǔxiāo 圖 취소하다, 제거하다

取消计划 qǔxiāo jìhuà 계획을 취소하다

取消会议 qǔxiāo huìyì 회의를 취소하다

取消资格 qǔxiāo zīgé 자격을 박탈하다

取消规定 qǔxiāo guīdìng 규정을 없애다

取消交易 qǔxiāo jiāoyì 거래를 취소하다

取消条件 qǔxiāo tiáojiàn 취소 요건

现在已经太晚了，不能取消这笔交易了。 지금은 시간이 너무 지나서, 이 거래는 취소할 수 없습니다.
Xiànzài yǐjīng tài wǎn le, bù néng qǔxiāo zhè bǐ jiāoyì le.

国内市场行情有所变动，我们不得不取消订单。 국내 시장의 시세에 변동이 있어, 저희는 부득이 주문을 취소하게 됐습니다.
Guónèi shìchǎng hángqíng yǒu suǒ biàndòng, wǒmen bùdébù qǔxiāo dìngdān.

18 商量 shāngliang 圖 상의하다, 의논하다

商量一下 shāngliang yíxià 상의하다

商量一会儿 shāngliang yíhuìr 잠깐 동안 상의하다

商量了商量 shāngliangle shāngliang 상의했다

好商量 hǎo shāngliang 좋게 풀다, 좋게 해결하다

好好商量 hǎohǎo shāngliang 잘 의논하다

跟 gēn + 대상 + 商量 shāngliang ~와 상의하다

昨天我们商量了商量，朴总还是不同意。 어제 저희가 상의해 봤는데, 박 사장님이 여전히 동의하지 않으시네요.
Zuótiān wǒmen shāngliangle shāngliang, Piáo zǒng háishi bù tóngyì.

有事好商量嘛，咱们一起好好商量吧。 문제가 있으면 좋게 풀면 되잖아요. 우리 같이 잘 의논해 보자고요.
Yǒu shì hǎo shāngliang ma, zánmen yìqǐ hǎohǎo shāngliang ba.

楚经理，有件事想跟你商量，不知你方不方便。 추 팀장님, 상의드릴 게 있는데, 괜찮으실지 모르겠네요.
Chǔ jīnglǐ, yǒu jiàn shì xiǎng gēn nǐ shāngliang, bù zhī nǐ fāng bù fāngbiàn.

➕ 2음절 동사의 중첩

◆ 2음절 동사의 중첩형 ABAB 형식은 가벼우면서 완곡한 어감을 나타낸다. 동태조사 '了'와 '过'가 들어갈 때는 'AB了/过AB' 형식으로 쓴다.

商量商量 (O) 상의하다 | 商量了商量 (O) 상의했다 | 商量过商量 (O) 상의했다

◆ 2음절 동사의 중첩형에는 동태조사 '着'와 수사 '一'는 쓸 수 없음에 주의한다.

商量着商量 (X) | 商量一商量 (X)

DAY 12

19 市场 shìchǎng 명 시장, 시장성

有市场 yǒu shìchǎng 시장성이 있다

开拓市场 kāituò shìchǎng 시장을 개척하다

进入市场 jìnrù shìchǎng 시장에 진입하다

占领市场 zhànlǐng shìchǎng 시장을 점유하다

投放市场 tóufàng shìchǎng 출하하다

寻找市场 xúnzhǎo shìchǎng 판로를 찾다

国际市场 guójì shìchǎng 국제 시장

市场潜力 shìchǎng qiánlì 시장 잠재력

市场需求 shìchǎng xūqiú 시장 수요

市场反应 shìchǎng fǎnyìng 시장 반응

我们一直在努力开拓国际市场。우리는 계속 국제 시장을 개척하기 위해 노력하고 있어요.
Wǒmen yìzhí zài nǔlì kāituò guójì shìchǎng.

要占领市场必须先占领消费者的心灵。시장을 점유하려면 먼저 소비자의 마음을 잡아야 한다.
Yào zhànlǐng shìchǎng bìxū xiān zhànlǐng xiāofèizhě de xīnlíng.

这一批货刚投放市场，我们先看看市场反应吧。이번에 온 물건을 막 출하했으니, 시장 반응을 좀 보자고.
Zhè yì pī huò gāng tóufàng shìchǎng, wǒmen xiān kànkan shìchǎng fǎnyìng ba.

20 损失 sǔnshī 동 손실을 보다, 손해를 입다 명 손해, 손실

造成损失 zàochéng sǔnshī 손해를 끼치다, 손해를 입다

引起损失 yǐnqǐ sǔnshī 손실을 초래하다

避免损失 bìmiǎn sǔnshī 손실을 막다

巨大损失 jùdà sǔnshī 막대한 손해

经济损失 jīngjì sǔnshī 경제적인 손실

财产损失 cáichǎn sǔnshī 재산상의 손해

财政损失 cáizhèng sǔnshī 재정 손실

损失情况 sǔnshī qíngkuàng 피해 상황

因为贵公司不按时交货而引起的损失达十万美金。귀사에서 납기를 못 맞추어 초래된 손실이 10만 달러에 이릅니다.
Yīnwèi guì gōngsī bú ànshí jiāo huò ér yǐnqǐ de sǔnshī dá shíwàn měijīn.

我司因项目暂停在经济上蒙受了巨大损失。우리 회사는 프로젝트가 일시 중단되면서 경제적으로 막대한 손해를 입었다
Wǒ sī yīn xiàngmù zàntíng zài jīngjì shang méngshòule jùdà sǔnshī.

21 谈判 tánpàn 동 담판하다, 협상하다, 교섭하다

进行谈判 jìnxíng tánpàn 담판을 짓다

重开谈判 chóngkāi tánpàn 담판을 재개하다

谈判内容 tánpàn nèiróng 협상 내용

谈判结果 tánpàn jiéguǒ 협상 결과

谈判老手 tánpàn lǎoshǒu 협상 전문가

谈判能力 tánpàn nénglì 교섭력

我方根据今天谈判内容，拟定合同。저희 쪽에서 오늘 협상한 내용을 바탕으로 계약서를 작성하겠습니다.
Wǒ fāng gēnjù jīntiān tánpàn nèiróng, nǐdìng hétong.

我们对这次谈判的结果很满意。우리는 이번 협상 결과에 대해 만족합니다.
Wǒmen duì zhè cì tánpàn de jiéguǒ hěn mǎnyì.

22 条件 tiáojiàn 몡 조건, 요구 조건, 기준

无条件 wú tiáojiàn 무조건

有条件 yǒu tiáojiàn 요구 조건이 있다

讲条件 jiǎng tiáojiàn 조건을 걸다

给出条件 gěichū tiáojiàn 조건을 제시하다

满足条件 mǎnzú tiáojiàn 조건을 충족시키다

劳动条件 láodòng tiáojiàn 노동 조건

贵公司有什么条件，先说出来听听。 귀사는 어떤 요구 조건을 갖고 계신지, 먼저 말씀해 보시지요.
Guì gōngsī yǒu shénme tiáojiàn, xiān shuō chūlái tīngting.

我们对贵公司给出的条件很满意。 저희는 귀사가 제시한 조건에 만족합니다.
Wǒmen duì guì gōngsī gěichū de tiáojiàn hěn mǎnyì.

23 询问 xúnwèn 동 문의하다, 알아보다

询问价格 xúnwèn jiàgé 가격을 문의하다

询问情况 xúnwèn qíngkuàng 상황에 대해 알아보다

询问过程 xúnwèn guòchéng 과정에 대해 알아보다

询问意见 xúnwèn yìjiàn 의사를 묻다

询问几次 xúnwèn jǐ cì 몇 번 문의하다

询问清楚 xúnwèn qīngchu 분명히 알아내다

打电话询问 dǎ diànhuà xúnwèn 전화 문의하다

向 xiàng + 대상 + 询问 xúnwèn ~에게 문의하다

瑞典客户详细地询问价格和付款方式。 스웨덴 클라이언트가 가격과 지불 방식에 대해 자세히 문의했다.
Ruìdiǎn kèhù xiángxì de xúnwèn jiàgé hé fùkuǎn fāngshì.

我给销售部打电话询问了一下商品的销售情况。 나는 마케팅 팀에 전화를 걸어 판매 현황에 대해 알아봤다.
Wǒ gěi xiāoshòubù dǎ diànhuà xúnwènle yíxià shāngpǐn de xiāoshòu qíngkuàng.

24 要求 yāoqiú 동 요구하다, 요청하다 명 요구, 요청, 조건

提出要求 tíchū yāoqiú 요구 사항을 제시하다

再次要求 zài cì yāoqiú 거듭 요청하다

严格要求 yángé yāoqiú 엄격히 요구하다

要求三次 yāoqiú sān cì 세 차례 요구하다

要求半年 yāoqiú bàn nián 반년 동안 요구하다

答应要求 dāying yāoqiú 요청을 승낙하다

同意要求 tóngyì yāoqiú 요구에 동의하다

满足要求 mǎnzú yāoqiú 요구를 만족시키다

具体要求 jùtǐ yāoqiú 구체적인 요구

最低要求 zuì dī yāoqiú 최소한의 요구

我方再次要求提高价格或者由贵方付运费。 저희는 귀사가 가격을 인상하거나 혹은 귀사에서 운송비를 부담할 것을 거듭 요청드립니다.
Wǒ fāng zàicì yāoqiú tígāo jiàgé huòzhě yóu guì fāng fù yùnfèi.

本公司将竭尽全力满足贵公司的要求。 폐사는 최선을 다해 귀사의 요구 사항에 맞춰드리도록 하겠습니다.
Běn gōngsī jiāng jiéjìn quánlì mǎnzú guì gōngsī de yāoqiú.

25 样品 yàngpǐn 똉 샘플, 견본

收到样品 shōudào yàngpǐn 샘플을 받다	做样品 zuò yàngpǐn 견본으로 삼다
提供样品 tígōng yàngpǐn 샘플을 제공하다	样品费(用) yàngpǐn fèi(yòng) 견본비
赠送样品 zèngsòng yàngpǐn 샘플을 증정하다	参考样品 cānkǎo yàngpǐn 참고 견본

下个星期收到样品，你得好好比比。다음 주에 샘플 받으면, 자네가 꼼꼼히 비교해 보게나.
Xià ge xīngqī shōudào yàngpǐn, nǐ děi hǎohǎo bǐbi.

他们提供的样品质量很好，价格方面也能接受。그쪽에서 보낸 샘플이 품질도 좋고, 가격도 만만하네요.
Tāmen tígōng de yàngpǐn zhìliàng hěn hǎo, jiàgé fāngmiàn yě néng jiēshòu.

26 有效 yǒuxiào 똉 유효하다, 효력이 있다

有效期(间) yǒuxiàoqī(jiān) 유효 기간
有效期限 yǒuxiào qīxiàn 유효 기한
有效合同 yǒuxiào hétong 유효한 계약
有效方法 yǒuxiào fāngfǎ 효과적인 방법
有效措施 yǒuxiào cuòshī 효과적인 조치
15天内有效 shíwǔ tiān nèi yǒuxiào 15일 내에 유효하다

该报价有效期为3天，我方希望贵方早日回复。이 견적서의 유효 기간은 3일이니, 귀사가 되도록 일찍 답을 주셨으면 합니다.
Gāi bàojià yǒuxiàoqī wéi sān tiān, wǒ fāng xīwàng guì fāng zǎorì huífù.

信用证应该在装船后15天内有效。신용장은 선적 후 15일 내에 유효합니다.
Xìnyòngzhèng yīnggāi zài zhuāng chuán hòu shíwǔ tiān nèi yǒuxiào.

27 招待 zhāodài 똉 초청하다, 초대하다 똉 접대하다, 봉사하다

盛情招待 shèngqíng zhāodài 융숭하게 대접하다	招待会 zhāodàihuì 환영회, 리셉션
招待不周 zhāodài bùzhōu 대접이 소홀하다	记者招待会 jìzhě zhāodàihuì 기자 회견

我代表公司对余总的盛情招待表示感谢！제가 회사를 대표해 위 사장님의 융숭한 대접에 감사드립니다!
Wǒ dàibiǎo gōngsī duì Yú zǒng de shèngqíng zhāodài biǎoshì gǎnxiè!

若有招待不周的地方，还请海涵。대접이 소홀한 부분이 있었다면, 너그럽게 양해 부탁드립니다.
Ruò yǒu zhāodài bùzhōu de dìfang, hái qǐng hǎihán.

28 召开 zhàokāi 통 (회의 등을) 열다, 개최하다

在 zài + 장소 + 召开 zhàokāi ~에서 개최하다

召开会议 zhàokāi huìyì 회의를 열다

召开大会 zhàokāi dàhuì 총회를 열다

召开产品说明会 zhàokāi chǎnpǐn shuōmínghuì
상품 설명회를 개최하다

定期召开 dìngqī zhàokāi 정기적으로 개최하다

重新召开 chóngxīn zhàokāi 재개하다

召开不了 zhàokāi buliǎo 개최할 수 없다

召开得顺利 zhàokāi de shùnlì 순조롭게 개최하다

中美贸易谈判会议决定在上海召开。 중-미 무역 협상 회의는 상하이에서 개최하기로 결정했다.
Zhōng Měi màoyì tánpàn huìyì juédìng zài Shànghǎi zhàokāi.

明天我们临时召开职工大会。 내일 우리는 임시 사원 총회를 소집한다
Míngtiān wǒmen línshí zhàokāi zhígōng dàhuì.

29 支付 zhīfù 통 지불하다, 지급하다

支付能力 zhīfù nénglì 지불 능력

支付方式 zhīfù fāngshì 지불 방식

支付不起 zhīfù bùqǐ 지불할 수 없다

支付现金 zhīfù xiànjīn 현금으로 지불하다

支付订金 zhīfù dìngjīn 계약금을 지불하다

提前支付 tíqián zhīfù 미리 지불하다

据我所知，贵公司的支付能力比较差。 귀사의 지불 능력이 좀 떨어지는 것으로 알고 있습니다만.
Jù wǒ suǒ zhī, guì gōngsī de zhīfù nénglì bǐjiào chà.

我们接受信用证支付方式。 저희는 신용장 지불 방식으로 거래하고 있습니다.
Wǒmen jiēshòu xìnyòngzhèng zhīfù fāngshì.

贵公司可以先支付订金，再分期付款。 귀사는 계약금을 선지불하고, 분할 납부 하셔도 됩니다.
Guì gōngsī kěyǐ xiān zhīfù dìngjīn, zài fēnqī fù kuǎn.

30 制造 zhìzào 통 제조하다, 만들다

制造商品 zhìzào shāngpǐn 상품을 제조하다

制造费用 zhìzào fèiyòng 제조 경비

制造过程 zhìzào guòchéng 제조 과정

制造方法 zhìzào fāngfǎ 제조 방법

制造商 zhìzàoshāng 제조상, 제조업체

制造企业 zhìzào qǐyè 제조업체, 제조사

制造业 zhìzàoyè 제조업

中国制造 Zhōngguó zhìzào 중국산

生产成本包括各项直接支出和制造费用。 생산 원가에는 각종 직접적인 지출과 제조 비용이 포함된다.
Shēngchǎn chéngběn bāokuò gè xiàng zhíjiē zhīchū hé zhìzào fèiyòng.

我们是经销商，直接从制造商那里购买商品。 저희는 대리점이라, 제조업체한테 직접 물건을 받지요.
Wǒmen shì jīngxiāoshāng, zhíjiē cóng zhìzàoshāng nàli gòumǎi shāngpǐn.

DAY 12

买卖 mǎimai 명 장사, 매매
买方 mǎifāng 매수인
卖方 màifāng 매도인
双方 shuāngfāng 명 쌍방, 양측
贸易壁垒 màoyì bìlěi 무역 장벽
贸易逆差 màoyì nìchā 무역 적자
贸易顺差 màoyì shùnchā 무역 흑자
贸易收支 màoyì shōuzhī 무역 수지
关税 guānshuì 명 관세
海关 hǎiguān 명 세관
海外 hǎiwài 명 해외, 외국
国内 guó nèi 국내
国产 guóchǎn 형 국산의
季度 jìdù 명 분기
同期 tóngqī 명 같은 시기
接待 jiēdài 동 접대하다, 응접하다
内销 nèixiāo 동 국내 판매를 하다
销路 xiāolù 명 (상품의) 판로
预付 yùfù 동 선불하다
主办 zhǔbàn 동 주최하다
体积 tǐjī 명 체적, 부피
系列 xìliè 명 계열, 시리즈
型号 xínghào 명 사이즈, 타입
重量 zhòngliàng 명 중량, 무게
伙伴 huǒbàn 명 동반, 동업자
运费 yùnfèi 명 운임, 운송비

무역 실무 용어

询价 xúnjià 가격을 문의하다
发盘 fāpán 오퍼를 내다, 거래 요청서를 내다
还盘 huánpán 카운터 오퍼
通关 tōngguān 명 통관 동 세관을 통관하다
结关 jiéguān 동 통관 수속을 마치다
投放 tóufàng 동 공급하다, 출하하다

装船 zhuāngchuán 선적하다
转让 zhuǎnràng 동 양도하다
账单 zhàngdān 명 계산서, 명세서
证件 zhèngjiàn 명 신분증, 증명서, 증거 서류
回扣 huíkòu 명 수수료, 커미션, 리베이트
到岸价 dào'ànjià 운임·보험료 포함 가격 (CIF)
离岸价 lí'ànjià 본선 인도 가격 (FOB)
装运港 zhuāngyùngǎng 선적항
目的港 mùdìgǎng 도착항
商业发票 shāngyè fāpiào 상업 송장(commercial invoice)
装箱单 zhuāngxiāngdān 포장 명세서,
패킹 리스트(packing list)
外包装 wàibāozhuāng 겉포장, 외부 포장
集装箱 jízhuāngxiāng 컨테이너

성어, 속담

多多益善 duōduō yìshàn 다다익선
买卖不成情义在 mǎimai bù chéng qíngyì zài
거래가 성사되지 않아도 의리는 남아 있다
供不应求 gōngbúyìngqiú 공급이 수요를 따르지 못하다
成大事者, 不惜小费 chéng dàshì zhě, bù xī xiǎo fèi
큰일을 하는 사람은 작은 돈에 연연하지 않는다

투자, 재테크

따페이 훈련

② 저 친구 기분 좋아 보이네.

③ 얼마 전에 주식으로 돈 많이 벌었잖아.

그건 몇 주전 일 아냐?

그거 아닐까!

④ 집 값이 오른 게 아닐까?

상하이 펫 쇼 취소!

야호!

돈을 많이 벌었다   赚了不小钱 X   赚了不少钱 ○

01 按期 ànqī 부 기일에 따라, 제때에, 기한대로

按期付款 ànqī fù kuǎn 기일에 따라 지불하다
按期偿还 ànqī chánghuán 제때 상환하다
按期完成 ànqī wánchéng 기한 내에 끝내다
按期计收 ànqī jìshōu 기간을 계산해서 받다
按期召开 ànqī zhàokāi 예정대로 소집하다
按期举行 ànqī jǔxíng 제때에 거행하다

银行的贷款应按期偿还。 Yínháng de dàikuǎn yīng ànqī chánghuán. 은행의 대출금은 제때에 상환해야 한다.

本次股东大会将按期召开。 Běn cì gǔdōng dàhuì jiāng ànqī zhàokāi. 이번 주주 총회는 예정대로 열립니다.

02 办理 bànlǐ 동 처리하다, 해결하다, 취급하다

不办理 bú bànlǐ 처리하지 않다, 취급하지 않다
办理业务 bànlǐ yèwù 업무를 보다
办理挂失 bànlǐ guàshī 분실 신고하다
办理手续 bànlǐ shǒuxù 수속을 밟다
不得办理 bùdé bànlǐ 처리할 수 없다
急待办理 jídài bànlǐ 신속한 처리를 기다리다
按照规定办理 ànzhào guīdìng bànlǐ 규정에 따라 처리하다
替 tì + 사람 + 办理 bànlǐ (누구를) 대신해서 처리하다

我行暂不办理外币收付业务。 우리 은행에서는 외화 수납 업무를 일시 중단합니다.
Wǒ háng zàn bú bànlǐ wàibì shōufù yèwù.

你真的忘了密码，那只能办理密码挂失。 네가 정말로 비밀번호를 잊어버린 거면, 비밀번호 분실 신고를 하는 수밖에 없어.
Nǐ zhēn de wàngle mìmǎ, nà zhǐ néng bànlǐ mìmǎ guàshī.

03 保险 bǎoxiǎn 명 보험

买保险 mǎi bǎoxiǎn 보험에 가입하다
参加保险 cānjiā bǎoxiǎn 보험에 가입하다
保险金 bǎoxiǎnjīn 보험금
保险箱 bǎoxiǎnxiāng 금고
保险公司 bǎoxiǎn gōngsī 보험 회사
保险范围 bǎoxiǎn fànwéi 보험 범위, 보상 범위
社会保险 shèhuì bǎoxiǎn 사회 보험
汽车保险 qìchē bǎoxiǎn 자동차 보험

拥有一辆汽车，保险和汽油一样必不可少。 차를 가지고 있으면 보험은 휘발유와 마찬가지로 필수적이지.
Yōngyǒu yí liàng qìchē, bǎoxiǎn hé qìyóu yíyàng bìbùkěshǎo.

我们公司给员工买了社会保险。 우리 회사에서는 직원한테 사회 보험을 들어 주었어.
Wǒmen gōngsī gěi yuángōng mǎile shèhuì bǎoxiǎn.

➕ **五险一金** wǔxiǎn yìjīn 5대 보험과 1개의 기금

'五险一金'이란 우리 나라의 4대 보험처럼 중국의 회사에서 직원을 위해 부담하는 '5대 보험'과 '장기주택기금'을 말한다.

养老保险 yǎnglǎo bǎoxiǎn 양로 보험 | 医疗保险 yīliáo bǎoxiǎn 의료 보험 | 失业保险 shīyè bǎoxiǎn 실업 보험

工伤保险 gōngshāng bǎoxiǎn 산재 보험 | 生育保险 shēngyù bǎoxiǎn 출산 보험 | 住房公积金 zhùfáng gōngjījīn 주택 기금

---

04 财产 cáichǎn 명 재산, 자산

分财产 fēn cáichǎn 재산을 나누다

留下财产 liúxià cáichǎn 재산을 물려주다

浪费财产 làngfèi cáichǎn 재산을 낭비하다

全部财产 quánbù cáichǎn 전 재산

个人财产 gèrén cáichǎn 개인 재산, 사재

公共财产 gōnggòng cáichǎn 공공 재산, 공유 재산

生命财产 shēngmìng cáichǎn 생명과 재산

财产价值 cáichǎn jiàzhí 재산 가치

财产税 cáichǎnshuì 재산세

财产继承人 cáichǎn jìchéngrén 재산 상속인

为了分财产，兄弟之间发生了矛盾。 재산 분배로 형제 간에 갈등이 생겼다.
Wèile fēn cáichǎn, xiōngdì zhī jiān fāshēngle máodùn.

他就决定将全部财产捐献给社会。 그는 모든 재산을 사회에 기부하기로 결정했다.
Tā jiù juédìng jiāng quánbù cáichǎn juānxiàn gěi shèhuì.

---

05 财力 cáilì 명 재력, 재원

财力不足 cáilì bùzú 재력이 부족하다

财力有限 cáilì yǒuxiàn 재력에 한계가 있다

财力雄厚 cáilì xiónghòu 재력이 탄탄하다

有财力 yǒu cáilì 재력이 있다

财力和物力 cáilì hé wùlì 재력과 물력

可用财力 kěyòng cáilì 가용 자금력

这两家公司各有优势，一家财力雄厚，一家技术力量雄厚。
Zhè liǎng jiā gōngsī gè yǒu yōushì, yì jiā cáilì xiónghòu, yì jiā jìshù lìliàng xiónghòu.
이 두 회사는 각자 강점이 있는데, 한 곳은 재력이 탄탄하고, 한 곳은 기술력이 뛰어나다.

---

06 炒股 chǎogǔ 동 주식 투자하다

炒股高手 chǎogǔ gāoshǒu 주식 고수

炒股套牢 chǎogǔ tàoláo 주식 자금이 묶이다

贷款炒股 dàikuǎn chǎogǔ 대출 받아 주식 하다

借钱炒股 jiè qián chǎogǔ 빚을 내서 주식 하다

他自称是炒股高手，但是最近炒股亏了不少。 그는 주식 전문가라 자칭하는데, 최근에 주식에서 손해를 많이 봤다니까.
Tā zìchēng shì chǎogǔ gāoshǒu, dànshì zuìjìn chǎogǔ kuīle bù shǎo.

"90后"年轻人在成为借钱炒股的新主力。
"jiǔ líng hòu" niánqīngrén zài chéngwéi jiè qián chǎogǔ de xīn zhǔlì.
90년대생 젊은이들이 빚투의 새로운 주력군으로 자리 잡았다. [빚투: '빚을 내서 투자하다'라는 뜻의 신조어]

DAY **13**

07 存款 cúnkuǎn 图 저금하다, 예금하다 图 저금, 예금

银行存款 yínháng cúnkuǎn 은행 예금

个人存款 gèrén cúnkuǎn 개인 예금

定期存款 dìngqī cúnkuǎn 적금, 정기 예금

活期存款 huóqī cúnkuǎn 보통 예금

存款利息 cúnkuǎn lìxī 예금 이자

取出存款 qǔchū cúnkuǎn 저금을 찾다

定期存款分为一年、三年、五年，固定利息是其特点。 정기 예금은 1년, 3년, 5년으로 나뉘고, 고정 금리가 특이 사항입니다.
Dìngqī cúnkuǎn fēn wéi yì nián、sān nián、wǔ nián, gùdìng lìxī shì qí tèdiǎn.

他从银行取出了所有的存款，用于购买设备。 그는 은행에서 예금을 전부 찾아 설비를 사는 데 사용했다.
Tā cóng yínháng qǔchūle suǒyǒu de cúnkuǎn, yòng yú gòumǎi shèbèi.

08 贷款 dàikuǎn 图 대출하다, 대부하다, 차입하다 图 대부금, 대여금, 차관

申请贷款 shēnqǐng dàikuǎn 대출을 신청하다

还清贷款 huánqīng dàikuǎn 대출금을 갚다

信用贷款 xìnyòng dàikuǎn 신용 대출

住房贷款 zhùfáng dàikuǎn 주택 자금 대출

助学贷款 zhùxué dàikuǎn 학자금 대출

低息贷款 dīxī dàikuǎn 저리 대출

长期贷款 chángqī dàikuǎn 장기 대출

贷款担保 dàikuǎn dānbǎo 대출 담보

他因家庭困难，向商业银行申请了助学贷款。 그는 가정 형편이 어려워 상업 은행에 학자금 대출을 신청했다.
Tā yīn jiātíng kùnnan, xiàng shāngyè yínháng shēnqǐngle zhùxué dàikuǎn.

上个月，剩下的贷款我全部还清了。 지난달에 남아 있던 대출금을 전부 다 갚았어.
Shàng ge yuè, shèngxià de dàikuǎn wǒ quánbù huánqīng le.

09 风险 fēngxiǎn 图 위험

有风险 yǒu fēngxiǎn 위험성이 있다

风险大 fēngxiǎn dà 위험이 크다

风险小 fēngxiǎn xiǎo 위험이 작다

承担风险 chéngdān fēngxiǎn 위험을 감수하다

风险企业 fēngxiǎn qǐyè 벤처 기업

风险投资 fēngxiǎn tóuzī 벤처 투자

风险分担 fēngxiǎn fēndān 위험 분담

经营风险 jīngyíng fēngxiǎn 경영 위험

任何投资都有风险，投资不可能一定成功。 그 어떤 투자도 다 리스크가 있고, 투자가 꼭 성공하리라는 법도 없지.
Rènhé tóuzī dōu yǒu fēngxiǎn, tóuzī bù kěnéng yídìng chénggōng.

这个项目难度比较大，你们要承担一定的风险。 이 프로젝트는 어려운 작업이라 어느 정도의 리스크는 감수해야 합니다.
Zhè ge xiàngmù nándù bǐjiào dà, nǐmen yào chéngdān yídìng de fēngxiǎn.

10 股票 gǔpiào 图 증권, 주식

买股票 mǎi gǔpiào 주식을 사다

股票上涨 gǔpiào shàngzhǎng 주가가 오르다

股票下跌 gǔpiào xiàdiē 주가가 하락하다

股票投资 gǔpiào tóuzī 주식 투자

股票市场 gǔpiào shìchǎng 주식 시장

股票交易所 gǔpiào jiāoyìsuǒ 증권 거래소

如果股票只是小幅下跌，从长期来看仍有上涨的可能。
Rúguǒ gǔpiào zhǐshì xiǎofú xiàdiē, cóng chángqī lái kàn réng yǒu shàngzhǎng de kěnéng.
만약 주가가 소폭으로 하락한다면 장기적으로 봤을 때는 오를 수 있는 가능성이 있다.

股票投资的特点是风险大收益大。 주식 투자의 특징은 위험도 크고 수익도 크다는 것이다.
Gǔpiào tóuzī de tèdiǎn shì fēngxiǎn dà shōuyì dà.

11 股市 gǔshì 명 주식 시장

股市行情 gǔshì hángqíng 주식 시황
股市景气 gǔshì jǐngqì 주식붐
股市暴跌 gǔshì bàodiē 주식 시장 폭락
股市萧条 gǔshì xiāotiáo 주식 시장 침체

股市操作 gǔshì cāozuò 주가 조작
股市指数 gǔshì zhǐshù 증권 거래소 지수
股市综合症 gǔshì zōnghézhèng 주식 증후군
股市流氓 gǔshì liúmáng 불량 투자자, 불공정 거래자

在股市行情不好时，应该谨慎投资。 주식 시황이 안 좋을 때는 신중하게 투자해야 한다.
Zài gǔshì hángqíng bù hǎo shí, yīnggāi jǐnshèn tóuzī.

昨天股市暴跌中，煤炭、石油、有色金属等相关板块全线大跌。
Zuótiān gǔshì bàodiē zhōng, méitàn, shíyóu, yǒusè jīnshǔ děng xiāngguān bǎnkuài quánxiàn dà diē.
어제 주식이 폭락하면서, 석탄, 석유, 유색 금속 등 연관주들이 줄줄이 큰 폭으로 하락했다.

12 汇率 huìlǜ 명 환율

调整汇率 tiáozhěng huìlǜ 환율을 조정하다
汇率换算 huìlǜ huànsuàn 환율을 계산하다
汇率制度 huìlǜ zhìdù 환율 제도
汇率稳定 huìlǜ wěndìng 환율 안정

汇率变动 huìlǜ biàndòng 환율 변동
汇率波动 huìlǜ bōdòng 환율 파동
美元汇率 měiyuán huìlǜ 달러 환율
固定汇率 gùdìng huìlǜ 고정 환율

今年的人民币汇率应该比较稳定。 올해 인민폐 환율은 비교적 안정적일 것이다.
Jīnnián de rénmínbì huìlǜ yīnggāi bǐjiào wěndìng.

美元汇率的变动对国际石油价格必然产生直接的影响。 달러 환율의 변동은 국제 유가에 직접적인 영향을 끼치기 마련이다.
Měiyuán huìlǜ de biàndòng duì guójì shíyóu jiàgé bìrán chǎnshēng zhíjiē de yǐngxiǎng.

13 缴纳 jiǎonà 동 납부하다

缴纳期限 jiǎonà qīxiàn 납기일, 납부 기한
缴纳会费 jiǎonà huìfèi 회비를 내다
缴纳罚金 jiǎonà fájīn 벌금을 내다
缴纳税金/税款 jiǎonà shuìjīn/shuìkuǎn 세금을 내다

缴纳个人所得税 jiǎonà gèrén suǒdéshuì
개인 소득세를 납부하다
按时缴纳 ànshí jiǎonà 기한대로 납부하다
不缴纳 bù jiǎonà 납부하지 않다

他由于不缴纳会费而被协会除名。 그는 회비를 내지 않아서 협회에서 제명됐다.
Tā yóuyú bù jiǎonà huìfèi ér bèi xiéhuì chúmíng.

我去年缴纳个人所得税一共一万多块钱。 나는 작년에 개인 소득세를 만 위앤 넘게 냈어.
Wǒ qùnián jiǎonà gèrén suǒdéshuì yígòng yíwàn duō kuài qián.

14 经济 jīngjì 명 경제, 경제 사정, 형편

国民经济 guómín jīngjì 국민 경제
世界经济 shìjiè jīngjì 세계 경제
市场经济 shìchǎng jīngjì 시장 경제
经济发展 jīngjì fāzhǎn 경제 발전

经济危机 jīngjì wēijī 경제 위기
经济收入 jīngjì shōurù 경제적 수입
经济情况 jīngjì qíngkuàng 경제 사정
经济纠纷 jīngjì jiūfēn 경제적인 분규

经济全球化是世界经济发展的必然趋势。 경제 글로벌화는 세계 경제 발전의 필연적인 추세야.
Jīngjì quánqiúhuà shì shìjiè jīngjì fāzhǎn de bìrán qūshì.

我本来想今年买房，可是目前经济情况不允许买房。 내가 원래 올해 집을 사려고 했었는데, 지금은 경제적으로 집 살 형편이 안 되네.
Wǒ běnlái xiǎng jīnnián mǎi fáng, kěshì mùqián jīngjì qíngkuàng bù yǔnxǔ mǎi fáng.

15 景气 jǐngqì 명 경기 형 경기가 좋다

景气很好 jǐngqì hěn hǎo 경기가 좋다
景气不佳 jǐngqì bù jiā 경기가 안 좋다
景气起来 jǐngqì qǐlái 경기가 살아나다
景气复苏 jǐngqì fùsū 경기가 회복되다

景气周期 jǐngqì zhōuqī 경기 사이클
景气衰退 jǐngqì shuāituì 경기 침체
景气指数 jǐngqì zhǐshù 경기 지수

自从进入公司之后，从没有听说过景气很好。 입사한 후에, 경기가 좋다는 말을 들어 본 적이 없다.
Zìcóng jìnrù gōngsī zhīhòu, cóng méiyǒu tīngshuōguo jǐngqì hěn hǎo.

油价回暖利于油服行业的景气复苏。 유가의 회복은 석유 업종의 경기 회복에 호재이다.
Yóujià huínuǎn lìyú yóufú hángyè de jǐngqì fùsū.

16 理财 lǐcái 동 재무를 관리하다, 재테크하다

理财产品 lǐcái chǎnpǐn 재테크 상품
理财技巧 lǐcái jìqiǎo 재테크 기술
理财知识 lǐcái zhīshi 재테크 지식
理财收益 lǐcái shōuyì 재테크 수익
理财计划 lǐcái jìhuà 재무 계획

理财意识 lǐcái yìshí 금융 감각
理财师 lǐcáishī 자산 관리사
理财专家 lǐcái zhuānjiā 재무 관리 전문가
不善理财 búshàn lǐcái 돈 관리를 잘 못하다
擅长理财 shàncháng lǐcái 재산을 불리다

理财专家表示，最好在20岁就开始进行财务计划。 재무 관리 전문가는 20세부터 재무 계획을 세우는 것이 바람직하다고 한다.
Lǐcái zhuānjiā biǎoshì, zuìhǎo zài èrshí suì jiù kāishǐ jìnxíng cáiwù jìhuà.

我这个人吧，会帮别人赚钱，自己不善理财。 난 말야. 남의 돈은 잘 벌게 해 주는데, 내 돈 관리는 젬병이야.
Wǒ zhè ge rén ba, huì bāng biérén zhuàn qián, zìjǐ búshàn lǐcái.

17 利率 lìlǜ 📖 이율, 이자율

上调利率 shàngtiáo lìlǜ 금리를 인상하다	利率调整 lìlǜ tiáozhěng 이자율 조정
下调利率 xiàtiáo lìlǜ 금리를 인하하다	高利率 gāo lìlǜ 고금리 / 年利率 nián lìlǜ 연이율
利率升高 lìlǜ shēnggāo 금리 인상	基准利率 jīzhǔn lìlǜ 기준 금리
利率上升 lìlǜ shàngshēng 금리 인상	预定利率 yùdìng lìlǜ 예정 이율

在美国利率上升的影响下，各国纷纷上调利率。 미국 금리 인상의 영향으로 각국이 연달아 금리를 인상하고 있다.
Zài Měiguó lìlǜ shàngshēng de yǐngxiǎng xià, gè guó fēnfēn shàngtiáo lìlǜ.

政策性贷款基准利率一直维持在3.5%。 정책성 대출의 기준 금리는 계속 3.5퍼센트를 유지하고 있다.
Zhèngcèxìng dàikuǎn jīzhǔn lìlǜ yìzhí wéichí zài bǎi fēn zhī sān diǎn wǔ.

18 利息 lìxī 📖 이자

交利息 jiāo lìxī 이자를 납부하다	取出利息 qǔchū lìxī 이자를 찾다
延滞利息 yánzhì lìxī 이자를 연체하다	本金和利息 běnjīn hé lìxī 원금과 이자
加计利息 jiājì lìxī 이자를 가산하다	银行利息 yínháng lìxī 은행 이자

交银行利息的日子到了。 은행 이자를 내는 날이 되었다.
Jiāo yínháng lìxī de rìzi dào le.

昨天银行发来了延滞利息通报。 어제 은행에서 이자 연체 통보가 왔어.
Zuótiān yínháng fāláile yánzhì lìxī tōngbào.

别说利息，就连本钱也没能拿到。 이자는 고사하고 본전도 못 받았어요.
Bié shuō lìxī, jiù lián běnqián yě méi néng nádào.

19 拍卖 pāimài 📖 경매하다

拍卖古董 pāimài gǔdǒng 골동품을 경매하다	拍卖中标价 pāimài zhòngbiāojià 낙찰가
拍卖会 pāimàihuì 경매 (행사)	拍卖师 pāimàishī 경매사, 옥셔니스트
土地拍卖 tǔdì pāimài 토지 경매	拍卖方式 pāimài fāngshì 경매 방식
公开拍卖 gōngkāi pāimài 공매	拍卖网站 pāimài wǎngzhàn 인터넷 경매 사이트
拍卖价(格) pāimài jià(gé) 경매 가격	

古董艺术品拍卖会明天开槌。 골동 예술품 경매가 내일 시작된다.
Gǔdǒng yìshùpǐn pāimàihuì míngtiān kāichuí.

这辆汽车最终拍卖价以988万人民币落槌。 이 자동차는 최종 경매 가격 988만 위앤으로 낙찰되었다.
Zhè liàng qìchē zuìzhōng pāimàijià yǐ jiǔbǎi bāshíbā wàn rénmínbì luòchuí.

20 收入 shōurù 명 수입, 소득

提高收入 tígāo shōurù 소득을 늘리다
一年的收入 yì nián de shōurù 1년 수입
财政收入 cáizhèng shōurù 재정 수입

营业收入 yíngyè shōurù 영업 소득
收入和支出 shōurù hé zhīchū 수입과 지출
按收入纳税 àn shōurù nàshuì 수입에 근거해 납세하다

现在全家一个月的收入比之前一年的还要多。 지금 식구 전체의 한 달 수입이 전에 벌었던 1년치보다 더 많아요.
Xiànzài quán jiā yí ge yuè de shōurù bǐ zhīqián yì nián de hái yào duō.

近几年我们公司营业收入保持稳步增长。 몇 년 동안 우리 회사 영업 소득은 꾸준히 증가하고 있다.
Jìn jǐ nián wǒmen gōngsī yíngyè shōurù bǎochí wěnbù zēngzhǎng.

21 投标 tóubiāo 동 (경쟁) 입찰하다, 도급으로 맡다

投标价格 tóubiāo jiàgé 입찰 가격
投标单位 tóubiāo dānwèi 입찰 기관
投标过程 tóubiāo guòchéng 입찰 과정
投标人 tóubiāorén 입찰자 / 投标书 tóubiāoshū 입찰서

投标保证金 tóubiāo bǎozhèngjīn 입찰 보증금
公开投标 gōngkāi tóubiāo 공개 입찰
参加投标 cānjiā tóubiāo 입찰에 참가하다
放弃投标 fàngqì tóubiāo 응찰을 포기하다

这是我们公司的投标书。 이것이 우리 회사의 입찰서입니다.
Zhè shì wǒmen gōngsī de tóubiāoshū.

未附投标保证金的投标将不予受理。 입찰 보증금을 내지 않은 입찰은 수리하지 않는다.
Wèi fù tóubiāo bǎozhèngjīn de tóubiāo jiāng bù yǔ shòulǐ.

22 投资 tóuzī 동 투자하다 명 투자

投资计划 tóuzī jìhuà 투자 계획
投资条件 tóuzī tiáojiàn 투자 조건
投资项目 tóuzī xiàngmù 투자 항목, 투자처
投资渠道 tóuzī qúdào 투자 경로
投资倾向 tóuzī qīngxiàng 투자 성향

投资者 tóuzīzhě 투자자
投资额 tóuzī'é 투자액
投资热 tóuzīrè 투자 붐
投资房地产 tóuzī fángdìchǎn 부동산에 투자하다
投资给 tóuzī gěi + 대상 ~에게 투자하다

我们已经制定了明年的投资计划。 우리는 이미 내년의 투자 계획을 세웠어요.
Wǒmen yǐjīng zhìdìngle míngnián de tóuzī jìhuà.

这个演员投资房地产赚了很多钱。 이 배우는 부동산에 투자해 많은 돈을 벌었다.
Zhè ge yǎnyuán tóuzī fángdìchǎn zhuànle hěn duō qián.

穷人想着怎么省钱，富人想着怎么投资赚钱。
Qióng rén xiǎngzhe zěnme shěng qián, fùrén xiǎngzhe zěnme tóuzī zhuàn qián.
가난한 사람은 돈을 어떻게 아낄지 생각하고, 부자는 어떻게 투자해서 돈을 벌까 생각한다.

23 物价 wùjià 명 물가

物价上涨 wùjià shàngzhǎng 물가가 오르다
物价飞涨 wùjià fēizhǎng 물가가 폭등하다
物价飙升 wùjià biāoshēng 물가가 치솟다
控制物价 kòngzhì wùjià 물가를 잡다

降低物价 jiàngdī wùjià 물가를 낮추다
物价稳定 wùjià wěndìng 물가가 안정되다
物价指数 wùjià zhǐshù 물가 지수
物价波动 wùjià bōdòng 물가 변동

在这个物价飞涨的时代，只有工资以不变应万变。 물가는 폭등하는데 다른 건 다 변해도 월급만 그대로이다.
Zài zhè ge wùjià fēizhǎng de shídài, zhǐyǒu gōngzī yǐ bú biàn yìng wàn biàn.

从去年开始物价指数就一直在迅速上升。 작년부터 물가 지수가 계속 빠르게 상승하고 있다.
Cóng qùnián kāishǐ wùjià zhǐshù jiù yìzhí zài xùnsù shàngshēng.

24 信用 xìnyòng 명 신용

信用记录 xìnyòng jìlù 신용 기록
信用等级 xìnyòng děngjí 신용 등급
信用社会 xìnyòng shèhuì 신용 사회
信用交易 xìnyòng jiāoyì 신용 거래
信用度 xìnyòngdù 신용도

信用卡 xìnyòngkǎ 신용카드
个人信用 gèrén xìnyòng 개인의 신용도
讲信用 jiǎng xìnyòng 신용을 지키다
不守信用 bù shǒu xìnyòng 신용을 안 지키다
失去信用 shīqù xìnyòng 신용을 잃다

拥有良好的信用记录越来越重要。 좋은 신용 기록을 갖고 있는 것이 갈수록 중요해지고 있다.
Yōngyǒu liánghǎo de xìnyòng jìlù yuèláiyuè zhòngyào.

做生意最重要的一点就是要讲信用。 사업할 때 가장 중요한 것이 신용을 지키는 것이다.
Zuò shēngyi zuì zhòngyào de yì diǎn jiù shì yào jiǎng xìnyòng.

25 银行 yínháng 명 은행

银行业 yínhángyè 은행업
银行家 yínhángjiā 뱅커
银行卡 yínhángkǎ 은행 카드
银行交易 yínháng jiāoyì 은행 거래

银行贷款 yínháng dàikuǎn 은행 대출
私营银行 sīyíng yínháng 민간 은행
网上银行 wǎngshàng yínháng 인터넷 뱅킹
开户银行 kāihù yínháng 계좌 개설 은행

我们买房子用的是银行贷款。 우리는 집을 살 때 은행 대출을 이용했어.
Wǒmen mǎi fángzi yòng de shì yínháng dàikuǎn.

我去银行办提款卡，并要求开通网上银行。 나는 은행에 가서 현금 카드를 만들면서, 인터넷 뱅킹도 신청했어.
Wǒ qù yínháng bàn tíkuǎnkǎ, bìng yāoqiú kāitōng wǎngshàng yínháng.

26 逾期 yúqī 동 (정해진) 기한을 넘기다, 연체하다

从未逾期 cóng wèi yúqī 기한을 넘긴 적이 없다	逾期缴纳 yúqī jiǎonà 기한을 넘겨 납부하다
逾期一个月 yúqī yí ge yuè 한 달 연체되다	逾期不候 yúqī bú hòu 기한이 지나면 기다리지 않는다
逾期作废 yúqī zuòfèi 기한을 넘겨 무효가 되다	逾期不还 yúqī bù huán 기한이 지나도 돌려주지 않다

我每个月按时交利息，从未逾期。 나는 매달 제 날짜에 이자를 내고 있고, 한번도 연체한 적이 없다.
Wǒ měi ge yuè ànshí jiāo lìxī, cóng wèi yúqī.

水电费逾期都是会产生滞纳金的。 공과금을 연체하면 체납액이 발생한다.
Shuǐdiànfèi yúqī dōu shì huì chǎnshēng zhìnàjīn de.

27 债务 zhàiwù 명 채무, 빚

欠了债务 qiànle zhàiwù 빚을 지다	债务负担 zhàiwù fùdān 채무 부담
偿还债务 chánghuán zhàiwù 채무를 변제하다	债务危机 zhàiwù wēijī 채무 위기
还清债务 huánqīng zhàiwù 빚을 청산하다	债务减免 zhàiwù jiǎnmiǎn 채무 면제
巨额债务 jù'é zhàiwù 엄청난 빚더미	债务人 zhàiwùrén 채무자

我们公司欠了很多债务，现在濒临破产。 우리 회사는 채무가 많아, 파산 지경에 이르렀다.
Wǒmen gōngsī qiànle hěn duō zhàiwù, xiànzài bīnlín pòchǎn.

二十多年了，今天终于把八十多万债务还清了。 20년 넘게 걸렸네요. 오늘 마침내 80만 위앤 되는 빚을 다 갚았어요.
Èrshí duō nián le, jīntiān zhōngyú bǎ bāshí duō wàn zhàiwù huánqīng le.

他被债务压得喘不过气来，上班都没精神。 그는 빚 때문에 숨이 턱턱 막혀, 출근해도 제정신이 아니었다.
Tā bèi zhàiwù yā de chuǎnbuguò qì lái, shàngbān dōu méi jīngshen.

28 账户 zhànghù 명 계좌, 계정 계좌

开立账户 kāilì zhànghù 계좌를 개설하다	账户实名制 zhànghù shímíngzhì 계좌 실명제
账户号码 zhànghù hàomǎ 계좌 번호 [=账号 zhànghào]	个人账户 gèrén zhànghù 개인 계정
账户密码 zhànghù mìmǎ 계좌 비밀번호	银行账户 yínháng zhànghù 은행 계정
账户余额 zhànghù yú'é 계좌 잔고	虚拟账户 xūnǐ zhànghù 가상 계좌
账户信息 zhànghù xìnxī 계좌 정보	

你告诉我账户号码，我现在马上就转账给你。 계좌 번호 알려 주세요. 지금 바로 이체해 드릴게요.
Nǐ gàosu wǒ zhànghù hàomǎ, wǒ xiànzài mǎshàng jiù zhuǎnzhàng gěi nǐ.

我的银行账户里余额很少，全用来买理财了。 내 은행 계좌에 잔액이 얼마 없는데, 전부 재테크에 투자하고 있어.
Wǒ de yínháng zhànghù li yú'é hěn shǎo, quán yòng lái mǎi lǐcái le.

29 转账 zhuǎnzhàng 圄 계좌 이체하다

给 gěi + 사람 +转帐 zhuǎnzhàng (누구에게) 이체하다

网上转账 wǎngshàng zhuǎnzhàng 온라인 이체

自动转账 zìdòng zhuǎnzhàng 자동 이체

跨行转账 kuàháng zhuǎnzhàng 타행 이체

银行转账 yínháng zhuǎnzhàng 은행 이체

直接转账 zhíjiē zhuǎnzhàng 지로 [계좌에 이체]

转账信息 zhuǎnzhàng xìnxī 이체 정보

我想申请自动转帐业务。 자동 이체를 신청하고 싶은데요.
Wǒ xiǎng shēnqǐng zìdòng zhuǎnzhàng yèwù.

您可以随时拿出手机轻松办理跨行转账。 고객님께서는 아무 때나 휴대폰을 꺼내 타행 이체를 하실 수 있어요.
Nín kěyǐ suíshí náchū shǒujī qīngsōng bànlǐ kuàháng zhuǎnzhàng.

30 赚钱 zhuàn qián 이윤을 얻다, 돈을 벌다

赚大钱 zhuàn dàqián 큰 돈을 벌다

赚了不少钱 zhuànle bù shǎo qián 많은 돈을 벌다

赚了一笔钱 zhuànle yì bǐ qián 한몫 챙기다, 크게 벌었다

赚钱方案 zhuàn qián fāng'àn 돈 버는 방안

赚钱能力 zhuàn qián nénglì 돈 버는 능력

赚钱的事 zhuàn qián de shì 돈 버는 일

虽然我赚了不少钱，但我不把赚钱当做我人生的目标。
Suīrán wǒ zhuànle bù shǎo qián, dàn wǒ bù bǎ zhuàn qián dàngzuò wǒ rénshēng de mùbiāo.
내가 돈을 많이 벌긴 했어도, 나는 돈 버는 일을 내 인생의 목표로 삼지는 않는다네.

她第一年赚了很多钱，第二年全赔光了。 그녀는 첫해에는 돈을 엄청 벌었는데, 다음 해에 다 말아먹었어.
Tā dì yī nián zhuànle hěn duō qián, dì èr nián quán péiguāng le.

➕ 赚了不少钱 zhuànle bù shǎo qián VS 赚了不小钱 zhuànle bù xiǎo qián
'돈을 많이 벌었다'라고 할 때는 양을 나타내는 '不少(적지 않다)'를 사용해 표현할 수 있다. '不小'는 나이에 쓰여 '적지 않다'의 뜻을 나타내거나,
담(胆子), 의류, 신발 등에 쓰여, '작지 않다'의 뜻을 나타낸다.

做生意赚了不少钱。 사업으로 돈을 많이 벌었다. → 不小 (X)

年纪不小了。 나이가 적지 않다. → 不少 (X)

这双鞋不大也不小。 이 신은 크지도 작지도 않다. → 不少 (X)

财富 cáifù 몡 부, 재산

财务 cáiwù 몡 재무, 재정

现金卡 xiànjīnkǎ 체크 카드

银行卡 yínhángkǎ 은행 카드

申请书 shēnqǐngshū 신청서

自动取款机 zìdòng qǔkuǎnjī 현금 자동 인출기, ATM

金融业 jīnróngyè 금융업

存折 cúnzhé 몡 예금 통장

余额 yú'é 몡 (장부상의) 잔금, 잔고

押金 yājīn 몡 보증금, 담보금, 선금

佣金 yòngjīn 몡 수수료, 커미션, 구전

税 shuì 몡 세금, 세

房地产 fángdìchǎn 몡 부동산

中介人 zhōngjièrén 중개인

房价 fángjià 몡 집값, 건물값

欠债 qiànzhài 몡 부채, 빚

支票 zhīpiào 몡 수표

基金 jījīn 몡 기금, 펀드

期货 qīhuò 몡 선물 [금융 파생상품의 한 종류]

比特币 bǐtèbì 비트코인

金融危机 jīnróng wēijī 금융 위기

经济危机 jīngjì wēijī 경제 공황

通货膨胀 tōnghuò péngzhàng 통화 팽창, 인플레이션

复苏 fùsū 몡 경기 회복기

牛市 niúshì 몡 (주식 시장의) 강세장

熊市 xióngshì 몡 (주식 시장의) 약세장

贬值 biǎnzhí 동 평가 절하하다

升值 shēngzhí 동 평가 절상하다

换钱 huànqián 동 환전하다

开户 kāihù 동 계좌를 개설하다

取钱 qǔ qián (은행에서) 돈을 찾다

挂失 guàshī 동 분실 신고를 하다

担保 dānbǎo 동 보증하다, 담보하다

致富 zhìfù 동 부자가 되다

散户 sǎnhù 몡 (주식) 개인 투자가

基金经理 jījīn jīnglǐ 펀드 매니저

一屁股债 yí pìgǔ zhài 빚, 빚더미

证券公司 zhèngquàn gōngsī 증권 회사

资信 zīxìn 몡 자금력과 신용도

화폐 단위

外币 wàibì 몡 외화

英镑 yīngbàng 몡 파운드

人民币 rénmínbì 몡 인민폐

欧元 ōuyuán 몡 유로(Euro)

日元 rìyuán 몡 엔

韩币 hánbì 몡 한화, 원화

美元 měiyuán 몡 달러

성어

恭喜发财 gōngxǐ fācái 부자 되세요

平地致富 píngdì zhìfù 자수성가하다

生财有道 shēngcái yǒudào 재산을 모으는 재주가 있다

精打细算 jīngdǎ xìsuàn 면밀하게 계산하다

堆金叠玉 duījīn diéyù 재산이 아주 많다

DAY 14
요리, 집밥

따페이 훈련

① 엄마, 웬 음식을 이렇게 많이 했어?
아~함
탁 탁 탁

② 귀한 손님이 온다고 해서 준비했지.
누가 오는데?

③ 처음 인사드립니다! 따님과 교제중인...
서프라이즈

④ 어머님 드리려고 꽃도 샀지요!
어머
장모님!

음식을 많이 했다 做了多菜 X 做了很多菜 O

01 茶 chá 명 차

喝茶 hē chá 차를 마시다
品茶 pǐn chá 차를 음미하다
沏茶 qī chá 차를 우리다

茶道 chádào 다도
品茶师 pǐncháshī 차 소믈리에
配茶师 pèicháshī 티 블렌더, 차 배합 전문가

我爱喝茶，每天喝四五杯茶。 저는 차를 즐겨서, 매일 네다섯 잔을 마셔요.
Wǒ ài hē chá, měi tiān hē sì wǔ bēi chá.

快坐下，阿姨给你沏茶喝。 얼른 앉아. 이모가 차 타 줄게.
Kuài zuòxià, āyí gěi nǐ qī chá hē.

尝尝这款茶，这就是大名鼎鼎的祁门红茶。 이 차 좀 마셔 봐. 이게 바로 그 유명한 치먼홍차야.
Chángchang zhè kuǎn chá, zhè jiù shì dàmíng dǐngdǐng de Qímén Hóngchá.

02 尝 cháng 동 맛보다 동 겪다, 경험하다

尝(一)尝 cháng (yi) cháng 맛을 좀 보다
尝一口 cháng yì kǒu 한 입 먹어 보다

尝尽了 chángjìn le 실컷 맛보다
尝尝味道 chángchang wèidao 맛을 보다

你过来尝尝，这道菜味道如何？ 이 음식 맛이 어떤지 시식해 봐요.
Nǐ guòlái chángchang, zhè dào cài wèidao rúhé?

真好吃，哥，你也尝一口。 정말 맛있어. 오빠도 한 입 먹어 봐.
Zhēn hǎochī, gē, nǐ yě cháng yì kǒu.

03 炒 chǎo 동 (기름 등으로) 볶다

炒肉 chǎo ròu 고기를 볶다, 고기 볶음
炒菜 chǎo cài 요리하다, 볶음 요리
清炒 qīng chǎo 한 가지 재료만 볶다

炒糊了 chǎohú le 태우다
炒熟的材料 chǎoshú de cáiliào 볶은 재료
用旺火炒 yòng wàng huǒ chǎo 센 불에 볶다

把炒熟的材料倒入这边的锅里。 볶은 재료를 이쪽 냄비에 부어 줘.
Bǎ chǎoshú de cáiliào dàorù zhèbian de guō li.

蔬菜最适宜用旺火快炒，这样有利于保存蔬菜里的维生素。
Shūcài zuì shìyí yòng wàng huǒ kuài chǎo, zhèyàng yǒu lìyú bǎocún shūcài li de wéishēngsù.
채소는 센 불에 빨리 볶아 내는 게 좋은데, 이렇게 하면 채소에 들어 있는 비타민을 보존할 수가 있어.

04 淡 dàn 형 (액체나 기체에 들어간 성분이) 진하지 않다, 적다 형 (맛이) 담백하다 형 (향이) 은은하다 형 (색이) 연하다

口味淡 kǒuwèi dàn 싱겁게 먹는다

有点儿淡 yǒudiǎnr dàn 조금 싱겁다

不咸不淡 bù xián bú dàn 짜지도 싱겁지도 않다

香味淡 xiāngwèi dàn 향기가 은은하다

淡下去 dàn xiàqù 싱거워지다, 연해지다

淡淡的颜色 dàndàn de yánsè 연한 색

南方人一般口味淡。 남방 사람들은 보통 싱겁게 먹는다.
Nánfāngrén yìbān kǒuwèi dàn.

这盘菜有点儿淡，再放点儿盐。 이 음식은 좀 싱겁구나. 소금을 더 넣어야겠어.
Zhè pán cài yǒudiǎnr dàn, zài fàng diǎnr yán.

05 顿 dùn 양 끼 [밥 먹는 횟수] 양 번, 차례 [혼내고 욕하는 등의 행위]

一顿饭 yí dùn fàn 밥 한 끼

大吃一顿 dà chī yí dùn 배불리 먹다

顿顿 dùndùn 끼니마다

打一顿 dǎ yí dùn 한 차례 때리다

骂一顿 mà yí dùn 한바탕 혼내다

批评一顿 pīpíng yí dùn 한 차례 꾸중하다

今天我只吃了一顿饭。 오늘 나는 한 끼밖에 못 먹었어.
Jīntiān wǒ zhǐ chīle yí dùn fàn.

我最爱吃饺子，顿顿吃都吃不腻。 나는 만두가 제일 좋아. 끼니마다 먹어도 물리질 않는다니까.
Wǒ zuì ài chī jiǎozi, dùndùn chī dōu chībunì.

06 煎 jiān 동 (기름에) 지지다, 부치다 동 (차, 약등을) 달이다

煎饺子 jiān jiǎozi 만두를 굽다, 군만두

煎鸡蛋 jiān jīdàn 계란프라이를 하다

煎中药 jiān zhōngyào 한약을 달이다

煎一下 jiān yíxià 부치다

煎鸡蛋的时候最好是8分熟，不要煎得太过了。 계란프라이를 할 때는 8부 정도만 익히는 게 좋아. 너무 오래 부치지 말라고.
Jiān jīdàn de shíhou zuìhǎo shì bā fēn shú, búyào jiān de tài guò le.

把豆腐放入平底锅中煎一下。 두부를 프라이팬에 올려서 부쳐 주세요.
Bǎ dòufu fàngrù píngdǐguō zhōng jiān yíxià.

07 搅 jiǎo 동 고루 섞다, 젓다

搅一搅 jiǎo yi jiǎo 잘 섞다, 잘 젓다

用力搅 yònglì jiǎo 세게 젓다

搅在一起 jiǎo zài yìqǐ 한데 섞다

拌 bàn 동 버무리다, 무치다

凉拌 liángbàn 차게 무치다

拌匀 bànyún 잘 버무리다

拌菜 bàn cài 나물을 무치다

先把面粉和水搅在一起，接下来是用力地揉。 먼저 밀가루와 물을 같이 섞은 다음에 세게 반죽하는 거야.
Xiān bǎ miànfěn hé shuǐ jiǎo zài yìqǐ, jiē xiàlái shì yònglì de róu.

凉拌萝卜丝，清淡爽口又解腻，吃一次爱一次。 무생채는 담백하고 개운하고 느끼함도 없애 주니까, 먹을수록 좋아하게 돼.
Liángbàn luóbosī, qīngdàn shuǎngkǒu yòu jiě nì, chī yí cì ài yí cì.

DAY **14**

08 烤 kǎo 동 불에 굽다

烤肉 kǎo ròu 고기를 굽다, 불고기	烤一下 kǎo yíxià 굽다
烤熟 kǎoshú (구워서) 익히다	烤 kǎo + 시간 (얼마 동안) 굽다

把面包放入烤箱烤一下，好吗？ 빵을 오븐에 넣고 구워 줄래?
Bǎ miànbāo fàngrù kǎoxiāng kǎo yíxià, hǎo ma?

这条鱼太大了，烤了半天才烤熟。 이 생선은 너무 커서, 한참을 굽고 나서야 익었어.
Zhè tiáo yú tài dà le, kǎole bàntiān cái kǎoshú.

➕ '烤'의 다른 뜻
'烤'는 '음식을 굽다'라는 뜻 외에, 몸이나 사물에 '불을 쬐어 따뜻하게 하거나 말리다'라는 뜻으로 쓰기도 한다.
我帮你把湿衣服烤一烤。 내가 젖은 옷을 말려 줄게.
手都冻红了，快进屋去，烤烤火。 손이 얼어서 빨개졌네. 얼른 방으로 들어가 불 좀 쬐렴.

09 渴 kě 형 목마르다, 갈증나다

口渴 kǒu kě 목이 타다, 갈증이 나다	又渴又饿 yòu kě yòu è 갈증도 나고 배도 고프다
渴得很 kě de hěn 갈증이 심하다	解渴 jiěkě 갈증을 해소하다

昨晚吃的菜有点咸，半夜口渴想喝水。 어제저녁에 먹은 음식이 조금 짰는지 한밤중에 갈증이 나면서 물 생각이 나더라고.
Zuó wǎn chī de cài yǒudiǎn xián, bànyè kǒu kě xiǎng hē shuǐ.

我走了很久，热汗淋淋，又渴又饿。 오래 걸었더니 땀도 줄줄 흐르고, 목도 마르고, 배도 고파.
Wǒ zǒule hěn jiǔ, rè hàn línlín, yòu kě yòu è.

10 苦 kǔ 형 (맛이) 쓰다　　甜 tián 형 (맛이) 달콤하다, 달다

苦极了 kǔ jí le 너무 쓰다	甜得很 tián de hěn 아주 달다
苦味道 kǔ wèidao 쓴맛	又酸又甜 yòu suān yòu tián 새콤달콤하다

哎，我的妈呀！这是啥菜呀？真是苦极了！ 오마이갓! 이게 무슨 음식이야? 너무 써!
Āi, wǒ de mā ya! Zhè shì shá cài ya? Zhēnshi kǔ jí le!

今天买的草莓又酸又甜，好吃极了。 오늘 산 딸기는 새콤달콤하니 너무 맛있어.
Jīntiān mǎi de cǎoméi yòu suān yòu tián, hǎochī jí le.

11 辣 là 형 (음식 맛이) 맵다 동 (눈, 코, 입에) 강한 자극을 받다

辣味儿 là wèir 매운맛	吃不了辣的 chī buliǎo là de 매운 것을 못 먹다
辣得不得了 là de bùdeliǎo 너무 맵다	辣眼睛 là yǎnjing 눈이 맵다

四川美食最大特色就是辣味儿十足。 쓰촨 요리의 가장 큰 특색은 매운맛이 강하다는 것이다.
Sìchuān měishí zuì dà tèsè jiù shì là wèir shízú.

我一吃辣的、一喝冷的就会拉肚子。 나는 매운 것을 먹거나 찬 것을 마셨다 하면 설사를 해.
Wǒ yì chī là de, yì hē lěng de jiù huì lā dùzi.

12 烂 làn 혱썩다 혱흐물흐물하다, 물렁물렁하다

煮烂 zhǔlàn 푹 삶다 / 烂掉 làndiào 썩어 버리다

太烂了 tài làn le 너무 흐물거리다

烂的水果 làn de shuǐguǒ 썩은 과일

烂呼呼 lànhūhū 물컹하다

等牛肉煮烂了，再加点儿调料。 소고기가 푹 삶아지면, 양념을 넣어요.
Děng niúròu zhǔlàn le, zài jiā diǎnr tiáoliào.

这些水果看起来很好吃，可是里面都烂了。 이 과일들은 맛있어 보이는데, 속이 다 썩었어.
Zhèxiē shuǐguǒ kàn qǐlái hěn hǎochī, kěshì lǐmiàn dōu làn le.

13 腻 nì 혱기름기가 너무 많다, 느끼하다 통물리다, 싫증나다 혱(사람이) 능글거리다

太腻了 tài nì le 너무 느끼하다

吃腻 chīnì 물리다, 질리다

肥而不腻 féi ér bú nì 기름기가 많아도 느끼하지 않다

油腻 yóunì 기름기가 많다, 능글거리다

吃的东西太腻了，有点恶心。 너무 느끼하게 먹었더니 좀 부대끼네.
Chī de dōngxi tài nì le, yǒudiǎn ěxin.

天天在家吃，都吃腻了，要不今天去外面吃？ 매일 집에서만 먹으니까 지겨운데, 오늘 외식할까?
Tiāntiān zài jiā chī, dōu chīnì le, yàobù jīntiān qù wàimiàn chī?

14 切 qiē 통썰다, 저미다

切成片 qiēchéng piàn 납작하게 썰다

切成块 qiēchéng kuài 조각으로 썰다

切成丝 qiēchéng sī 채 썰다

切成条 qiēchéng tiáo 길쭉하게 썰다

切成末 qiēchéng mò 다지다

切菜 qiē cài 채소를 썰다

把大蒜切成薄片，把黄瓜和胡萝卜切成细条。 마늘을 얇게 저며 주고, 오이와 당근은 가늘고 길게 채 썰어.
Bǎ dàsuàn qiēchéng báopiàn, bǎ huángguā hé húluóbo qiēchéng xìtiáo.

我昨天晚上切菜不小心把手指切了。 어젯밤에 채소를 썰다가 잘못해서 손가락을 베었어.
Wǒ zuótiān wǎnshang qiē cài bù xiǎoxīn bǎ shǒuzhǐ qiē le.

15 清淡 qīngdàn 혱(맛, 색, 향이) 담백하다, 산뜻하다, 연하다

清淡可口 qīngdàn kěkǒu 담백하고 입에 맞다

清淡一点儿 qīngdàn yìdiǎnr 조금 담백하다, 연하다

清淡的饭菜 qīngdàn de fàncài 담백한 음식

香味清淡 xiāngwèi qīngdàn 향이 은은하다

芹菜炒虾仁营养丰富，清淡可口不油腻。 샐러리와 새우 볶음은 영양이 풍부하고, 담백하면서 입에 잘 맞고 느끼하지 않다.
Qíncài chǎo xiārén yíngyǎng fēngfù, qīngdàn kěkǒu bù yóunì.

君子兰香味清淡，适合摆放在餐桌上。 군자란은 향이 은은해서, 식탁에 놓기에 적합해.
Jūnzǐlán xiāngwèi qīngdàn, shìhé bǎifàng zài cānzhuō shang.

DAY 14

16 软 ruǎn 혱 부드럽다, 연하다

软得很 ruǎn de hěn 아주 부드럽다
软软的 ruǎnruǎn de 연하디 연하다

又软又香 yòu ruǎn yòu xiāng 부드럽고 맛있다
软硬不吃 ruǎnyìng bùchī 어떤 방법도 먹히지 않다

这蛋糕软得像"云朵"，奶酪味浓。 이 케이크는 구름처럼 부드럽고, 치즈의 깊은 풍미가 느껴져요.
Zhè dàngāo ruǎn de xiàng "yúnduǒ", nǎilào wèi nóng.

烙饼是北方美食之一，又软又香。 라오빙은 북방의 별미 중 하나로, 부드럽고 맛있다. [烙饼: 중국식 부침개]
Làobǐng shì běifāng měishí zhī yī, yòu ruǎn yòu xiāng.

17 洒 sǎ 동 (액체를) 뿌리다 동 뿌려서 사방에 흩뜨리다

洒香油 sǎ xiāngyóu 참기름을 뿌리다
洒一点儿 sǎ yìdiǎnr 조금 뿌리다

洒在 sǎ zài + A + 上 shang ~에 엎지르다
洒泪 sǎlèi 눈물을 흘리다

水饺煮熟后，洒上一点香油，最后放入香菜即可。 만두가 다 익은 다음 참기름을 살짝 뿌리고, 마지막으로 고수를 올리면 돼.
Shuǐjiǎo zhǔshú hòu, sǎshàng yì diǎn xiāngyóu, zuìhòu fàngrù xiāngcài jí kě.

她一不小心把咖啡洒在了自己的衣服上。 그녀는 실수로 커피를 자기 옷에 쏟았다.
Tā yí bù xiǎoxīn bǎ kāfēi sǎ zài le zìjǐ de yīfu shang.

➕ 洒 sǎ 뿌리다 **VS** 撒 sǎ 뿌리다
'洒'와 '撒'는 발음도 같고 둘 다 '뿌리다'의 뜻을 갖고 있는데, '洒'의 대상은 '액체'이고 '撒'의 대상은 '고체'이다.
洒水 물을 뿌리다 | 撒种子 씨를 뿌리다

18 涩 sè 혱 (맛이) 떫다

又苦又涩 yòu kǔ yòu sè 쓰고 떫다
又酸又涩 yòu suān yòu sè 시고 떫다
酸而不涩 suān ér bú sè 시지만 떫지 않다

涩涩的味道 sèsè de wèidao 떫은 맛
脱涩 tuōsè 떫은 맛을 빼다
发涩 fāsè 텁텁하다, 뻑뻑하다

这些荔枝没熟透，吃起来又酸又涩。 리치가 제대로 익지 않아서, 시고 떫은 맛이 난다.
Zhèxiē lìzhī méi shútòu, chī qǐlái yòu suān yòu sè.

镇江的香醋以香气浓郁、酸而不涩闻名于世。 전지앙의 식초는 향기가 진하고, 시지만 떫지 않은 맛으로 유명하다.
Zhènjiāng de xiāngcù yǐ xiāngqì nóngyù, suān ér bú sè wénmíng yú shì.

19 手艺 shǒuyì 명 솜씨, 기술, 손재간

手艺很好 shǒuyì hěn hǎo 솜씨/재주가 좋다
炒菜的手艺 chǎo cài de shǒuyì 요리 솜씨

这门手艺 zhè mén shǒuyì 이 손기술, 손재주
手艺人 shǒuyìrén 장인 [=手艺匠 shǒuyìjiàng]

小王做了五个菜，手艺还不错。 샤오왕은 다섯 가지 요리를 만들었는데, 솜씨가 꽤 좋아.
Xiǎo Wáng zuòle wǔ ge cài, shǒuyì hái búcuò.

白厨师人很朴实，炒菜的手艺也是一流。 백 쉐프는 사람도 수더분하고, 요리 솜씨도 일품이다.
Bái chúshī rén hěn pǔshí, chǎo cài de shǒuyì yě shì yīliú.

20 酸 suān 형 (맛이) 시다

酸味 suānwèi 신맛
酸辣 suānlà 시고 맵다

酸酸的 suānsuān de 새콤하다, 아리다
酸甜苦辣 suān tián kǔ là 시고 달고 쓰고 맵다

我很喜欢吃酸味水果，葡萄是我的最爱。 나는 신맛 나는 과일을 좋아하거든. 포도는 내가 가장 좋아하는 거야.
Wǒ hěn xǐhuan chī suān wèi shuǐguǒ, pútao shì wǒ de zuì ài.

这种李子酸酸的，想起都流口水。 이 자두는 새콤해서, 생각만 해도 침이 고여.
Zhè zhǒng lǐzi suānsuān de, xiǎngqǐ dōu liú kǒushuǐ.

➕ '酸'의 다른 뜻
'酸'은 '신맛' 외에 몸과 마음이 '아프거나 상심한 감정'을 표현할 때도 쓰인다.

腰酸腿疼 허리가 쑤시고 다리가 아프다 | 心酸 마음이 아리다 | 酸甜苦辣 세상의 온갖 고초

21 胃口 wèikǒu 명 입맛, 식욕, 흥미

没有胃口 méiyǒu wèikǒu 입맛이 없다
合胃口 hé wèikǒu 입맛에 맞다, 구미에 맞다
对胃口 duì wèikǒu 입맛에 맞다, 마음에 들다

倒胃口 dǎo wèikǒu 비위 상하다, 싫증 나다
胃口好 wèikǒu hǎo 식욕이 좋다
胃口大开 wèikǒu dà kāi 구미가 당기다, 입맛이 돌다

我常来这家餐厅，这里的菜很合我的胃口。 나는 이 식당에 자주 오는데, 여기 음식이 내 입맛에 딱이야.
Wǒ cháng lái zhè jiā cāntīng, zhèli de cài hěn hé wǒ de wèikǒu.

他胃口很好，饭量也特别大。 저 친구는 식욕이 좋아서, 식사량도 엄청나.
Tā wèikǒu hěn hǎo, fànliàng yě tèbié dà.

22 咸 xián 형 (맛이) 짜다, 소금기가 있다

咸淡 xiándàn 간
尝尝咸淡 chángchang xiándàn 간을 보다

把握咸淡 bǎwò xiándàn 간을 맞추다
口味偏咸 kǒuwèi piān xián 음식을 짜게 먹다

这道菜太咸了，没法吃。 이 음식은 너무 짜서 먹을 수가 없어.
Zhè dào cài tài xián le, méi fǎ chī.

我总是把握不好菜的咸淡，要么太咸，要么太淡。 나는 도무지 음식의 간을 잘 못 맞춰서, 너무 짜거나, 너무 싱거워.
Wǒ zǒngshì bǎwò buhǎo cài de xiándàn, yàome tài xián, yàome tài dàn.

东北人的口味是偏甜还是偏咸？ 동북 지방 사람들의 입맛은 단 편인가요, 짠 편인가요?
Dōngběirén de kǒuwèi shì piān tián háishi piān xián?

DAY 14

23 香 xiāng 휑 (냄새가) 향기롭다 휑 (음식이) 맛있다 휑 (식욕이) 좋다 휑 (잠을) 잘 자다

香喷喷 xiāngpēnpēn 향긋하다, 구수하다
又香又甜 yòu xiāng yòu tián 향기롭고 달콤하다

吃得很香 chī de hěn xiāng 맛있게 먹다
睡得很香 shuì de hěn xiāng 잠을 잘 자다

是谁把面包烤得这么香喷喷的呀？ 누가 이렇게 빵을 먹음직스럽게 구워 낸 거야?
Shì shéi bǎ miànbāo kǎo de zhème xiāngpēnpēn de ya?

他吃什么都吃得很香。그는 뭐든 맛있게 먹어.
Tā chī shénme dōu chī de hěn xiāng.

24 新鲜 xīnxiān 휑 (식품이) 신선하다, 싱싱하다 휑 (공기가) 맑다 휑 (사물이) 새롭다, 참신하다

很新鲜 hěn xīnxiān 신선하다
显得新鲜 xiǎnde xīnxiān 싱싱해 보이다
保持新鲜 bǎochí xīnxiān 신선함을 유지하다

新鲜蔬菜 xīnxiān shūcài 신선한 채소
新鲜事儿 xīnxiān shìr 신기한 일
新鲜空气 xīnxiān kōngqì 신선한 공기

这些蔬菜都是刚摘的，很新鲜。이 채소들은 바로 딴 것이라 신선해요.
Zhèxiē shūcài dōu shì gāng zhāi de, hěn xīnxiān.

雨后的山村，空气格外新鲜。비가 그친 뒤의 산촌은 공기가 아주 맑다.
Yǔ hòu de shāncūn, kōngqì géwài xīnxiān.

25 咬 yǎo 동 물다, 깨물다

咬东西 yǎo dōngxi 음식을 씹다
咬一口 yǎo yì kǒu 한 입 베어 물다

咬不动 yǎobudòng 씹을 수 없다
咬牙 yǎoyá 이를 악물다

她拿起一块蛋糕，轻轻地咬了一口。그녀는 케이크 한 조각을 들어 살짝 한 입 베어 물었다.
Tā náqǐ yí kuài dàngāo, qīngqīng de yǎole yì kǒu.

奶奶牙口不好，吃硬点的东西就咬不动。할머니는 치아가 안 좋으셔서, 조금 딱딱한 음식은 씹질 못하셔.
Nǎinai yákou bù hǎo, chī yìng diǎn de dōngxi jiù yǎobudòng.

26 硬 yìng 휑 딱딱하다, 단단하다, 질기다, 되다

太硬了 tài yìng le 너무 딱딱하다
硬硬的 yìngyìng de 딱딱하다

硬得像石头 yìng de xiàng shítou 돌처럼 딱딱하다

如果水少了，米饭要么是生的，要么太硬了。물이 적게 들어가면, 밥이 설익거나, 되게 된다.
Rúguǒ shuǐ shǎo le, mǐfàn yàome shì shēng de, yàome tài yìng le.

这个法式面包硬得像石头一样，我不敢吃。이 바게트는 돌처럼 딱딱해서 먹을 엄두가 안 나.
Zhè ge fǎshì miànbāo yìng de xiàng shítou yíyàng, wǒ bùgǎn chī.

27 炸 zhá 图 기름에 튀기다

炸得挺脆的 zhá de tǐng cuì de 바삭하게 튀기다

炸两次 zhá liǎng cì 두 번 튀기다

慢慢炸 mànmàn zhá 천천히 튀기다

炸 zhá + 시간 (얼마 동안) 튀기다

蒸 zhēng 图 증기로 데우다, 찌다

蒸馒头 zhēng mántou 만터우를 찌다

分两次蒸 fēn liǎng cì zhēng 두 번 나누어 찌다

蒸老了 zhēnglǎo le 오래 찌다

蒸出来 zhēng chūlái 쪄 내다

炸鸡翅时，炸的时间不能太长，使用大火炸5、6分钟即可。
Zhá jī chì shí, zhá de shíjiān bù néng tài cháng, shǐyòng dàhuǒ zhá wǔ, liù fēnzhōng jí kě.
닭 날개를 튀길 때는, 튀기는 시간을 너무 오래 끌지 말고, 센 불로 5, 6분만 튀겨 내면 된다.

锅有点儿小，还是分两次蒸吧。Guō yǒudiǎnr xiǎo, háishi fēn liǎng cì zhēng ba. 솥이 좀 작으니까, 두 번에 나눠서 쪄 내자고.

28 煮 zhǔ 图 삶다, 익히다, 끓이다

煮一煮 zhǔ yi zhǔ 삶다

煮面条 zhǔ miàntiáo 국수를 삶다

煮饭 zhǔ fàn 밥을 하다

多煮一会 duō zhǔ yíhuìr 푹 삶다

中午就随便煮点面条吃吧。Zhōngwǔ jiù suíbiàn zhǔ diǎn miàntiáo chī ba. 점심에는 간단하게 국수나 삶아 먹자고.

鸡胸肉煮熟后，放入干净的盆中放凉后，用手撕成丝。닭 가슴살을 푹 삶아 깨끗한 볼에 담아 식힌 다음 손으로 가늘게 찢는다.
Jī xiōng ròu zhǔshú hòu, fàngrù gānjìng de pén zhōng fàngliáng hòu, yòng shǒu sīchéng sī.

29 做菜 zuò cài 요리하다, 취사하다

学做菜 xué zuò cài 요리를 배우다

做了很多菜 zuòle hěn duō cài 음식을 많이 만들다

很会做菜 hěn huì zuò cài 요리를 잘하다

做拿手菜 zuò náshǒucài 가장 자신 있는 요리를 만들다

今天家里有客人要来，我特意做了很多菜。오늘 집에 손님이 오신다고 해서 음식을 특별히 많이 만들었단다.
Jīntiān jiā li yǒu kèrén yào lái, wǒ tèyì zuòle hěn duō cài.

我已经好久没有做菜了。Wǒ yǐjīng hǎojiǔ méiyǒu zuò cài le. 나는 음식 안 한 지 오래됐어.

➕ 做了多菜 zuòle duō cài **VS** 做了很多菜 zuòle hěn duō cài
'多'는 관형어가 될 수 없기 때문에, 부사 '很'이나 대명사 '这么, 那么'를 동반해야 한다.
做了很多菜 음식을 많이 만들다 | 做了这么多菜 이렇게 많은 음식을 하다

30 做法 zuòfǎ 명 만드는 법, 방법

介绍做法 jièshào zuòfǎ 방법을 소개하다

新的做法 xīn de zuòfǎ 새로운 방법

错误做法 cuòwù zuòfǎ 잘못된 방법

正确做法 zhèngquè zuòfǎ 옳은 방법

今天就为大家介绍拔丝地瓜的做法。오늘은 여러분께 고구마맛탕 요리법을 소개할게요.
Jīntiān jiù wèi dàjiā jièshào básī dìguā de zuòfǎ.

茄子别再炒着吃，换种做法试试。가지는 더이상 볶지 말고, 다른 요리법으로 해 보세요.
Qiézi bié zài chǎozhe chī, huàn zhǒng zuòfǎ shìshi.

조리

削 xiāo 동 (과일 따위의) 껍질을 벗기다, 깎다 | 磨 mó 동 갈다 | 搅拌 jiǎobàn 동 휘저어 섞다, 반죽하다

厨艺 chúyì 명 요리 기술, 요리 솜씨 | 厨房 chúfáng 명 부엌, 주방 | 保鲜膜 bǎoxiānmó 명 랩, 비닐랩 | 铝箔 lǚbó 명 호일

식기, 조리 도구

杯子 bēizi 명 잔, 컵 | 碗 wǎn 명 주발, 공기 | 盘子 pánzi 명 쟁반, 접시 | 餐具 cānjù 명 식기 | 筷子 kuàizi 명 젓가락

勺 sháo 명 국자, 주걱, 숟가락 | 菜刀 càidāo 명 식칼 | 叉子 chāzi 명 포크 | 锅 guō 명 냄비

조미료

糖 táng 명 설탕 | 盐 yán 명 소금 | 酱油 jiàngyóu 명 간장 | 辣椒酱 làjiāojiàng 명 고추장 | 豆酱 dòujiàng 명 된장

甜酱 tiánjiàng 명 춘장 | 胡椒 hújiāo 명 후추 | 香油 xiāngyóu 명 참기름 | 橄榄油 gǎnlǎnyóu 명 올리브유

豆油 dòuyóu 명 콩기름 | 醋 cù 명 식초 | 淀粉 diànfěn 명 전분 | 味精 wèijīng 명 화학 조미료

채소

白菜 báicài 명 배추 | 圆白菜 yuánbáicài 명 양배추 | 萝卜 luóbo 명 무 | 葱 cōng 명 파 | 洋葱 yángcōng 명 양파

韭菜 jiǔcài 명 부추 | 胡萝卜 húluóbo 명 당근 | 黄瓜 huángguā 명 오이 | 蒜 suàn 명 마늘 | 姜 jiāng 명 생강

辣椒 làjiāo 명 고추 | 蘑菇 mógu 명 버섯 | 茄子 qiézi 명 가지 | 香菜 xiāngcài 명 고수

곡류, 견과

大米 dàmǐ 명 쌀 | 糙米 cāomǐ 명 현미 | 大麦 dàmài 명 보리 | 小麦 xiǎomài 명 밀 | 糯米 nuòmǐ 명 찹쌀

小米 xiǎomǐ 명 좁쌀 | 燕麦 yànmài 명 귀리 | 豆 dòu 명 콩 | 核桃 hétao 명 호두 | 花生 huāshēng 명 땅콩

松仁(儿) sōngrén(r) 명 잣 | 红薯 hóngshǔ 명 고구마 | 地瓜 dìguā 명 고구마 | 枣 zǎo 명 대추 | 栗 lì 명 밤

土豆 tǔdòu 명 감자 | 玉米 yùmǐ 명 옥수수

육류, 생선

鸡蛋 jīdàn 명 계란, 달걀 | 鸡肉 jīròu 명 닭고기 | 牛肉 niúròu 쇠고기 | 鸭肉 yāròu 오리고기 | 羊肉 yángròu 양고기

猪肉 zhūròu 돼지고기 | 鱼 yú 명 생선 | 刀鱼 dāoyú 명 갈치 | 黄花鱼 huánghuāyú 명 조기

青花鱼 qīnghuāyú 명 고등어 | 鱿鱼 yóuyú 명 오징어 | 虾 xiā 명 새우 | 蛤蜊 géli 명 조개 | 螃蟹 pángxiè 명 게

生鱼片 shēngyúpiàn 명 생선회 | 寿司 shòusī 명 스시, 초밥

과일

草莓 cǎoméi 명 딸기 | 苹果 píngguǒ 명 사과 | 菠萝 bōluó 명 파인애플 | 橙子 chéngzi 명 오렌지 | 橘子 júzi 명 귤

梨 lí 명 배 | 李子 lǐzi 명 자두 | 芒果 mángguǒ 명 망고 | 猕猴桃 míhóutáo 명 키위 | 葡萄 pútao 명 포도

柿子 shìzi 명 감 | 桃 táo 명 복숭아 | 甜瓜 tiánguā 명 참외 | 西瓜 xīguā 명 수박 | 香蕉 xiāngjiāo 명 바나나

DAY
15
모임, 회식

따페이 훈련

몇 잔 더 하다   干多几杯 X   多干几杯 ○

01 饱 bǎo 혱 배부르다

吃饱了 chībǎo le 배부르다	没吃饱 méi chībǎo 배가 안 부르다, 양이 차지 않다
吃不饱 chībubǎo 배불리 먹지 못하다, 배를 곯다	半饱 bàn bǎo 양이 차지 않다, 반만 부르다

我吃饱了，你们慢吃。 저는 배불러요. 여러분 천천히들 드세요.
Wǒ chībǎo le, nǐmen màn chī.

今天晚上吃饭没吃饱，咱们去吃宵夜吧。 오늘 저녁에 밥이 양에 안 찼어. 우리 야식 먹으러 가요.
Jīntiān wǎnshang chī fàn méi chībǎo, zánmen qù chī xiāoyè ba.

➕ 吃得饱 chī de bǎo **VS** 吃得好 chī de hǎo
'吃得饱'는 배불리 먹은 것을 뜻하고, '吃得好'는 맛있게 잘 먹은 것을 뜻한다. '吃得饱'는 배는 부르지만 만족스럽게 먹었는지는 알 수 없다.

02 菜单 càidān 몡 메뉴, 식단

拿菜单来 ná càidān lái 메뉴판 주세요	零点菜单 língdiǎn càidān 단품 메뉴판
甜点菜单 tiándiǎn càidān 디저트 메뉴판	套餐菜单 tàocān càidān 코스 요리 메뉴판

服务员，拿菜单来! 여기요. 메뉴판 가져다 주세요!
Fúwùyuán, ná càidān lái!

这是套餐菜单，请先看看菜单。 여기 세트 메뉴판 드릴게요. 먼저 메뉴판을 보고 계세요.
Zhè shì tàocān càidān, qǐng xiān kànkan càidān.

03 餐厅 cāntīng 몡 식당, 레스토랑

中餐厅 zhōng cāntīng 중식당	高档餐厅 gāodàng cāntīng 고급 식당
西餐厅 xī cāntīng 양식당	新式餐厅 xīnshì cāntīng 신식 식당

这是我们上大学时，经常光顾的一家中餐厅。 여기는 우리가 대학 다닐 때 자주 갔던 중식당이야.
Zhè shì wǒmen shàng dàxué shí, jīngcháng guānggù de yì jiā zhōng cāntīng.

我特别喜欢这家西餐厅，环境好，服务好。 나는 이 양식당이 참 마음에 들어. 분위기도 좋고, 서비스도 좋거든.
Wǒ tèbié xǐhuan zhè jiā xī cāntīng, huánjìng hǎo, fúwù hǎo.

04 厨师 chúshī 몡 요리사

当厨师 dāng chúshī 요리사가 되다	顶级厨师 dǐngjí chúshī 마스터 쉐프
大厨师 dàchúshī 주방장 [=大厨 dàchú]	米其林厨师 Mǐqílín chúshī 미슐랭 쉐프

这是周厨师的拿手菜，请大家品尝一下。 이 요리는 저우 쉐프의 특선 요리입니다. 시식들 해 보시지요.
Zhè shì Zhōu chúshī de náshǒu cài, qǐng dàjiā pǐncháng yíxià.

他是一位顶级厨师，擅长鲁菜、北京菜、川菜。 저 분은 마스터 쉐프로 산동 요리, 베이징 요리, 쓰촨 요리에 정통하십니다.
Tā shì yí wèi dǐngjí chúshī, shàncháng lǔcài, běijīngcài, chuāncài.

05 打包 dǎbāo 동 포장하다

打包带走 dǎbāo dàizǒu 포장해서 가지고 가다 | **打包盒** dǎbāohé 일회용 포장 용기

服务员，你拿个袋子来，我们打包带走。 저기요, 비닐봉지 하나 가져다 주실래요, 저희 포장해 갈게요.
Fúwùyuán, nǐ ná ge dàizi lái, wǒmen dǎbāo dàizǒu.

我想把剩下的这些菜打包。 저는 여기 남은 음식을 싸 가고 싶은데요.
Wǒ xiǎng bǎ shèngxià de zhèxiē cài dǎbāo.

06 地道 dìdao 형 진짜의, 본고장의

地地道道 dìdìdàodào 정통의, 틀림없는, 진짜의
地道的川菜 dìdao de chuāncài 정통 쓰촨 요리 | **地道的中国菜** dìdao de zhōngguó cài 정통 중국요리
不地道 bú dìdao 정통하지 않다, 수준에 못 미치다

鱼香肉丝是一道地道的川菜，主要是用糖和醋来调味。 위샹러우쓰는 정통 쓰촨 요리로, 주로 설탕과 식초로 간을 맞춘다.
Yúxiāngròusī shì yí dào dìdao de chuāncài, zhǔyào shì yòng táng hé cù lái tiáowèi.

这道菜不是鲁菜，是上海菜，而且还做得不地道。 이 음식은 산둥 요리가 아니라 상하이 요리고, 잘 만들지도 못했어.
Zhè dào cài bú shì lǔcài, shì shànghǎi cài, érqiě hái zuò de bú dìdào.

➕ **'地道'의 다른 용법**
'地道'는 특정 지역의 토박이임을 말할 때나, 어떤 일의 수준에 대해 말할 때에도 사용한다.

我是地地道道的上海人。 나는 상하이 토박이야.
布赖恩普通话说得非常地道。 브라이언은 표준어를 중국인처럼 구사해.

07 点菜 diǎn cài 요리를 주문하다

点八个菜 diǎn bā ge cài 여덟 가지 음식을 주문하다
随便点菜 suíbiàn diǎn cài 편하게 주문하다, 맘껏 주문하다
一人点一个菜 yì rén diǎn yí ge cài 한 사람이 하나씩 주문하다
点招牌菜 diǎn zhāopáicài 대표 요리를 시키다

六个人吃饭，点八个菜差不多了。 여섯 명이서 먹는 거니까, 요리를 8개 주문하면 될 거야.
Liù ge rén chī fàn, diǎn bā ge cài chàbuduō le.

我没有什么忌口的，你们随便点菜。 나는 특별히 가리는 게 없으니, 편하게 주문하라고.
Wǒ méiyǒu shénme jìkǒu de, nǐmen suíbiàn diǎn cài.

现在点菜，还是等金代理他们来？ 지금 주문할까, 아니면 김 대리네가 올 때까지 기다려?
Xiànzài diǎn cài, háishi děng Jīn dàilǐ tāmen lái?

08 点心 diǎnxin 명 간식, 디저트류, 가벼운 식사

吃点心 chī diǎnxin 간식을 먹다, 요기하다

买些点心 mǎi xiē diǎnxin 스낵을 조금 사다

做点心 zuò diǎnxin 간식을 만들다

小点心 xiǎo diǎnxin 스낵류

你一定饿了吧，先吃点点心吧。 너 배가 많이 고플 것 같은데, 먼저 요기 좀 해.
Nǐ yídìng èle ba, xiān chī diǎn diǎnxin ba.

昨天从蛋糕店里买了一些点心回家。 어제 제과점에서 디저트를 조금 사 가지고 집에 갔어.
Zuótiān cóng dàngāodiàn li mǎile yìxiē diǎnxin huí jiā.

09 饿 è 형 배고프다 동 굶다, 배를 곯다

饿了好几天 èle hǎojǐ tiān 며칠 굶다

挨饿 ái'è 굶주리다

饿肚子 è dùzi 배를 곯다

饿他一顿 è tā yí dùn 그를 한 끼 굶기다

我饿了好几天，饥不择食，吃什么都香。 나는 며칠 동안 굶어서, 찬밥 더운밥 가릴 것도 없이, 뭘 먹어도 다 맛있어.
Wǒ èle hǎojǐ tiān, jībùzéshí, chī shénme dōu xiāng.

现在早就饿得前胸贴后背了。 지금 얼마나 배가 고픈지, 배가 등가죽에 붙었어.
Xiànzài zǎo jiù è de qiánxiōng tiē hòubèi le.

10 风味 fēngwèi 명 (음식의 독특한) 맛, 특색, 풍미

特色风味 tèsè fēngwèi 특산물

风味食品 fēngwèi shípǐn 별식, 별미

风味小吃 fēngwèi xiǎochī 별식, 별미

家乡的风味 jiāxiāng de fēngwèi 고향의 맛

别有风味 biéyǒu fēngwèi 색다른 맛이 있다

风味绝佳 fēngwèi juéjiā 일품이다

这都是广东的风味小吃，光想想就令人垂涎三尺。 이게 다 광둥 별미들인데, 생각만으로도 군침이 돌아.
Zhè dōu shì Guǎngdōng de fēngwèi xiǎochī, guāng xiǎngxiang jiù lìng rén chuíxián sānchǐ.

北京的涮羊肉吃起来的确别有风味。 베이징의 양고기 샤브샤브는 확실히 독특한 맛이 있어.
Běijīng de shuàn yángròu chī qǐlái díquè biéyǒu fēngwèi.

11 干杯 gānbēi 동 건배하다, 잔을 비우다

干一杯 gān yì bēi 한 잔 하다

干三杯酒 gān sān bēi jiǔ 세 잔을 건배하다

多干几杯 duō gān jǐ bēi 몇 잔 더 하다, 많이 마시다

我干杯，你随意! Wǒ gānbēi, nǐ suíyì! 저는 원샷할 테니, 편히 드세요!

干了这杯酒，我们是朋友! Gànle zhè bēi jiǔ, wǒmen shì péngyou! 이 잔을 비우면 우리는 친구가 되는 거야!

大家好不容易聚在一起，得多干几杯。 모두들 힘들게 모였으니, 실컷 마셔 보자고.
Dàjiā hǎoburóngyi jù zài yìqǐ, děi duō gān jǐ bēi.

➕ 多干几杯 duō gān jǐ bēi VS 干多几杯 gān duō jǐ bēi
'몇 잔 더 하다'라고 말할 때는 '多'를 써서 표현하는데, 이때 '多'의 위치는 반드시 '동사 앞'이어야 한다. 즉, '多干几杯'로 써야 하는 것이다.
우리말의 어순에 익숙해 '동사+多'로 잘못 쓰기 쉬우니 주의하자.

12 好吃 hǎochī 형 맛있다

好吃的菜 hǎochī de cài 맛있는 음식
好吃得不得了 hǎochī de bùdeliǎo 너무 맛있다

好吃到爆 hǎochī dàobào 맛이 기막히다
不好吃 bù hǎochī 맛없다

哎呀，这个好吃，你尝尝就知道了。 아이 맛있어라. 너도 맛보면 알게 될 거야.
Āiyā, zhè ge hǎochī, nǐ chángchang jiù zhīdào le.

这道菜就是米饭的黄金搭档，好吃到爆！ 이 음식이 바로 밥도둑이에요. 맛이 기막히다니까요!
Zhè dào cài jiù shì mǐfàn de huángjīn dādàng, hǎochī dàobào!

好吃得舌头都要给吞下去了。 너무 맛있어서 둘이 먹다 하나 죽어도 모르겠어.
Hǎochī de shétou dōu yào gěi tūn xiàqù le.

13 合口 hékǒu 형 입에 맞다

咸淡合口 xiándàn hékǒu 간이 입에 맞다
味道合口 wèidao hékǒu 맛이 입에 맞다

不合口 bù hékǒu 입에 맞지 않다
很合口 hěn hékǒu 입에 잘 맞다

味道不错，口感很好，咸淡合口。 맛이 괜찮네. 식감도 좋고, 간도 딱이고.
Wèidao búcuò, kǒugǎn hěn hǎo, xiándàn hékǒu.

我做了几道家常菜，不知道合不合口。 집에서 늘 먹는 음식 몇 가지 했는데, 입맛에 맞으실지 모르겠네요.
Wǒ zuòle jǐ dào jiāchángcài, bù zhīdào hé bu hékǒu.

➕ 家常菜 jiāchángcài, 家常便饭 jiācháng biànfàn
'家常菜'는 '집에서 평소에 잘 해 먹는 음식'을 말한다. 집에서 늘 먹는 밥, 즉 '가정식 백반'은 '家常便饭'이라 하는데, '家常便饭'은 '일상다반사'라는 뜻으로도 자주 쓰이니 알아 두면 좋다.
点几个家常菜 가정식 요리를 몇 개 시키다 | 开夜车是家常便饭。 밤샘은 일상다반사야.

14 结账 jiézhàng 동 계산하다, 결제하다, 지불하다

结过账 jiéguo zhàng 계산을 마치다
结完账 jiéwán zhàng 계산을 끝내다

结帐方式 jiézhàng fāngshì 결제 방식
信用卡结账 xìnyòngkǎ jiézhàng 신용카드 결제

我已经结过账了，今天这顿饭算我请客。 내가 이미 계산했어. 오늘 식사는 내가 쏘는 걸로 하자고.
Wǒ yǐjīng jiéguo zhàng le, jīntiān zhè dùn fàn suàn wǒ qǐngkè.

走吧，我送你们，账我已经结完了。 가시죠. 제가 배웅해 드릴게요. 계산은 제가 이미 했습니다.
Zǒu ba, wǒ sòng nǐmen, zhàng wǒ yǐjīng jiéwán le.

➕ 结账 jiézhàng, 买单 mǎidān 계산하다
식당에서 계산을 할 때는 '结账'과 함께 '买单'도 많이 쓴다. 중국에서는 식사 후에 앉은 자리에서 종업원을 불러 계산하는 경우가 많다.

15 斤 jīn 양 (무게의 단위) 근, 500g

三斤半 sān jīn bàn 세 근 반

多少钱一斤 duōshao qián yì jīn? 한 근에 얼마인가요?

芒果多少钱一斤? 망고가 한 근에 얼마죠?
Mángguǒ duōshao qián yì jīn?

香菇营养丰富，秋天碰到它多买几斤。 표고버섯은 영양이 풍부하니, 가을에 표고버섯을 보거든 많이 사 두세요.
Xiānggū yíngyǎng fēngfù, qiūtiān pèngdào tā duō mǎi jǐ jīn.

16 敬酒 jìng jiǔ 술을 권하다, 건배하다

敬您一杯(酒) jìng nín yì bēi (jiǔ) 한 잔 드리지요
敬上一杯酒 jìngshàng yì bēi jiǔ 술을 한 잔 올리다

敬敬酒 jìngjing jiǔ 술을 권하다
给客人敬酒 gěi kèrén jìngjiǔ 손님에게 술을 권하다

徐总，我敬您一杯酒吧。 Xú zǒng, wǒ jìng nín yì bēi jiǔ ba. 쉬 사장님 제가 술 한 잔 올리겠습니다.

爸爸，儿子为您敬上一杯美酒。 Bàba, érzi wèi nín jìngshàng yì bēi měi jiǔ. 아버지, 아들이 좋은 술 한 잔 따라 드릴게요.

17 聚会 jùhuì 동 모이다, 회합하다 명 회합, 모임, 집회

一起聚会 yìqǐ jùhuì 같이 모이다
搞一个聚会 gǎo yí ge jùhuì 모임을 가지다

参加聚会 cānjiā jùhuì 모임에 참석하다
同学聚会 tóngxué jùhuì 동창 모임

一月聚会，定在23号周六，地点还是老地方。 1월 모임은 23일 토요일이고, 장소는 늘 만나는 곳입니다.
Yī yuè jùhuì, dìng zài èrshísān hào zhōuliù, dìdiǎn hái shì lǎodìfang.

前几天，我们班的老同学们搞了一个小聚会。 며칠 전에, 우리 반 동창들이 소모임을 가졌다.
Qián jǐ tiān, wǒmen bān de lǎo tóngxuémen gǎole yí ge xiǎo jùhuì.

➕ 老地方 lǎodìfang 늘 만나는 곳, 단골집
'老地方'은 단골집이나 약속 장소로 자주 이용하는 곳으로, 화자와 청자가 같이 알고 있는 특정한 장소를 뜻한다.

18 口味(儿) kǒuwèi(r) 명 맛 명 (음식에 대한) 입맛, 구미, 식욕 명 기호, 취향

草莓口味 cǎoméi kǒuwèi 딸기 맛
口味众多 kǒuwèi zhòngduō 맛이 다양하다
口味不错 kǒuwèi búcuò 맛이 괜찮다
口味很重 kǒuwèi hěn zhòng 간을 세게 먹다

合我的口味 hé wǒ de kǒuwèi 내 입맛/취향에 맞다
口味一样 kǒuwèi yíyàng 입맛/취향이 같다
口味不一样 kǒuwèi bù yíyàng 입맛/취향이 다르다
口味差不多 kǒuwèi chàbuduō 입맛/취향이 비슷하다

月饼是多数人喜爱的美食甜点，口味众多。 월병은 많은 사람들이 좋아하는 명과로, 맛이 여러 가지야.
Yuèbing shì duōshù rén xǐ'ài de měishí tiándiǎn, kǒuwèi zhòngduō.

这里的菜真的很合我的口味。 이곳의 음식은 내 입에 참 잘 맞아.
Zhèli de cài zhēn de hěn hé wǒ de kǒuwèi.

我们俩口味差不多，这些我都爱吃。 우리 둘 입맛이 비슷하잖아. 이 요리들 다 내가 좋아하는 거야.
Wǒmen liǎng kǒuwèi chàbuduō, zhèxiē wǒ dōu ài chī.

19 美食 měishí 圆 맛있는 음식, 미식, 유명한 음식

特色美食 tèsè měishí 별미

美食家 měishíjiā 미식가

美食文化 měishí wénhuà 미식 문화

美食街 měishíjiē 먹자골목

美食广场 měishí guǎngchǎng 푸드코트

享用美食 xiǎngyòng měishí 맛있는 음식을 만끽하다

在中国，几乎每个地方都有特色美食。중국에는 거의 모든 지방에 별미가 있다.
Zài Zhōngguó, jīhū měi ge dìfang dōu yǒu tèsè měishí.

她不愧是美食家，吃方便面都那么讲究。 그녀는 역시 미식가다워. 라면을 먹어도 그렇게 따지는 걸 보면.
Tā búkuì shì měishíjiā, chī fāngbiànmiàn dōu nàme jiǎngjiu.

20 请客 qǐngkè 圄 손님을 초대하다, 한턱내다

他请我的客 tā qǐng wǒ de kè 그 사람이 내게 한턱내다

我请你的客 wǒ qǐng nǐ de kè 내가 네게 한턱내다

请三天客 qǐngle sān tiān kè 3일 동안 손님을 접대하다

请客送礼 qǐngkè sònglǐ 손님을 초대하고 선물을 주다

今天你请客，我买单。 Jīntiān nǐ qǐngkè, wǒ mǎidān. 오늘은 네가 한턱 쏴. 계산은 내가 할 테니.

行了，平时都是我蹭饭，今天轮到我请客了。 됐어. 평소에 내가 밥 많이 얻어 먹었으니까. 오늘은 내가 한턱낼 차례야.
Xíng le, píngshí dōu shì wǒ cèng fàn, jīntiān lúndào wǒ qǐngkè le.

他们搬到新房子后，连请了三天客。 그들은 새집으로 이사하고 나서, 3일 동안 집들이를 했다.
Tāmen bāndào xīn fángzi hòu, lián qǐngle sān tiān kè.

21 上菜 shàng cài 요리를 내다

上菜顺序 shàng cài shùnxù 음식 내오는 순서

上菜手推车 shàng cài shǒutuīchē 서빙카트

提前上菜 tíqián shàng cài 미리 음식을 내오다

上菜开饭 shàng cài kāifàn 음식을 차리고 식사를 시작하다

西餐餐具按上菜顺序摆放。 Xīcān cānjù àn shàng cài shùnxù bǎifàng. 커트러리는 음식이 나오는 순서에 따라 세팅한다.

等客人到齐后再上菜，不能提前上菜。 손님이 다 도착하면 음식을 내오세요. 미리 내오지 말고요.
Děng kèrén dàoqí hòu zài shàng cài, bù néng tíqián shàng cài.

22 食品 shípǐn 圆 식품

保健食品 bǎojiàn shípǐn 건강식품

生鲜食品 shēngxiān shípǐn 신선 식품

绿色食品 lǜsè shípǐn 친환경 식품, 무공해 식품

有机食品 yǒujī shípǐn 유기농 식품, 자연식품

垃圾食品 lājī shípǐn 정크 푸드

转基因食品 zhuǎnjīyīn shípǐn 유전자 변형 식품

食品保质期 shípǐn bǎozhìqī 식품 유통 기한

食品添加剂 shípǐn tiānjiājì 식품 첨가물

绿色食品越来越受到人们的欢迎。 친환경 식품은 갈수록 인기를 끌고 있다.
Lǜsè shípǐn yuèláiyuè shòudào rénmen de huānyíng.

压力大的时候特别想吃垃圾食品。 스트레스가 심할 때 정크 푸드가 특히 더 당기더라고.
Yālì dà de shíhou tèbié xiǎng chī lājī shípǐn.

DAY 15

23 外卖 wàimài 图(음식을) 포장 판매하다 명 배달 음식

外卖食品 wàimài shípǐn 배달 음식

送外卖 sòng wàimài 배달해 주다

不吃外卖 bù chī wàimài 배달 음식을 안 먹다

不叫外卖 bú jiào wàimài 배달 음식을 안 시키다

我爱吃零食和高脂肪的外卖食品。 나는 간식과 고지방 배달 음식을 즐겨 먹어.
Wǒ ài chī língshí hé gāo zhīfáng de wàimài shípǐn.

你好，你们送外卖吗？ 안녕하세요. 거기 배달해 주시나요?
Nǐ hǎo, nǐmen sòng wàimài ma?

我平时在家做饭，从来不叫外卖。 나는 평소에 집에서 밥을 해 먹고, 절대로 배달시키지 않아.
Wǒ píngshí zài jiā zuò fàn, cónglái bú jiào wàimài.

24 味道 wèidao 图(음식의) 맛, 냄새

菜的味道 cài de wèidao 음식 맛

好味道 hǎo wèidao 좋은 맛

味道鲜美 wèidao xiānměi 맛이 좋다

味道不错 wèidao búcuò 맛이 괜찮다

这道菜的味道和口感搭配得很奇特。 이 음식의 맛과 식감이 묘하게 어우러지네.
Zhè dào cài de wèidao hé kǒugǎn dāpèi de hěn qítè.

嗯，味道不错，就是份量有点少了！ 음. 맛은 좋네. 양이 좀 적어서 그렇지!
Èng, wèidao búcuò, jiù shì fènliàng yǒudiǎn shǎo le!

25 小费 xiǎofèi 图팁, 봉사료

给小费 gěi xiǎofèi 팁을 주다

付小费 fù xiǎofèi 팁을 지불하다

不收小费 bù shōu xiǎofèi 팁을 받지 않다

小费的多少 xiǎofèi de duōshǎo 팁의 액수

在美国，给小费是最基本的礼貌。 Zài Měiguó, gěi xiǎofèi shì zuì jīběn de lǐmào. 미국에서는 팁을 주는 게 기본적인 예의이다.

对不起，先生，我们不收小费。 Duìbuqǐ, xiānsheng, wǒmen bù shōu xiǎofèi. 죄송합니다. 손님, 저희는 팁을 받지 않습니다.

26 宴会 yànhuì 图연회, 잔치

摆宴会 bǎi yànhuì 잔치를 열다

结婚宴会 jiéhūn yànhuì 결혼 피로연

生日宴会 shēngrì yànhuì 생일 파티

宴会的气氛 yànhuì de qìfēn 연회 분위기

今天宴会的气氛就格外热闹。 오늘 연회의 분위기가 아주 흥겨웠다.
Jīntiān yànhuì de qìfēn jiù géwài rènào.

高书记摆下宴会为女婿接风。 까오 서기는 사위를 환영하는 잔치를 열었다.
Gāo shūjì bǎixià yànhuì wèi nǚxu jiēfēng.

别难过，天下没有不散的宴会嘛。 슬퍼 마. 만나면 누구나 언젠간 헤어지기 마련이잖아.
Bié nánguò, tiānxià méiyǒu bú sàn de yànhuì ma.

27 营养 yíngyǎng 몧 영양, 양분

很有营养 hěn yǒu yíngyǎng 영양이 많다
富于营养 fùyú yíngyǎng 영양이 풍부하다
补充营养 bǔchōng yíngyǎng 영양을 보충하다
注意营养 zhùyì yíngyǎng 영양에 신경 쓰다

营养食品 yíngyǎng shípǐn 건강식, 영양 식품
营养成分 yíngyǎng chéngfèn 영양 성분
营养不良 yíngyǎng bùliáng 영양 불량
营养价值 yíngyǎng jiàzhí 영양가

参鸡汤不仅味道鲜美，也营养健康。 삼계탕은 맛도 좋을뿐더러 영양가 있고 건강에도 좋다.
Shēnjītāng bùjǐn wèidao xiānměi, yě yíngyǎng jiànkāng.

老年人更容易出现营养不良现象。 노인들한테서 영양 불량 현상이 더 많이 나타난다.
Lǎoniánrén gèng róngyì chūxiàn yíngyǎng bùliáng xiànxiàng.

28 用餐 yòngcān 동 식사를 하다, 밥을 먹다

用餐愉快 yòngcān yúkuài 맛있게 드세요
一起用餐 yìqǐ yòngcān 같이 식사하다

用餐时间 yòngcān shíjiān 식사 시간
用餐习惯 yòngcān xíguàn 식사 습관

您点的菜全都上齐了，祝你们用餐愉快！ 손님께서 주문하신 음식이 다 나왔습니다. 맛있게 드세요!
Nín diǎn de cài quándōu shàngqí le, zhù nǐmen yòngcān yúkuài!

29 醉 zuì 동 취하다 동 아주 좋아하다

醉倒 zuìdǎo 취해 쓰러지다
醉不了 zuìbuliǎo 취하지 않다

醉得厉害 zuì de lìhai 많이 취하다
醉的样子 zuì de yàngzi 취한 모습

何主任是海量，喝一大杯白酒也醉不了。 허 주임은 주당이라 고량주를 큰 잔으로 마셔도 취하지 않아요.
Hé zhǔrèn shì hǎiliàng, hē yí dà bēi báijiǔ yě zuìbuliǎo.

他醉得厉害，你扶他起来吧。 저 친구 많이 취했어. 자네가 좀 일으켜 주게.
Tā zuì dé lìhai, nǐ fú tā qǐlái ba.

30 做客 zuòkè 동 손님이 되다, 방문하다

去做客 qù zuòkè 방문하다
做做客 zuòzuo kè 손님으로 가다

做几次客 zuò jǐ cì kè 몇 번 방문하다
出门做客 chūmén zuòkè 손님으로 가다

这么巧，又碰见了，哪天来我家做做客吧。 어머! 또 만났네요. 언제 저희 집에 한번 놀러 오세요.
Zhème qiǎo, yòu pèngjiàn le, nǎ tiān lái wǒ jiā zuòzuo kè ba.

我去沈阿姨家做过几次客。 나는 심씨 아주머니 댁에 몇 번 놀러 갔었다.
Wǒ qù Shén āyí jiā zuòguo jǐ cì kè.

妈妈嘱咐我出门做客要注意礼节。 엄마는 나에게 다른 집에 손님으로 갈 때는 예의에 신경 쓰라고 당부하셨다.
Māma zhǔfù wǒ chūmén zuòkè yào zhùyì lǐjié.

식당

茶馆 cháguǎn 몡 다방, 찻집 ｜ 饭馆 fànguǎn 몡 식당 ｜ 咖啡厅 kāfēitīng 몡 카페, 커피숍 ｜ 酒吧 jiǔbā 몡 바, 술집

快餐厅 kuàicāntīng 패스트푸드점 ｜ 禁烟席 jìnyānxí 금연석 ｜ AA制 AA zhì 더치페이 [비용을 각자 부담하는 방식]

餐巾纸 cānjīnzhǐ 몡 종이 냅킨 ｜ 湿巾 shījīn 몡 물티슈 ｜ 起子 qǐzi 몡 병따개

宴请 yànqǐng 동 잔치를 베풀어 손님을 초대하다 ｜ 酗酒 xùjiǔ 동 주정하다, 취해서 난폭하게 굴다

酒鬼 jiǔguǐ 몡 술고래 ｜ 海量 hǎiliàng 몡 술고래, 말술 ｜ 后劲 hòujìn 몡 뒤끝, 숙취

식사, 간식

凉菜 liángcài 몡 전채 요리 ｜ 热菜 rècài 몡 따뜻한 요리 ｜ 招牌菜 zhāopáicài 몡 (식당의) 간판 요리

套餐 tàocān 동 세트 음식 ｜ 主食 zhǔshí 몡 주식 ｜ 米饭 mǐfàn 몡 쌀밥 ｜ 汤 tāng 몡 탕, 국

意大利面 yìdàlìmiàn 몡 스파게티, 파스타 ｜ 沙拉 shālā 몡 샐러드 ｜ 比萨饼 bǐsàbǐng 몡 피자

汉堡包 hànbǎobāo 몡 햄버거 ｜ 三明治 sānmíngzhì 몡 샌드위치 ｜ 薯条 shǔtiáo 몡 프렌치프라이, 가늘게 썬 감자튀김

甜甜圈 tiántiánquān 몡 도넛 ｜ 炸鸡 zhájī 몡 닭튀김, 치킨 ｜ 垃圾食品 lājī shípǐn 정크 푸드 ｜ 甜点 tiándiǎn 몡 디저트

小吃 xiǎochī 몡 간단한 음식, 스낵 ｜ 零食 língshí 몡 간식, 군것질 ｜ 包子 bāozi 몡 (소가 든) 만두 [찐빵]

饼干 bǐnggān 몡 과자 ｜ 饺子 jiǎozi 몡 교자, 만두 ｜ 馒头 mántou 몡 만터우 [소가 없는 중국식 찐빵] ｜ 面包 miànbāo 몡 빵

蛋糕 dàngāo 몡 케이크, 카스테라 ｜ 起司蛋糕 qǐsī dàngāo 치즈 케이크 ｜ 方便面 fāngbiànmiàn 몡 라면

汤圆 tāngyuán 몡 탕위안 [찹쌀 가루 반죽을 새알 모양으로 빚은 중국요리] ｜ 油条 yóutiáo 몡 요우티아오 [(기름에 튀긴) 중국식 꽈배기]

月饼 yuèbing 몡 월병 [중추절에 먹는 중국의 전통 구운 과자] ｜ 粽子 zòngzi 몡 쫑즈 [각종 재료를 대나무 잎에 싸서 쪄 먹는 중국요리]

粥 zhōu 몡 죽 ｜ 冰淇淋 bīngqílín 몡 아이스크림 ｜ 宵夜 xiāoyè 몡 밤참, 야식

음료

矿泉水 kuàngquánshuǐ 몡 생수, 미네랄워터 ｜ 橙汁 chéngzhī 몡 오렌지 주스 ｜ 豆浆 dòujiāng 몡 콩국

芬达 fēndá 몡 환타 ｜ 可乐 kělè 몡 콜라 ｜ 汽水 qìshuǐ 몡 사이다 ｜ 雪碧 xuěbì 몡 스프라이트 ｜ 红茶 hóngchá 몡 홍차

菊花茶 júhuāchá 몡 국화차 ｜ 龙井茶 lóngjǐngchá 몡 용정차 ｜ 绿茶 lǜchá 몡 녹차 ｜ 茉莉花茶 mòlìhuāchá 몡 재스민차

普洱茶 pǔ'ěrchá 몡 보이차 ｜ 铁观音 tiěguānyīn 몡 철관음 ｜ 乌龙茶 wūlóngchá 몡 우롱차 ｜ 奶茶 nǎichá 몡 밀크티

牛奶 niúnǎi 몡 우유 ｜ 酸奶 suānnǎi 몡 요구르트 ｜ 浓咖啡 nóng kāfēi 에스프레소 ｜ 美式咖啡 měishì kāfēi 아메리카노

拿铁咖啡 nátiě kāfēi 카페라테 ｜ 卡布奇诺 kǎbùqínuò 카푸치노 ｜ 玛琪雅朵 mǎqíyǎduǒ 마키아토

摩卡咖啡 mókǎ kāfēi 모카 커피 ｜ 白酒 báijiǔ 몡 백주 ｜ 红酒 hóngjiǔ 몡 레드 와인 ｜ 葡萄酒 pútaojiǔ 몡 와인

黄酒 huángjiǔ 몡 황주 ｜ 鸡尾酒 jīwěijiǔ 몡 칵테일 ｜ 啤酒 píjiǔ 몡 맥주 ｜ 威士忌 wēishìjì 몡 위스키

속담, 성어, 관용어

请慢用 qǐng màn yòng 맛있게 드세요 ｜ 山珍海味 shānzhēn hǎiwèi 산해진미

民以食为天 mín yǐ shí wéi tiān 금강산도 식후경 [백성은 먹는 것을 하늘처럼 여긴다, 백성은 먹는 일을 가장 중요하게 생각한다]

露一手 lòu yìshǒu (기량·재주를) 한 수 내보이다, 솜씨를 발휘하다 ｜ 饥不择食 jībùzéshí 배고플 때는 찬밥 더운밥 가릴 여유가 없다

따페이 훈련

얼마 안 비싸다　貴不了不少 X　貴不了多少 O

01 比较 bǐjiào 图 비교하다 閉 비교적

详细比较 xiángxì bǐjiào 자세히 비교하다	比较起来 bǐjiào qǐlái 비교해 보면
好好比较 hǎohǎo bǐjiào 꼼꼼하게 비교하다	比较便宜 bǐjiào piányi 비교적 싸다
比较一下 bǐjiào yíxià 비교해 보다	比较好 bǐjiào hǎo 비교적 괜찮다
比较而言 bǐjiào ér yán 비교해 보면	比较分明 bǐjiào fēnmíng 비교적 분명하다

好好比较一下，货比三家不吃亏。 꼼꼼하게 비교해 봐. 여러 곳을 비교해 봐서 손해 볼 것 없으니까.
Hǎohǎo bǐjiào yíxià, huòbǐsānjiā bù chīkuī.

这两款折叠屏手机比较起来，还是三星的好。 이 두 개의 폴더식 휴대폰을 비교해 보면, 그래도 삼성 게 낫다.
Zhè liǎng kuǎn zhédié píng shǒujī bǐjiào qǐlái, háishi Sānxīng de hǎo.

这里的商品比较便宜。 여기서 파는 상품이 비교적 저렴해.
Zhèli de shāngpǐn bǐjiào piányi.

02 出售 chūshòu 图 팔다, 매각하다

出售蔬菜 chūshòu shūcài 채소를 팔다	高价出售 gāojià chūshòu 고가로 팔다
出售服装 chūshòu fúzhuāng 의류를 팔다	廉价出售 liánjià chūshòu 싼값에 팔다
出售二手车 chūshòu èrshǒuchē 중고차를 팔다	停止出售 tíngzhǐ chūshòu 판매를 중지하다
专门出售 zhuānmén chūshòu 전문으로 판매하다	禁止出售 jìnzhǐ chūshòu 판매를 금하다

这家百年老店专门出售中式糕点。 이 백년 가게에서는 중국식 과자를 전문으로 판매합니다.
Zhè jiā bǎinián lǎodiàn zhuānmén chūshòu zhōngshì gāodiǎn.

该商品已经停止出售，请选择别的商品。 이 상품은 이미 판매 중지했으니, 다른 상품을 선택해 주세요.
Gāi shāngpǐn yǐjīng tíngzhǐ chūshòu, qǐng xuǎnzé bié de shāngpǐn.

➕ 百年老店 bǎinián lǎodiàn, 老字号 lǎozìhào
역사가 깊고 전통이 있는 상점을 말할 때, '百年老店(백년 가게)' '老字号(전통 있는 가게)'라는 표현을 쓴다. 대표적인 가게로 '全聚德
(Quánjùdé / 1864년 개업)'와 '东来顺(Dōngláishùn / 1903년 개업)' 등이 있다.

03 促销 cùxiāo 图 판매를 촉진시키다

搞促销 gǎo cùxiāo 판촉을 벌이다	促销活动 cùxiāo huódòng 판촉 행사
促销品 cùxiāopǐn 판촉 용품	大促销 dà cùxiāo 바겐세일
促销员 cùxiāoyuán 판촉 사원	广告促销策略 guǎnggào cùxiāo cèlüè 광고 판촉 전략
促销战 cùxiāozhàn 판촉 경쟁	

我这辆自行车是搞促销的时候买的。 내 자전거는 판촉 행사할 때 산 거야.
Wǒ zhè liàng zìxíngchē shì gǎo cùxiāo de shíhou mǎi de.

今天这家超市大促销，全场所有商品买一送一。 오늘 이 마트에서는 바겐세일을 하는데, 매장 내 모든 상품이 1+1이래.
Jīntiān zhè jiā chāoshì dà cùxiāo, quán chǎng suǒyǒu shāngpǐn mǎi yī sòng yī.

04 打折 dǎzhé 图 할인하다, 에누리하다

打七折 dǎ qī zhé 30퍼센트 할인
打五折 dǎ wǔ zhé 반값 할인
打折促销 dǎzhé cùxiāo 할인 판매, 할인 프로모션

打折优惠 dǎzhé yōuhuì 할인 혜택
打折活动 dǎzhé huódòng 할인 이벤트
不打折 bù dǎzhé 할인을 안 하다

所有衣服一律打七折出售。 모든 의류를 일률적으로 30퍼센트 할인 판매합니다.
Suǒyǒu yīfu yílǜ dǎ qī zhé chūshòu.

我公司自成立以来，一直坚持"不打折"的原则。 우리 회사는 창립 이래, 'No Sale' 원칙을 고수하고 있다.
Wǒ gōngsī zì chénglì yǐlái, yìzhí jiānchí "bù dǎzhé"de yuánzé.

05 大方 dàfang 图 (씀씀이가) 시원스럽다, 인색하지 않다 图 (스타일, 색상 등이) 점잖다, 고상하다, 우아하다

大大方方 dàda fāngfāng 대범하다, 거침없다
花钱大方 huā qián dàfang 씀씀이가 대범하다
说话大方 shuōhuà dàfang 거침없이 말하다

大方的人 dàfang de rén 통 큰 사람
对人大方 duì rén dàfang 다른 사람에게 인색하지 않다
款式大方 kuǎnshì dàfang 디자인이 깔끔하다

他买东西从来不会讨价还价，花钱很大方。 그 친구는 물건을 살 때 흥정도 안 하고, 씀씀이가 대범하다니까.
Tā mǎi dōngxi cónglái bú huì tǎojià huánjià, huā qián hěn dàfang.

这件衣服款式大方，便于搭配裤装。 이 옷은 디자인이 깔끔해서 바지와 맞춰 입기 좋아요.
Zhè jiàn yīfu kuǎnshì dàfang, biànyú dāpèi kùzhuāng.

➕ 大方 dàfang 인색하지 않다, 小气 xiǎoqì 인색하다, 쩨쩨하다
'大方 dàfang'은 주로 다른 사람에게 돈을 쓸 때 시원스럽게 잘 쓰는 것을 말한다. 이와 반대로 쩨쩨하고 인색할 때는 '小气 xiǎoqì'를 쓴다.
我算是大方和小气的综合版吧。 나는 대범과 쩨쩨의 종합 버전쯤 되는 것 같아.

06 发票 fāpiào 图 영수증

开发票 kāi fāpiào 영수증을 발급하다
没有发票 méiyǒu fāpiào 영수증이 없다
提供发票 tígōng fāpiào 영수증을 제출하다
商业发票 shāngyè fāpiào 인보이스

发票的日期 fāpiào de rìqī 영수증 발급일
发票的钱数 fāpiào de qiánshù 영수증 금액
凭发票报销 píng fāpiào bàoxiāo
영수증에 근거해 (비용을 회사에) 청구하다

小姐，给我开张发票，好吗? 아가씨, 영수증을 발급해 주시겠어요?
Xiǎojiě, gěi wǒ kāi zhāng fāpiào, hǎo ma?

没有发票，不可能给你退货的。 영수증이 없으면 반품이 안 됩니다.
Méiyǒu fāpiào, bù kěnéng gěi nǐ tuìhuò de.

07 付款 fùkuǎn 图돈을 지불하다, 결제하다

付款方式 fùkuǎn fāngshì 지불 방식
分期付款 fēnqī fùkuǎn 분할 납부
当时付款 dàngshí fùkuǎn 즉시 지불하다
货到付款 huòdào fùkuǎn 착불로 하다

不付款 bú fùkuǎn 지불하지 않다
付款通知书 fùkuǎn tōngzhīshū 청구서
用信用卡付款 yòng xìnyòngkǎ fùkuǎn
신용카드로 결제하다

先生，请到柜台去付款好吗? 손님, 계산대로 가셔서 결제해 주시겠어요?
Xiānsheng, qǐng dào guìtái qù fùkuǎn hǎo ma?

持有信用卡的用户可以12个月分期付款。 신용카드를 갖고 계신 고객님은 12개월 분할 납부하실 수 있어요.
Chíyǒu xìnyòngkǎ de yònghù kěyǐ shíèr ge yuè fēnqī fùkuǎn.

目前支付宝是可以用信用卡付款的。 현재 알리페이는 신용카드로도 결제가 돼.
Mùqián Zhīfùbǎo shì kěyǐ yòng xìnyòngkǎ fùkuǎn de.

08 高档 gāodàng 图고급의, 상등의

高档商品 gāodàng shāngpǐn 고급 제품
高档品牌 gāodàng pǐnpái 고급 브랜드
高档货 gāodànghuò 고급품

低档 dīdàng 图저급의

低档商品 dīdàng shāngpǐn 저급 제품
中、低挡 zhōng、dīdàng 중저급의, 중저가의
低档货 dīdànghuò 저급품, 저가품

我们的下一步策略是开发中、高档品牌。 우리의 다음 목표는 중고급 브랜드를 런칭하는 것입니다.
Wǒmen de xià yí bù cèlüè shì kāifā zhōng、gāodàng pǐnpái.

她从来不穿高档衣服，不吃贵的菜。 그녀는 고급 옷을 입지도, 비싼 음식을 먹지도 않는다.
Tā cónglái bù chuān gāodàng yīfu, bù chī guì de cài.

说是高档货，但一看就是低档的便宜货。 말로는 고급품이라 하는데, 딱 봐도 싸구려 물건 같아.
Shuō shì gāodànghuò, dàn yí kàn jiù shì dīdàng de piányi huò.

09 购买 gòumǎi 图구입하다, 구매하다

购买商品 gòumǎi shāngpǐn 상품을 구매하다
购买礼品 gòumǎi lǐpǐn 선물을 구매하다
购买食品 gòumǎi shípǐn 식품을 구입하다
大量购买 dàliàng gòumǎi 대량으로 구매하다

购买不了 gòumǎi buliǎo 구매할 수 없다
购买两年了 gòumǎi liǎng nián le 구매한 지 2년 되다
购买力 gòumǎilì 구매력
潜在购买力 qiánzài gòumǎilì 잠재적 구매력

购买食品时，一定要查看保质期。 식품을 구입할 때는 유효기간을 꼭 살펴봐야 해.
Gòumǎi shípǐn shí, yídìng yào chákàn bǎozhìqī.

顾客一次性大量购买某种产品，就可享受较低价格。
Gùkè yícìxìng dàliàng gòumǎi mǒu zhǒng chǎnpǐn, jiù kě xiǎngshòu jiào dī jiàgé.
고객이 어떤 제품을 한 번에 대량 구매하면, 비교적 저렴한 가격으로 살 수 있다.

一般说来，物价上涨，人们的购买力普遍降低。 보통은 물가가 오르면 사람들의 구매력이 전반적으로 감소한다.
Yìbān shuō lái, wùjià shàngzhǎng, rénmen de gòumǎilì pǔbiàn jiàngdī.

10 购物 gòuwù 물건을 구입하다, 쇼핑하다

购物**方式** gòuwù fāngshì 쇼핑 방식

购物**车** gòuwùchē 쇼핑 카트

购物**中心** gòuwù zhōngxīn 쇼핑센터

购物**节** gòuwùjié 쇼핑의 날, 쇼핑 데이

网购是年轻人喜欢的购物方式。 온라인 쇼핑은 젊은이들이 좋아하는 쇼핑 방식이다.
Wǎnggòu shì niánqīngrén xǐhuan de gòuwù fāngshì.

"双十一"购物节马上就要到了。 11월 11일 쇼핑의 날이 바로 코앞이다.
"Shuāng shíyī" gòuwùjié mǎshàng jiù yào dào le.

11 贵 guì 형(값이) 비싸다 형(지위가) 높다

贵不了多少 guìbuliǎo duōshao 얼마 안 비싸다

贵了不少 guìle bù shǎo 많이 올랐다

买贱卖贵 mǎi jiàn mài guì 싸게 사서 비싸게 팔다

荣华富贵 rónghuá fùguì 부귀영화

贵公司 guì gōngsī 귀사 / 贵校 guì xiào 귀교

贵国 guì guó 귀국 / 贵方 guìfāng 댁

这里的东西太贵了，买不起。 이곳의 물건은 너무 비싸서 살 수가 없어.
Zhèli de dōngxi tài guì le, mǎibuqǐ.

这款冰箱比那款贵不了多少。 이 냉장고는 저것보다 얼마 안 비싸요.
Zhè kuǎn bīngxiāng bǐ nà kuǎn guìbuliǎo duōshao.

➕ 贵不了不少 guìbuliǎo bù shǎo **VS** 贵不了多少 guìbuliǎo duōshao

다른 것에 비해 '얼마 안 비싸다'라는 표현을 할 때는 '贵不了' 뒤에 임의의 수량을 나타내는 '多少'를 써 주면 된다. 언뜻 보면, '不少'도 될 것 같은데, '不少'는 '적지 않다, 많다'의 뜻을 갖고 있기 때문에 '贵了不少(많이 비싸졌다, 올랐다)'로 쓰는 것이 바람직하다.

这个比那个贵不了<u>多少</u>。 이건 저것보다 얼마 안 비싸. | 这个比去年贵了<u>不少</u>。 이거 작년보다 많이 비싸졌네.

12 过期 guòqī 동 기일이 지나다, 기한을 넘기다

过了期 guòle qī 유효 기간이 지나다

过期作废 guòqī zuòfèi 기한이 지나면 무효이다

过期**商品** guòqī shāngpǐn 이월 상품

我们保证不卖过期、变质及不合格商品。 우리는 유통 기한이 지났거나, 변질되거나 불합격된 상품은 절대 판매하지 않습니다.
Wǒmen bǎozhèng bú mài guòqī, biànzhì jí bù hégé shāngpǐn.

优惠券是有使用期限的，过期就会作废。 쿠폰은 사용 기한이 있어서 유효 기간이 지나면 폐기해야 해.
Yōuhuìquàn shì yǒu shǐyòng qīxiàn de, guòqī jiù huì zuòfèi.

13 花 huā 동(돈을) 쓰다, (시간을) 들이다 형(무늬가) 알록달록하다 명꽃

花钱 huā qián 돈을 쓰다

花时间 huā shíjiān 시간을 투자하다

花衣服 huā yīfu 알록달록한 옷

太花了 tài huā le 너무 알록달록하다

花样年华 huāyàng niánhuá 꽃다운 시절, 꽃다운 나이

送花 sòng huā 꽃을 선물하다

今天逛街买这买那，花了不少钱。 오늘 쇼핑하러 가서 이것 저것 사느라 돈을 꽤 많이 썼다.
Jīntiān guàng jiē mǎi zhè mǎi nà, huāle bù shǎo qián.

这个月的工资花得差不多了。 이번 달 월급을 거의 다 써 버렸어.
Zhè ge yuè de gōngzī huā de chàbuduō le.

为了写这本书，他整整花了一年半的时间。 이 책을 쓰느라 그는 꼬박 1년 반이 걸렸어.
Wèile xiě zhè běn shū, tā zhěngzhěng huāle yì nián bàn de shíjiān.

你买的衣服太花了吧，我都不敢穿了。 네가 산 옷 너무 튄다. 나는 못 입겠어.
Nǐ mǎi de yīfu tài huā le ba, wǒ dōu bùgǎn chuān le.

➕ '花'의 다른 용법
'花'에는 여러 가지 의미가 있는데, '(눈이) 침침하다'라는 의미로도 사용된다.
我一看书就头晕脑胀，眼睛花。 책만 보면 머리가 멍해지고, 눈이 침침해.

14 换 huàn 동교환하다, 바꾸다, 교체하다

换衣服 huàn yīfu (옷을) 갈아입다

换钱 huànqián 환전하다

换大一号 huàn dà yí hào 한 사이즈 큰 것으로 바꾸다

换小一号 huàn xiǎo yí hào 한 사이즈 작은 것으로 바꾸다

用 yòng ＋ A ＋ 换 huàn ＋ B A를 B로 바꾸다

那件不怎么样，你换上这件衣服试试。 그 옷은 별로다. 이 옷으로 갈아입어 봐.
Nà jiàn bù zěnmeyàng, nǐ huànshàng zhè jiàn yīfu shìshi.

这双鞋有点小，我想换大一号的。 이 신발은 좀 작네요. 한 사이즈 큰 걸로 바꾸고 싶은데요.
Zhè shuāng xié yǒudiǎn xiǎo, wǒ xiǎng huàn dà yí hào de.

马赛，一百美元能换多少人民币呢？ 마싸이, 100달러는 인민폐 얼마로 환전되니?
Mǎ Sài, yìbǎi měiyuán néng huàn duōshao rénmínbì ne?

15 价格 jiàgé 명가격

价格贵 jiàgé guì 가격이 비싸다

价格高 jiàgé gāo 가격이 높다

价格低 jiàgé dī 가격이 낮다

价格不同 jiàgé bù tóng 가격이 다르다

提高价格 tígāo jiàgé 가격을 올리다

调整价格 tiáozhěng jiàgé 가격을 조정하다

价格实惠 jiàgé shíhuì 가격이 실속 있다

价格面议 jiàgé miànyì 가격은 만나서 상의한다

一分钱一分货嘛，价格贵的东西肯定是有它贵的道理。
Yì fēn qián yì fēn huò ma, jiàgé guì de dōngxi kěndìng shì yǒu tā guì de dàolǐ.
싼 게 비지떡이라고, 가격이 비싼 물건은 틀림없이 비싼 이유가 있는 거야.

该商品价格很实惠，而且质量也不错。 이 상품은 가격이 실속 있어요. 게다가 품질도 괜찮고요.
Gāi shāngpǐn jiàgé hěn shíhuì, érqiě zhìliàng yě búcuò.

要买东西光看价格不行。 물건을 살 때 가격만 따져선 안 되는 거야.
Yào mǎi dōngxi guāng kàn jiàgé bùxíng.

16 讲价 jiǎngjià 동 값을 흥정하다

讲讲价 jiǎngjiang jià 가격을 흥정하다
会讲价 huì jiǎngjià 흥정을 잘하다

不讲价 bù jiǎngjià 에누리 하지 않다

可以讲价，但是不要没有底线地去讲价。 값을 흥정할 수는 있지만, 마지노선 없이 깎는 건 아닌 것 같아.
Kěyǐ jiǎngjià, dànshì búyào méiyǒu dǐxiàn de qù jiǎngjià.

美女，你可真会讲价，好吧，就一百五呗。 손님도 참 흥정을 잘하시네요. 좋아요, 150위안으로 해요.
Měinǚ, nǐ kě zhēn huì jiǎngjià, hǎo ba, jiù yìbǎi wǔ bei.

这是实价，我们不讲价。 Zhè shì shíjià, wǒmen bù jiǎngjià. 이건 정찰가고, 저희는 에누리를 안 합니다.

➕ **美女** měinǚ 아가씨, 손님
'美女'는 시장, 상점가에서 자주 들을 수 있는 말로, '여자 손님'을 부를 때 '美女(아가씨, 손님)'라는 말을 많이 쓴다. 이와 함께, '小姐(xiǎojiě, 아가씨, 손님)' '大姐(dàjiě, 아주머니, 손님)'라는 표현도 쉽게 들을 수 있다.

17 降价 jiàngjià 동 값을 내리다, 할인하다

降降价 jiàngjiang jià 값을 내리다
降价处理 jiàngjià chǔlǐ 값을 내려 처리하다
降价出售 jiàngjià chūshòu 할인하여 판매하다
大降价 dà jiàngjià 바겐세일

降价货 jiàngjiàhuò 세일 품목
降价率 jiàngjiàlǜ 할인율
降价幅度 jiàngjià fúdù 할인 폭

该店决定降价出售冬装。 이 가게는 겨울옷을 할인 판매하기로 결정했다.
Gāi diàn juédìng jiàngjià chūshòu dōngzhuāng.

为了回笼资金，不记成本，疯狂大降价！ 자금 회수를 위해, 원가 안 따지고, 미친 세일을 합니다!
Wèile huílóng zījīn, bú jì chéngběn, fēngkuáng dà jiàngjià!

不能再降价了，最低二百五，不买就算了。 더 이상은 못 깎아드려요. 최저가 250위안이요. 안 사시려면 관둬요.
Bù néng zài jiàngjià le, zuì dī èrbǎi wǔ, bù mǎi jiù suàn le.

18 买 mǎi 동 사다, 구입하다

买不到 mǎibudào 살 수가 없다
买不起 mǎibuqǐ 살 수가 없다

给你买 gěi nǐ mǎi 너에게 사 주다
买菜 mǎi cài 장 보다

你是世界的首富，也买不到生命。 네가 이 세상 최고 갑부라도, 목숨은 살 수 없어.
Nǐ shì shìjiè de shǒufù, yě mǎibudào shēngmìng.

说吧，宝贝儿，你要什么我给你买什么。 말해 봐, 자기야. 필요한 거 다 사 줄게.
Shuō ba, bǎobèir, nǐ yào shénme wǒ gěi nǐ mǎi shénme.

这是人家送的，不是买的。 Zhè shì rénjiā sòng de, bú shì mǎi de. 이건 누구한테 선물 받은 거야. 산 게 아니라고.
我打算去超市买点菜回家。 Wǒ dǎsuàn qù chāoshì mǎi diǎn cài huí jiā. 나는 마트에서 장을 좀 봐서 집에 가려고.

➕ 买不到 mǎibudào VS 买不起 mǎibuqǐ
'买不到'는 물건이 없어서 못 사는 것을 뜻하고, '买不起'는 돈이 없어서 못 사는 것을 말한다.

---

19 卖 mài 图팔다, 판매하다

卖出去 mài chūqù 팔려 나가다	卖给 mài gěi + 대상 ~에게 팔다
卖不动 màibudòng 팔리지 않다	卖咖啡的 mài kāfēi de 커피를 파는 사람
卖得太贵了 mài de tài guì le 너무 비싸게 팔다	卖力气的 mài lìqi de 노동 일을 하는 사람

老板，求求您了，自行车卖给我吧。 사장님, 부탁드려요. 자전거 저한테 파세요.
Lǎobǎn, qiúqiu nín le, zìxíngchē mài gěi wǒ ba.

我不是网红，我是卖咖啡的。 저는 인플루언서가 아니라, 카페를 하고 있어요. [网红: 인터넷 스타, 인플루언서]
Wǒ bú shì wǎnghóng, wǒ shì mài kāfēi de.

---

20 免费 miǎnfèi 图무료로 하다

免费服务 miǎnfèi fúwù 무료 서비스	免费送货 miǎnfèi sòng huò 무료로 배송하다, 무료 배송
免费试吃 miǎnfèi shìchī 무료 시식하다	全部免费 quánbù miǎnfèi 전부 무료이다
不免费 bù miǎnfèi 공짜가 아니다	免费午餐 miǎnfèi wǔcān 무료로 제공하는 점심, 공짜

店里的所有产品都可以免费试吃。 상점 안에 있는 모든 제품은 다 무료로 시식하실 수 있습니다.
Diàn li de suǒyǒu chǎnpǐn dōu kěyǐ miǎnfèi shìchī.

南京市区内免费送货。 난징시에 한해 무료 배송합니다.
Nánjīng shìqū nèi miǎnfèi sòng huò.

天下没有免费的午餐。 세상에 공짜는 없는 법이야.
Tiānxià méiyǒu miǎnfèi de wǔcān.

---

21 名牌 míngpái 图유명 상표, 유명 브랜드

名牌货 míngpáihuò 유명 브랜드 상품	名牌企业 míngpái qǐyè 명품 기업
名牌商品 míngpái shāngpǐn 유명 브랜드 상품	名牌大学 míngpái dàxué 명문 대학
吃名牌 chī míngpái 유명 브랜드 상품을 맹신하다	

这是现在最流行的款式而且是名牌货。 이게 지금 가장 핫한 디자인이면서 명품이지요.
Zhè shì xiànzài zuì liúxíng de kuǎnshì érqiě shì míngpáihuò.

你是否喜欢购买名牌商品? 너는 유명 브랜드 상품을 구매하는 걸 좋아하니?
Nǐ shìfǒu xǐhuan gòumǎi míngpái shāngpǐn?

22 牌子 páizi 명 상표, 브랜드 명 팻말

广告牌子 guǎnggào páizi 광고판
老牌子 lǎo páizi 오래되고 유명한 상표 [=老牌(儿)]
新牌子 xīn páizi 새로운 브랜드

有名的牌子 yǒumíng de páizi 유명한 브랜드
砸牌子 zá páizi 기업의 명예를 실추시키다
讲究牌子 jiǎngjiu páizi 브랜드를 신경 쓰다

我想买一双运动鞋，不知什么牌子的比较好。 나는 운동화를 한 켤레 사고 싶은데, 어떤 브랜드가 괜찮은지 모르겠어.
Wǒ xiǎng mǎi yì shuāng yùndòngxié, bù zhī shénme páizi de bǐjiào hǎo.

我买东西不太讲究牌子。 나는 물건 살 때 상표에는 별로 신경을 안 써.
Wǒ mǎi dōngxi bú tài jiǎngjiu páizi.

餐厅门口的牌子上写着营业时间。 식당 앞의 팻말에 영업 시간이 적혀 있다.
Cāntīng ménkǒu de páizi shang xiězhe yíngyè shíjiān.

23 便宜 piányi 형 값이 싸다, 저렴하다 명 공짜, 이익, 부당한 이익 동 이익을 주다

便宜一点儿 piányi yìdiǎnr 조금 싸게 해 주다
贪便宜 tān piányi 공짜를 좋아하다, 눈앞의 이익을 탐하다

占便宜 zhàn piányi 남의 등을 치다, 남의 덕을 보다
便宜货 piányihuò 싸구려, 싼 물건

老板，这太贵了，便宜一点儿吧。 사장님, 너무 비싸요. 조금 싸게 해 주세요.
Lǎobǎn, zhè tài guì le, piányi yìdiǎnr ba.

买东西的时候，千万不要贪便宜了。 물건 살 때는 너무 싼 거에만 집착하지 말라고.
Mǎi dōngxi de shíhou, qiānwàn búyào tān piányi le.

他处处爱占便宜，结果却是自己吃亏。 저 친구는 어떻게든 남의 덕을 보려고 하다가 오히려 손해를 봤어.
Tā chùchù ài zhàn piányi, jiéguǒ què shì zìjǐ chīkuī.

24 商品 shāngpǐn 명 상품

商品质量 shāngpǐn zhìliàng 상품의 품질
商品包装 shāngpǐn bāozhuāng 상품의 포장
特价商品 tèjià shāngpǐn 특가 상품

畅销商品 chàngxiāo shāngpǐn 인기 상품
银发商品 yínfà shāngpǐn 실버 상품
商品房 shāngpǐnfáng 분양 주택

现在，商品包装也成了消费者选购时的一个重要关注点。
Xiànzài, shāngpǐn bāozhuāng yě chéngle xiāofèizhě xuǎngòu shí de yí ge zhòngyào guānzhùdiǎn.
지금은 상품 포장도 소비자가 제품을 구매하는 중요한 관심 포인트가 되었다.

这款是我们的畅销商品，现在只剩两个了。 이건 저희 상점에서 잘 나가는 상품이라 지금 두 개 밖에 안 남았네요.
Zhè kuǎn shì wǒmen de chàngxiāo shāngpǐn, xiànzài zhǐ shèng liǎng ge le.

这家商店的银发商品大多数属于国产品牌，种类齐全。 이 상점의 실버 상품은 대부분 국내산 브랜드로, 구색이 잘 갖추어져 있다.
Zhè jiā shāngdiàn de yínfà shāngpǐn dàduōshù shǔyú guóchǎn pǐnpái, zhǒnglèi qíquán.

25 送货 sònghuò 상품을 보내다, 배달하다

送货日期 sònghuò rìqī 배송일
送货费用 sònghuò fèiyòng 배송비
送货周期 sònghuò zhōuqī 배송 주기
快递送货 kuàidì sònghuò 택배 배송

送货到家 sònghuò dào jiā 집까지 배달하다
送货服务 sònghuò fúwù 배달 서비스
次日送货上门 cì rì sònghuò shàngmén 익일 배달

我们为新加入的顾客提供两个月的免费送货服务。
Wǒmen wèi xīn jiārù de gùkè tígōng liǎng ge yuè de miǎnfèi sònghuò fúwù.
저희는 신규 가입 회원에게 2개월 동안 무료 배달 서비스를 제공합니다.

当天下单，次日送货上门。 오늘 주문하면, 익일 배달해 드립니다.
Dàngtiān xiàdān, cìrì sònghuò shàngmén.

26 推荐 tuījiàn 동 추천하다

推荐一下 tuījiàn yíxià 추천하다
大力推荐 dàlì tuījiàn 적극적으로 추천하다

极力推荐 jílì tuījiàn 자신 있게 추천하다
推荐信 tuījiànxìn / 推荐书 tuījiànshū 추천서

请给我推荐一下新上市的手机。 저에게 새로 나온 휴대폰 좀 추천해 주세요.
Qǐng gěi wǒ tuījiàn yíxià xīn shàngshì de shǒujī.

你有什么可以推荐的吗？ 추천해 주실 만한 게 있나요?
Nǐ yǒu shénme kěyǐ tuījiàn de ma?

我刚才在赵总的面前推荐了你。 내가 방금 전에 조 사장님한테 자네를 추천했네.
Wǒ gāngcái zài Zhào zǒng de miànqián tuījiànle nǐ.

27 退货 tuìhuò 동 반품하다

退货处理 tuìhuò chǔlǐ 반품 처리
不接受退货 bù jiēshòu tuìhuò 반품을 받지 않다

无条件退货 wútiáojiàn tuìhuò 무조건 반품

特价商品不接受退款、退货或换货。 특가 상품은 환불, 반품이나 교환이 되지 않습니다.
Tèjià shāngpǐn bù jiēshòu tuìkuǎn, tuìhuò huò huànhuò.

货到付款，七天之内无条件退货。 상품은 착불로 받으시고, 7일 이내에 조건 없이 반품이 됩니다.
Huò dào fùkuǎn, qī tiān zhī nèi wútiáojiàn tuìhuò.

28 消费 xiāofèi 동소비하다

消费者 xiāofèizhě 소비자
消费能力 xiāofèi nénglì 소비 능력
消费心理 xiāofèi xīnlǐ 소비 심리
消费习惯 xiāofèi xíguàn 소비 습관, 소비 패턴

消费倾向 xiāofèi qīngxiàng 소비 성향
消费市场 xiāofèi shìchǎng 소비 시장
消费频率 xiāofèi pínlǜ 소비 빈도
消费标准 xiāofèi biāozhǔn 소비 기준

疫情改变着很多人的消费心理和行为。 전염병이 사람들의 소비 심리와 행동을 변화시켰다.
Yìqíng gǎibiànzhe hěn duō rén de xiāofèi xīnlǐ hé xíngwéi.

宅家式的生活催生了新的消费习惯。 집콕 생활은 새로운 소비 패턴을 탄생시켰다.
Zháijiāshì de shēnghuó cuīshēngle xīn de xiāofèi xíguàn.

包间有最低的消费标准八千八百八十八元起。 별실 최소 주문 금액은 8888위앤부터 시작합니다.
Bāojiān yǒu zuì dī de xiāofèi biāozhǔn bāqiān bābǎi bāshíbā yuán qǐ.

29 优惠 yōuhuì 형특혜의, 우대의

享受优惠 xiǎngshòu yōuhuì 우대 혜택을 받다
优惠价格 yōuhuì jiàgé 우대 가격
优惠政策 yōuhuì zhèngcè 우대 정책

优惠服务 yōuhuì fúwù 우대 서비스
优惠条件 yōuhuì tiáojiàn 우대 조건
优惠券 yōuhuìquàn 쿠폰, 우대권

您可以在我们免税店享受20%的优惠。 손님은 저희 면세점에서 20퍼센트 우대 혜택을 받으실 수 있습니다.
Nín kěyǐ zài wǒmen miǎnshuìdiàn xiǎngshòu bǎi fēn zhī èrshí de yōuhuì.

这份优惠券可以在2030年1月6日这个日期使用。 이 쿠폰은 2030년 1월 6일에 사용하실 수 있습니다.
Zhè fèn yōuhuìquàn kěyǐ zài èr líng sān líng nián yī yuè liù rì zhè ge rìqī shǐyòng.

30 涨价 zhǎngjià 동값이 오르다

在涨价 zài zhǎngjià 가격이 오르고 있다
涨过价 zhǎngguo jià 물가가 올랐다
控制涨价 kòngzhì zhǎngjià 물가 상승을 억제하다
害怕涨价 hàipà zhǎngjià 물가 인상을 겁내다

乱涨价 luàn zhǎngjià 가격을 멋대로 올리다
集体涨价 jítǐ zhǎngjià 담합하여 값을 올리다
涨三次价 zhǎng sān cì jià 물가가 세 차례 오르다
涨价的原因 zhǎngjià de yuányīn 물가 인상의 원인

最近很多东西都在涨价，特别是蔬菜和水果。 요즘 모든 게 다 오르고 있는데, 특히 채소와 과일이 그래.
Zuìjìn hěn duō dōngxi dōu zài zhǎngjià, tèbié shì shūcài hé shuǐguǒ.

这种口香糖几乎没怎么涨过价。 이 껌은 값이 거의 오르지 않았다.
Zhè zhǒng kǒuxiāngtáng jīhū méi zěnme zhǎngguo jià.

鸡蛋价格涨了不少，看来还有涨价的可能。 계란 값이 많이 올랐는데, 보니까 더 오를 가능성이 있겠어.
Jīdàn jiàgé zhǎngle bù shǎo, kànlái hái yǒu zhǎngjià de kěnéng.

便利店 biànlìdiàn 몡 편의점

超市 chāoshì 몡 슈퍼마켓

百货商店 bǎihuò shāngdiàn 백화점

传统市场 chuántǒng shìchǎng 재래시장

面包店 miànbāodiàn 빵집

鞋店 xiédiàn 신발 가게

电视购物 diànshì gòuwù TV 홈 쇼핑

网上商城 wǎngshàng shāngchéng 인터넷 쇼핑몰

老板 lǎobǎn 몡 주인

掌柜 zhǎngguì 몡 상점 주인, 사장

售货员 shòuhuòyuán 몡 점원, 판매원

顾客 gùkè 몡 고객

导购主持人 dǎogòu zhǔchírén 쇼핑 호스트

开门 kāimén 동 문을 열다, 영업을 시작하다

关门 guānmén 동 문을 닫다, 폐업하다

东西 dōngxi 몡 물품, 물건, 음식

库存 kùcún 몡 재고

柜台 guìtái 몡 판매대

收银台 shōuyíntái 몡 계산대, 카운터

条形码 tiáoxíngmǎ 몡 바코드

定价 dìngjià 몡 정가

特价 tèjià 몡 특가, 특별 할인 가격

折扣券 zhékòuquàn 몡 할인권, 쿠폰

积分卡 jīfēnkǎ 몡 적립 카드

现金 xiànjīn 몡 현금

收据 shōujù 몡 영수증, 인수증, 수취증

售后服务 shòuhòu fúwù 애프터서비스

包装 bāozhuāng 몡 포장 동 포장하다

塑料袋 sùliàodài 몡 비닐봉지

纸袋 zhǐdài 몡 종이봉투

砍价 kǎnjià 동 값을 깎다, 에누리하다

团购 tuángòu 동 공동 구매를 하다

代购 dàigòu 대리 구입하다, 구매 대행

网上购物 wǎngshàng gòuwù 온라인 쇼핑

限量版 xiànliàngbǎn 한정판

正品 zhèngpǐn 몡 정품, 규격품, 합격품

宅急送 zháijísòng 몡 택배

二手货 èrshǒuhuò 몡 중고품

假货 jiǎhuò 몡 위조품, 모조품

玩具 wánjù 몡 장난감, 완구

光棍节 Guānggùnjié 광군제 [11월 11일, 솔로의 날]

黑色星期五 Hēisè Xīngqīwǔ
블랙 프라이데이 [미국의 기념일, 추수감사절 다음 날인 금요일]

성어, 속담

货比三家 huòbǐsānjiā
물건을 살 때는 다른 곳과 비교를 해야 한다

货真价实 huòzhēn jiàshí 물건도 믿을 만하고 값도 적당하다

一分钱一分货 yì fēn qián yì fēn huò 싼 게 비지떡이다

讨价还价 tǎojià huánjià 흥정하다

买一送一 mǎi yī sòng yī 원 플러스 원 [하나 사면 하나 더 줌]

送货上门 sònghuò shàngmén 물건을 집까지 배달해 주다

따페이 훈련

집에서 출발하다 出发从家里 X 从家里出发 〇

01 爱好 àihào 图 좋아하다, 애호하다 图 취미, 흥미

特别爱好 tèbié àihào 몹시 좋아하다	共同的爱好 gòngtóng de àihào 같은 취미
爱好音乐 àihào yīnyuè 음악을 좋아하다	最大的爱好 zuì dà de àihào 가장 큰 취미
有爱好 yǒu àihào 취미가 있다	各种爱好 gè zhǒng àihào 다양한 취미
没有爱好 méiyǒu àihào 취미가 없다	爱好者 àihàozhě 애호가, 마니아

我爱好音乐。Wǒ àihào yīnyuè. 나는 음악을 애정하지.

他们俩有一个共同的爱好，那就是看电影！ 그 둘은 같은 취미가 있는데, 그건 바로 영화 감상이야!
Tāmen liǎ yǒu yí ge gòngtóng de àihào, nà jiù shì kàn diànyǐng!

我的爱好很多，但我最大的爱好是踢足球。 나는 취미가 다양하지만, 가장 좋아하는 취미는 축구야.
Wǒ de àihào hěn duō, dàn wǒ zuì dà de àihào shì tī zúqiú.

02 安排 ānpái 图 안배하다, 짜다, 배치하다, 배분하다

安排日程 ānpái rìchéng 일정을 짜다	安排得很周到 ānpái de hěn zhōudào 꼼꼼하게 짜다
安排行程 ānpái xíngchéng 여정을 짜다	安排得很紧张 ānpái de hěn jǐnzhāng 빡빡하게 짜다
安排时间 ānpái shíjiān 시간을 배정하다	安排妥当 ānpái tuǒdàng 적절하게 안배되다
听从安排 tīngcóng ānpái 지시에 따르다	时间安排表 shíjiān ānpáibiǎo 시간표, 일정표

欧洲10天游行程安排得太紧张了。 유럽 10일 여행 스케줄이 너무 빡빡하네.
Ōuzhōu shí tiān yóu xíngchéng ānpái de tài jǐnzhāng le.

随团旅行，要听从导游安排，按时集合上车哟！ 단체 여행 시, 가이드의 지시를 따르고, 스케줄대로 모여 승차해야 합니다!
Suítuán lǚxíng, yào tīngcóng dǎoyóu ānpái, ànshí jíhé shàng chē yō!

03 出发 chūfā 图 출발하다

从 cóng + 장소 + 出发 chūfā ~에서 출발하다	早一点出发 zǎo yìdiǎn chūfā 일찍 떠나다
向 xiàng + 장소 + 出发 chūfā ~를 향해 출발하다	立刻出发 lìkè chūfā 즉시 출발하다
시간 + 出发 chūfā ~에 출발하다	准备出发 zhǔnbèi chūfā 출발 준비하다
准时出发 zhǔnshí chūfā 정시 출발하다	出发时间 chūfā shíjiān 출발 시간
按时出发 ànshí chūfā 제시간에 출발하다	出发点 chūfādiǎn 출발점, 기점

我直接从家里出发怎么样? Wǒ zhíjiē cóng jiā li chūfā zěnmeyàng? 나는 바로 집에서 출발하면 어때?

我们明天早晨八点准时出发。 Wǒmen míngtiān zǎochen bā diǎn zhǔnshí chūfā. 우리는 내일 아침 8시에 정시 출발합니다.

妈妈，只要你一声令下，我们立刻就可以出发。 엄마, 명령만 하시면, 우리는 바로 출발할 수 있어요.
Māma, zhǐyào nǐ yì shēng lìngxià, wǒmen lìkè jiù kěyǐ chūfā.

➕ 从家里出发 cóng jiā li chūfā **VS 在家里出发** zài jiā li chūfā

'집에서 출발하다'처럼 어떤 장소에서 출발/시작한다는 의미를 나타낼 때는 개사 '从'을 써야 한다. '在'는 어떤 장소에서 동작이나 행동을 할 때 사용한다. '从'과 '在' 모두 장소를 동반하는 개사지만 다른 쓰임을 갖고 있으니 주의하자.

在家里出发(X) 从家里出发(O) 집에서 출발하다

从家里看书(X) 在家里看书(O) 집에서 책을 보다

04 度过 dùguò 보내다, 지내다

度过时光 dùguò shíguāng 시간을 보내다

度过节日 dùguò jiérì 명절/축제를 지내다

度过夏天 dùguò xiàtiān 여름을 지내다

幸福度过 xìngfú dùguò 행복하게 지내다

度过一天 dùguò yì tiān 하루를 지내다

度过一生 dùguò yìshēng 일생을 보내다

度过春秋 dùguò chūnqiū 세월을 보내다

在 zài + 장소 + 度过 dùguò ~에서 지내다, 보내다

凤凰古城风景秀丽，我们在那里度过了美好的时光。 봉황고성은 풍경이 수려해. 우리는 그곳에서 아름다운 시간을 보냈어.
Fènghuáng Gǔchéng fēngjǐng xiùlì, wǒmen zài nàli dùguòle měihǎo de shíguāng.

这里夏天清凉无比，来这里轻松度过21℃的夏天吧。
Zhèli xiàtiān qīngliáng wúbǐ, lái zhèli qīngsōng dùguò èrshíyī shèshìdù de xiàtiān ba.
이곳의 여름은 더할 나위 없이 시원하답니다. 여기로 오셔서 편안하게 21도의 여름을 즐겨 보시지요.

05 度假 dùjià 동 휴가를 보내다, 휴양하다

在 zài + 장소 + 度假 dùjià ~에서 휴양하다

到 dào + 장소 + 去度假 qù dùjià ~로 휴가 보내러 가다

休闲度假 xiūxián dùjià 레저를 즐기며 휴양하다

度假村 dùjiàcūn 리조트, 휴양지

度假旅游 dùjià lǚyóu 관광 휴양

旅游度假区 lǚyóu dùjiàqū 관광 휴양지

我想和你一起去海边度假，让我们感受海风的清新。
Wǒ xiǎng hé nǐ yìqǐ qù hǎibiān dùjià, ràng wǒmen gǎnshòu hǎifēng de qīngxīn.
나는 너랑 같이 해변으로 휴가를 떠나, 바닷바람의 싱그러움을 느끼고 싶은데.

夕阳、炭火、啤酒、烤肉，度假村的夜晚开始了。
Xīyáng、tànhuǒ、píjiǔ kǎoròu, dùjiàcūn de yèwǎn kāishǐ le.
석양, 숯불, 맥주, 바비큐, 리조트의 밤이 시작되었다.

06 风景 fēngjǐng 명 풍경

风景优美 fēngjǐng yōuměi 풍경이 아름답다

风景如画 fēngjǐng rú huà 풍경이 그림같다

风景宜人 fēngjǐng yírén 풍경이 마음에 들다

风景秀丽 fēngjǐng xiùlì 풍경이 수려하다

观赏风景 guānshǎng fēngjǐng 풍경을 감상하다

风景线 fēngjǐngxiàn 명소 관광 루트

我们划着小船，荡漾在风景如画的西湖上。 우리는 작은 배를 타고, 그림처럼 아름다운 시후에서 유유자적하고 있다.
Wǒmen huázhe xiǎo chuán, dàngyàng zài fēngjǐng rú huà de Xīhú shang.

八达岭长城壮观宏伟，风景秀丽。 빠다링 만리장성은 규모가 웅장하고, 풍경이 수려하다.
Bādálǐng Chángchéng zhuàngguān hóngwěi, fēngjǐng xiùlì.

07 好奇 hàoqí 형 호기심이 많다

很好奇 hěn hàoqí 호기심이 많다
充满好奇 chōngmǎn hàoqí 호기심이 강하다
引起好奇 yǐnqǐ hàoqí 호기심을 자극하다

感到好奇 gǎndào hàoqí 호기심을 느끼다, 신기해하다
不禁好奇 bùjīn hàoqí 호기심을 감추지 못하다
好奇心 hàoqíxīn 호기심

游客们来到云南省傣族村感到很好奇。 관광객들은 윈난성의 태족촌에 오면 무척 신기해한다.
Yóukèmen láidào Yúnnán Shěng Dǎizúcūn gǎndào hěn hàoqí.

他从小就好奇心很强，对什么事都感兴趣。 그는 어릴 때부터 호기심이 강하고, 모든 일에 관심이 많았어.
Tā cóng xiǎo jiù hàoqíxīn hěn qiáng, duì shénme shì dōu gǎn xìngqù.

08 景色 jǐngsè 형 경치, 풍경, 경색 [자연의 색채가 빚어 내는 경관에 사용함]

景色美丽 jǐngsè měilì 경치가 아름답다
景色宜人 jǐngsè yírén 경치가 매력적이다
景色迷人 jǐngsè mírén 아름다운 경치에 도취하다

景色优美 jǐngsè yōuměi 경치가 아름답다
景色壮观 jǐngsè zhuàngguān 경치가 장관이다
自然景色 zìrán jǐngsè 자연 경치

日出的时候，海上的景色特别美丽。 일출 때 바다의 풍경이 몹시 아름답다.
Rìchū de shíhou, hǎishàng de jǐngsè tèbié měilì.

这里空气新鲜，景色优美，都是最原始的好风景。 이곳은 공기도 맑고, 경치도 아름답고 모든 것이 가장 원시적인 멋진 풍경이야.
Zhèli kōngqì xīnxiān, jǐngsè yōuměi, dōu shì zuì yuánshǐ de hǎo fēngjǐng.

09 浪漫 làngmàn 형 로맨틱하다, 낭만적이다

浪漫极了 làngmàn jí le 아주 낭만적이다
浪漫情调 làngmàn qíngdiào 낭만적인 분위기
浪漫的事 làngmàn de shì 낭만적인 일

浪漫旅行 làngmàn lǚxíng 낭만적인 여행
浪漫指数 làngmàn zhǐshù 낭만 지수
浪漫派 làngmànpài 낭만파, 로맨티스트

漫步在这里，多美啊！真是浪漫极了。 이곳을 거닐고 있다니, 얼마나 좋은지! 정말이지 너무 낭만적이야.
Mànbù zài zhèli, duō měi a! Zhēnshi làngmàn jí le.

最浪漫的事就是在旅途中和你一起看日出日落。 가장 낭만적인 일은 여행하면서 당신과 같이 일출과 일몰을 보는 것이죠.
Zuì làngmàn de shì jiù shì zài lǚtú zhōng hé nǐ yìqǐ kàn rìchū rìluò.

10 露营 lùyíng 동 캠핑하다, 야영하다

露营车 lùyíngchē 캠핑카
露营族 lùyíngzú 캠핑족
露营者 lùyíngzhě 야영객
露营季 lùyíngjì 캠핑철, 캠핑 시즌
露营活动 lùyíng huódòng 야영 활동

露营用品 lùyíng yòngpǐn 캠핑 용품
露营胜地 lùyíng shèngdì 캠핑 명소
露营服务 lùyíng fúwù 캠핑 서비스
露营五天 lùyíng wǔ tiān 5일 동안 캠핑하다
在 zài + 장소 + 露营 lùyíng ~에서 캠핑하다

我们去露营，在营帐旁生起了营火。 우리는 캠핑 가서 텐트 옆에 모닥불을 피웠다.
Wǒmen qù lùyíng, zài yíngzhàng páng shēngqǐle yínghuǒ.

在这里露营，晚上可以看到格外漂亮的星空。 이곳에서 캠핑을 하면 밤에 별이 총총한 아주 예쁜 하늘을 볼 수 있다.
Zài zhèli lùyíng, wǎnshang kěyǐ kàndào géwài piàoliang de xīngkōng.

11 旅行 lǚxíng ⑧ 여행하다

去 qù + 장소 + 旅行 lǚxíng ~로 여행 가다
来 lái + 장소 + 旅行 lǚxíng ~로 여행 오다
来到 láidào + 장소 + 旅行 lǚxíng ~로 여행 오다
旅行 lǚxíng + 시간 ~동안 여행하다

出门旅行 chūmén lǚxíng 여행 가다
环球旅行 huánqiú lǚxíng 세계 일주
长途旅行 chángtú lǚxíng 장거리 여행
旅行家 lǚxíngjiā 여행가 / 旅行社 lǚxíngshè 여행사

当你来到九寨沟旅行时，它会让你觉得你在天堂。
Dāng nǐ láidào Jiǔzhàigōu lǚxíng shí, tā huì ràng nǐ juéde nǐ zài tiāntáng.
당신이 지우자이꺼우로 여행을 온다면, 당신은 천국에 있는 느낌을 갖게 될 것이다.

他决定辞去工作，背上背包，去实现环球旅行的梦想。
Tā juédìng cíqù gōngzuò, bèishàng bèibāo, qù shíxiàn huánqiú lǚxíng de mèngxiǎng.
그는 회사를 그만두고, 배낭을 메고 세계 일주의 꿈을 이루러 가기로 결정했다.

12 旅游 lǚyóu ⑧ 여행하다, 관광하다

去 qù + 장소 + 旅游 lǚyóu ~로 여행가다
旅游 lǚyóu + 시간 ~동안 여행하다
旅游景点 lǚyóu jǐngdiǎn 관광 명소
旅游胜地 lǚyóu shèngdì 관광 명소
旅游路线 lǚyóu lùxiàn 여행 노선

旅游旺季 lǚyóu wàngjì 여행철, 여행 성수기
旅游淡季 lǚyóu dànjì 여행 비수기
旅游团 lǚyóutuán 여행단, 관광단
旅游套餐 lǚyóu tàocān 여행 패키지 상품
旅游咨询处 lǚyóu zīxúnchù 관광 안내소

昆明山川秀丽，景色宜人，是一处旅游胜地。 쿤밍은 산수가 빼어나고, 경치가 아름다운 관광 명소이다.
Kūnmíng shānchuān xiùlì, jǐngsè yírén, shì yí chù lǚyóu shèngdì.

现在正是旅游淡季，机票和酒店价格都便宜。 지금은 여행 비수기라서, 항공권과 호텔 가격이 다 저렴해.
Xiànzài zhèng shì lǚyóu dànjì, jīpiào hé jiǔdiàn jiàgé dōu piányi.

➕ 旅行 lǚxíng 여행하다 VS 旅游 lǚyóu 여행하다
'旅行'과 '旅游'는 똑같이 '여행하다'로 해석되는데, '旅行'은 일 처리나 유람을 위해 떠나는 것을 말하고, '旅游'는 단순히 유람을 위해 떠나는 것을 말한다. 따라서, '旅行'은 느끼고 체험하는 것에 중점을 두고, '旅游'는 유람하고 소비하는 것에 중점을 둔다.

13 迷路 mílù 图 길을 잃다, 잘못된 길로 들어서다

容易迷路 róngyì mílù 길을 잃기 쉽다	迷了几次路 míle jǐ cì lù 몇 번이나 길을 잃다
暂时迷路 zànshí mílù 잠시 길을 잃다	迷了路 míle lù 길을 잃다
半途迷路 bàntú mílù 중도에 길을 잃다	迷路的时候 mílù de shíhou 길을 잃었을 때
从未迷路 cóngwèi mílù 한 번도 길을 잃지 않다	迷路的人 mílù de rén 길 잃은 사람

北京胡同，走着走着容易迷路。 베이징의 골목은 걷다 보면 길을 잃기 쉽다.
Běijīng hútòng, zǒuzhe zǒuzhe róngyì mílù.

回宾馆的路上，我迷了路，不得不找警察帮忙。 호텔로 돌아가는 길에 길을 잃어서 할 수 없이 경찰의 도움을 받았지 뭐야.
Huí bīnguǎn de lùshang, wǒ míle lù, bùdébù zhǎo jǐngchá bāngmáng.

➕ '迷路'의 또 다른 뜻
'迷路'는 단순히 '길을 잃다'라는 뜻도 있지만, 좀 더 심오한 뜻으로 '인생에서 삶의 방향을 잃다'라는 뜻을 갖기도 한다.

在青春的十字路口，我迷路了，不知该往哪儿走。 청춘의 갈림길에서 나는 길을 잃어 어디로 가야 할지 모르겠다.

14 陌生 mòshēng 图 생소하다, 낯설다

陌生的地方 mòshēng de dìfang 낯선 곳	陌生的感觉 mòshēng de gǎnjué 생경한 느낌
陌生的街道 mòshēng de jiēdào 낯선 거리	陌生的环境 mòshēng de huánjìng 낯선 환경
陌生的城市 mòshēng de chéngshì 낯선 도시	陌生人 mòshēngrén 낯선 사람

有时候，独自走在陌生的街道，感觉很自由自在。 어쩌다 혼자서 낯선 거리를 걷노라면, 자유롭게 느껴지고는 한다.
Yǒu shíhou, dúzì zǒu zài mòshēng de jiēdào, gǎnjué hěn zìyóu zìzài.

来到一个陌生的城市，明明是第一次到，却总觉得曾经来过。 낯선 도시에 왔어. 분명 처음 온 것인데 언젠가 와 본 것 같아.
Láidào yí ge mòshēng de chéngshì, míngmíng shì dì yī cì dào, què zǒng juéde céngjīng láiguo.

15 排队 páiduì 图 정렬하다, 줄을 서다

排长队 pái cháng duì 길게 줄을 서다	排队买票 páiduì mǎi piào 줄을 서서 표를 사다
自觉排队 zìjué páiduì 자발적으로 줄을 서다	排了两个小时的队 páile liǎng ge xiǎoshí de duì 두 시간 동안 줄을 서다
排队等候 páiduì děnghòu 줄 서서 기다리다	
排队乘车 páiduì chéng chē 줄 서서 차를 타다	排了长长的一队 páile chángcháng de yí duì 길게 줄이 늘어서 있다

我到这里的时候已经有大约一百个人在排队等候。
Wǒ dào zhèli de shíhou yǐjīng yǒu dàyuē yìbǎi ge rén zài páiduì děnghòu.
내가 여기 왔을 때 이미 100명쯤 되는 사람들이 줄을 서서 기다리고 있더라고.

我们在售票处排了近两个小时的队才买到门票。 우리는 매표소 앞에서 거의 두 시간을 줄 서 있다가 입장권을 샀다니까.
Wǒmen zài shòupiàochù páile jìn liǎng ge xiǎoshí de duì cái mǎidào ménpiào.

16 轻松 qīngsōng 🔲(기분이) 홀가분하다, 가뿐하다 🔲(일이) 수월하다, 가볍다

非常轻松 fēicháng qīngsōng 아주 홀가분하다

轻松一下 qīngsōng yíxià 긴장을 풀다

轻松愉快 qīngsōng yúkuài 가볍고 즐겁다

轻松自在 qīngsōng zìzài 편하고 자유롭다

轻松一段时间 qīngsōng yí duàn shíjiān
한동안 한가롭게 보내다

轻松的时候 qīngsōng de shíhou 홀가분할 때

说得轻松 shuō de qīngsōng 말로는 쉽다

平时工作生活压力特别大，我很想过几天轻松自在的日子。
Píngshí gōngzuò shēnghuó yālì tèbié dà, wǒ hěn xiǎng guò jǐ tiān qīngsōng zìzài de rìzi.
평소에 일과 생활에서 오는 스트레스가 너무 크다 보니, 편하고 자유롭게 며칠만 살아 봤음 싶다니까.

我离开了那样繁华的城市之后，感觉自己轻松多了。 나는 북적이는 도시를 떠난 후에, 많이 홀가분해졌다.
Wǒ líkāile nàyàng fánhuá de chéngshì zhī hòu, gǎnjué zìjǐ qīngsōng duō le.

17 散步 sànbù 🔲산책하다, 산보하다

散散步 sànsan bù 산책하다

散一会儿步 sàn yíhuìr bù 잠시 산책하다

出去散步 chūqù sànbù 산책을 나가다

去 qù + 장소 + **散步** sànbù ~로 산책하러 가다

在 zài + 장소 + **散步** sànbù ~에서 산책하다

带狗散步 dài gǒu sànbù 강아지를 산책시키다

今天天气真不错，咱们去湖边散散步吧。 오늘 날씨가 꽤 괜찮은데, 우리 호숫가로 산책 가요.
Jīntiān tiānqì zhēn búcuò, zánmen qù húbiān sànsan bù ba.

我每天晚上都带狗出去散步。 나는 매일 밤에 개를 데리고 산책 나가.
Wǒ měi tiān wǎnshang dōu dài gǒu chūqù sànbù.

18 嗜好 shìhào 🔲기호, 습관 [사회적으로 안 좋다고 여겨지는 기호나 습관]

有嗜好 yǒu shìhào 기호/습관이 있다

没有嗜好 méiyǒu shìhào 기호/습관이 없다

改掉嗜好 gǎidiào shìhào 습관을 고치다

嗜好广泛 shìhào guǎngfàn 기호가 다양하다, 습관이 많다

其它嗜好 qítā shìhào 기타 습관

不良嗜好 bùliáng shìhào 불량한 기호/습관

有趣的嗜好 yǒuqù de shìhào 재미있는 기호

危险的嗜好 wēixiǎn de shìhào 위험한 기호

我老公有抽烟喝酒的嗜好。 우리 남편은 흡연과 음주 습관이 있어요.
Wǒ lǎogōng yǒu chōu yān hē jiǔ de shìhào.

他戒赌后，再也没有什么其他的不良嗜好了。 그는 도박을 끊은 다음부터는 별다른 불량한 습관이 없어요.
Tā jiè dǔ hòu, zàiyě méiyǒu shénme qítā de bùliáng shìhào le.

19 手续 shǒuxù 몡 수속, 절차

需要手续 xūyào shǒuxù 수속이 필요하다
入住手续 rùzhù shǒuxù 체크인
退房手续 tuìfáng shǒuxù 체크아웃

登机手续 dēngjī shǒuxù 탑승 수속
出国手续 chūguó shǒuxù 출국 수속
手续费 shǒuxùfèi 수수료

你好，我想办理入住手续。 안녕하세요, 체크인 하려고요.
Nǐ hǎo, wǒ xiǎng bànlǐ rùzhù shǒuxù.

他到前台去办理退房手续了。 그는 프런트에 가서 체크아웃을 했다.
Tā dào qiántái qù bànlǐ tuìfáng shǒuxù le.

20 特产 tèchǎn 몡 특산품, 특산물

著名特产 zhùmíng tèchǎn 유명한 특산품
代表性特产 dàibiǎoxìng tèchǎn 대표적 산물
当地的特产 dāngdì de tèchǎn 현지 특산품
各地的特产 gè dì de tèchǎn 각 지역의 특산물

家乡的特产 jiāxiāng de tèchǎn 고장의 특산품
特产的价值 tèchǎn de jiàzhí 특산품의 가치
特产之一 tèchǎn zhī yī 특산품 중의 하나
土特产 tǔtèchǎn 토산품

我们每到一个地方旅游都会带回当地的特产。 우리는 어딘가로 여행을 갈 때마다 현지 특산품을 사 온다.
Wǒmen měi dào yí ge dìfang lǚyóu dōu huì dàihuí dāngdì de tèchǎn.

烟台苹果是山东名优特产之一。 옌타이 사과는 산둥 지역의 유명 특산품 중의 하나이다.
Yāntái píngguǒ shì Shāndōng míngyōu tèchǎn zhī yī.

21 喜欢 xǐhuan 동 좋아하다

喜欢看书 xǐhuan kàn shū 책 보는 것을 좋아하다
喜欢听音乐 xǐhuan tīng yīnyuè 음악을 좋아하다
喜欢旅游 xǐhuan lǚyóu 여행을 좋아하다

最喜欢 zuì xǐhuan 가장 좋아하다
不喜欢 bù xǐhuan 좋아하지 않다
喜欢得不得了 xǐhuan de bùdéliǎo 아주 좋아하다

我老公喜欢听爵士乐和古典音乐。 우리 남편은 재즈와 클래식을 즐겨 듣죠.
Wǒ lǎogōng xǐhuan tīng juéshìyuè hé gǔdiǎn yīnyuè.

我最喜欢静静地坐在阳台上看大海。 저는 조용히 베란다에 앉아 바다를 바라보는 걸 가장 좋아해요.
Wǒ zuì xǐhuan jìngjìng de zuò zài yángtái shang kàn dàhǎi.

22 享受 xiǎngshòu 동 누리다, 즐기다 , 향유하다

尽情享受 jìnqíng xiǎngshòu 만끽하다

学会享受 xuéhuì xiǎngshòu 즐길 줄 알다

享受生活 xiǎngshòu shēnghuó 삶을 누리다

享受阳光 xiǎngshòu yángguāng 햇살을 만끽하다

享受不到 xiǎngshòu budào 누리지 못하다

一大享受 yí dà xiǎngshòu 큰 즐거움

一种享受 yì zhǒng xiǎngshòu 즐거움 중의 하나

艺术享受 yìshù xiǎngshòu 예술적 향수

物质享受 wùzhì xiǎngshòu 물질적 향유

精神享受 jīngshén xiǎngshòu 정신적 향유

我眯起眼睛，享受着初春里午后的阳光。 나는 눈을 지그시 감고, 봄날 오후의 햇살을 만끽하고 있다.
Wǒ mīqǐ yǎnjing, xiǎngshòuzhe chūchūn li wǔhòu de yángguāng.

我觉得读书是一种享受，给我带来无限的乐趣。 독서는 일종의 즐거움이지. 나에게 무한한 기쁨을 주거든.
Wǒ juéde dúshū shì yì zhǒng xiǎngshòu, gěi wǒ dàilái wúxiàn de lèqù.

23 行李 xíngli 명 여행 짐, 행장

拿行李 ná xíngli 짐을 챙기다

打行李 dǎ xíngli 짐을 싸다

收拾行李 shōushí xíngli 짐을 정리하다

携带行李 xiédài xíngli 짐을 휴대하다

托运行李 tuōyùn xíngli 수하물 위탁 수속을 하다

行李箱 xínglixiāng 여행용 가방, 트렁크

哟，这么多行李！你们这是去旅游还是搬家呀？ 헐, 이게 다 여행 짐이라고! 너희들 여행 가는 거니 아니면 이사하는 거니?
Yō, zhème duō xíngli! Nǐmen zhè shì qù lǚyóu háishi bānjiā ya?

行李我早已经收拾好了，随时都可以出发了。 짐은 벌써 다 싸 놓아서 언제든 출발하면 돼.
Xíngli wǒ zǎo yǐjīng shōushí hǎo le, suíshí dōu kěyǐ chūfā le.

24 兴趣 xìngqù 명 취미, 흥미, 재미

有兴趣 yǒu xìngqù 관심이 있다

没有兴趣 méiyǒu xìngqù 관심이 없다

对 duì + 사람/사물 + 感兴趣 gǎn xìngqù ~에 대해 관심이 많다

对 duì + 사람/사물 + 不感兴趣 bù gǎn xìngqù ~에 대해 관심이 없다

产生兴趣 chǎnshēng xìngqù 흥미가 생기다, 관심이 생기다

兴趣很浓 xìngqù hěn nóng 관심이 아주 많다

兴趣爱好 xìngqù àihào 적성, 취미, 흥미와 취미

他从小就对中国历史很感兴趣。 그는 어릴 때부터 중국 역사에 관심이 아주 많았어.
Tā cóngxiǎo jiù duì Zhōngguó lìshǐ hěn gǎn xìngqù.

我喜欢上了古典音乐，也因此对柴可夫斯基的音乐产生了兴趣。
Wǒ xǐhuan shàngle gǔdiǎn yīnyuè, yě yīncǐ duì Cháikěfūsījī de yīnyuè chǎnshēngle xìngqù.
나는 클래식을 좋아하게 되면서, 차이코프스키 음악에 흥미를 느끼기 시작했어.

25 休息 xiūxi 통 (공부나 일 등을) 잠시 멈추다, 휴식하다, 쉬다

休息一会儿 xiūxi yíhuìr 잠시 쉬다
好好休息 hǎohǎo xiūxi 푹 쉬다
很少休息 hěn shǎo xiūxi 거의 쉬지 않는다
需要休息 xūyào xiūxi 휴식이 필요하다

休息时间 xiūxi shíjiān 휴식 시간
午间休息 wǔjiān xiūxi 점심 휴식
课间休息 kèjiān xiūxi 수업 사이의 휴식
休息的时候 xiūxi de shíhou 쉴 때는, 쉬는 날에는

最近太累了，明天我要好好休息一天。 요즘 너무 피곤해. 내일을 하루 종일 푹 쉬려고 해.
Zuìjìn tài lèi le, míngtiān wǒ yào hǎohǎo xiūxi yì tiān.

休息的时候，我哪儿都不去，就呆在家里。 쉬는 날이면, 나는 아무 데도 안 가고 집에만 있어.
Xiūxi de shíhou, wǒ nǎr dōu bú qù, jiù dāi zài jiā li.

该休息的时候要休息，该放松的时候要放松。 쉬어야 할 때는 쉬고, 내려놓아야 할 때는 내려놓고.
Gāi xiūxi de shíhou yào xiūxi, gāi fàngsōng de shíhou yào fàngsōng.

26 休闲 xiūxián 통 휴식하다, 한가롭게 지내다, 여가를 즐기다

休闲活动 xiūxián huódòng 여가 활동
休闲文化 xiūxián wénhuà 여가 문화
休闲场所 xiūxián chǎngsuǒ 리조트 공간
休闲运动 xiūxián yùndòng 레포츠

休闲的日子 xiūxián de rìzi 한가한 나날
休闲娱乐 xiūxián yúlè 휴식하고 즐기다, 레저
休闲服 xiūxiánfú 캐주얼, 평상복, 편안한 옷차림
难得休闲 nándé xiūxián 여가를 즐기기 힘들다

那儿山清水秀，气候宜人，是休闲娱乐的好去处。 그곳은 산수가 아름답고, 기후도 딱 좋아서 레저에 좋은 곳이다.
Nàr shānqīng shuǐxiù, qìhòu yírén, shì xiūxián yúlè de hǎo qùchù.

"骑行"这一低碳的休闲运动受到越来越多年轻人的青睐。
"Qí xíng" zhè yì dītàn de xiūxián yùndòng shòudào yuèláiyuè duō niánqīngrén de qīnglài.
'자전거 여행'이라는 저탄소 레포츠는 갈수록 더 많은 젊은이들에게 각광받고 있다.

27 游览 yóulǎn 통 유람하다

游览一下 yóulǎn yíxià 유람하다
游览 yóulǎn + 시간 ~동안 유람하다
游览不了 yóulǎn buliǎo 유람할 수 없다
游览名胜古迹 yóulǎn míngshèng gǔjì
명승고적을 유람하다

明天游览 míngtiān yóulǎn 내일 유람하다
游览指南 yóulǎn zhǐnán 유람 안내서
游览线路 yóulǎn xiànlù 관광 코스
游览时间 yóulǎn shíjiān 유람 시간

咱抽时间去游览一下名胜古迹吧。 우리 시간 내서 명승고적을 유람하자고요.
Zán chōu shíjiān qù yóulǎn yíxià míngshèng gǔjī ba.

我们趁暑假去北欧游览了一个月。 우리는 여름 방학 때 북유럽에 가서 한 달간 유람했어.
Wǒmen chèn shǔjià qù Běi'ōu yóulǎnle yí ge yuè.

这里有十几个旅游景点，一天游览不了几个地方。 이곳에는 관광 명소가 열 몇 개나 있어. 하루갖고는 몇 군데 못 봐.
Zhèli yǒu shí jǐ ge lǚyóu jǐngdiǎn, yìtiān yóulǎn buliǎo jǐ gè dìfang.

28 预订 yùdìng 통 예약하다

预订酒店 yùdìng jiǔdiàn 호텔을 예약하다
预订房间 yùdìng fángjiān 방을 예약하다
预订机票 yùdìng jīpiào 비행기표를 예약하다
预订包厢 yùdìng bāoxiāng 특별석을 예약하다
提前预订 tíqián yùdìng 미리 예약하다

确认预订 quèrèn yùdìng 예약을 확인하다
预订费 yùdìngfèi 예약금
预订服务 yùdìng fúwù 예약 서비스
在线预订 zàixiàn yùdìng 온라인 예약

我想预订一个双人房间，2月19日至21日，共3晚。 트윈룸 하나 예약하려고요. 2월 19일에서 21일까지 3박으로요.
Wǒ xiǎng yùdìng yí ge shuāngrén fángjiān, èr yuè shíjiǔ rì zhì èrshíyī rì, gòng sān wǎn.

很抱歉，我们早餐没有预订服务。 죄송해요. 조식은 예약 서비스가 없습니다.
Hěn bàoqiàn, wǒmen zǎocān méiyǒu yùdìng fúwù.

29 照相 zhàoxiàng 통 사진을 찍다

照张相 zhào zhāng xiàng 사진을 찍다
照照相 zhàozhao xiàng 사진을 좀 찍다
爱照相 ài zhàoxiàng 사진 찍는 것을 좋아하다
照半身相 zhào bànshēn xiàng 상반신 사진을 찍다

照相机 zhàoxiàngjī 카메라
照相馆 zhàoxiàngguǎn 사진관
照相水平 zhàoxiàng shuǐpíng 사진 기술
全息照相 quánxī zhàoxiàng 홀로그램

请问，您能帮我们照张相吗？ 저기요, 저희 사진 한 장만 찍어 주실 수 있으세요?
Qǐngwèn, nín néng bāng wǒmen zhào zhāng xiàng ma?

你的照相水平真棒，这些照片太美了！ 네 사진 기술 정말 최고다. 이 사진들 너무 멋져!
Nǐ de zhàoxiàng shuǐpíng zhēn bàng, zhèxiē zhàopiàn tài měi le!

30 值得 zhíde 통 ~할 만하다, ~할 만한 가치가 있다

很值得 hěn zhíde 가치가 있다
不值得 bù zhíde 가치가 없다
值得一去 zhíde yí qù 가 볼 만하다

值得一看 zhíde yí kàn 볼 만하다
值得学习 zhíde xuéxí 본받을 만하다
值得信赖 zhíde xìnlài 믿을 만하다

这个地方不是什么国家级的旅游景点，可值得一去。 이곳이 국가 지정 관광 명소는 아니지만, 가 볼 만해.
Zhè ge dìfang bú shì shénme guójiājí de lǚyóu jǐngdiǎn, kě zhíde yí qù.

这部电影太感人了，重复看了几遍，还是看不腻，很值得一看。
Zhè bù diànyǐng tài gǎnrén le, chóngfù kànle jǐ biàn, háishi kànbunì, hěn zhíde yí kàn.
이 영화는 너무 감동적이라, 몇 번을 다시 봐도 질리지가 않아. 꼭 한번 볼 만해.

观光 guānguāng 통 관광하다

避暑 bìshǔ 통 피서하다, 더위를 피하다

集合 jíhé 통 집합하다, 모이다, 집결하다

有名 yǒumíng 형 유명하다

淡季 dànjì 명 비수기, 불경기

旺季 wàngjì 명 성수기

客满 kè mǎn (인원이 가득 차) 만원이다

日程 rìchéng 명 일정

门票 ménpiào 명 입장권

缆车 lǎnchē 명 케이블카

驴友 lǘyǒu 배낭 여행객

旅伴 lǚbàn 명 여행의 동반자, 동행, 길동무

导游 dǎoyóu 명 가이드

夜景 yèjǐng 명 야경

夜市 yèshì 명 야시장

邮轮旅行 yóulún lǚxíng 크루즈 여행

酒店度假 jiǔdiàn dùjià 호캉스

名胜古迹 míngshèng gǔjì 명승고적

照相机 zhàoxiàngjī 명 사진기, 카메라

合影 héyǐng 명 단체 사진

호텔 관련 용어

宾馆 bīnguǎn 명 여관, 호텔

饭店 fàndiàn 명 호텔, 여관

酒店 jiǔdiàn 명 호텔

客房 kèfáng 명 객실

标准间 biāozhǔnjiān 명 일반실, 스탠다드룸

单人间 dānrénjiān 1인실

双人间 shuāngrénjiān 더블룸, 트윈룸

豪华间 háohuájiān 스위트룸

大厅 dàtīng 명 로비, 홀

前台 qiántái 명 호텔 프런트

房卡 fángkǎ 명 룸 카드 키

入住 rùzhù 체크인하다, 입실하다

退房 tuìfáng 체크아웃하다, 퇴실하다

客房用餐服务 kèfáng yòngcān fúwù 룸서비스

商务中心 shāngwù zhōngxīn 비즈니스 센터

취미

唱歌 chàng gē 노래를 부르다

钓鱼 diàoyú 통 낚시하다

画画 huà huà 그림을 그리다

看电影 kàn diànyǐng 영화를 보다

看书 kàn shū 책을 읽다

爬山 pá shān 등산하다

拍照 pāizhào 통 사진을 찍다

书法 shūfǎ 명 서예

听音乐 tīng yīnyuè 음악을 듣다

下棋 xià qí 장기를 두다, 바둑을 두다

养花 yǎng huā 꽃을 가꾸다

沉迷 chénmí 통 심취하다

성어

爱不释手 àibúshìshǒu 매우 아껴서 손을 떼지 못하다,

风味小吃 fēngwèi xiǎochī 향토음식, 향토의 먹거리

游山玩水 yóushān wánshuǐ 산수 풍경을 감상하다

日行千里 rìxíng qiānlǐ 하루에 천리를 가다

跋山涉水 báshān shèshuǐ 산을 넘고 물을 건너다,
고생스럽게 먼 길을 가다

走马看花 zǒumǎ kànhuā 대충 보고 지나가다

走南闯北 zǒunán chuǎngběi 각지를 돌아다니다

따페이 훈련

한 번 더 검사하다　又检查一遍 X　再检查一遍 〇

01 病毒 bìngdú 몡 바이러스, (컴퓨터) 바이러스

病毒传染 bìngdú chuánrǎn 바이러스 전염	**流感病毒** liúgǎn bìngdú 독감 바이러스
病毒感染 bìngdú gǎnrǎn 바이러스 감염	**抗病毒** kàng bìngdú 항바이러스
杀死病毒 shāsǐ bìngdú 바이러스를 죽이다	**变异病毒** biànyì bìngdú 변이 바이러스

大部分感冒都是病毒感染引起的。 대부분의 감기는 바이러스 감염에 의한 것이다.
Dàbùfen gǎnmào dōu shì bìngdú gǎnrǎn yǐnqǐ de.

最近，全球多国都出现了变异病毒。 최근, 전 세계 여러 나라에 변이 바이러스가 출현했다.
Zuìjìn, quánqiú duō guó dōu chūxiànle biànyì bìngdú.

HIV是一种能攻击人体免疫系统的病毒。 HIV는 인체 면역 계통을 공격하는 바이러스이다.
HIV shì yì zhǒng néng gōngjī réntǐ miǎnyì xìtǒng de bìngdú.

02 传染 chuánrǎn 동 (병, 정서, 감정, 기풍) 전염되다, 감염되다, 옮다

传染病 chuánrǎnbìng 전염병	**传染媒介** chuánrǎn méijiè 전염 매개체
传染源 chuánrǎnyuán 전염원	**不传染** bù chuánrǎn 전염이 되지 않다
传染性 chuánrǎnxìng 전염성	**直接传染** zhíjiē chuánrǎn 직접 전염되다
空气传染 kōngqì chuánrǎn 공기 전염	**接触传染** jiēchù chuánrǎn 접촉으로 감염되다

你放心，我的病碰一碰不会传染。 안심해. 내 병은 닿아도 전염되지 않아.
Nǐ fàngxīn, wǒ de bìng pèng yi pèng bú huì chuánrǎn.

人的恶劣情绪像病毒和细菌一样具有传染性。 사람의 나쁜 정서는 바이러스와 세균처럼 전염성이 강하다.
Rén de èliè qíngxù xiàng bìngdú hé xìjūn yíyàng jùyǒu chuánrǎnxìng.

03 打针 dǎzhēn 동 주사를 놓다

打了三针 dǎle sān zhēn 주사 세 대를 맞다	**害怕打针** hàipà dǎzhēn 주사 맞는 것을 무서워하다
打预防针 dǎ yùfángzhēn 예방 주사를 맞다	**不怕打针** bú pà dǎzhēn 주사를 안 무서워하다
吃药打针 chī yào dǎzhēn 약을 먹고 주사를 맞다	

妈妈带我去医院打预防针了。 엄마는 나를 데리고 병원에 가서 예방 주사를 맞게 하셨어.
Māma dài wǒ qù yīyuàn dǎ yùfángzhēn le.

吃药打针好好休息，很快就会好起来的。 약 먹고 주사 맞고 푹 쉬면 금방 좋아질 거야.
Chī yào dǎzhēn hǎohǎo xiūxi, hěn kuài jiù huì hǎo qǐlái de.

04 反应 fǎnyìng 图 반응하다, 응답하다 图 반응

有反应 yǒu fǎnyìng 반응이 있다

没有反应 méiyǒu fǎnyìng 반응이 없다

引起反应 yǐnqǐ fǎnyìng 반응을 일으키다

反应厉害 fǎnyìng lìhai 반응이 심하다

反应快 fǎnyìng kuài 반응이 빠르다

反应迟钝 fǎnyìng chídùn 반응이 느리다

不良反应 bùliáng fǎnyìng 거부 반응, 부작용

异常反应 yìcháng fǎnyìng 이상 반응

局部反应 júbù fǎnyìng 국부 반응

全身反应 quánshēn fǎnyìng 전신 반응

我昨晚没睡好，头昏昏沉沉的，反应迟钝了许多。 어젯밤에 잠을 잘 못 잤더니, 머리가 멍한 게, 반응이 많이 굼뜨네.
Wǒ zuó wǎn méi shuìhǎo, tóu hūnhūn chénchén de, fǎnyìng chídùnle xǔduō.

我吃了这种药还没有任何异常反应。 나는 이 약을 먹고나서, 아직까진 그 어떤 이상 반응도 없어.
Wǒ chīle zhè zhǒng yào hái méiyǒu rènhé yìcháng fǎnyìng.

05 服用 fúyòng 图 복용하다, 약을 먹다

服用药物 fúyòng yàowù 약물을 복용하다

服用三次 fúyòng sān cì 세 번 복용하다

饭后服用 fàn hòu fúyòng 식후에 복용하다

按时服用 ànshí fúyòng 시간에 맞춰 복용하다

空腹服用 kōngfù fúyòng 공복에 복용하다

坚持服用 jiānchí fúyòng 꾸준히 복용하다

长期服用 chángqī fúyòng 장기 복용하다

没有服用 méiyǒu fúyòng 복용하지 않다

服用效果 fúyòng xiàoguǒ 복용 효과

服用毒品 fúyòng dúpǐn 마약을 복용하다

一天服用三次，一次六粒。 Yì tiān fúyòng sān cì, yí cì liù lì. 하루에 세 번, 한 번에 여섯 알 복용하세요.

维生素尽量在早饭后半小时服用，这个时候效果最好。
Wéishēngsù jǐnliàng zài zǎofàn hòu bàn xiǎoshí fúyòng, zhè ge shíhou xiàoguǒ zuì hǎo.
비타민은 되도록 조식 후 30분에 복용하세요, 이 시간대가 효과가 가장 좋아요.

按时服用这种止痛片，快速缓解头痛。 시간에 맞춰 이 진통제를 먹으면 두통을 빨리 완화시킬 수 있다.
Ànshí fúyòng zhè zhǒng zhǐtòng piàn, kuàisù huǎnjiě tóutòng.

晕车、晕船的人，出发前应服用一至 两片乘晕宁。
Yùnchē、yùnchuán de rén, chūfā qián yīng fúyòng yì zhì liǎng piàn chéngyùnníng.
차멀미나 배멀미를 하는 사람은 출발 전에 한 알에서 두 알 정도의 멀미약을 복용해야 한다.

06 挂号 guàhào 图 수속하다, 접수하다

挂上号 guàshàng hào 접수하다

挂不上号 guàbushàng hào 접수를 못하다

挂号就诊 guàhào jiùzhěn 접수를 하고 진찰을 받다

排队挂号 páiduì guàhào 접수하려고 줄을 서다

初诊挂号 chūzhěn guàhào 초진 접수

复诊挂号 fùzhěn guàhào 재진 접수

挂号费 guàhàofèi 접수비

门诊挂号证 ménzhěn guàhàozhèng 진찰권

今天医院里排队挂号的人比较多。 오늘 병원에 접수하려고 줄 선 사람이 꽤 많네.
Jīntiān yīyuàn li páiduì guàhào de rén bǐjiào duō.

复诊挂号在三号窗口。 재진 접수는 3번 창구에서 합니다.
Fùzhěn guàhào zài sān hào chuāngkǒu.

07 过敏 guòmǐn 형 과민하다, 예민하다 동 이상 반응이 생기다, 알레르기 반응을 보이다 명 알레르기(allergie)

对 duì +(사물)+ 过敏 guòmǐn (~에 대해) 알레르기가 있다	神经过敏 shénjīng guòmǐn 신경과민
花粉过敏 huāfěn guòmǐn 꽃가루 알레르기	过敏反应 guòmǐn fǎnyìng 과민 반응
药物过敏 yàowù guòmǐn 약물 알레르기	过敏症状 guòmǐn zhèngzhuàng 과민 증상
食物过敏 shíwù guòmǐn 식품 알레르기	

我对牛奶、鸡蛋过敏，吃不了蛋糕。 나는 우유와 계란에 알레르기가 있어서, 케이크를 못 먹어.
Wǒ duì niúnǎi、jīdàn guòmǐn, chībuliǎo dàngāo.

大姐有些神经过敏了，最近情绪很容易激动，动不动就发火。
Dàjiě yǒuxiē shénjīng guòmǐn le, zuìjìn qíngxù hěn róngyì jīdòng, dòngbudòng jiù fāhuǒ.
큰언니가 좀 신경과민인가 봐. 최근 들어 흥분을 잘하고 걸핏하면 발끈하네.

08 恢复 huīfù 동 회복하다, 회복되다

恢复健康 huīfù jiànkāng 건강을 회복하다	完全恢复 wánquán huīfù 완전히 회복하다
终于恢复 zhōngyú huīfù 마침내 회복되다	恢复如初 huīfù rúchū 예전처럼 회복하다
逐渐恢复 zhújiàn huīfù 점차 회복되다	

祝你早日恢复健康！ 하루 빨리 건강을 회복하시길 빌게요.
Zhù nǐ zǎorì huīfù jiànkāng!

由于适当的运动和营养疗法，他逐渐恢复了。 적당한 운동과 식이요법으로, 그는 점차 회복되고 있다.
Yóuyú shìdàng de yùndòng hé yíngyǎng liáofǎ, tā zhújiàn huīfù le.

经过一年的治疗，她的病已经恢复如初。 1년의 치료 끝에, 그녀의 병은 예전처럼 회복되었다.
Jīngguò yì nián de zhìliáo, tā de bìng yǐjīng huīfù rúchū.

09 急诊 jízhěn 동 응급 진료하다

急诊病人 jízhěn bìngrén 응급 환자	急诊病房 jízhěn bìngfáng 응급 병실
急诊治疗 jízhěn zhìliáo 응급 치료	急诊室 jízhěnshì 응급실
急诊处置 jízhěn chǔzhì 응급 처치	挂急诊 guà jízhěn 응급 접수하다
急诊输液 jízhěn shūyè 응급 수액	看急诊 kàn jízhěn 응급 진료하다
急诊手术 jízhěn shǒushù 응급 수술	

十个急诊病人被同时送到医院，医生们真是应接不暇。
Shí ge jízhěn bìngrén bèi tóngshí sòngdào yīyuàn, yīshēngmen zhēnshi yìngjiē bùxiá.
열 명의 응급 환자가 동시에 병원으로 들어오는 바람에 의사들이 정신없이 바쁘다.

他赶紧把儿子送到急诊室缝了几针。 그는 재빨리 아들을 응급실로 데려가 몇 바늘 꿰맸다.
Tā gǎnjǐn bǎ érzi sòngdào jízhěnshì féngle jǐ zhēn.

10 疾病 jíbìng 몡 질병, 병

治疗疾病 zhìliáo jíbìng 질병을 치료하다
预防疾病 yùfáng jíbìng 질병을 예방하다
患上疾病 huànshàng jíbìng 질병에 걸리다
重大疾病 zhòngdà jíbìng 중대한 질병

慢性疾病 mànxìng jíbìng 만성 질병
感染性疾病 gǎnrǎnxìng jíbìng 전염성 질병
各种疾病 gè zhǒng jíbìng 각종 질병
疾病管理 jíbìng guǎnlǐ 질병 관리

慢性咽喉炎是很常见的一个困扰很多人的慢性疾病。 만성 인후염은 많은 사람들을 괴롭히는 흔한 만성 질병이다.
Mànxìng yānhóuyán shì hěn cháng jiàn de yí ge kùnrǎo hěn duō rén de mànxìng jíbìng.

免疫力下降以后，人体容易得感染性疾病。 면역력이 떨어지면 인체는 감염성 질병에 걸리기 쉽다.
Miǎnyìlì xiàjiàng yǐhòu, réntǐ róngyì dé gǎnrǎnxìng jíbìng.

11 检查 jiǎnchá 통 검사하다, 조사하다, 점검하다 몡 검사, 점검

做检查 zuò jiǎnchá 검사하다
进行检查 jìnxíng jiǎnchá 검사를 하다
再检查 zài jiǎnchá 다시 검사하다, 재검진하다
定期检查 dìngqī jiǎnchá 정기적으로 검진하다

检查身体 jiǎnchá shēntǐ 신체검사를 하다
健康检查 jiànkāng jiǎnchá 건강 검진
体格检查 tǐgé jiǎnchá 체격 검사, 신체검사
进一步检查 jìnyíbù jiǎnchá 정밀 검사

该检查的都检查了，就是不能确诊。 검사할 것은 다 했는데도 확진을 할 수가 없군요.
Gāi jiǎnchá de dōu jiǎnchále, jiù shì bù néng quèzhěn.

这样的情况需要重新再检查一遍吗？ 이런 상황이면 다시 재검사를 받아야 할까요?
Zhèyàng de qíngkuàng xūyào chóngxīn zài jiǎnchá yí biàn ma?

我建议您到专业医院做进一步检查。 전문 병원에 가서 정밀 검사를 받아 보시는 게 좋을 것 같아요.
Wǒ jiànyì nín dào zhuānyè yīyuàn zuò jìnyíbù jiǎnchá.

➕ 又检查一遍 yòu jiǎnchá yí biàn VS 再检查一遍 zài jiǎnchá yí biàn
'다시, 또'라는 반복의 뜻을 나타낼 때, 부사 '又'와 '再'를 쓸 수 있는데, '又'는 이미 발생한 일에 사용하고, '再'는 앞으로 일어날 일에 쓴다. 따라서, 미래에 '다시' 검사를 받는다는 의미를 나타낼 때는 '再检查一遍'라고 써야 한다.
你又来了？ 너 또 왔니？ | 你明天再来吧。 내일 다시 오렴.

12 健康 jiànkāng 톙 (몸이) 건강하다 톙 (사물의 상태가) 건전하다, 정상이다

身体健康 shēntǐ jiànkāng 몸이 건강하다
保持健康 bǎochí jiànkāng 건강을 유지하다
有害健康 yǒuhài jiànkāng 건강을 해치다
对健康有益 duì jiànkāng yǒuyì 건강에 유익하다

健康得很 jiànkāng de hěn 아주 건강하다
健康状况 jiànkāng zhuàngkuàng 건강 상태
健康指数 jiànkāng zhǐshù 건강 지수
健康消费 jiànkāng xiāofèi 건강과 관련된 소비

事业固然重要，但身体健康应该比事业更重要。 사업도 물론 중요하지만 몸이 건강한 것이 사업보다 훨씬 중요하지.
Shìyè gùrán zhòngyào, dàn shēntǐ jiànkāng yīnggāi bǐ shìyè gèng zhòngyào.

他也知道吸烟有害健康，可就是戒不了。 그 친구도 흡연이 건강을 해친다는 것을 알지만, 끊을 수가 없는 거지.
Tā yě zhīdào xīyān yǒuhài jiànkāng, kě jiù shì jièbuliǎo.

13 看病 kànbìng 통 진찰하다, 치료하다

看一次病 kàn yí cì bìng 진찰을 한 번 받다
没看过病 méi kànguo bìng 진찰 받지 않았다
去医院看病 qù yīyuàn kànbìng 병원에 진찰 받으러 가다

看病看得很好 kànbìng kàn de hěn hǎo 진료를 잘 보다
预约看病 yùyuē kànbìng 진료를 예약하다
给 gěi + 대상 + 看病 kànbìng ~를 진찰하다

我妈妈害怕去医院，从来没看过病。 우리 엄마는 병원 가는 걸 무서워하셔서, 진찰을 받아 보신 적이 없어.
Wǒ māma hàipà qù yīyuàn, cónglái méi kànguo bìng.

我想预约张大夫看病。 장 선생님께 진료 예약을 하고 싶은데요.
Wǒ xiǎng yùyuē Zhāng dàifu kànbìng.

马大夫正在给病人看病，请稍等。 마 선생님께서 환자를 진찰 중이시니까, 잠시만 기다려 주세요.
Mǎ dàifu zhèngzài gěi bìngrén kànbìng, qǐng shāo děng.

14 生病 shēngbìng 통 병이 나다, 발병하다

很少生病 hěn shǎo shēngbìng 거의 안 아프다
从不生病 cóng bù shēngbìng 병이 난 적이 없다
没生过病 méi shēngguo bìng 병이 난 적이 없다

经常生病 jīngcháng shēngbìng 자주 아프다
生病住院 shēngbìng zhùyuàn 병이 나서 입원하다
生病的时候 shēngbìng de shíhou 병이 났을 때, 아플 때

两三年来，我没生过病，没吃过药。 2, 3년 동안 나는 아프지도 않고, 약도 안 먹었어요.
Liǎng sān nián lái, wǒ méi shēngguo bìng, méi chīguo yào.

我从小体弱，生病住院是家常便饭。 나는 어릴 때부터 허약해서, 병으로 입원하는 게 일상이었어.
Wǒ cóngxiǎo tǐ ruò, shēngbìng zhùyuàn shì jiācháng biànfàn.

一个人在外地最难受的时候就是生病的时候。 혼자 밖에서 지내며 가장 서러운 때가 병이 났을 때지.
Yí ge rén zài wàidì zuì nánshòu de shíhou jiù shì shēngbìng de shíhou.

15 生命 shēngmìng 명 생명

珍惜生命 zhēnxī shēngmìng 생명을 소중히 여기다
挽救生命 wǎnjiù shēngmìng 목숨을 구하다
维持生命 wéichí shēngmìng 생명을 유지하다
夺去生命 duóqù shēngmìng 생명을 앗아가다

生命危险 shēngmìng wēixiǎn 목숨이 위태하다
新生命 xīn shēngmìng 새 생명
生命力 shēngmìnglì 생명력
生命不息 shēngmìng bùxī 살아 있는 한

放心吧，你哥哥现在已经脱离生命危险了。 안심해. 네 오빠는 이미 위험한 고비를 넘겼단다.
Fàngxīn ba, nǐ gēge xiànzài yǐjīng tuōlí shēngmìng wēixiǎn le.

她心脏病发作不得不接受心脏捐献获得新生命。 그녀는 심장병이 재발해 할 수 없이 심장 기증을 받아 새 생명을 얻었다.
Tā xīnzàngbìng fāzuò bùdébù jiēshòu xīnzàng juānxiàn huòdé xīn shēngmìng.

➕ '生命'의 다른 뜻
'生命'은 어떤 방면의 '능력'을 나타내기도 한다.
政治生命 정치 생명 ｜ 艺术生命 예술 생명

16 手术 shǒushù 명 수술

动手术 dòng shǒushù 수술하다
做手术 zuò shǒushù 수술하다
手术成功 shǒushù chénggōng 수술이 성공하다
手术室 shǒushùshì 수술실

大手术 dà shǒushù 큰 수술, 대수술
小手术 xiǎo shǒushù 작은 수술
手术的时间 shǒushù de shíjiān 수술 시간
手术效果 shǒushù xiàoguǒ 수술 효과

父亲的病需要手术，医生建议他尽快做手术。 아버지의 병은 수술이 필요해서, 의사 선생님께서 되도록 빨리 수술 받으라고 하셨다.
Fùqīn de bìng xūyào shǒushù, yīshēng jiànyì tā jǐnkuài zuò shǒushù.

妈妈手术很成功，手术第二天可以下地慢走了。
Māma shǒushù hěn chénggōng, shǒushù dì èr tiān kěyǐ xiàdì màn zǒu le.
엄마의 수술이 성공적이어서, 수술 다음날부터 천천히 걸으실 수 있었다.

17 寿命 shòumìng 명 수명

平均寿命 píngjūn shòumìng 평균 수명
预期寿命 yùqī shòumìng 기대 수명
使用寿命 shǐyòng shòumìng 사용 수명

寿命周期 shòumìng zhōuqī 인생 주기
延长寿命 yáncháng shòumìng 수명을 연장하다
寿命为五年 shòumìng wéi wǔ nián 수명이 5년이다

在2050年以后，人类的平均寿命会达到110岁。 2050년 이후에는 인류의 평균 수명이 110세에 이를 것이다.
Zài èr líng wǔ líng nián yǐhòu, rénlèi de píngjūn shòumìng huì dádào yìbǎi yìshí suì.

经常出去散步可以达到延长寿命的作用。 자주 나가서 산책을 하면 수명 연장 효과를 볼 수 있다.
Jīngcháng chūqù sànbù kěyǐ dádào yáncháng shòumìng de zuòyòng.

18 受伤 shòushāng 동 상처를 입다, 부상당하다

受过伤 shòuguo shāng 부상당하다
受了重伤 shòule zhòngshāng 중상을 입다
受了轻伤 shòule qīngshāng 경상을 입다

受伤两次 shòushāng liǎng cì 두 번 부상당하다
容易受伤 róngyì shòushāng 쉽게 상처 입다, 잘 다치다
受伤的人 shòushāng de rén 부상자

医生检查后确认我只受了轻伤，卧床休息一两天就能恢复。
Yīshēng jiǎnchá hòu quèrèn wǒ zhǐ shòule qīngshāng, wòchuáng xiūxi yì liǎng tiān jiù néng huīfù.
의사 선생님께서는 검사 후에 내가 경상을 입은 정도이고, 누워서 하루 이틀 쉬면 회복된다고 하셨다.

由于骨质疏松，老年人摔倒后很容易受伤。 골 밀도가 낮아져서, 노인들은 넘어지면 잘 다친다.
Yóuyú gǔ zhì shūsōng, lǎoniánrén shuāidǎo hòu hěn róngyì shòushāng.

19 输血 shūxuè 동 수혈하다

立即输血 lìjí shūxuè 즉시 수혈하다
急需输血 jíxū shūxuè 급히 수혈이 필요하다

为病人输血 wèi bìngrén shūxuè 환자에게 수혈하다
输血反应 shūxuè fǎnyīng 수혈 반응

病情危重，不立即输血会危急患者生命。 병세가 위중해. 즉시 수혈하지 않으면 환자의 생명이 위급합니다.
Bìngqíng wēizhòng, bù lìjí shūxuè huì wēijí huànzhě shēngmìng.

医院有一病人急需输血，需要O型RH阴性血。 병원에 급히 수혈이 필요한 환자가 계세요. RH마이너스 O형 혈액이 필요합니다.
Yīyuàn yǒu yí bìngrén jíxū shūxuè, xūyào O xíng RH yīnxìng xuè.

20 体温 tǐwēn 명 체온

量体温 liáng tǐwēn 체온을 재다
测体温 cè tǐwēn 체온을 측정하다
调节体温 tiáojié tǐwēn 체온을 조절하다
体温高 tǐwēn gāo 체온이 높다

体温降下来 tǐwēn jiàng xiàlái 체온이 내려가다
体温升高 tǐwēn shēnggāo 체온이 올라가다
正常体温 zhèngcháng tǐwēn 정상 체온
低体温 dī tǐwēn 저체온

孩子，起来喝口水，顺便量一下体温。 아가, 일어나서 물 좀 마시면서 체온도 재 보자꾸나.
Háizi, qǐlái hē kǒu shuǐ, shùnbiàn liáng yíxià tǐwēn.

发烧第六天，体温终于降下来了点儿。 열에 시달린지 6일째, 체온이 마침내 조금 내려갔다.
Fāshāo dì liù tiān, tǐwēn zhōngyú jiàng xiàláile diǎnr.

正常体温对人体的健康极为重要。 정상 체온은 인체의 건강에 아주 중요하다.
Zhèngcháng tǐwēn duì réntǐ de jiànkāng jíwéi zhòngyào.

21 误诊 wùzhěn 동 오진하다

容易误诊 róngyì wùzhěn 오진하기 쉽다
避免误诊 bìmiǎn wùzhěn 오진을 피하다
防止误诊 fángzhǐ wùzhěn 오진을 방지하다
造成误诊 zàochéng wùzhěn 오진을 초래하다
误诊为 wùzhěn wéi + 병명 ~로 오진하다

误诊误治 wùzhěn wùzhì 오진하고 잘못 치료하다
误诊率 wùzhěnlǜ 오진율
误诊原因 wùzhěn yuányīn 오진 원인
误诊情况 wùzhěn qíngkuàng 오진 상황

为了避免误诊，一般大病都要到几家医院去看。 오진을 피하기 위해. 보통 중병은 병원을 몇 군데 가 봐야 한다.
Wèile bìmiǎn wùzhěn, yìbān dàbìng dōu yào dào jǐ jiā yīyuàn qù kàn.

这种症状经常被误诊为神经衰弱。 이 증상은 자주 신경 쇠약으로 오진된다.
Zhè zhǒng zhèngzhuàng jīngcháng bèi wùzhěn wéi shénjīng shuāiruò.

22 心理 xīnlǐ 圐 심리, 심리 상태

心理现象 xīnlǐ xiànxiàng 심리 현상
心理状态 xīnlǐ zhuàngtài 심리 상태
心理年龄 xīnlǐ niánlíng 정신 연령
心理斗争 xīnlǐ dòuzhēng 심적 갈등
心理治疗 xīnlǐ zhìliáo 심리 치료

心理健康 xīnlǐ jiànkāng 정신 건강
心理医生 xīnlǐ yīshēng 정신과 의사
心理咨询师 xīnlǐ zīxúnshī 심리 상담사
心理作用 xīnlǐ zuòyòng 심리적 작용, 기분 탓
儿童心理 értóng xīnlǐ 아동 심리

心理治疗是抑郁症的有效治疗方法之一。 심리 치료는 우울증의 효과적인 치료 방법 중 하나이다.
Xīnlǐ zhìliáo shì yìyùzhèng de yǒuxiào zhìliáo fāngfǎ zhī yī.

我认为心理健康比身体健康更重要。 나는 정신 건강이 신체 건강보다 훨씬 중요하다 생각해.
Wǒ rènwéi xīnlǐ jiànkāng bǐ shēntǐ jiànkāng gèng zhòngyào.

23 压力 yālì 圐 스트레스, 부담

压力过大 yālì guò dà 스트레스가 심하다
没有压力 méiyǒu yālì 스트레스가 없다
减轻压力 jiǎnqīng yālì 스트레스를 줄이다
承受压力 chéngshòu yālì 스트레스를 견디다
精神压力 jīngshén yālì 정신적 스트레스

学习压力 xuéxí yālì 공부 스트레스
就业压力 jiùyè yālì 취업 스트레스
工作压力 gōngzuò yālì 업무 스트레스
生活压力 shēnghuó yālì 생활 스트레스
外在压力 wàizài yālì 외부 압력

饮食不规律、工作压力过大，使白领族深受慢性胃炎困扰。
Yǐnshí bù guīlù, gōngzuò yālì guò dà, shǐ báilǐngzú shēnshòu mànxìng wèiyán kùnrǎo.
불규칙한 식사와 과도한 업무 스트레스로 인하여 직장인들은 만성 위염에 시달리고 있다.

精神压力的增大，压力性疾病日益增多。 정신적 스트레스가 커지면서, 스트레스성 질병이 갈수록 늘고 있다.
Jīngshén yālì de zēngdà, yālìxìng jíbìng rìyì zēngduō.

24 医疗 yīliáo 圐 의료

医疗保险 yīliáo bǎoxiǎn 의료 보험
医疗机械 yīliáo jīxiè 의료 기계
医疗设备 yīliáo shèbèi 의료 장비
医疗技术 yīliáo jìshù 의료 기술
医疗水平 yīliáo shuǐpíng 의료 수준

医疗事业 yīliáo shìyè 의료 사업
医疗纠纷 yīliáo jiūfēn 의료 분쟁
医疗事故 yīliáo shìgù 의료 사고
医疗机构 yīliáo jīgòu 의료 기관, 의료 기구
公费医疗 gōngfèi yīliáo 무상 의료 서비스

这家医院凭借高质量的医疗水平赢得了眼病患者的信任。
Zhè jiā yīyuàn píngjiè gāo zhìliàng de yīliáo shuǐpíng yíngdele yǎnbìng huànzhě de xìnrèn.
이 병원은 높은 의료 수준으로 안과 질환자들의 신뢰를 얻고 있다.

爷爷因为医疗事故而去世，他本是个健康的老人。 할아버지께서는 의료 사고로 돌아가셨어. 원래 건강한 분이셨는데.
Yéye yīnwèi yīliáo shìgù ér qùshì, tā běn shì ge jiànkāng de lǎorén.

25 疫苗 yìmiáo 몡 백신

打疫苗 dǎ yìmiáo 백신을 맞다
接种疫苗 jiēzhòng yìmiáo 백신을 접종하다

流感疫苗 liúgǎn yìmiáo 독감 백신
有效的疫苗 yǒuxiào de yìmiáo 효과적인 백신

接种流感疫苗最佳时间一般是每年10月份左右。독감 백신을 접종하기에 가장 좋은 시기는 보통 매년 10월쯤이죠.
Jiēzhòng liúgǎn yìmiáo zuì jiā shíjiān yìbān shì měi nián shí yuèfèn zuǒyòu.

目前，艾滋病没有有效的疫苗。현재 에이즈는 효과적인 백신이 없다.
Mùqián, àizībìng méiyǒu yǒuxiào de yìmiáo.

26 预防 yùfáng 동 예방하다

预防感冒 yùfáng gǎnmào 감기를 예방하다
预防疾病 yùfáng jíbìng 질병을 예방하다
预防传染病 yùfáng chuánrǎnbìng 전염병을 예방하다
预防不了 yùfáng buliǎo 예방할 수 없다
预防得及时 yùfáng de jíshí 적기에 예방하다

注意预防 zhùyì yùfáng 예방에 주의하다
提前预防 tíqián yùfáng 미리 예방하다
预防措施 yùfáng cuòshī 예방 조치
预防接种 yùfáng jiēzhòng 예방 접종
预防手段 yùfáng shǒuduàn 예방 수단

这种病传染性强，要注意预防和治疗。이 병은 전염성이 강해서 예방과 치료에 신경 써야 한다.
Zhè zhǒng bìng chuánrǎnxìng qiáng, yào zhùyì yùfáng hé zhìliáo.

天气多雨潮湿，大家要提前预防风疹、湿疹等疾病。
Tiānqì duōyǔ cháoshī, dàjiā yào tíqián yùfáng fēngzhěn、shīzhěn děng jíbìng.
날씨가 비가 잦고 습하니까, 모두들 풍진, 습진 등 질병을 미리 예방하셔야 합니다.

定期进行全面体检，也是重要的预防手段。정기적으로 받는 정밀 검사 역시 중요한 예방 수단이다.
Dìngqī jìnxíng quánmiàn tǐjiǎn, yě shì zhòngyào de yùfáng shǒuduàn.

27 诊断 zhěnduàn 동 진단하다

做诊断 zuò zhěnduàn 진단하다
诊断为 zhěnduàn wéi + 병명 ~로 진단받다
经过诊断 jīngguò zhěnduàn 진단을 통해
诊断书 zhěnduànshū 진단서

诊断方法 zhěnduàn fāngfǎ 진단 방법
诊断结果 zhěnduàn jiéguǒ 진단 결과
诊断标准 zhěnduàn biāozhǔn 진단 기준
临床诊断 línchuáng zhěnduàn 임상 진단

医生给出的诊断为功能性消化不良。의사 선생님이 내린 진단은 기능성 소화 장애였다.
Yīshēng gěichū de zhěnduàn wéi gōngnéngxìng xiāohuà bùliáng.

我们站在诊室的门外，等着医生的诊断结果。우리는 진찰실 문밖에 서서 의사 선생님의 진단 결과를 기다리고 있다.
Wǒmen zhàn zài zhěnshì de mén wài, děngzhe yīshēng de zhěnduàn jiéguǒ.

28 治疗 zhìliáo 图 치료하다

进行治疗 jìnxíng zhìliáo 치료하다
主要治疗 zhǔyào zhìliáo 주로 치료하다
彻底治疗 chèdǐ zhìliáo 철저하게 치료하다
隔离治疗 gélí zhìliáo 격리 치료하다
经过 jīngguò + 시간 + 治疗 zhìliáo ~동안의 치료를 통해

治疗的效果 zhìliáo de xiàoguǒ 치료의 효과
药物治疗 yàowù zhìliáo 약물 치료
保守治疗 bǎoshǒu zhìliáo 보수적 치료
手术治疗 shǒushù zhìliáo 수술적 치료
长期治疗 chángqī zhìliáo 장기 치료

经过一个星期的治疗，他的病情比较稳定了。1주일간의 치료로, 그의 병세가 다소 안정되었다.
Jīngguò yí ge xīngqī de zhìliáo, tā de bìngqíng bǐjiào wěndìng le.

单纯X光或CT或MRI并不能决定是否一定要手术治疗。
Dānchún X guāng huò CT huò MRI bìng bù néng juédìng shìfǒu yídìng yào shǒushù zhìliáo.
단순히 X-ray나 CT나 MRI로는 반드시 수술적 치료를 해야 하는지의 여부를 결정할 수 없다.

为预防焦虑障碍复发，患者需要长期坚持治疗。불안 장애의 재발을 막기 위해, 환자는 장기적으로 치료를 계속해야 한다.
Wèi yùfáng jiāolǜ zhàng'ài fùfā, huànzhě xūyào chángqī jiānchí zhìliáo.

29 住院 zhùyuàn 图 입원하다

住院治疗 zhùyuàn zhìliáo 입원 치료하다
生病住院 shēngbìng zhùyuàn 병이 나서 입원하다
住三次院 zhù sān cì yuàn 세 번 입원하다
住 zhù + 시간 + 院 yuàn ~동안 입원하다

住院费 zhùyuànfèi 입원비
住院期间 zhùyuàn qījiān 입원 기간
住院手续 zhùyuàn shǒuxù 입원 수속
住院病人 zhùyuàn bìngrén 입원 환자

干燥综合征通常是不需要住院治疗的。건조 증후군은 통상적으로 입원 치료가 필요 없다.
Gānzào zònghézhēng tōngcháng shì bù xūyào zhùyuàn zhìliáo de.

姥姥住院时，妈妈日夜在病房守候着。외할머니께서 입원하셨을 때, 어머니께서는 밤낮으로 병실을 지키셨다.
Lǎolao zhùyuàn shí, māma rìyè zài bìngfáng shǒuhòuzhe.

宋师傅因为脑卒中已经住了三次院了。송씨 아저씨는 뇌졸중으로 벌써 세 번째 입원 중이셔.
Sòng shīfù yīnwèi nǎozúzhōng yǐjīng zhùle sān cì yuàn le.

30 注意 zhùyì 图 주의하다

注意身体 zhùyì shēntǐ 건강에 유의하다
注意休息 zhùyì xiūxi 휴식에 신경 쓰다
注意养生 zhùyì yǎngshēng 섭생에 신경 쓰다

值得注意 zhíde zhùyì 주목할 만하다
注意一下 zhùyì yíxià 주의하다
注意力 zhùyìlì 주의력

冬天来了，要注意保暖，注意身体。겨울이 왔으니, 몸을 따뜻하게 하고, 건강에 유의하세요.
Dōngtiān lái le, yào zhùyì bǎonuǎn, zhùyì shēntǐ.

出院的时候，医生嘱咐我，每天按时吃药，一定要注意休息。
Chūyuàn de shíhou, yīshēng zhǔfù wǒ, měi tiān ànshí chī yào, yídìng yào zhùyì xiūxi.
퇴원할 때 의사 선생님께서 매일 시간 맞춰 약을 먹고 잘 쉬라고 당부하셨어.

인체

头 tóu 몡 머리 | 眼睛 yǎnjing 몡 눈 | 鼻子 bízi 몡 코 | 嘴 zuǐ 몡 입 | 耳朵 ěrduo 몡 귀 | 脖子 bózi 몡 목

肩膀 jiānbǎng 몡 어깨 | 胸 xiōng 몡 가슴 | 腰 yāo 몡 허리 | 肚子 dùzi 몡 배, 복부 | 背 bèi 몡 등 | 胳膊 gēbo 몡 팔

手 shǒu 몡 손 | 手腕 shǒuwàn 몡 손목 | 手指 shǒuzhǐ 몡 손가락 | 手指甲 shǒuzhǐjiǎ 몡 손톱 | 大腿 dàtuǐ 몡 허벅지

膝盖 xīgài 몡 무릎 | 小腿 xiǎotuǐ 몡 종아리 | 脚 jiǎo 몡 발 | 脚后跟 jiǎohòugēn 몡 발꿈치, 발뒤축

脚趾甲 jiǎozhǐjiǎ 몡 발톱 | 视力 shìlì 몡 시력 | 基因 jīyīn 몡 유전자 | 血型 xuèxíng 몡 혈액형

영양소

蛋白质 dànbáizhì 몡 단백질 | 碳水化合物 tànshuǐ huàhéwù 탄수화물 | 无机盐 wújīyán 무기질

矿物质 kuàngwùzhì 무기질 | 维生素 wéishēngsù 몡 비타민 | 脂肪 zhīfáng 몡 지방

膳食纤维 shànshí xiānwéi 식이섬유 | 磷 lín 몡 인 | 铁质 tiězhì 몡 철분 | 锌 xīn 몡 아연 | 叶酸 yèsuān 몡 엽산

钙 gài 몡 칼슘 | 镁 měi 몡 마그네슘 | 钾 jiǎ 몡 칼륨

병원, 약국

医院 yīyuàn 몡 의원, 병원 | 病房 bìngfáng 몡 병실, 병동 | 医生 yīshēng 몡 의사 | 护士 hùshi 몡 간호사

病人 bìngrén 몡 환자 | 就诊 jiùzhěn 동 진찰받다 | 患病 huàn bìng 병에 걸리다, 병을 앓다 | 麻醉 mázuì 동 마취하다

消毒 xiāodú 동 소독하다 | 打石膏 dǎ shígāo 깁스하다 | 感染 gǎnrǎn 동 감염되다 | 隔离 gélí 동 격리하다

遗传 yíchuán 동 유전되다 | 病情 bìngqíng 몡 병세 | 症状 zhèngzhuàng 몡 병증, 증상, 증세 | 药店 yàodiàn 몡 약방, 약국

药 yào 몡 약, 약물 | 抗生素 kàngshēngsù 몡 항생제 | 医护人员 yīhù rényuán 의료와 간호 업무에 근무하는 사람

진료 과목

内科 nèikē 몡 내과 | 外科 wàikē 몡 외과 | 儿科 érkē 몡 소아과 | 妇产科 fùchǎnkē 산부인과 | 骨科 gǔkē 정형외과

神经科 shénjīngkē 신경과 | 牙科 yákē 치과 | 整形美容科 zhěngxíng měiróngkē 성형외과

泌尿科 mìniàokē 비뇨기과 | 耳鼻喉科 ěrbíhóukē 이비인후과 | 放射科 fàngshèkē 방사선과 | 麻醉科 mázuìkē 마취과

질병, 예방

感冒 gǎnmào 몡 감기 | 流感 liúgǎn 몡 독감 | 烫伤 tàngshāng 몡 화상 | 蛀牙 zhùyá 몡 충치 | 便秘 biànmì 몡 변비

肠炎 chángyán 몡 장염 | 阑尾炎 lánwěiyán 몡 충수염, 맹장염 | 贫血 pínxuè 몡 빈혈 | 高血压 gāoxuèyā 몡 고혈압

肝炎 gānyán 몡 간염 | 骨折 gǔzhé 몡 골절 | 糖尿病 tángniàobìng 몡 당뇨병 | 癌症 áizhèng 몡 암

艾滋病 àizībìng 몡 에이즈(AIDS), 후천성 면역 결핍증 | 痴呆 chīdāi 몡 치매 | 抑郁症 yìyùzhèng 몡 우울증

禽流感 qínliúgǎn 몡 조류 독감, 조류 인플루엔자 | 大流行病 dà liúxíngbìng 팬데믹, 팬데미아 [전염병의 대유행]

社会疏离 shèhuì shūlí 사회적 거리 두기 | 戒毒 jièdú 몡 마약을 끊다 | 戒酒 jiè jiǔ 술을 끊다

戒烟 jiè yān 금연하다, 담배를 끊다 | 免疫 miǎnyì 몡 면역 | 保健品 bǎojiànpǐn 건강 보조품, 건강 기능식품

口罩(儿) kǒuzhào(r) 몡 마스크

DAY 19
통신, 인터넷

따페이 훈련

(그 책) 나한테 보내 줘 **把那本书寄到我** X **把那本书寄到我这儿** ○

01 **版本** bǎnběn 몡 버전, 판본

两种版本 liǎng zhǒng bǎnběn 두 가지 버전

旧版本 jiù bǎnběn 구 버전

新版本 xīn bǎnběn 새로운 버전

最新的版本 zuì xīn de bǎnběn 최신 버전

普及版本 pǔjí bǎnběn 보급판

正式版本 zhèngshì bǎnběn 정식 버전

升级版本 shēngjí bǎnběn 업그레이드 버전

与旧版本相比，1.5版本增加了许多新的功能。 구 버전과 비교했을 때, 1.5버전은 새로운 기능이 많이 추가되었다.
Yǔ jiù bǎnběn xiāngbǐ, yī diǎn wǔ bǎnběn zēngjiāle xǔduō xīn de gōngnéng.

Windows 10是目前微软最新的电脑系统版本。 Windows 10은 현재 마이크로소프트사의 최신 컴퓨터 시스템 버전이다.
Windows shí shì mùqián Wēiruǎn zuì xīn de diànnǎo xìtǒng bǎnběn.

02 **登录** dēnglù 동 로그인하다 동 접속하다, 방문하다

正常登录 zhèngcháng dēnglù 정상 로그인 하다

无法登录 wúfǎ dēnglù 로그인이 안 되다

远程登录 yuǎnchéng dēnglù 원격 로그인

匿名登录 nìmíng dēnglù 익명 로그인

扫码登录 sǎomǎ dēnglù QR코드 로그인

登录网站 dēnglù wǎngzhàn 사이트에 접속하다

经常登录 jīngcháng dēnglù 자주 방문하다

网站提示正常登录，但又返回登录界面了。 사이트에서 정상 로그인되었다고 뜨는데, 또 로그인 화면으로 돌아갔어.
Wǎngzhàn tíshì zhèngcháng dēnglù, dàn yòu fǎnhuí dēnglù jièmiàn le.

如果你已经注册但还没登录，请赶紧点此登录。
Rúguǒ nǐ yǐjīng zhùcè dàn hái méi dēnglù, qǐng gǎnjǐn diǎn cǐ dēnglù.
만약 회원 가입은 했는데 아직 로그인을 안 했다면, 얼른 여기를 눌러 로그인 해 주세요.

你可以匿名登录，查看或下载文件。 익명으로 로그인해서 검색하거나 문서를 다운로드하실 수 있습니다.
Nǐ kěyǐ nìmíng dēnglù, chákàn huò xiàzài wénjiàn.

03 **点击** diǎnjī 동 누르다, 클릭하다

点击一下 diǎnjī yíxià 클릭하다

点击图标 diǎnjī túbiāo 아이콘을 클릭하다

点击屏幕 diǎnjī píngmù 화면을 클릭하다

点击共享 diǎnjī gòngxiǎng 공유를 클릭하다

点击确认键 diǎnjī quèrènjiàn 확인 버튼을 누르다

点击率 diǎnjīlǜ 조회수

如果你想要查看更多网友的评论，请点击一下这里。 더 많은 네티즌들의 댓글이 궁금하다면, 여기를 클릭해 주세요.
Rúguǒ nǐ xiǎng yào chákàn gèng duō wǎngyǒu de pínglùn, qǐng diǎnjī yíxià zhèlǐ.

她一下子成了网上点击率最高的话题人物。 그녀는 하루아침에 인터넷에서 조회수가 가장 높은 화제의 인물이 되었다.
Tā yíxiàzi chéngle wǎngshàng diǎnjīlǜ zuì gāo de huàtí rénwù.

04 电话 diànhuà 몡 전화

电话号码 diànhuà hàomǎ 전화번호
给 gěi + 사람 + **打电话** dǎ diànhuà (~에게) 전화하다
接电话 jiē diànhuà 전화를 받다
挂电话 guà diànhuà 전화를 끊다

来电话 lái diànhuà 전화가 오다
回电话 huí diànhuà 전화를 되걸다
通电话 tōng diànhuà 통화하다
打错电话 dǎcuò diànhuà 전화를 잘못 걸다

到了那儿别忘了给我打电话。 거기 도착하면 나한테 전화하는 거 잊지 말라고.
Dàole nàr bié wàngle gěi wǒ dǎ diànhuà.

明明，你的手机响了，快过来接电话吧。 밍밍, 네 휴대폰이 울리는데, 얼른 와서 전화 받아.
Míngmíng, nǐ de shǒujī xiǎng le, kuài guòlái jiē diànhuà ba.

对不起，您打错电话了。 죄송한데, 전화 잘못 거셨어요.
Duìbuqǐ, nín dǎcuò diànhuà le.

05 电脑 diànnǎo 몡 컴퓨터

台式电脑 táishì diànnǎo 데스크톱 컴퓨터
笔记本电脑 bǐjìběn diànnǎo 노트북 컴퓨터
平板电脑 píngbǎn diànnǎo 태블릿 pc
玩儿电脑 wánr diànnǎo 컴퓨터를 다루다, 컴퓨터를 하다

操作电脑 cāozuò diànnǎo 컴퓨터를 조작하다
精通电脑 jīngtōng diànnǎo 컴퓨터에 정통하다
组装电脑 zǔzhuāng diànnǎo 컴퓨터를 조립하다

你喜欢用笔记本还是台式电脑？ 너는 노트북을 좋아해 데스크톱 컴퓨터를 좋아해?
Nǐ xǐhuan yòng bǐjìběn háishi táishì diànnǎo?

我们大部分都会玩儿电脑，但不精通电脑。 우리들 대부분이 컴퓨터를 다룰 줄은 알지만, 컴퓨터에 정통하지는 않아요.
Wǒmen dàbùfen dōu huì wánr diànnǎo, dàn bù jīngtōng diànnǎo.

06 订阅 dìngyuè 동 (신문, 잡지를) 예약 구독하다

定期订阅 dìngqī dìngyuè 정기 구독하다
订阅和点赞 dìngyuè hé diǎn zàn 구독과 좋아요
订阅手续 dìngyuè shǒuxù 예약 구독 절차
订阅期刊 dìngyuè qīkān 정기 간행물을 구독하다
订阅报纸 dìngyuè bàozhǐ 신문을 구독하다

订阅电子杂志 dìngyuè diànzǐ zázhì
전자 매거진을 구독하다

订阅月刊杂志 dìngyuè yuèkān zázhì
월간 잡지를 구독하다

喜欢我的视频，就请订阅和点赞吧！ 제 영상이 좋았다면 구독과 좋아요 부탁드려요.
Xǐhuan wǒ de shìpín, jiù qǐng dìngyuè hé diǎn zàn ba!

现在报纸已经很难看到了，几乎没有什么人订阅报纸了。
Xiànzài bàozhǐ yǐjīng hěn nán kàndào le, jīhū méiyǒu shénme rén dìngyuè bàozhǐ le.
지금은 신문도 보기가 힘들어졌고, 신문 구독을 하는 사람도 거의 없어.

07 短信 duǎnxìn 몡 문자 메시지

发短信 fā duǎnxìn 문자 메시지를 보내다
收到短信 shōudào duǎnxìn 문자 메시지를 받다
垃圾短信 lājī duǎnxìn 스팸 문자

短信诈骗 duǎnxìn zhàpiàn 스미싱
多媒体短信 duōméitǐ duǎnxìn 멀티미디어 메시지(MMS)

我想给他发短信拜个年。 나는 그 사람한테 문자 메시지로 새해 인사를 하려고 해.
Wǒ xiǎng gěi tā fā duǎnxìn bài ge nián.

我被短信诈骗了，他骗了我五千块钱。 내가 스미싱을 당했는데, 그놈이 5천 위앤이나 사기쳤어.
Wǒ bèi duǎnxìn zhàpiàn le, tā piànle wǒ wǔqiān kuài qián.

08 寄 jì 동 부치다, 보내다

寄信 jì xìn 편지를 부치다
寄包裹 jì bāoguǒ 소포를 부치다
寄快递 jì kuàidì 택배로 보내다
寄东西 jì dōngxi 물건을 보내다

寄挂号信 jì guàhàoxìn 등기로 부치다
寄国际邮件 jì guójì yóujiàn 국제 우편으로 보내다
寄到 jì dào + 장소 ~로 부치다

现在通过微信可以寄快递。 요즘은 WeChat을 통해서 택배를 보낼 수 있어.
Xiànzài tōngguò Wēixìn kěyǐ jì kuàidì.

你把书寄到我这里来好吗？ 책을 나한테 부쳐 줄래?
Nǐ bǎ shū jì dào wǒ zhèli lái hǎo ma?

➕ 寄到我这里来 jì dào wǒ zhèli lái **VS** 寄到我来 jì dào wǒ lái
우리가 자주 쓰는 말 중에 '나한테' '너한테' '걔한테'라는 말이 있는데, 이는 사람을 '장소'처럼 표현하는 것으로, 중국어로 표현할 때는 대상 뒤에 '这里 / 这儿 / 那里 / 那儿'을 붙여 주면 된다. 학습자들이 자주 틀리는 부분이니 잘 알아 두자.
我去你。(X) 我去你那儿。(O) 내가 너한테 갈게.
你到我。(X) 你到我这儿来。(O) 네가 나한테 오렴.

09 联系 liánxì 동 연락하다

联系人 liánxìrén 연락처, 연락하는 사람
联系方式 liánxì fāngshì 연락처, 연락 방법
和 hé / 跟 gēn + 사람 + 联系 liánxì ~와 연락하다
有联系 yǒu liánxì 연락하다
没有联系 méiyǒu liánxì 연락이 없다

保持联系 bǎochí liánxì 연락을 유지하다
失去联系 shīqù liánxì 연락이 끊기다
联系不上 liánxì bushàng 연락이 안 되다
联系几次 liánxì jǐ cì 몇 번 연락하다
联系一年 liánxì yì nián 1년 동안 연락하다

请留下您的联系方式好吗？ Qǐng liúxià nín de liánxì fāngshì hǎo ma? 연락처를 남겨 주시겠어요?
我们俩一直都保持着联系。 Wǒmen liǎ yìzhí dōu bǎochízhe liánxì. 우리 둘은 계속 연락을 하며 지내.
我和他失去联系已经一年多了。 Wǒ hé tā shīqù liánxì yǐjīng yì nián duō le. 나는 그와 연락이 끊긴 지 1년이 넘었어.

10 浏览 liúlǎn 图 대충 훑어보다, 대강 둘러보다, (인터넷) 서핑하다

浏览一下 liúlǎn yíxià 훑어보다, 서핑하다

进行浏览 jìnxíng liúlǎn 서핑하다

浏览互联网 liúlǎn hùliánwǎng 인터넷 서핑을 하다

浏览网页 liúlǎn wǎngyè 웹 페이지를 둘러보다

浏览网站 liúlǎn wǎngzhàn 사이트를 방문하다

浏览博客 liúlǎn bókè 블로그를 방문하다

浏览功能 liúlǎn gōngnéng 브라우징 기능

浏览量 liúlǎnliàng 조회수, 페이지뷰

浏览网页时，总是会遇到各种广告弹窗。 웹 페이지를 서핑할 때면, 다양한 광고 팝업 창이 계속 떠.
Liúlǎn wǎngyè shí, zǒngshì huì yùdào gè zhǒng guǎnggào tán chuāng.

我浏览了好几个网站，终于找到了这首歌的现场版。
Wǒ liúlǎnle hǎojǐ ge wǎngzhàn, zhōngyú zhǎodàole zhè shǒu gē de xiànchǎngbǎn.
나는 사이트를 여러 곳 돌아다니다가, 마침내 이 노래의 라이브 버전을 찾아냈어.

11 留言 liúyán 图 메모를 남기다, 댓글을 달다 图 메모, 댓글

给 gěi + 대상 + 留言 liúyán ~에게 메모를 남기다

留个言 liú ge yán 메모를 남기다

请留言 qǐng liúyán 메모 남겨 주세요

收到留言 shōudào liúyán 메시지를 받다, 쪽지를 받다

留言条 liúyántiáo 쪽지

留言板 liúyánbǎn 게시판

您拨叫的用户暂时无法接听电话，请在"嘀"一声后留言。
Nín bōjiào de yònghù zànshí wúfǎ jiētīng diànhuà, qǐng zài "dī" yì shēng hòu liúyán.
지금 고객님이 전화를 받을 수 없사오니, '삐' 소리 후 메시지를 남겨 주세요.

欢迎在我的博客上留个言。 제 블로그에 댓글을 달아 주시면 감사하겠습니다.
Huānyíng zài wǒ de bókè shang liú ge yán.

看了爸爸的留言条，我心里暖洋洋的。 아빠의 쪽지를 보고는 마음이 따뜻해졌다.
Kànle bàba de liúyántiáo, wǒ xīnlǐ nuǎnyángyáng de.

12 软件 ruǎnjiàn 图 소프트웨어

电脑软件 diànnǎo ruǎnjiàn 컴퓨터 소프트웨어

应用软件 yìngyòng ruǎnjiàn 응용 소프트웨어, 앱(APP)

杀毒软件 shādú ruǎnjiàn 백신 프로그램

恶意软件 èyì ruǎnjiàn (컴퓨터의) 악성 코드

开发软件 kāifā ruǎnjiàn 소프트웨어를 개발하다

软件工程师 ruǎnjiàn gōngchéngshī 소프트웨어 엔지니어

布丁外卖是一款不错的手机订餐应用软件。 푸딩 배달은 괜찮은 휴대폰 음식 주문 앱이야.
Bùdīng Wàimài shì yì kuǎn búcuò de shǒujī dìng cān yìngyòng ruǎnjiàn.

win10有自带杀毒软件，不需要使用第三方软件。
Win shí yǒu zìdài shādú ruǎnjiàn, bù xūyào shǐyòng dì sān fāng ruǎnjiàn.
윈도우 10에는 백신 프로그램이 탑재되어 있어서, 굳이 다른 프로그램을 사용하지 않아도 돼.

➕ '软件'의 다른 뜻
'软件'은 어떤 기관의 관리 수준, 서비스 품질, 구성 인원의 자질 등을 가리키기도 한다.
这家酒店硬件软件都非常不错。 이 호텔은 호텔 외관과 서비스 모두 아주 훌륭하다.

13 删除 shānchú 图 삭제하다, 지우다

删除资料 shānchú zīliào 자료를 삭제하다
删除文件 shānchú wénjiàn 파일을 삭제하다
删除程序 shānchú chéngxù 프로그램을 삭제하다

立即删除 lìjí shānchú 바로 삭제하다
全部删除 quánbù shānchú 전부 삭제하다
删除键 shānchújiàn 딜리트 키

我早就把U盘里的文件删除掉了。 나는 진작에 USB 메모리에 들어 있는 파일을 삭제했어.
Wǒ zǎojiù bǎ U pán li de wénjiàn shānchú diào le.

他不小心把通讯录号码全部删除了。 그는 실수로 주소록 번호를 다 지워 버렸어.
Tā bù xiǎoxīn bǎ tōngxùnlù hàomǎ quánbù shānchú le.

14 上传 shàngchuán 图 업로드하다

上传到 shàngchuándào + A + 上 shang ~에 업로드하다
上传图片 shàngchuán túpiàn 사진을 업로드하다
上传资料 shàngchuán zīliào 자료를 업로드하다
上传失败 shàngchuán shībài 업로드 실패하다
匿名上传 nìmíng shàngchuán 익명으로 업로드하다
上传速度 shàngchuán sùdù 업로드 속도

由于网络原因上传失败，请稍后再试。 네트워크 문제로 업로드에 실패했으니, 잠시 후 다시 시도해 주세요.
Yóuyú wǎngluò yuányīn shàngchuán shībài, qǐng shāohòu zài shì.

这几天上传速度变慢了，怎么处理？ 요즘 업로드 속도가 늦어졌는데, 어떻게 해결해야 하나요?
Zhè jǐ tiān shàngchuán sùdù biànmàn le, zěnme chǔlǐ?

15 上网 shàngwǎng 图 인터넷에 접속하다

无线上网 wúxiàn shàngwǎng 무선 접속하다
手机上网 shǒujī shàngwǎng 모바일로 접속하다
免费上网 miǎnfèi shàngwǎng 무료로 접속하다

上网搜索 shàngwǎng sōusuǒ 인터넷으로 검색하다
上网新手 shàngwǎng xīnshǒu 인터넷 초보자

这里的咖啡馆、餐厅都提供无线上网服务。
Zhèli de kāfēiguǎn、cāntīng dōu tígōng wúxiàn shàngwǎng fúwù.
이곳의 카페, 식당은 모두 무선 인터넷 접속 서비스를 제공합니다.

我没事时也喜欢手机上网看看新闻。
Wǒ méishì shí yě xǐhuan shǒujī shàngwǎng kànkan xīnwén.
나도 한가할 때는 모바일로 접속해서 뉴스 보는 것을 좋아해.

16 视频 shìpín 명 동영상

视频资料 shìpín zīliào 동영상 자료
视频通话 shìpín tōnghuà 영상 통화
视频留言 shìpín liúyán 영상 편지

教育视频 jiàoyù shìpín 교육 비디오
比赛视频 bǐsài shìpín 경기 동영상
拍摄视频 pāishè shìpín 동영상을 찍다

我们经常会用电脑跟别人进行视频通话。 우리는 자주 컴퓨터로 다른 사람과 영상 통화를 한다.
Wǒmen jīngcháng huì yòng diànnǎo gēn biérén jìnxíng shìpín tōnghuà.

我喜欢拍摄视频，记录生活中的芝麻小事。 나는 동영상을 찍어 소소한 일상을 기록하는 것을 좋아한다.
Wǒ xǐhuan pāishè shìpín, jìlù shēnghuó zhōng de zhīma xiǎoshì.

17 手机 shǒujī 명 휴대폰, 휴대 전화

关手机 guān shǒujī 휴대폰을 끄다
换新手机 huàn xīn shǒujī 새 휴대폰으로 바꾸다
手机上网 shǒujī shàngwǎng 모바일로 접속하다
手机坏了 shǒujī huài le 휴대폰이 고장 나다

手机丢了 shǒujī diū le 휴대폰을 잃어버리다
手机保护壳 shǒujī bǎohùké 휴대폰 케이스
手机话费 shǒujī huàfèi 휴대폰 전화 요금
智能手机 zhìnéng shǒujī 스마트폰

我的手机坏了，准备换新手机。 내 휴대폰이 고장 나서, 새 휴대폰으로 바꾸려고 해.
Wǒ de shǒujī huài le, zhǔnbèi huàn xīn shǒujī.

现在的智能手机功能越来越强大，可以完成很多事情。 요즘 스마트폰 기능이 갈수록 좋아져서, 많은 일을 처리할 수 있어.
Xiànzài de zhìnéng shǒujī gōngnéng yuèláiyuè qiángdà, kěyǐ wánchéng hěn duō shìqing.

18 输入 shūrù 동 (전산) 입력하다

输入用户名 shūrù yònghùmíng 아이디를 입력하다
输入密码 shūrù mìmǎ 비밀번호를 입력하다
输入关键词 shūrù guānjiàncí 키워드를 입력하다
输入卡号 shūrù kǎ hào 카드 번호를 입력하다

输入验证码 shūrù yànzhèngmǎ
자동 입력 방지 문자를 입력하다
输入速度 shūrù sùdù 입력 속도
拼音输入法 pīnyīn shūrùfǎ 병음 입력법

请输入您的用户名和密码。 고객님의 아이디와 비밀번호를 입력해 주세요.
Qǐng shūrù nín de yònghùmíng hé mìmǎ.

为了保护您的网络安全，请输入验证码。 고객님의 인터넷 보안을 위해 자동 입력 방지 문자를 입력해 주세요.
Wèile bǎohù nín de wǎngluò ānquán, qǐng shūrù yànzhèngmǎ.

19 数码 shùmǎ 명 디지털

数码**图书馆** shùmǎ túshūguǎn 전자 도서관
数码**相机** shùmǎ xiàngjī 디지털 카메라
数码**产品** shùmǎ chǎnpǐn 디지털 제품
数码**方式** shùmǎ fāngshì 디지털 방식

数码**冲印** shùmǎ chōngyìn 디지털 인화
数码**影像** shùmǎ yǐngxiàng 디지털 영상
数码**时代** shùmǎ shídài 디지털 시대
数码**游牧民** shùmǎ yóumùmín 디지털 유목민

智能手机好像已经完全取代了数码相机。 스마트폰은 이미 디지털 카메라를 완전히 대체해 버린 것 같아.
Zhìnéng shǒujī hǎoxiàng yǐjīng wánquán qǔdàile shùmǎ xiàngjī.

我们虽然活在一个数码的时代，却还是喜欢模拟的东西。
Wǒmen suīrán huó zài yí ge shùmǎ de shídài, què háishi xǐhuan mónǐ de dōngxi.
우리는 디지털 시대에 살고 있지만, 여전히 아날로그한 것을 좋아한다.

20 搜索 sōusuǒ 동 검색하다

搜索**信息** sōusuǒ xìnxī 정보를 검색하다
搜索**引擎** sōusuǒ yǐnqíng 검색 엔진
搜索**功能** sōusuǒ gōngnéng 검색 기능

搜索**框** sōusuǒkuàng 검색창
网上搜索 wǎngshàng sōusuǒ 인터넷 검색
人肉搜索 rénròu sōusuǒ 신상 털기

谷歌的图片搜索功能非常强大。 구글의 이미지 검색 기능은 아주 강력하다.
Gǔgē de túpiàn sōusuǒ gōngnéng fēicháng qiángdà.

在搜索框内输入你要搜索的关键词。 검색창에 찾고자 하는 키워드를 입력하세요.
Zài sōusuǒkuàng nèi shūrù nǐ yào sōusuǒ de guānjiàncí.

21 填写 tiánxiě 동 써넣다, 기입하다

填写**姓名** tiánxiě xìngmíng 성명을 기입하다
填写**出生日期** tiánxiě chūshēng rìqī 생년월일을 기입하다
填写**联系电话** tiánxiě liánxì diànhuà 연락처를 기입하다
填写**通讯地址** tiánxiě tōngxùn dìzhǐ 연락 주소를 기입하다
填写**个人信息** tiánxiě gèrén xìnxī 인적 사항을 작성하다
填写**身份证号** tiánxiě shēnfēnzhèng hào 신분증 번호를 기입하다

我已经填写好了收件人的姓名和地址。 저는 이미 수취인의 성명과 주소를 적었습니다.
Wǒ yǐjīng tiánxiě hǎole shōujiànrén de xìngmíng hé dìzhǐ.

请在这里填写个人信息，上传本人照片。 여기에 인적 사항을 기입하고, 본인의 사진을 업로드 해 주세요.
Qǐng zài zhèli tiánxiě gèrén xìnxī, shàngchuán běnrén zhàopiàn.

22 网络 wǎngluò 몡 네트워크, 인터넷

网络**直播** wǎngluò zhíbō 인터넷 방송

网络**漫画** wǎngluò mànhuà 웹툰

网络**电影** wǎngluò diànyǐng 웹 영화

无线网络 wúxiàn wǎngluò 무선 인터넷

电脑网络 diànnǎo wǎngluò 전산망

社交网络 shèjiāo wǎngluò 소셜 네트워크, SNS

网络**文化** wǎngluò wénhuà 인터넷 문화

网络**道德** wǎngluò dàodé 네티켓

网络直播已经成为一个对年轻人极具吸引力的新兴职业。
Wǎngluò zhíbō yǐjīng chéngwéi yí ge duì niánqīngrén jí jù xīyǐnlì de xīnxīng zhíyè.
인터넷 방송은 이미 젊은이들의 뜨거운 관심을 받는 새로운 직업이 되었다.

社交网络越发达，我们越感到孤单。 SNS가 발달할수록, 우리는 더 외로움을 느끼게 된다.
Shèjiāo wǎngluò yuè fādá, wǒmen yuè gǎndào gūdān.

23 网站 wǎngzhàn 몡 웹 사이트

门户网站 ménhù wǎngzhàn 포털 사이트

官方网站 guānfāng wǎngzhàn 공식 홈페이지

购物网站 gòuwù wǎngzhàn 쇼핑몰 사이트

网站**代管** wǎngzhàn dàiguǎn 웹 호스팅

网站**的管理员** wǎngzhàn de guǎnlǐyuán 웹 마스터

建立网站 jiànlì wǎngzhàn 웹 사이트를 만들다

现在购物网站太多了，让人眼花缭乱。 지금은 쇼핑몰 사이트가 너무 많아서 눈이 어지러울 지경이야.
Xiànzài gòuwù wǎngzhàn tài duō le, ràng rén yǎnhuā liáoluàn.

建立网站，首先就要购买一个域名。 웹 사이트를 만들려면, 도메인을 먼저 사야 해.
Jiànlì wǎngzhàn, shǒuxiān jiù yào gòumǎi yí ge yùmíng.

24 下载 xiàzài 동 다운로드하다

下载**资料** xiàzài zīliào 자료를 다운로드하다

下载**文件** xiàzài wénjiàn 파일/문서를 다운로드하다

下载**软件** xiàzài ruǎnjiàn 소프트웨어를 다운로드하다

下载**音乐** xiàzài yīnyuè 음악을 다운로드하다

免费下载 miǎnfèi xiàzài 무료 다운로드하다

在网上下载 zài wǎngshàng xiàzài 인터넷에서 다운로드하다

下载**使用** xiàzài shǐyòng 다운로드해서 사용하다

无限制下载 wú xiànzhì xiàzài 무제한 다운로드

你下载的资料要"解压缩"才能用。 네가 다운로드 받은 자료는 '압축 파일 풀기'를 해야 사용할 수 있어.
Nǐ xiàzài de zīliào yào "jiě yāsuō" cái néng yòng.

欢迎喜爱的朋友下载使用！ 마음에 드시는 분은 다운로드해서 사용하시기 바랍니다!
Huānyíng xǐ'ài de péngyou xiàzài shǐyòng!

25 消息 xiāoxi 몡 소식, 정보, 뉴스

新消息 xīn xiāoxi 새로운 뉴스, 소식
重要的消息 zhòngyào de xiāoxi 중요한 소식
可靠的消息 kěkào de xiāoxi 믿을 만한 소식

没有消息 méiyǒu xiāoxi 무소식이다, 연락이 없다
听到消息 tīngdào xiāoxi 소식을 듣다
消息的来源 xiāoxi de láiyuán 취재원

我有重要的消息要告诉你。Wǒ yǒu zhòngyào de xiāoxi yào gàosu nǐ. 너한테 알려 줄 중요한 정보가 있어.

我从收音机里听到了这一条消息。Wǒ cóng shōuyīnjī li tīngdàole zhè yì tiáo xiāoxi. 나는 라디오에서 이 소식을 들었어.

➕ 消息 xiāoxi 소식, 정보, 뉴스 VS 新闻 xīnwén 소식, 뉴스
'消息'는 어떤 매체를 통해 전해져 온 사람이나 일에 대한 정황을 뜻하고, '新闻'은 간행물, 방송, TV 등에서 보도된 최근에 발생한 일을 뜻한다.
'消息'는 비공식적으로 전해진 상황에 쓸 수 있지만, '新闻'는 정식으로 확인된 내용에만 쓸 수 있다.
他走后就没有消息了。그가 간 후에 소식이 없었어. → 이때는 '新闻'을 쓸 수 없음
英国新闻 영국에 관한 뉴스 | 英国消息 영국에서 전해 온 소식

26 信息 xìnxī 몡 소식, 뉴스, 정보

提供信息 tígōng xìnxī 정보를 제공하다
处理信息 chǔlǐ xìnxī 정보를 처리하다
得到信息 dédào xìnxī 정보를 얻다
最新信息 zuì xīn xìnxī 최신 정보
虚假信息 xūjiǎ xìnxī 허위 정보, 가짜 뉴스

信息真伪 xìnxī zhēnwěi 정보의 진위
信息社会 xìnxī shèhuì 정보 사회
信息时代 xìnxī shídài 정보 시대
信息传播 xìnxī chuánbō 정보를 유포하다
信息的来源 xìnxī de láiyuán 뉴스의 출처

他给我提供了大量的信息，不知有没有参考价值。그가 나에게 대량의 자료를 줬는데, 참고 가치가 있을지는 모르겠어.
Tā gěi wǒ tígōngle dàliàng de xìnxī, bùzhī yǒu méiyǒu cānkǎo jiàzhí.

我并没有得到有用的信息。나는 결코 유용한 정보를 얻지 못했어.
Wǒ bìng méiyǒu dédào yǒuyòng de xìnxī.

我们都应努力辨别信息真伪，自觉阻断虚假信息传播。
Wǒmen dōu yīng nǔlì biànbié xìnxī zhēnwěi, zìjué zǔduàn xūjiǎ xìnxī chuánbō.
우리는 정보의 진위를 가리기 위해 노력하고, 의식적으로 허위 사실을 유포하지 않도록 해야 한다.

27 用户 yònghù 몡 사용자, 가입자

用户名 yònghùmíng 아이디(ID), 사용자 이름
手机用户 shǒujī yònghù 휴대폰 사용자
用户等级 yònghù děngjí 사용자 등급

用户的要求 yònghù de yāoqiú 사용자의 요청
移动通信用户 yídòng tōngxìn yònghù 이동 통신 가입자
无线互联网用户 wúxiàn hùliánwǎng yònghù
무선 인터넷 가입자

用户名由英文字母、数字或其它符号构成。아이디는 알파벳, 숫자 혹은 기타 부호로 이루어진다.
Yònghùmíng yóu Yīngwén zìmǔ、shùzì huò qítā fúhào gòuchéng.

提升用户等级后，你可以获得更多的优惠。사용자 등급이 업그레이드 된 후에 회원님은 더 많은 혜택을 받으실 수 있습니다.
Tíshēng yònghù děngjí hòu, nǐ kěyǐ huòdé gèng duō de yōuhuì.

28 邮件 yóujiàn 몡 우편, 우편물

电子邮件 diànzǐ yóujiàn 이메일

寄邮件 jì yóujiàn 우편물을 부치다

垃圾邮件 lājī yóujiàn 스팸 메일

送邮件 sòng yóujiàn 우편물을 배달하다

我没发电子邮件，而是亲手写了一封信。 나는 이메일을 보내는 대신 손 편지를 썼다.
Wǒ méi fā diànzǐ yóujiàn, érshì qīnshǒu xiěle yì fēng xìn.

邮递员叔叔每天都准时把邮件送到居民家中。 우체부 아저씨는 매일 같은 시간에 우편물을 주민들 집에 배달하셔.
Yóudìyuán shūshu měi tiān dōu zhǔnshí bǎ yóujiàn sòng dào jūmín jiā zhōng.

29 游戏 yóuxì 몡 게임, 레크리에이션

做游戏 zuò yóuxì 게임을 하다

智力游戏 zhìlì yóuxì 지력(을 높이는) 게임

玩(儿)游戏 wán(r) yóuxì 게임을 하다

桌面游戏 zhuōmiàn yóuxì 보드 게임

电子游戏 diànzǐ yóuxì 전자 오락

模拟游戏 mónǐ yóuxì 시뮬레이션 게임

电脑游戏 diànnǎo yóuxì 컴퓨터 게임

游戏机 yóuxìjī 오락기, 게임기

网络游戏 wǎngluò yóuxì 온라인 게임

游戏规则 yóuxì guīzé 게임 규칙

怎么能让孩子像爱玩儿游戏一样，爱上学习？ 어떻게 하면 아이들이 게임에 심취하는 것처럼 공부를 좋아하게 만들 수 있을까요?
Zěnme néng ràng háizi xiàng ài wánr yóuxì yíyàng, àishàng xuéxí?

现在很多人沉迷于网络游戏。 지금 많은 사람들이 온라인 게임에 빠져 있다.
Xiànzài hěn duō rén chénmí yú wǎngluò yóuxì.

30 转载 zhuǎnzǎi 동 (글이나 그림을 그대로) 옮겨 싣다, 전재하다

请勿转载 qǐng wù zhuǎnzǎi 전재하지 마세요

同时转载 tóngshí zhuǎnzǎi 동시에 전재하다

不得转载 bùdé zhuǎnzǎi 전재해선 안 된다

欢迎转载 huānyíng zhuǎnzǎi 전재해도 좋다

禁止转载 jìnzhǐ zhuǎnzǎi 전재를 금지하다

转载方 zhuǎnzǎifāng 전재하는 사람

随意转载 suíyì zhuǎnzǎi 무단 전재하다

未经许可不得转载。 허가 없이는 전재할 수 없습니다.
Wèi jīng xǔkě bùdé zhuǎnzǎi.

无商业用途者随意转载，如果不介意的话请注明出处。
Wú shāngyè yòngtú zhě suíyì zhuǎnzǎi, rúguǒ bú jièyì dehuà qǐng zhùmíng chūchù.
상업적인 용도가 아니면 그냥 퍼 가셔도 되는데, 괜찮으시면 출처를 밝혀 주셨으면 합니다.

转载方请明确注明出处及链接。 전재하는 분께서는 출처와 URL을 명확히 밝혀 주세요.
Zhuǎnzǎifāng qǐng míngquè zhùmíng chūchù jí liànjiē.

硬件 yìngjiàn 몡 하드웨어

显示器 xiǎnshìqì 몡 모니터

鼠标 shǔbiāo 몡 마우스

键盘 jiànpán 몡 키보드

摄像头 shèxiàngtóu IP카메라 [CCTV 등]

U盘 U pán 몡 USB 메모리

系统 xìtǒng 몡 시스템

信号 xìnhào 몡 신호

互联网 hùliánwǎng 몡 인터넷

网址 wǎngzhǐ 몡 웹 사이트 주소, URL

域名 yùmíng 몡 도메인 네임

论坛 lùntán 몡 (인터넷) 게시판

网络硬盘 wǎngluò yìngpán 몡 웹 하드, 웹 클라우드

文件夹 wénjiànjiā 몡 폴더

人工智能 réngōng zhìnéng 인공 지능

待机状态 dàijī zhuàngtài (컴퓨터의) 대기 모드

休眠状态 xiūmián zhuàngtài (컴퓨터의) 휴면 모드

电脑病毒 diànnǎo bìngdú 컴퓨터 바이러스

黑客 hēikè 몡 해커

匿名 nìmíng 동 이름을 숨기다 몡 익명

拷贝 kǎobèi 몡 복사 동 복사하다

扫描 sǎomiáo 동 스캔하다

二维码 èrwéimǎ 몡 QR코드

触屏 chùpíng (스크린을) 터치하다, 터치 스크린

电话簿 diànhuàbù 전화번호부

电话铃 diànhuàlíng 전화벨

彩铃 cǎilíng 몡 컬러링

充电器 chōngdiànqì 몡 충전기

电子商务 diànzǐ shāngwù 전자 상거래

公用电话 gōngyòng diànhuà 공중전화

机器人 jīqìrén 몡 로봇

图片 túpiàn 몡 사진, 그림

网吧 wǎngbā 몡 PC방

网红 wǎnghóng 온라인 셀럽 ['网络红人'의 줄임말]

虚拟现实 xūnǐ xiànshí 가상 현실

遥控飞机 yáokòng fēijī 드론, 원격 조종 비행기

SNS, 앱

照片墙 Zhàopiànqiáng 고유 인스타그램(Instagram)

脸谱网 Liǎnpǔwǎng 고유 페이스북(Facebook)

微信 Wēixìn 고유 위챗(We Chat) [중국의 무료 채팅 앱]

支付宝 Zhīfùbǎo
고유 알리페이(Alipay) [중국 모바일 전자 결제 앱]

우편, 소포

邮局 yóujú 몡 우체국

包裹 bāoguǒ 몡 소포

信封 xìnfēng 몡 편지 봉투

信笺 xìnjiān 몡 편지지

明信片(儿) míngxìnpiàn(r) 몡 엽서

邮票 yóupiào 몡 우표

邮政编码 yóuzhèng biānmǎ 우편 번호

圣诞卡 shèngdànkǎ 크리스마스 카드

生日卡 shēngrìkǎ 생일 카드

新年贺卡 xīnnián hèkǎ 연하장

邮政特快传递 yóuzhèng tèkuài chuándì
EMS, 속달 우편 서비스

따페이 훈련

너한테 잘 어울리겠다　　**合适你穿** X　　**适合你穿** ○

01 保养 bǎoyǎng 图 보양하다, 양생하다, (몸, 피부 등을) 관리하다

保养身体 bǎoyǎng shēntǐ 건강 관리하다	**注意保养** zhùyì bǎoyǎng 관리에 신경을 쓰다
保养皮肤 bǎoyǎng pífū 피부를 관리하다	**需要保养** xūyào bǎoyǎng 양생이 필요하다
保养头发 bǎoyǎng tóufa 모발을 관리하다	**精心保养** jīngxīn bǎoyǎng 정성 들여 보양하다

她平时很注意保养皮肤。 그녀는 평소 피부 관리에 신경을 많이 쓴다.
Tā píngshí hěn zhùyì bǎoyǎng pífū.

您保养得真好，越看越年轻。 관리를 너무 잘하셔서, 볼 때마다 젊어지시네요.
Nín bǎoyǎng de zhēn hǎo, yuè kàn yuè niánqīng.

秋冬季头发的保养很重要，这个季节天气干燥很容易出现头皮屑。
Qiū dōngjì tóufa de bǎoyǎng hěn zhòngyào, zhè ge jìjié tiānqì gānzào hěn róngyì chūxiàn tóupíxiè.
가을 겨울에는 모발 관리가 중요해요. 이 계절에는 날씨가 건조해서 비듬이 생기기 쉽거든요.

02 搭配 dāpèi 图 배합하다, 조합하다, 코디하다

搭配一下 dāpèi yíxià 코디하다	**适合搭配** shìhé dāpèi +사물 ~와 잘 어울리다
搭配得好 dāpèi de hǎo 잘 어울리다	**搭配技巧** dāpèi jìqiǎo 스타일링 기술
不会搭配 bú huì dāpèi 코디를 잘 못하다	**搭配方法** dāpèi fāngfǎ 매치하는 방법, 코디법
随意搭配 suíyì dāpèi 자유롭게 코디하다	**合适的搭配** héshì de dāpèi 어울리는 조합, 잘 맞는 조합

你的裙子和帽子搭配得很好。 네 치마와 모자가 잘 어울리는구나.
Nǐ de qúnzi hé màozi dāpèi de hěn hǎo.

如果你不会搭配的话，那选择格纹套装就最合适不过了。
Rúguǒ nǐ bú huì dāpèi dehuà, nà xuǎnzé gé wén tàozhuāng jiù zuì héshì buguò le.
만약에 네가 코디를 잘 못하겠으면, 체크 무늬 정장을 선택하면 틀림없다고.

03 打扮 dǎban 图 단장하다, 치장하다

会打扮 huì dǎban 꾸밀 줄 알다	**精心打扮** jīngxīn dǎban 공들여 단장하다, 한껏 멋을 내다
爱打扮 ài dǎban 꾸미는 것을 좋아하다	**讲究打扮** jiǎngjiu dǎban 꾸미는 것에 신경 쓰다
打扮得漂亮 dǎban de piàoliang 예쁘게 단장하다	**穿着打扮** chuānzhuó dǎban 차림새
打扮半天 dǎban bàntiān 한참 치장하다	**一身打扮** yìshēn dǎban 차림새

每个人都喜欢把自己打扮得漂漂亮亮的。 누구나 다 자신을 예쁘게 꾸미는 것을 좋아한다.
Měi ge rén dōu xǐhuan bǎ zìjǐ dǎban de piàopiaoliāngliāng de.

我妹妹不讲究打扮，对化妆更是没兴趣。 내 여동생은 멋도 안 내고, 화장에는 더 관심 없고.
Wǒ mèimei bù jiǎngjiu dǎban, duì huàzhuāng gèng shì méi xìngqù.

04 戴 dài 통 착용하다

戴眼镜 dài yǎnjìng 안경을 쓰다
戴帽子 dài màozi 모자를 쓰다
戴项链 dài xiàngliàn 목걸이를 하다
戴戒指 dài jièzhi 반지를 끼다
戴领带 dài lǐngdài 넥타이를 하다

戴手表 dài shǒubiǎo 시계를 차다
戴围巾 dài wéijīn 스카프를 하다
戴耳环 dài ěrhuán 귀걸이를 하다
戴手镯 dài shǒuzhuó 팔찌를 하다
戴首饰 dài shǒushì 액세서리를 하다

她穿着一件粉色印花连衣裙，戴着一顶深粉色的帽子。 그녀는 분홍색 프린트 원피스에 진분홍 모자를 쓰고 있어.
Tā chuānzhe yí jiàn fěnsè yìnhuā liányīqún, dàizhe yì dǐng shēn fěnsè de màozi.

她戴着珍珠项链，看起来很高贵。 그녀는 진주 목걸이를 했는데, 귀티가 나더라고.
Tā dàizhe zhēnzhū xiàngliàn, kàn qǐlái hěn gāoguì.

05 得体 détǐ 형 (말이나 행동이) 신분에 걸맞다, 제격이다

穿着得体 chuānzhuó détǐ 옷차림이 격에 맞다
衣着得体 yīzhuó détǐ 복장이 격에 맞다
大方得体 dàfang détǐ 고상하고 품위 있다
朴素得体 pǔsù détǐ 소박하고 격이 있다

自然得体 zìrán détǐ 자연스럽고 품위 있다
不得体 bù détǐ 격에 맞지 않다
得体相配 détǐ xiāngpèi 격이 있고 어울리다

他总是穿着朴素，却又大方得体。 그는 늘 소탈한 차림인데도 고상하고 품위 있다.
Tā zǒngshì chuānzhuó pǔsù, què yòu dàfang détǐ.

如果穿戴不得体，也会发生一些尴尬的事情。 옷차림이 격에 맞지 않으면, 난감한 일이 생길 수도 있어.
Rúguǒ chuāndài bù détǐ, yě huì fāshēng yìxiē gāngà de shìqing.

06 风格 fēnggé 명 품격, 태도, 스타일

很有风格 hěn yǒu fēnggé 개성 넘치다
没有风格 méiyǒu fēnggé 스타일이 없다
服装风格 fúzhuāng fēnggé 의복 스타일
端庄风格 duānzhuāng fēnggé 단정한 스타일

独特风格 dútè fēnggé 독특한 스타일, 독특한 캐릭터
时代风格 shídài fēnggé 시대의 양식
复古风格 fùgǔ fēnggé 복고 스타일, 빈티지
时尚风格 shíshàng fēnggé 트렌디한 스타일

我的风格就是没有风格，我喜欢什么就穿什么衣服。 내 스타일은 스타일이 없다는 거예요. 나는 그저 좋아하는 옷을 입을 뿐이에요.
Wǒ de fēnggé jiù shì méiyǒu fēnggé, wǒ xǐhuan shénme jiù chuān shénme yīfu.

我有我的独特风格，不必要模仿任何人。 나는 나만의 독특한 스타일이 있어서, 다른 사람을 흉내 낼 필요가 없어.
Wǒ yǒu wǒ de dútè fēnggé, bú bìyào mófǎng rènhé rén.

最近几年，复古风格的衣服非常流行。 최근 몇 년 사이, 복고 스타일의 옷이 아주 유행하고 있다.
Zuìjìn jǐ nián, fùgǔ fēnggé de yīfu fēicháng liúxíng.

07 服装 fúzhuāng 명 복장, 의류

中式服装 zhōngshì fúzhuāng 중국풍 복장
传统服装 chuántǒng fúzhuāng 전통 의상
儿童服装 értóng fúzhuāng 아동복
名牌服装 míngpái fúzhuāng 명품 옷

服装设计 fúzhuāng shèjì 의상 디자인
服装设计师 fúzhuāng shèjìshī 의상 디자이너
服装行业 fúzhuāng hángyè 의류 업계
服装店 fúzhuāngdiàn 옷가게

我以为他穿的是名牌服装，原来这件是平价品牌。나는 저 친구가 입은 게 명품 옷인 줄 알았는데, 알고 보니 일반 브랜드더라고.
Wǒ yǐwéi tā chuān de shì míngpái fúzhuāng, yuánlái zhè jiàn shì píngjià pǐnpái.

从初中起，她就开始画画，后来学了服装设计。중학교 때부터 그녀는 그림을 시작했고, 나중에 의상 디자인을 공부했어.
Cóng chūzhōng qǐ, tā jiù kāishǐ huà huà, hòulái xuéle fúzhuāng shèjì.

➕ 服装 fúzhuāng 의류 VS 衣服 yīfu 옷
'衣服'가 상의, 하의, 내의, 외투와 같은 옷을 말한다면, '服装'은 옷부터 넥타이같은 장식품까지 모두 포함한다. '服装'은 의류의 총칭으로, 단품으로 이야기하지 않는다.
买了一件服装(X) 买了一件衣服(O) 옷 한 벌을 사다

08 个性 gèxìng 명 개성

个性化 gèxìnghuà 개성화
个性强 gèxìng qiáng 개성이 강하다
很有个性 hěn yǒu gèxìng 개성이 강하다
没有个性 méiyǒu gèxìng 개성이 없다

失去个性 shīqù gèxìng 개성을 잃다
显示个性 xiǎnshì gèxìng 개성을 뽐내다
时尚个性 shíshàng gèxìng 세련되고 개성 있다
保持个性 bǎochí gèxìng 개성을 살리다

他的穿着很有个性，别具一格。그의 옷차림은 개성이 넘치고, 아주 독특해.
Tā de chuānzhuó hěn yǒu gèxìng, biéjù yìgé.

这几款女生短发推荐给大家，款款时尚个性。몇 가지 여성 단발 스타일을 여러분께 추천해요. 모두 세련되고 개성 있어요.
Zhè jǐ kuǎn nǚshēng duǎnfà tuījiàn gěi dàjiā, kuǎnkuǎn shíshàng gèxìng.

09 过时 guòshí 동 시대에 뒤떨어지다, 유행이 지나다

太过时了 tài guòshí le 너무 구닥다리이다
不会过时 bú huì guòshí 유행을 타지 않다
过时的衣服 guòshí de yīfu 유행이 지난 옷

有点过时 yǒudiǎn guòshí 약간 철이 지나다
完全过时 wánquán guòshí 완전히 한물 가다

白衬衫和牛仔裤，这是永远都不会过时的经典组合。흰 셔츠와 청바지는 영원히 유행을 타지 않는 베스트 조합이지.
Bái chènshān hé niúzǎikù, zhè shì yǒngyuǎn dōu bú huì guòshí de jīngdiǎn zǔhé.

我想把过时的衣服改成一条短裙。나는 철 지난 옷을 미니스커트로 리폼하고 싶어.
Wǒ xiǎng bǎ guòshí de yīfu gǎichéng yì tiáo duǎnqún.

10 合适 héshì 혱 적당하다, 알맞다, 적합하다

正合适 zhèng héshì 딱 맞다
不合适 bù héshì 어울리지 않다
尺码合适 chǐmǎ héshì 사이즈가 맞다
大小合适 dàxiǎo héshì 사이즈가 맞다

长短合适 chángduǎn héshì 길이가 적당하다
搭配合适 dāpèi héshì 코디가 잘 되다
打扮得合适 dǎban de héshì 잘 꾸미다
合适得要命 héshì de yàomìng 아주 잘 맞다

这样的大衣现在穿正合适，简约又优雅。 이런 스타일의 코트는 지금 입기에 딱이죠. 심플하면서도 우아하잖아요.
Zhèyàng de dàyī xiànzài chuān zhèng héshì, jiǎnyuē yòu yōuyǎ.

这条裤子大小长短合适，穿上很显瘦，裤型挺好看的。
Zhè tiáo kùzi dàxiǎo chángduǎn héshì, chuānshàng hěn xiǎn shòu, kù xíng tǐng hǎokàn de.
이 바지는 사이즈와 길이도 적당하고, 입었을 때 날씬해 보이고, 바지핏도 참 예쁘죠.

11 华丽 huálì 혱 화려하다

衣着华丽 yīzhuó huálì 옷차림이 화려하다
外表华丽 wàibiǎo huálì 겉모습이 화려하다
过分华丽 guòfèn huálì 지나치게 화려하다
色彩华丽 sècǎi huálì 컬러가 화려하다

穿得华丽 chuān de huálì 화려하게 입다
打扮得华丽 dǎban de huálì 화려하게 차리다
华丽的首饰 huálì de shǒushì 화려한 액세서리
华丽的衣服 huálì de yīfu 화려한 옷

她平时喜欢佩戴华丽的首饰。 그녀는 평소에 화려한 액세서리 하는 것을 좋아한다.
Tā píngshí xǐhuan pèidài huálì de shǒushì.

她穿着一件华丽的衣服，在人群中显得鹤立鸡群。 그녀는 화려한 옷을 입고 있어서 사람들 사이에서 눈에 확 띄었다.
Tā chuānzhe yí jiàn huálì de yīfu, zài rénqún zhōng xiǎnde hèlìjīqún.

12 化妆 huàzhuāng 동 화장하다

化化妆 huàhua zhuāng 화장하다
化浓妆 huà nóng zhuāng 화장을 진하게 하다
化淡妆 huà dàn zhuāng 화장을 연하게 하다
不化妆 bú huàzhuāng 화장을 안 하다
化妆师 huàzhuāngshī 메이크업 아티스트

化妆品 huàzhuāngpǐn 화장품
化妆方法 huàzhuāng fāngfǎ 화장법
化妆习惯 huàzhuāng xíguàn 화장 습관
化妆用具 huàzhuāng yòngjù 화장 도구

你化淡妆，看着像是二十岁的小姑娘。 너 연하게 화장을 하니까, 스무 살짜리 아가씨로 보인다.
Nǐ huà dàn zhuāng, kànzhe xiàng shì èrshí suì de xiǎo gūniang.

即便是不化妆，她的气质还是非常好的。 화장을 안 해도 그녀에게서는 대단한 풍격이 느껴진다.
Jíbiàn shì bú huàzhuāng, tā de qìzhí háishi fēicháng hǎo de.

13 减肥 jiǎnféi 동 다이어트하다, 살을 빼다

减肥方法 jiǎnféi fāngfǎ 다이어트 방법	减肥食谱 jiǎnféi shípǔ 다이어트 식단
减肥计划 jiǎnféi jìhuà 다이어트 계획	节食减肥 jiéshí jiǎnféi 절식 다이어트

我试过了很多种减肥方法，可是都不见成效。 나는 다양한 다이어트 방법을 시도해 봤지만, 다 효과를 못 봤어.
Wǒ shìguòle hěn duō zhǒng jiǎnféi fāngfǎ, kěshì dōu bú jiàn chéngxiào.

长期节食减肥对身体不好。 장기적인 절식 다이어트는 몸에 안 좋다.
Chángqī jiéshí jiǎnféi duì shēntǐ bù hǎo.

14 健身 jiànshēn 명 헬스, 피트니스

健身房 jiànshēnfáng 헬스클럽, 체육관	健身效果 jiànshēn xiàoguǒ 헬스 효과
健身操 jiànshēncāo 건강 체조, 에어로빅	健身教练 jiànshēn jiàoliàn 헬스 트레이너
健身器材 jiànshēn qìcái 헬스 도구	坚持健身 jiānchí jiànshēn 헬스를 꾸준히 하다

他打算在家里建立一个健身房。 그는 홈짐을 꾸미려고 해.
Tā dǎsuàn zài jiā li jiàn lì yí ge jiànshēnfáng.

除了坚持健身外，她还保持着良好的生活习惯。 헬스를 꾸준히 하는 것 말고도 그녀는 좋은 생활 습관을 고수하고 있다.
Chúle jiānchí jiànshēn wài, tā hái bǎochízhe liánghǎo de shēnghuó xíguàn.

15 讲究 jiǎngjiu 동 신경 쓰다, 주의하다, 따지다, 염두에 두다

讲究面料 jiǎngjiu miànliào 소재를 따지다	过分讲究 guòfèn jiǎngjiu 지나치게 신경 쓰다
讲究吃穿 jiǎngjiu chī chuān 먹고 입는 데 신경 쓰다	穷讲究 qióng jiǎngjiu 체면치레를 하다
讲究仪表 jiǎngjiu yíbiǎo 외관에 신경 쓰다	不讲究 bù jiǎngjiu 신경 쓰지 않다

妈妈从来不讲究吃穿，奢侈品一样不用。 엄마는 입고 먹는 것에 관심을 안 두시고, 사치품도 안 쓰신다.
Māma cónglái bù jiǎngjiu chī chuān, shēchǐpǐn yíyàng bú yòng.

她过分讲究穿着打扮，流行什么她穿什么。 그 애는 옷차림에 지나치게 신경 써서, 유행하는 것을 다 따라 입는다.
Tā guòfèn jiǎngjiù chuānzhuó dǎban, liúxíng shénme tā chuān shénme.

16 款式 kuǎnshì 명 스타일, 디자인

款式新颖 kuǎnshì xīnyǐng 디자인이 참신하다	最新款式 zuìxīn kuǎnshì 최신 스타일
款式多样 kuǎnshì duōyàng 디자인이 다양하다	老款式 lǎo kuǎnshì 구모델

新上市的大衣款式新颖、价钱又便宜。 새로 나온 코트인데 디자인도 참신하고 값도 저렴하네요.
Xīn shàngshì de dàyī kuǎnshì xīnyǐng, jiàqián yòu piányi.

这条裤子虽然不是最新款式，但性价比却超高。 이 바지는 최신 스타일은 아닌데 가성비가 최고죠.
Zhè tiáo kùzi suīrán bú shì zuì xīn kuǎnshì, dàn xìngjiàbǐ què chāo gāo.

17 理发 lǐfà 동 이발하다, 머리 손질하다

理了个发 lǐle ge fà 이발하다
理一次发 lǐ yí cì fà 한 차례 머리 손질하다
理发师 lǐfàshī 이발사, 미용사

理发工具 lǐfà gōngjù 이발 도구
理发手艺 lǐfà shǒuyì 미용 기술, 머리 다듬는 솜씨
理发推子 lǐfà tuīzi 바리캉

我的头发长得特别快，不到一个月就理一次发。 내 머리카락은 너무 빨리 자라서, 한 달도 안 되어서 이발을 해.
Wǒ de tóufa zhǎng de tèbié kuài, bú dào yí ge yuè jiù lǐ yí cì fà.

这位发型师的理发手艺是一流的。 이 헤어 디자이너의 머리 만지는 솜씨는 수준급이야.
Zhè wèi fàxíngshī de lǐfà shǒuyì shì yīliú de.

18 流行 liúxíng 동 유행하다, 성행하다

大流行 dà liúxíng 크게 유행하다
广为流行 guǎngwéi liúxíng 널리 유행하다
流行全国 liúxíng quánguó 전국에 유행하다
流行起来 liúxíng qǐlái 유행하기 시작하다
流行不了 liúxíng buliǎo 유행할 수 없다
流行一阵 liúxíng yí zhèn 한 때 유행하다

最新流行 zuìxīn liúxíng 최신 유행
流行款式 liúxíng kuǎnshì 유행 스타일
流行趋势 liúxíng qūshì 유행의 흐름
流行周期 liúxíng zhōuqī 유행 주기
流行色 liúxíng sè 유행 컬러

这也是最新流行的服装风格。 이것도 최신 유행하는 패션 스타일이랍니다.
Zhè yě shì zuìxīn liúxíng de fúzhuāng fēnggé.

托特包是今年的包包流行款式，容量大是托特包的一大特点。
Tuōtèbāo shì jīnnián de bāobāo liúxíng kuǎnshì, róngliàng dà shì tuōtèbāo de yí dà tèdiǎn.
토트백은 올해의 가방 유행 스타일로, 용량이 큰 것이 토트백의 가장 큰 특징이다.

今年夏季的流行色是橄榄绿和粉红色。 올 여름 유행 컬러는 올리브그린과 핑크야.
Jīnnián xiàjì de liúxíng sè shì gǎnlǎnlǜ hé fěnhóng sè.

19 苗条 miáotiao 형 날씬하다, 호리호리하다

身材苗条 shēncái miáotiao 몸이 호리호리하다, 날씬하다
体形苗条 tǐxíng miáotiao 체형이 날씬하다
追求苗条 zhuīqiú miáotiao 날씬함을 추구하다

保持苗条 bǎochí miáotiao 날씬함을 유지하다
苗条修长 miáotiao xiūcháng 여리여리하다
苗条秀丽 miáotiao xiùlì 날씬하고 예쁘다

她身材苗条，穿什么衣服都好看。 그녀는 몸이 호리호리해서 뭘 입어도 예뻐.
Tā shēncái miáotiao, chuān shénme yīfu dōu hǎokàn.

我为了保持苗条很少吃肉。 날씬함을 유지하기 위해 저는 육식을 거의 안 해요.
Wǒ wèile bǎochí miáotiao hěn shǎo chī ròu.

20 皮肤 pífū 명 피부

皮肤粗糙 pífū cūcāo 피부가 거칠다
皮肤干燥 pífū gānzào 피부가 건조하다
皮肤细腻 pífū xìnì 피부가 보드랍다
皮肤细嫩 pífū xìnèn 피부가 곱다

皮肤洁白 pífū jiébái 피부가 희다
皮肤过敏 pífū guòmǐn 피부 알레르기
油性皮肤 yóuxìng pífū 지성 피부
干性皮肤 gānxìng pífū 건성 피부

她的皮肤细嫩润滑，像牛奶般白皙。 그녀의 피부는 곱고 윤기가 흐르며, 우유처럼 하얗다.
Tā de pífū xìnèn rùnhuá, xiàng niúnǎi bān báixī.

我因皮肤过敏不能染发。 나는 피부 알레르기가 있어서 염색을 못 해.
Wǒ yīn pífū guòmǐn bù néng rǎnfà.

21 身材 shēncái 명 몸매, 몸집, 체격

身材匀称 shēncái yúnchèn 몸이 균형 잡히다
身材高大 shēncái gāodà 키가 크고 건장하다
身材瘦小 shēncái shòuxiǎo 몸집이 작고 가냘프다
身材细长 shēncái xìcháng 몸매가 호리호리 하다
身材肥胖 shēncái féipàng 몸집이 크다

身材一般 shēncái yìbān 체격이 보통이다
身材比例 shēncái bǐlì 몸의 비율
好身材 hǎo shēncái 좋은 몸매, 예쁜 몸매
魔鬼身材 móguǐ shēncái 환상적인 몸매
健壮的身材 jiànzhuàng de shēncái 건장한 체격

我老公身材高大，很适合穿西装。 우리 남편은 키가 크고 건장해서 양복이 참 잘 어울린다.
Wǒ lǎogōng shēncái gāodà, hěn shìhé chuān xīzhuāng.

为了拥有好身材，她每天坚持练瑜伽。 멋진 몸매를 갖기 위해, 그녀는 매일 요가를 한다.
Wèile yōngyǒu hǎo shēncái, tā měi tiān jiānchí liàn yújiā.

22 时髦 shímáo 형 유행이다, 세련되다

赶时髦 gǎn shímáo 유행을 좇다
追求时髦 zhuīqiú shímáo 유행을 추구하다
学时髦 xué shímáo 유행을 따르다
简单时髦 jiǎndān shímáo 심플하면서 세련되다
别致时髦 biézhì shímáo 파격적이다

不时髦 bù shímáo 세련되지 않다, 유행하지 않다
时髦新潮 shímáo xīncháo 패셔너블하다, 스타일리쉬하다
时髦人士 shímáo rénshì 멋쟁이
时髦服装 shímáo fúzhuāng 세련된 복장
时髦方式 shímáo fāngshì 유행하는 방식

他外表严肃，实际上是一个很爱赶时髦的人。 그는 겉으로는 딱딱해 보이지만, 실제로는 유행 스타일을 좋아하는 사람이다.
Tā wàibiǎo yánsù, shíjì shang shì yí ge hěn ài gǎn shímáo de rén.

她很守旧，不追求时髦。 그녀는 보수적이고, 유행을 좇지 않는다.
Tā hěn shǒujiù, bù zhuīqiú shímáo.

23 时尚 shíshàng 📗 트렌드, 유행 📙 트렌디하다

时尚感 shíshànggǎn 패션 감각
时尚达人 shíshàng dárén 유행의 선도자
时尚单品 shíshàng dānpǐn 패션 아이템, 트렌디한 아이템

时尚潮流 shíshàng cháoliú 패션 트렌드
时尚品味 shíshàng pǐnwèi 패션 취향
时尚之都 shíshàng zhī dū 패션의 도시

她的时尚感很强，简单的色彩都穿出了独特气质。
Tā de shíshànggǎn hěn qiáng, jiǎndān de sècǎi dōu chuānchūle dútè qìzhí.
그녀의 패션 감각은 아주 뛰어나, 단순한 컬러만으로도 독특한 멋을 만들어 낸다.

白T恤是一种经典简约的时尚单品。 흰 티셔츠는 클래식하고 심플한 패션 아이템이다.
Bái T xù shì yì zhǒng jīngdiǎn jiǎnyuē de shíshàng dānpǐn.

24 适合 shìhé 📘 적합하다, 어울리다

适合 shìhé + 사람 ~에게 어울리다
适合 shìhé + 사람 + 穿 chuān (누군가) 입기에 적합하다
对 duì + 사람 + 适合 shìhé ~에게 어울리다

最适合 zuì shìhé 가장 잘 맞다, 가장 어울리다
不适合 bú shìhé 어울리지 않다
不再适合 bú zài shìhé 더 이상 맞지 않다

我看，这件衣服适合你穿。 내가 보기에는 이 옷이 너한테 어울릴 것 같은데.
Wǒ kàn, zhè jiàn yīfu shìhé nǐ chuān.

她那身鲜艳的衣服不适合参加葬礼。 저 애가 입은 화려한 복장은 장례식장에는 안 맞는 것 같아.
Tā nà shēn xiānyàn de yīfu bú shìhé cānjiā zànglǐ.

➕ 适合 shìhé 적합하다, 어울리다 **VS** 合适 héshì 적합하다, 어울리다
'~에 적합하다, 어울린다'라는 표현을 할 때 '适合'와 '合适'를 모두 쓸 수 있지만 용법상 차이가 있다. '适合'는 동사로서 뒤에 목적어를 동반할 수 있지만, '合适'는 형용사로서 관형어나 술어로 쓰인다.
适合你穿 네가 입기에 적합하다 | 你穿很合适 네가 입으면 어울린다

25 头发 tóufa 📗 머리카락, 두발

做头发 zuò tóufa 머리를 하다
洗头发 xǐ tóufa 머리를 감다
留头发 liú tóufa 머리를 기르다
梳头发 shū tóufa 머리를 빗다
剪头发 jiǎn tóufa 머리를 다듬다

打理头发 dǎlǐ tóufa 머리를 손질하다
擦干头发 cāgān tóufa 머리를 말리다
头发长了 tóufa cháng le 머리가 길다
头发白了 tóufa bái le 머리가 새다
头发丝 tóufasī 머리카락

今天做了头发非常满意，而且也很符合我的风格。 오늘 머리를 했는데, 너무 맘에 들고, 내 스타일에 잘 맞아.
Jīntiān zuòle tóufa fēicháng mǎnyì, érqiě yě hěn fúhé wǒ de fēnggé.

天气热了，我想先剪头发，换个清凉的颜色。 날이 더워져서, 나는 머리를 좀 다듬고 시원한 색으로 바꾸고 싶어.
Tiānqì rè le, wǒ xiǎng xiān jiǎn tóufa, huàn ge qīngliáng de yánsè.

26 鲜艳 xiānyàn 혱 산뜻하고 아름답다

色彩鲜艳 sècǎi xiānyàn 컬러풀하다, 색이 산뜻하다	颜色鲜艳 yánsè xiānyàn 색깔이 밝다, 색깔이 환하다
色泽鲜艳 sèzé xiānyàn 색깔이 선명하다	鲜艳的衣服 xiānyàn de yīfu 밝은 옷

你这件衣服太鲜艳了，一般人驾驭不了。 네 옷 색상이 너무 튀어서, 보통 사람은 소화 못하겠어.
Nǐ zhè jiàn yīfu tài xiānyàn le, yìbān rén jiàyù buliǎo.

你的皮肤白皙，适合穿颜色鲜艳的衣服。 네 피부가 희니까 밝은 컬러의 옷이 어울려.
Nǐ de pífū báixī, shìhé chuān yánsè xiānyàn de yīfu.

27 显得 xiǎnde 동 ~하게 보이다, ~인 것처럼 보이다

显得可爱 xiǎnde kě'ài 귀여워 보인다	显得精神 xiǎnde jīngshen 활기차 보인다
显得时髦 xiǎnde shímáo 세련되어 보이다	显得老气 xiǎnde lǎoqì 나이 들어 보인다
显得潇洒 xiǎnde xiāosǎ 멋져 보인다	显得苍白 xiǎnde cāngbái 창백해 보인다
显得神气 xiǎnde shénqi 생기 있어 보인다	显得苗条 xiǎnde miáotiao 날씬해 보인다

你烫波浪卷后，显得时髦多了。 물결 펌을 하니까, 한결 세련되어 보이네.
Nǐ tàng bōlàng juǎn hòu, xiǎnde shímáo duō le.

他穿着白色的麻质衬衫，显得潇洒极了。 저 친구 흰색 마 재질 셔츠를 입으니까, 완전 멋있어 보이네.
Tā chuānzhe báisè de mázhì chènshān, xiǎnde xiāosǎ jí le.

28 颜色 yánsè 명 색채, 색

颜色浅 yánsè qiǎn 색이 연하다	颜色搭配 yánsè dāpèi 배색, 색 조합
颜色深 yánsè shēn 색이 진하다	各种颜色 gè zhǒng yánsè 여러 컬러
颜色不同 yánsè bù tóng 색깔이 다르다	选择颜色 xuǎnzé yánsè 색상을 선택하다
颜色好看 yánsè hǎokàn 색이 예쁘다	掉颜色 diào yánsè 색이 빠지다

这件衣服款式不错，就是颜色深了点。 이 옷은 디자인은 좋은데, 색이 좀 진하네요.
Zhè jiàn yīfu kuǎnshì búcuò, jiù shì yánsè shēnle diǎn.

浅蓝色裙子搭配什么颜色的上衣好看？ 연한 하늘색 치마는 어떤 색깔의 상의와 코디하면 예쁠까요?
Qiǎnlánsè qúnzi dāpèi shénme yánsè de shàngyī hǎokàn?

好不容易染了一头漂亮的头发，没过多久颜色就掉得差不多了。
Hǎoburóngyi rǎnle yì tóu piàoliang de tóufa, méi guò duōjiǔ yánsè jiù diào de chàbuduō le.
운 좋게 염색이 잘됐다 했더니만, 얼마 안 가서 색이 거의 다 빠져 버렸어.

➕ '颜色'의 다른 뜻
'颜色'는 관용어로 쓰여 '본때, 무서운 맛' 정도의 뜻을 나타내기도 한다.

不行，我给你点颜色看看。 안 되겠다. 내가 너한테 본때를 보여 줘야겠어.

29 衣服 yīfu 몡옷, 의복

洗衣服 xǐ yīfu 옷을 빨다

穿衣服 chuān yīfu 옷을 입다

脱衣服 tuō yīfu 옷을 벗다

换衣服 huàn yīfu 옷을 갈아입다

做衣服 zuò yīfu 옷을 만들다

熨衣服 yùn yīfu 옷을 다림질하다

叠衣服 dié yīfu 옷을 개다

没有衣服穿 méiyǒu yīfu chuān 입을 옷이 없다

衣服尺寸 yīfu chǐcùn 옷 사이즈

衣服款式 yīfu kuǎnshì 옷 디자인

人是衣裳马是鞍，你穿这件衣服，简直太酷了。 옷이 날개라더니, 너 이 옷 입으니까 완전 멋있다.
Rén shì yīshang mǎ shì ān, nǐ chuān zhè jiàn yīfu, jiǎnzhí tài kù le.

这件不适合你，换上那件衣服吧。 이 옷은 너한테 안 어울려. 저 옷으로 갈아입어 봐.
Zhè jiàn bú shìhé nǐ, huànshàng nà jiàn yīfu ba.

秋天来了，我却没有衣服穿。 가을이 되었는데, 나는 입을 옷이 없네.
Qiūtiān lái le, wǒ què méiyǒu yīfu chuān.

30 印象 yìnxiàng 몡인상

留印象 liú yìnxiàng 인상을 남기다

影响印象 yǐngxiǎng yìnxiàng 인상에 영향을 주다

好印象 hǎo yìnxiàng 좋은 인상

第一印象 dì yī yìnxiàng 첫인상

深刻的印象 shēnkè de yìnxiàng 깊은 인상

难忘的印象 nánwàng de yìnxiàng 잊을 수 없는 인상

你的穿着打扮会影响别人对你的印象。 너의 옷차림이 다른 사람이 너에게 느끼는 인상에 영향을 줄 수 있어.
Nǐ de chuānzhuó dǎban huì yǐngxiǎng biérén duì nǐ de yìnxiàng.

上次见面时，他给我留下了深刻的印象。 지난번에 만났을 때, 그는 나에게 깊은 인상을 남겼다.
Shàng cì jiànmiàn shí, tā gěi wǒ liúxiàle shēnkè de yìnxiàng.

스타일

简约 jiǎnyuē 혭 절제되다, 검소하다, 심플하다 | 酷 kù 혭 훌륭하다, 멋지다 | 盛装 shèngzhuāng 몡 화려한 옷차림

艳丽 yànlì 혭 곱고 아름답다 | 新颖 xīnyǐng 혭 참신하다 | 另类 lìnglèi 혭 남다르다, 색다르다 몡 색다른 것

韩版 Hán bǎn 한국 스타일

화장, 미용

化妆品 huàzhuāngpǐn 몡 화장품 | 防晒 fángshài 썬 케어 | 粉饼 fěnbǐng 파우더 팩트 | 粉底 fěndǐ 메이크업 베이스

洁面 jiémiàn 클렌징 | 睫毛膏 jiémáogāo 마스카라 | 精华素 jīnghuásù 에센스 | 口红 kǒuhóng 몡 립스틱

眉笔 méibǐ 몡 아이브로펜슬 | 眼线 yǎnxiàn 몡 아이라인 | 面膜 miànmó 몡 마스크팩 | 乳液 rǔyè 로션

护手霜 hùshǒushuāng 핸드크림 | 香水 xiāngshuǐ 몡 향수 | 底妆 dǐzhuāng 기초화장

裸妆 luǒzhuāng 투명 메이크업 | 彩妆 cǎizhuāng 색조 화장 | 眼妆 yǎnzhuāng 눈 화장

美甲 měijiǎ 몡 네일 아트 동 네일 아트를 받다, 네일 아트를 하다 | 美容 měiróng 동 용모를 아름답게 꾸미다

刮脸 guāliǎn 동 얼굴을 면도하다 | 护肤 hùfū 피부를 보호하다 | 脸部护理 liǎnbù hùlǐ 얼굴 관리

美白 měibái 동 미백하다, 희게 하다 | 青春痘 qīngchūndòu 여드름, 뾰루지 | 祛斑 qūbān 반점을 없애다

素颜 sùyán 몡 민낯 | 皱纹 zhòuwén 몡 주름, 주름살 | 黑眼圈 hēiyǎnquān 다크서클

헤어

发型 fàxíng 몡 헤어스타일 | 短发 duǎnfà 몡 단발 | 长发 chángfà 몡 장발 | 剪发 jiǎnfà 머리를 깎다, 이발하다

染发 rǎnfà 머리를 염색하다 | 烫发 tàngfà 동 머리를 파마하다 몡 파마 머리 | 盘头 pántóu 올림머리를 하다

平头 píngtóu 몡 상고머리

의류, 잡화

衣着 yīzhuó 몡 옷, 복장, 옷차림 | T恤衫 T xùshān 티셔츠 | 衬衫 chènshān 몡 셔츠, 와이셔츠

羊毛衫 yángmáoshān 울 셔츠 | 衬衣 chènyī 몡 셔츠 | 短裤 duǎnkù 몡 반바지 | 牛仔裤 niúzǎikù 청바지

连衣裙 liányīqún 몡 원피스 | 套裙 tàoqún 몡 투피스 | 毛衣 máoyī 몡 털옷, 스웨터 | 休闲服 xiūxiánfú 몡 캐주얼

西装 xīzhuāng 몡 정장 | 领带 lǐngdài 몡 넥타이 | 外套 wàitào 몡 외투 | 风衣 fēngyī 몡 트렌치코트

睡衣 shuìyī 몡 잠옷 | 内衣 nèiyī 몡 내의, 속옷 | 丝袜 sīwà 몡 스타킹 | 袜子 wàzi 몡 양말

围巾 wéijīn 몡 목도리, 스카프 | 腰带 yāodài 몡 허리띠 | 拉链 lāliàn 몡 지퍼 | 情侣装 qínglǚzhuāng 커플룩

鞋 xié 몡 신발 | 拖鞋 tuōxié 몡 슬리퍼 | 高跟鞋 gāogēnxié 하이힐 | 凉鞋 liángxié 몡 샌들

平底鞋 píngdǐxié 플랫슈즈 | 运动鞋 yùndòngxié 운동화 | 长筒鞋 chángtǒngxié 장화, 부츠

首饰 shǒushì 몡 액세서리, 장신구 | 耳环 ěrhuán 몡 귀걸이 | 项链 xiàngliàn 몡 목걸이 | 手镯 shǒuzhuó 몡 팔찌

戒指 jièzhi 몡 반지 | 手表 shǒubiǎo 몡 손목시계 | 发带 fàdài 몡 머리끈 | 发夹 fàjiā 몡 머리핀, 헤어핀

手提包 shǒutíbāo 몡 핸드백, 손가방 | 墨镜 mòjìng 몡 선글라스 | 眼镜 yǎnjìng 몡 안경

DAY
21
리빙, 나눔

따페이 훈련

쑤저우에서 몇 년 살았다　**住在过几年苏州** X　　**在苏州住过几年** O

01 安装 ānzhuāng 통 설치하다, 달다, 조립하다

安装空调 ānzhuāng kōngtiáo 에어컨을 설치하다

安装暖气片 ānzhuāng nuǎnqìpiàn 라디에이터를 설치하다

安装吊柜 ānzhuāng diàoguì 벽장, 붙박이장을 달다

安装吊灯 ānzhuāng diàodēng 펜던트 등을 달다

安装好 ānzhuāng hǎo 설치를 마치다

安装步骤 ānzhuāng bùzhòu 설치 순서

父母年纪大了，我想给他们安装一套好点的暖气片。 부모님께서 연로하셔서, 부모님께 괜찮은 라디에이터를 설치해 드리고 싶어.
Fùmǔ niánjì dà le, wǒ xiǎng gěi tāmen ānzhuāng yí tào hǎo diǎn de nuǎnqìpiàn.

厨房里安装吊柜，增加了收纳空间。 주방에 싱크장을 달았더니, 수납 공간이 늘었어.
Chúfáng li ānzhuāng diàoguì, zēngjiāle shōunà kōngjiān.

02 摆 bǎi 통 놓다, 진열하다, 배치하다

摆着 bǎizhe 놓여 있다

摆整齐 bǎi zhěngqí 가지런히 놓다

摆不下 bǎibuxià 진열할 수 없다

摆碗筷 bǎi wǎnkuài 수저를 놓다

摆在 bǎi zài + 장소 ～에 진열하다

장소 + 摆着 bǎizhe + 사물 ～에 ～가 놓여 있다

桌子上摆着几本杂志。 Zhuōzi shang bǎizhe jǐ běn zázhì. 책상 위에 잡지가 몇 권 놓여 있다.

饭菜做好了，碗筷也摆好了，就等着老公回来吃饭了。 밥도 다 했고, 그릇이랑 젓가락도 놓았다. 남편이 오면 식사하면 된다.
Fàncài zuòhǎo le, wǎn kuài yě bǎihǎo le, jiù děngzhe lǎogōng huílái chī fàn le.

03 搬 bān 통 옮기다, 운반하다, 이사하다

搬家 bānjiā 이사하다

搬得动 bāndedòng 옮길 수 있다

搬不动 bānbudòng 옮길 수 없다

搬东西 bān dōngxi 물건을 옮기다

搬到 bāndào + 장소 + 来 lái (어떤 장소로) 옮겨 오다

搬到 bāndào + 장소 + 去 qù (어떤 장소로) 옮겨 가다

听说你下个月搬家，是吗？ Tīngshuō nǐ xià ge yuè bānjiā, shì ma? 너 다음 달에 이사한다며?

花盆太重了，你一个人搬不动，来，我帮你。 화분이 너무 무거워서 너 혼자 못 옮겨. 내가 도와줄게.
Huāpén tài zhòng le, nǐ yí ge rén bānbudòng, lái wǒ bāng nǐ.

04 擦 cā 통 (천이나 수건으로) 닦다, 문지르다, 비비다

擦一擦 cā yi cā 좀 닦다

擦干净 cā gānjìng 깨끗하게 닦다

擦脸 cā liǎn 얼굴을 닦다

擦窗户 cā chuānghu 창문을 닦다

你脸上有脏东西，我帮你擦一擦。 네 얼굴에 지저분한 게 묻어 있네. 내가 좀 닦아 줄게.
Nǐ liǎn shang yǒu zāng dōngxi, wǒ bāng nǐ cā yi cā.

我把窗户擦干净了，可是还有一些小斑点。 내가 창문을 깨끗하게 닦았는데도 아직 얼룩이 있네.
Wǒ bǎ chuānghu cā gānjìng le, kěshì hái yǒu yìxiē xiǎo bāndiǎn.

05 打扫 dǎsǎo 통 청소하다, 치우다

打扫打扫 dǎsao dǎsao 청소하다
打扫卫生 dǎsǎo wèishēng 청소하다
打扫房间 dǎsǎo fángjiān 방을 치우다

打扫街道 dǎsǎo jiēdào 거리를 청소하다
打扫得很干净 dǎsǎo de hěn gānjìng 깨끗하게 청소하다
打扫 dǎsǎo + 시간 ~동안 청소하다

我家打扫卫生一般是擦窗户、扫地和拖地。 우리 집 청소는 창문 닦고, 바닥 쓸고 바닥 닦는 정도야.
Wǒ jiā dǎsǎo wèishēng yìbān shì cā chuānghu、sǎo dì hé tuō dì.

王叔叔每天清晨一大早就起来打扫街道。 왕씨 아저씨는 매일 새벽같이 일어나서 거리를 청소하셔.
Wáng shūshu měi tiān qīngchén yídàzǎo jiù qǐlái dǎsǎo jiēdào.

06 单调 dāndiào 형 단조롭다

单调生活 dāndiào shēnghuó 단조로운 생활
单调乏味 dāndiào fáwèi 단조롭고 무미건조하다

慢而单调 màn ér dāndiào 느리고 단조롭다
重复单调 chóngfù dāndiào 반복되고 단조롭다

我想摆脱日复一日重复单调的生活。 나는 하루하루 똑같이 반복되는 단조로운 일상을 벗어나고 싶어.
Wǒ xiǎng bǎituō rì fù yí rì chóngfù dāndiào de shēnghuó.

我们难免有时会觉得生活没有意思、单调乏味。 우리는 가끔 사는 게 재미 없고, 단조롭고 무미 건조하다 느끼기도 하지.
Wǒmen nánmiǎn yǒushí huì juéde shēnghuó méiyǒu yìsi、dāndiào fáwèi.

07 放 fàng 통 놓다, 놓아 주다

放好 fànghǎo 잘 놓다
放得下 fàngdexià 놓을 수 있다
放不下 fàngbuxià 놓을 수 없다

放一边 fàng yìbiān 놓아 두다, 한쪽으로 치워 놓다
放在 fàng zài + 장소 ~에 놓다
放出去 fàng chūqù 놓아 주다

我现在有点忙，要不你先把画放一边吧。 내가 지금 좀 바쁘니까 아니면 우선 그림을 한 쪽에 놔둬요.
Wǒ xiànzài yǒudiǎn máng, yàobù nǐ xiān bǎ huà fàng yìbiān ba.

08 盖 gài 통 덮다 통 (집을) 짓다

盖被子 gài bèizi 이불을 덮다
盖章 gài zhāng 도장을 찍다

盖上 gàishàng 덮다
盖新房 gài xīnfáng 새집을 짓다

晚上睡觉盖好被子，别着凉了。 밤에 잘 때 이불 잘 덮어. 감기 걸리지 말고.
Wǎnshang shuìjiào gàihǎo bèizi, bié zháoliáng le.

爸爸说家里房子太旧了，他想盖新房。 아빠는 집이 너무 낡았다고 하시며, 새집을 짓고 싶다고 하셨다.
Bàba shuō jiā li fángzi tài jiù le, tā xiǎng gài xīnfáng.

DAY 21

09 干净 gānjìng 형 깨끗하다, 깔끔하다, 하나도 남지 않다

干干净净 gāngan jìngjìng 아주 깨끗하다

爱干净 ài gānjìng 깔끔 떨다

吃个干净 chī ge gānjìng 깨끗하게 먹어 치우다

干净整洁 gānjìng zhěngjié 깔끔하고 정결하다

干净利落 gānjìng lìluo 매우 깨끗하다

干净人 gānjìng rén 깔끔 떠는 사람

我把厨房收拾得干干净净。내가 주방을 아주 깨끗이 치워 놓았어.
Wǒ bǎ chúfáng shōushi de gāngan jìngjìng.

妈妈特别爱干净，每天都要大扫除。엄마는 깔끔쟁이신지라 매일 대청소를 하셔.
Māma tèbié ài gānjìng, měi tiān dōu yào dà sǎochú.

10 隔壁 gébì 명 이웃, 이웃집, 옆방　　邻居 línjū 명 이웃

我家隔壁 wǒ jiā gébì 우리 옆집

隔壁邻居 gébì línjū 옆집 이웃

隔壁班 gébì bān 옆반

一位邻居 yí wèi línjū 이웃 사람

一家邻居 yì jiā línjū 이웃집

邻居之间 línjū zhī jiān 이웃 간에

东东是我的同班同学，就住在我家隔壁。둥둥이는 같은 반 친구인데 우리 옆집에 살아.
Dōngdōng shì wǒ de tóngbān tóngxué, jiù zhù zài wǒ jiā gébì.

邻居之间应该互相帮助，能做到的要尽力而为。이웃 간에는 서로 도와야 해. 할 수 있는 것은 다 해야지.
Línjū zhī jiān yīnggāi hùxiāng bāngzhù, néng zuòdào de yào jìnlì ér wéi.

11 关心 guānxīn 동 관심을 갖다, 관심을 기울이다

关心自己 guānxīn zìjǐ 자신에게 관심 갖다

关心别人 guānxīn biérén 다른 사람에게 관심 갖다

多关心 duō guānxīn 관심을 많이 갖다

互相关心 hùxiāng guānxīn 서로 관심을 갖다

从不关心 cóng bù guānxīn 전혀 관심을 갖지 않다

关心和热情 guānxīn hé rèqíng 관심과 열정

他从不关心别人的事，也拒绝别人关心自己的事。그는 남 일에 전혀 관심이 없고, 남이 자기 일에 관심 갖는 것도 싫어한다.
Tā cóng bù guānxīn biérén de shì, yě jùjué biérén guānxīn zìjǐ de shì.

多关心一下身边那些需要关爱的人们吧。주위에 보살핌이 필요한 사람들에게 관심을 많이 갖자고요.
Duō guānxīn yíxià shēnbiān nàxiē xūyào guān'ài de rénmen ba.

12 胡同 hútòng 명 골목

逛胡同 guàng hútòng 골목을 돌아다니다

这条胡同 zhè tiáo hútòng 이 골목

小胡同 xiǎo hútòng 작은 골목

死胡同 sǐhútòng 막다른 골목

胡同口 hútòng kǒu 골목 어귀

胡同游 hútòng yóu 골목 여행

我好像进入一个死胡同，找不到出口了。내가 아무래도 막다른 골목에 들어왔나 봐. 나가는 곳을 찾을 수가 없네.
Wǒ hǎoxiàng jìnrù yí ge sǐhútòng, zhǎobudào chūkǒu le.

13 家务 jiāwù 몡 집안일, 가사, 집안 사정

做/干家务 zuò / gàn jiāwù 집안일을 하다

管家务 guǎn jiāwù 집안일을 돌보다

家务劳动 jiāwù láodòng 가사 노동

家务事 jiāwù shì 가사일, 집안 사정

这家务活儿，怎么总是干不完啊，真的快累死了! 이놈의 집안일은 왜 해도 해도 또 나오는지, 정말 피곤해 죽겠어!
Zhè jiāwù huór, zěnme zǒngshì gànbuwán a, zhēn de kuài lèi sǐ le!

每家都有自己的家务事。 집집마다 다들 자기네 사정이 있는 거야.
Měi jiā dōu yǒu zìjǐ de jiāwù shì.

14 捐款 juānkuǎn 동 기부하다

捐了款 juānle kuǎn 기부하다, 성금하다

捐一笔款 juān yì bǐ kuǎn 큰 돈을 기부하다

捐款捐物 juānkuǎn juānwù 성금과 물자를 기부하다

捐款 juānkuǎn + 금액 ~를 기부하다

捐款活动 juānkuǎn huódòng 모금 운동

捐款箱 juānkuǎnxiāng 모금함

我虽然有心捐款，但囊中羞涩，只好义务帮忙。 나는 기부하고 싶은데, 사정이 여의치 않아서, 봉사로 대신해야겠어.
Wǒ suīrán yǒu xīn juānkuǎn, dàn náng zhōng xiūsè, zhǐhǎo yìwù bāngmáng.

这一次，她又第一时间捐了一笔款。 이번에 그녀는 또 가장 먼저 큰돈을 기부했어.
Zhè yí cì, tā yòu dì yī shíjiān juānle yì bǐ kuǎn.

15 空间 kōngjiān 몡 공간

空间很大 kōngjiān hěn dà 공간이 크다

没有空间 méiyǒu kōngjiān 공간이 없다

利用空间 lìyòng kōngjiān 공간을 활용하다

生存空间 shēngcún kōngjiān 생활권

自己的空间 zìjǐ de kōngjiān 자신만의 공간

想象的空间 xiǎngxiàng de kōngjiān 상상의 공간

客厅里的家具太多了，已经没有空间了。 거실에 가구가 너무 많아서 공간 없어요.
Kètīng li de jiājù tài duō le, yǐjīng méiyǒu kōngjiān le.

利用阁楼的空间营造一个休息场所是个不错的主意。 다락방 공간을 이용해 휴식 장소를 만드는 건 좋은 생각 같아.
Lìyòng gélóu de kōngjiān yíngzào yí ge xiūxi chǎngsuǒ shì ge búcuò de zhǔyì.

16 扔 rēng 동 던지다, 버리다, 포기하다

扔下 rēngxià 버리다

扔过来 rēng guòlái 던지다

扔不掉 rēngbudiào 버리지 못하다

扔垃圾 rēng lājī 쓰레기를 버리다

捡 jiǎn 동 줍다, 거두다, 치우다

捡来 jiǎnlái 주워 오다

捡起来 jiǎn qǐlái 줍다

捡不起来 jiǎn buqǐlái 주울 수 없다

捡到钱包 jiǎndào qiánbāo 지갑을 줍다

你把车钥匙给我扔过来! Nǐ bǎ chē yàoshi gěi wǒ rēng guòlái! 차 키 나한테 던져요!

孩子，快把垃圾捡起来扔到垃圾箱里。 얘, 얼른 쓰레기를 주워서 휴지통에 버리렴.
Háizi, kuài bǎ lājī jiǎn qǐlái rēng dào lājīxiāng li.

17 生活 shēnghuó 图 생활하다, 생존하다 图 생계, 살림, 생활 수준, 생활 형편

生活在 shēnghuó zài + 장소 ~에서 살다	生活水平 shēnghuó shuǐpíng 생활 수준
生活下去 shēnghuó xiàqù 살아가다, 생활해 나가다	生活方式 shēnghuó fāngshì 생활 방식
生活条件 shēnghuó tiáojiàn 생활 여건	日常生活 rìcháng shēnghuó 일상생활

我从小生活在海边，所以最爱大海。 나는 어릴 때부터 바닷가에 살아서 바다를 가장 좋아해.
Wǒ cóngxiǎo shēnghuó zài hǎibiān, suǒyǐ zuì ài dàhǎi.

这里生活条件很好，我们比较满意。 이곳의 생활 여건이 좋아서, 우리는 만족하는 편이죠.
Zhèlǐ shēnghuó tiáojiàn hěn hǎo, wǒmen bǐjiào mǎnyì.

18 适应 shìyìng 图 적응하다

适应能力 shìyìng nénglì 적응 능력	适应环境 shìyìng huánjìng 환경에 적응하다
适应气候 shìyìng qìhòu 기후에 적응하다	适应不了 shìyìng bùliǎo 적응할 수 없다

他的适应能力很强，去哪里都能够过得很好。 저 녀석은 적응 능력이 뛰어나서, 어디 내놓아도 잘 살아.
Tā de shìyìng nénglì hěn qiáng, qù nǎli dōu nénggòu guò de hěn hǎo.

刚搬家不久，我很快就适应了这里的气候和风土人情。 이사 온 지 얼마 안 되어 나는 바로 이곳의 기후와 풍습에 적응했어.
Gāng bānjiā bùjiǔ, wǒ hěn kuài jiù shìyìngle zhèlǐ de qìhòu hé fēngtǔ rénqíng.

19 收拾 shōushi 图 치우다, 수습하다, 정리하다

收拾收拾 shōushi shōushi 정리하다	收拾房间 shōushi fángjiān 방을 치우다
收拾好 shōushi hǎo 잘 정리하다	收拾干净 shōushi gānjìng 깨끗하게 치우다
收拾东西 shōushi dōngxi 물건을 챙기다	收拾一整天 shōushi yìzhěngtiān 하루 종일 치우다

儿子，帮我收拾收拾房间好吗？ 아들, 방 정리 좀 해 줄래?
Érzi, bāng wǒ shōushi shōushi fángjiān hǎo ma?

他手忙脚乱地收拾了东西，就出发了。 그는 부랴부랴 물건을 챙겨 출발했어.
Tā shǒumáng jiǎoluàn de shōushile dōngxi, jiù chūfā le.

20 舒适 shūshì 图 기분이 좋다, 쾌적하다, 편하다

感到舒适 gǎndào shūshì 편안함을 느끼다	舒适的工作 shūshì de gōngzuò 편안한 일
舒适的环境 shūshì de huánjìng 쾌적한 환경	舒适的卧室 shūshì de wòshì 편안한 침실
舒适的生活 shūshì de shēnghuó 안락한 생활	舒适温馨 shūshì wēnxīn 쾌적하고 푸근하다

她在这里有房有车，收入稳定，过着舒适的生活。
Tā zài zhèlǐ yǒu fáng yǒu chē, shōurù wěndìng, guòzhe shūshì de shēnghuó.
그녀는 여기에 살면서 집도 있고, 차도 있고, 수입도 안정적이라, 안락한 생활을 하고 있어.

21 无聊 wúliáo 휑 무료하다, 지루하다, 심심하다, 따분하다

太无聊了 tài wúliáo le 너무 따분하다
闲着无聊 xiánzhe wúliáo 심심하고 재미없다
无聊得很 wúliáo de hěn 너무 재미없다
无聊死了 wúliáo sǐ le 따분해 죽겠다

无聊的生活 wúliáo de shēnghuó 재미없는 생활
无聊的人 wúliáo de rén 따분한 사람
无聊的话 wúliáo de huà 따분한 말
无聊的日子 wúliáo de rìzi 무료한 나날

如果每天让我去吃喝玩乐的话，太无聊了。나더러 하루 종일 먹고 놀라고 하면, 너무 따분한 노릇이지.
Rúguǒ měi tiān ràng wǒ qù chī hē wán lè dehuà, tài wúliáo le.

我宁愿一个人无聊也不要和无聊的人没话找话说。
Wǒ nìngyuàn yí ge rén wúliáo yě búyào hé wúliáo de rén méi huà zhǎo huà shuō.
나는 차라리 혼자 심심하고 말지, 따분한 사람이랑 같이 말 섞는 거 반대일세.

每天都有忙不完的事，根本没有时间去无聊。날마다 얼마나 바쁜지, 심심할 시간이 없어요.
Měi tiān dōu yǒu mángbuwán de shì, gēnběn méiyǒu shíjiān qù wúliáo.

22 洗 xǐ 동 씻다, 닦다

洗手 xǐ shǒu 손을 씻다 / 洗头 xǐ tóu 머리를 감다
洗衣服 xǐ yīfu 빨래하다 / 洗碗 xǐ wǎn 설거지하다
洗不掉 xǐbudiào 빨아도 안 없어지다
洗干净 xǐ gānjìng 깨끗이 빨다
水洗 shuǐxǐ 물세탁 / 干洗 gānxǐ 드라이클리닝

晾 liàng 동 (그늘, 바람, 햇볕에) 말리다, 널다

晾衣服 liàng yīfu 빨래를 널다
晾在外面 liàng zài wàimiàn 밖에 널다
晾出去 liàng chūqù 내다 널다
晾干 liànggān 널어 말리다
晾衣绳 liàngyīshéng 빨랫줄

我一洗车，天就下雨。Wǒ yì xǐ chē, tiān jiù xià yǔ. 내가 세차만 했다 하면 비가 와.

衣服上的油渍洗也洗不掉，怎么办？옷에 묻은 기름때가 빨아도 안 빠지네. 어쩌지?
Yīfu shang de yóuzì xǐ yě xǐbudiào, zěnme bàn?

衣服洗好了，拿去阳台晾干吧。옷은 세탁이 끝났으니까, 베란다로 내어 가서 말리면 돼.
Yīfu xǐhǎo le, náqù yángtái liànggān ba.

23 修理 xiūlǐ 동 수리하다, 수선하다, 고치다

修理好 xiūlǐ hǎo 다 고치다
修理不了 xiūlǐ buliǎo 수리할 수 없다
修理修理 xiūlǐ xiūlǐ 수리하다
需要修理 xūyào xiūlǐ 수리가 필요하다
上门修理 shàngmén xiūlǐ 방문 수리하다

擅长修理 shàncháng xiūlǐ 수리를 잘하다
修理两次 xiūlǐ liǎng cì 두 번 고치다
修理半天 xiūlǐ bàntiān 한참 동안 고치다
修理工具 xiūlǐ gōngjù 수리 공구
修理技术 xiūlǐ jìshù 수리 기술

师傅，你什么时候把我的自行车修理好？아저씨, 제 자전거 언제 다 고쳐질까요?
Shīfu, nǐ shénme shíhou bǎ wǒ de zìxíngchē xiūlǐ hǎo?

我家的冰箱已经修理了两次，可今天又出毛病了。우리 집 냉장고는 수리를 두 번이나 했는데 오늘 또 고장이 났어.
Wǒ jiā de bīngxiāng yǐjīng xiūlǐle liǎng cì, kě jīntiān yòu chū máobìng le.

24 养 yǎng 동 부양하다, 먹여 살리다 동 (가축, 화초를) 기르다, 가꾸다

养大 yǎngdà 키우다	**养一家人** yǎng yì jiā rén 가족을 부양하다
养不起 yǎngbuqǐ 부양할 수 없다	**养花** yǎng huā 꽃을 기르다
养得了 yǎngdeliǎo 부양할 수 있다	**养宠物** yǎng chǒngwù 애완동물을 키우다

她一个人的收入养一家人，怪不容易的。 그녀 한 사람의 수입으로 가족을 부양한다는 게 참 쉽지 않지.
Tā yí ge rén de shōurù yǎng yì jiā rén, guài bù róngyì de.

如今在小区里养宠物的人家越来越多。 요즘에는 아파트 단지 내에 반려동물을 키우는 이웃들이 갈수록 늘고 있어.
Rújīn zài xiǎoqū li yǎng chǒngwù de rénjiā yuèláiyuè duō.

25 脏 zāng 형 더럽다, 불결하다

脏得很 zāng de hěn 너무 더럽다	**脏兮兮** zāngxīxī 지저분하다
脏死了 zāng sǐ le 더러워 죽겠다	**脏衣服** zāng yīfu 지저분한 옷

孩子总是把家里弄得脏兮兮的、乱七八糟的。 아이들은 집안을 지저분하고 어지럽게 만들기 마련이다.
Háizi zǒngshì bǎ jiā li nòng de zāngxīxī de, luànqībāzāo de.

你看你脏的，快把脏衣服脱下来。 이 녀석 네 지저분한 꼴 좀 봐. 얼른 더러운 옷을 벗으렴.
Nǐ kàn nǐ zāng de, kuài bǎ zāng yīfu tuō xiàlái.

26 照顾 zhàogù 동 돌보다, 배려하다, 주의하다

照顾自己 zhàogù zìjǐ 스스로를 돌보다	**没人照顾** méi rén zhàogù 돌보는 사람이 없다
照顾周到 zhàogù zhōudào 살뜰하게 보살피다	**照顾孩子** zhàogù háizi 아이를 돌보다
互相照顾 hùxiāng zhàogù 서로 배려하다	**照顾全家** zhàogù quán jiā 집안 전체를 돌보다

我真的很好，我会照顾好自己，放心吧。 저는 정말 잘 지내요. 저 혼자서도 잘 챙길 수 있으니 안심하세요.
Wǒ zhēn de hěn hǎo, wǒ huì zhàogù hǎo zìjǐ, fàngxīn ba.

这位老大娘，虽然没人照顾，但是过得挺开心。 이 어르신은 돌봐 주는 사람이 없어도 아주 즐겁게 사신다.
Zhè wèi lǎodàniáng, suīrán méi rén zhàogù, dànshì guò de tǐng kāixīn.

27 整理 zhěnglǐ 동 정리하다, 정돈하다

整理整理 zhěnglǐ zhěnglǐ 정리하다	**整理房间** zhěnglǐ fángjiān 방을 정리하다
整理好 zhěnglǐ hǎo 정리를 잘하다	**整理衣服** zhěnglǐ yīfu 옷을 정리하다
整理半天 zhěnglǐ bàntiān 한참 동안 정리하다	**整理工作** zhěnglǐ gōngzuò 정리 작업

书架上的书放得颠三倒四的，快整理一下。 책꽂이에 책이 엉망으로 꽂혀 있네. 얼른 정리하자.
Shūjià shang de shū fàng de diānsān dǎosì de, kuài zhěnglǐ yíxià.

今天终于把爆炸的衣柜整理好了。 오늘 드디어 터질 것 같았던 옷장을 정리했어.
Jīntiān zhōngyú bǎ bàozhà de yīguì zhěnglǐ hǎo le.

28 住 zhù 图살다 图숙박하다, 머무르다

住在 zhù zài + 장소 ~에 살다

在 zài + 장소 + 住 zhù ~에서 살다

住 zhù + 장소 ~에 살다

住 zhù + 시간 ~동안 머물다

我从小就住在这个城市。 나는 어릴 때부터 이 도시에 살았어.
Wǒ cóngxiǎo jiù zhù zài zhè ge chéngshì.

你知道他住哪儿吗? 저 친구가 어디 사는지 아세요?
Nǐ zhīdào tā zhù nǎr ma?

既然来了，多住几天吧。 기왕 온 김에 며칠 더 있어.
Jìrán lái le, duō zhù jǐ tiān ba.

我们在这个地方住了50年了，没搬过家。 우리는 이곳에서 50년째 살고 있다우. 이사한 적이 없어.
Wǒmen zài zhè ge dìfang zhùle wǔshí nián le, méi bānguo jiā.

➕ 在苏州住过 zài Sūzhōu zhùguo VS 住在过苏州 zhù zàiguo Sūzhōu
'어떤 장소에 살았었다'라고 표현할 때는 전치사 '在'와 동사 '住'를 사용할 수 있는데, 이때 과거의 경험을 나타내는 동태조사 '过'는 동사 '住' 뒤에 위치한다. '在'를 결과보어로 쓸 때는 '住在+ 장소' 형식으로 쓰고, 이때 '在' 뒤에는 조사가 올 수 없다.
我在苏州住过三年。 나는 쑤저우에서 3년 동안 살았어. | 我住在苏州。 나는 쑤저우에 살아.

29 装修 zhuāngxiū 图인테리어 하다

装修好 zhuāngxiū hǎo 인테리어를 마치다

装修房子 zhuāngxiū fángzi 집을 인테리어하다

装修行业 zhuāngxiū hángyè 인테리어 업종

重新装修 chóngxīn zhuāngxiū 리모델링하다

内部装修 nèibù zhuāngxiū 내부 인테리어

室内装修 shìnèi zhuāngxiū 실내 인테리어

新房子已经装修好了，过几天可以搬进去住了。 새집 인테리어가 끝나서, 며칠 후면 이사 들어갈 수 있어.
Xīn fángzi yǐjīng zhuāngxiū hǎo le, guò jǐ tiān kěyǐ bān jìnqù zhù le.

我想重新装修一下厨房。 나는 주방을 리모델링 할까 해.
Wǒ xiǎng chóngxīn zhuāngxiū yíxià chúfáng.

30 租 zū 图임차하다, 임대하다 图세, 임대료

房租 fángzū 집세, 점포세

租房子 zū fángzi 세 들어 살다

租辆车 zū liàng chē 차를 렌트하다

租出去 zū chūqù 세를 놓다

租不出去 zū buchūqù 세를 놓을 수 없다

租不起 zūbuqǐ 세를 얻을 수 없다

最近房租又涨了，没办法，只能搬家了。 최근에 집세가 또 올라서, 할 수 없이 이사해야겠어.
Zuìjìn fángzū yòu zhǎng le, méi bànfǎ, zhǐ néng bānjiā le.

车坏了，我打算租一辆车开一个星期。 차가 고장 나서, 차를 한 대 렌트해서 1주일 동안 타려고 해.
Chē huài le, wǒ dǎsuàn zū yí liàng chē kāi yí ge xīngqī.

주거

房子 fángzi 몡집, 건물 | 房间 fángjiān 몡방 | 屋子 wūzi 몡방 | 客厅 kètīng 몡객실, 응접실
卫生间 wèishēngjiān 몡화장실 | 浴室 yùshì 몡욕실 | 窗户 chuānghu 몡창문 | 房租 fángzū 몡집세, 점포세
房东 fángdōng 몡집주인 | 房客 fángkè 몡세입자 | 别墅 biéshù 몡별장, 단독 주택
田园别墅 tiányuán biéshù 전원주택 | 公寓 gōngyù 몡아파트 | 住宅 zhùzhái 몡주택 | 大楼 dàlóu 몡빌딩
老房子 lǎo fángzi 낡은 집 | 新房子 xīn fángzi 새집 | 地址 dìzhǐ 몡주소 | 小巷 xiǎoxiàng 몡골목, 좁은 길
弄堂 lòngtáng 몡작은 골목, 뒷골목 | 院子 yuànzi 몡뜰, 정원 | 隔音 géyīn 통방음하다 몡방음
层间噪音 céng jiān zàoyīn 층간 소음

가구

家具 jiājù 몡가구 | 床 chuáng 몡침대 | 书架 shūjià 몡책꽂이, 책장 | 衣柜 yīguì 몡장롱, 옷장
橱柜 chúguì 몡장식장 | 梳妆台 shūzhuāngtái 화장대 | 电脑桌 diànnǎozhuō 컴퓨터 책상 | 沙发 shāfā 몡소파
饭桌 fànzhuō 몡식탁 | 餐桌 cānzhuō 몡식탁 | 餐椅 cānyǐ 식탁 의자

가전제품

家用电器 jiāyòng diànqì 가정용 전기 기구 [=家电] | 冰箱 bīngxiāng 몡냉장고 | 电饭锅 diànfànguō 몡전기밥솥
烤箱 kǎoxiāng 몡오븐 | 微波炉 wēibōlú 몡전자레인지 | 电热壶 diànrèhú 전기 포트 | 咖啡机 kāfēijī 커피 메이커
空气炸锅 kōngqì zháguō 에어프라이어 | 饮水机 yǐnshuǐjī 음수기 | 热水器 rèshuǐqì 몡온수기
酒柜 jiǔguì 와인 냉장고 | 电炉 diànlú 몡전기난로 | 电热毯 diànrètǎn 전기담요 | 电(风)扇 diàn(fēng)shàn 몡선풍기
吹风机 chuīfēngjī 몡헤어드라이어 | 洗衣机 xǐyījī 몡세탁기 | 干衣机 gānyījī 세탁 건조기 | 加湿器 jiāshīqì 몡가습기
空调 kōngtiáo 몡에어컨 | 无风空调 wúfēng kōngtiáo 무풍 에어컨 | 电视机 diànshìjī 몡텔레비전, TV
遥控器 yáokòngqì 몡리모컨 | 音响 yīnxiǎng 몡스피커 | 灯泡(儿) dēngpào(r) 몡전구 | 电池 diànchí 몡건전지

생활용품

被子 bèizi 몡이불 | 褥子 rùzi 몡요 | 枕头 zhěntou 몡베개 | 床单(儿) chuángdān(r) 몡침대 시트
窗帘(儿) chuānglián(r) 몡커튼, 블라인드 | 钥匙 yàoshi 몡열쇠 | 锁 suǒ 몡자물쇠 | 肥皂 féizào 몡비누
香皂 xiāngzào 몡세수 비누 | 牙膏 yágāo 몡치약 | 牙刷 yáshuā 몡칫솔 | 洗发剂 xǐfàjì 몡샴푸
毛巾 máojīn 몡수건 | 一次性用品 yícìxìng yòngpǐn 일회용품

따페이 훈련

① 와, 저 선수 정말 대단한 것 같아.

② 전에 세계 챔피언까지 했잖아.

대단한 사람이지.

③ 근데 난 네가 더 대단한 것 같아.

응? 왜.

④ 어떻게 여자친구도 생기고 둘이 창업까지 하는 거지?

으히히

전에 세계 챔피언까지 했다　**曾经获得了世界冠军** X　**曾经获得过世界冠军** ○

01 比赛 bǐsài 图 시합하다, 경기하다 图 시합, 경기

这场比赛 zhè chǎng bǐsài 이번 시합	比赛**的胜利** bǐsài de shènglì 경기에서의 승리
进行比赛 jìnxíng bǐsài 시합하다	**足球**比赛 zúqiú bǐsài 축구 시합
比赛**结果** bǐsài jiéguǒ 경기 결과	**经典的**比赛 jīngdiǎn de bǐsài 레전드 경기, 멋진 경기
比赛**失利** bǐsài shīlì 경기에서 패배하다	**激烈的**比赛 jīliè de bǐsài 치열한 접전

韩国队以三比一取得了这场比赛的胜利。 한국은 3대 1로 이 시합에서 승리를 거두었다.
Hánguó duì yǐ sān bǐ yī qǔdéle zhè chǎng bǐsài de shènglì.

这是马拉松历史上最经典的一场比赛。 이는 마라톤 역사상 가장 멋진 경기이다.
Zhè shì mǎlāsōng lìshǐ shang zuì jīngdiǎn de yì chǎng bǐsài.

两支球队进行了激烈的比赛，最后踢成了平局。 두 팀은 치열한 접전을 벌인 끝에 무승부로 끝냈다.
Liǎng zhī qiúduì jìnxíngle jīliè de bǐsài, zuìhòu tīchéngle píngjú.

02 裁判 cáipàn 图 심판하다 图 심판

裁判**员** cáipànyuán 심판	**进行**裁判 jìnxíng cáipàn 심판하다
主裁判 zhǔcáipàn 주심	**不服**裁判 bù fú cáipàn 심판에 불복하다
足球裁判 zúqiú cáipàn 축구 심판	裁判**的判罚** cáipàn de pànfá 심판의 처벌 판정, 페널티
国际裁判 guójì cáipàn 국제 심판	裁判**的误判** cáipàn de wùpàn 심판의 오심

他对裁判的判罚耸了耸肩，一脸无奈。 그는 심판의 처벌 판정에 어깨를 으쓱하며, 어쩔 수 없다는 표정을 지었다.
Tā duì cáipàn de pànfá sǒngle sǒngjiān, yì liǎn wúnài.

在奥运会上，裁判的一个重大误判，让她痛失金牌。 올림픽에서 심판의 중대한 오심으로 그녀는 아깝게 금메달을 놓치고 말았다.
Zài Àoyùnhuì shang, cáipàn de yí ge zhòngdà wùpàn, ràng tā tòngshī jīnpái.

03 参加 cānjiā 图 참가하다

参加**比赛** cānjiā bǐsài 경기에 참가하다	参加**国际比赛** cānjiā guójì bǐsài 국제 대회에 참가하다
参加**运动会** cānjiā yùndònghuì 운동회에 참가하다	参加**冬奥会** cānjiā dōng'àohuì 동계 올림픽에 참가하다
参加**开幕式** cānjiā kāimùshì 개막식에 참가하다	参加**一个项目** cānjiā yí ge xiàngmù 한 종목에 출전하다

本届比赛共27支球队报名参加，共计140场比赛。 이번 대회에는 모두 27개 팀이 참가 신청을 했고, 총 140경기를 하게 된다.
Běn jiè bǐsài gòng èrshíqī zhī qiú duì bàomíng cānjiā, gòngjì yìbǎi sìshí chǎng bǐsài.

为了当女特种兵，她放弃了参加奥运会的机会。 여자 특전사가 되기 위해 그녀는 올림픽 참가 기회를 포기했다.
Wèile dāng nǚ tèzhǒngbīng, tā fàngqìle cānjiā Àoyùnhuì de jīhuì.

这次比赛，我们队只参加了一个项目。 이번 경기에서 우리 팀은 한 종목에만 출전했다.
Zhè cì bǐsài, wǒmen duì zhǐ cānjiāle yí ge xiàngmù.

04 差距 chājù 몡 차이, 격차

差距很大 chājù hěn dà 차이가 크다

有差距 yǒu chājù 차이가 있다

找差距 zhǎo chājù 부족함을 찾다

克服差距 kèfú chājù 차이를 극복하다

缩短差距 suōduǎn chājù 격차를 줄이다

实力差距 shílì chājù 실력 차

比分差距 bǐfēn chājù 점수 차

最大差距 zuì dà chājù 가장 큰 차이

两支球队实力上的差距基本可以忽略不计了。 두 팀의 실력 차는 그냥 무시해도 될 정도이다.
Liǎng zhī qiúduì shílì shang de chājù jīběn kěyǐ hūlüè bújì le.

现在三位选手的比分差距并不大。 현재 세 선수의 점수 차이가 별로 안 난다.
Xiànzài sān wèi xuǎnshǒu de bǐfēn chājù bìng bú dà.

05 超过 chāoguò 동 추월하다, 초과하다

超不过 chāobuguò 넘지 못하다

超过标准 chāoguò biāozhǔn 기준을 초과하다

超过平均水平 chāoguò píngjūn shuǐpíng 평균 수준을 웃돌다

超过对手 chāoguò duìshǒu 라이벌을 능가하다

超过全国记录 chāoguò quánguó jìlù 전국 기록을 깨다

超过世界纪录 chāoguò shìjiè jìlù 세계 기록을 깨다

他终于超过所有的对手，抢先一步到达终点。 그는 마침내 모든 라이벌을 제치고, 먼저 결승점에 이르렀다.
Tā zhōngyú chāoguò suǒyǒu de duìshǒu, qiǎngxiān yí bù dàodá zhōngdiǎn.

她的成绩超过了自己保持的世界纪录。 그녀의 성적은 자신이 보유한 세계 기록을 넘어섰다.
Tā de chéngjì chāoguòle zìjǐ bǎochí de shìjiè jìlù.

06 动作 dòngzuò 몡 동작, 행동 동 동작하다, 행동하다

动作迟缓 dòngzuò chíhuǎn 동작이 느리다

动作灵活 dòngzuò línghuó 동작이 유연하다

动作简单 dòngzuò jiǎndān 동작이 간단하다

慢动作 màn dòngzuò 슬로 모션

结束动作 jiéshù dòngzuò 마무리 동작, 피니쉬

完美的动作 wánměi de dòngzuò 완벽한 동작

高难的动作 gāonán de dòngzuò 고난도 동작

多余的动作 duōyú de dòngzuò 불필요한 동작

我们来看一下慢动作。 슬로 모션을 보도록 하죠.
Wǒmen lái kàn yíxià màn dòngzuò.

体操女选手身姿真美，结束动作太帅了。 여자 체조 선수의 몸짓이 정말 아름답고, 마무리 동작도 너무 훌륭했다.
Tǐcāo nǚ xuǎnshǒu shēnzī zhēn měi, jiéshù dòngzuò tài shuài le.

他用一套完美的动作结束了比赛，征服了观众。 그는 완벽한 동작으로 경기를 마무리하고, 관중을 압도했다.
Tā yòng yí tào wánměi de dòngzuò jiéshùle bǐsài, zhēngfúle guānzhòng.

07 锻炼 duànliàn 图(몸, 마음을) 단련하다

锻炼身体 duànliàn shēntǐ 신체를 단련하다

进行锻炼 jìnxíng duànliàn 운동을 하다

坚持锻炼 jiānchí duànliàn 꾸준히 운동을 하다

锻炼方法 duànliàn fāngfǎ 운동법

锻炼活动 duànliàn huódòng 운동

体育锻炼 tǐyù duànliàn 체육 활동, 운동

瑜伽锻炼 yújiā duànliàn 요가

有氧锻炼 yǒuyǎng duànliàn 유산소 운동

太极拳是一种锻炼身体的好方法。 태극권은 신체 단련의 좋은 방법이다.
Tàijíquán shì yì zhǒng duànliàn shēntǐ de hǎo fāngfǎ.

他坚持锻炼长达10年，参加健美比赛取得第一名。 그는 10년 동안 운동을 계속하다가 보디빌딩 대회에 출전하여 1등을 했다.
Tā jiānchí duànliàn chángdá shí nián, cānjiā jiànměi bǐsài qǔdé dì yī míng.

08 放松 fàngsōng 图느슨하게 하다, 풀어 주다 图(근육을) 이완시키다

放松一下 fàngsōng yíxià 긴장을 풀다

放松下来 fàngsōng xiàlái 긴장을 풀다

全身放松 quánshēn fàngsōng 온몸의 긴장을 풀다

需要放松 xūyào fàngsōng 릴렉스가 필요하다

放松心情 fàngsōng xīnqíng 마음을 편안하게 하다

放松肌肉 fàngsōng jīròu 근육을 풀다

大家一起来放松一下，深呼吸，吸气，吐气。 여러분 모두 긴장을 푸시고, 깊게 호흡합시다. 들이마시고, 내뱉으세요.
Dàjiā yìqǐ lái fàngsōng yíxià, shēn hūxī, xī qì, tǔ qì.

静态拉伸能放松肌肉，有助于缓解身体的僵硬和疼痛感。
Jìngtài lāshēn néng fàngsōng jīròu, yǒu zhùyú huǎnjiě shēntǐ de jiāngyìng hé téngtòng gǎn.
스트레칭은 근육을 풀어 주어 몸의 뭉침과 통증을 완화시키는 데 도움이 된다.

09 公平 gōngpíng 图공평하다

公平竞争 gōngpíng jìngzhēng 공평하게 경쟁하다

公平一点儿 gōngpíng yìdiǎnr 조금 공평하다

公平公正 gōngpíng gōngzhèng 공평하고 공정하다

应该公平 yīnggāi gōngpíng 공평해야 한다

不公平 bù gōngpíng 불공평하다

公平的办法 gōngpíng de bànfǎ 공평한 방법

公平的人 gōngpíng de rén 공평한 사람

公平的比赛 gōngpíng de bǐsài 공평한 시합

公平的裁判 gōngpíng de cáipàn 공평한 심판

真正的竞争是在公平公正的情况下彼此竞争。 진정한 경쟁은 공평하고 공정한 상황에서 서로 경쟁하는 것이다.
Zhēnzhèng de jìngzhēng shì zài gōngpíng gōngzhèng de qíngkuàng xià bǐcǐ jìngzhēng.

我觉得这次比赛有不公平的因素存在。 나는 이번 시합에 불공평한 요소가 있어 보여.
Wǒ juéde zhè cì bǐsài yǒu bù gōngpíng de yīnsù cúnzài.

10 获得 huòdé 图 (노력, 대가를 치른 후에 성적을) 얻다, 거두다

获得第一名 huòdé dì yī míng 1등을 하다

获得好成绩 huòdé hǎo chéngjì 좋은 성적을 거두다

获得好评 huòdé hǎopíng 호평을 받다

获得参赛资格 huòdé cānsài zīgé 참가 자격을 얻다

获得冠军/亚军 huòdé guànjūn/yàjūn
우승하다/준우승하다

曾经获得过 céngjīng huòdéguo + 성적, 결과
(성적, 결과를) 얻은 적이 있다

女队和男队分别获得了射箭冠军和亚军。 여자 팀과 남자 팀이 각각 양궁 우승과 준우승을 차지했다.
Nǚ duì hé nán duì fēnbié huòdéle shèjiàn guànjūn hé yàjūn.

皇家马德里队曾经获得过欧冠冠军。 레알마드리드 팀은 유럽 챔피온스 리그에서 우승한 적이 있다.
Huángjiā Mǎdélǐ duì céngjīng huòdéguo Ōuguān guànjūn.

➕ 曾经获得过 céngjīng huòdéguo VS 曾经获得了 céngjīng huòdéle

우리가 잘 쓰는 말 중에 '한때 ~한 적이 있다'라는 표현이 있는데, 이렇게 과거의 경험이나 영광을 말할 때는 '曾经 +동사/형용사+过'의 형식을
써서 말한다. 이 문형에는 동태조사 '了'는 쓸 수 없음에 주의한다.

曾经获得过季军。 동메달을 딴 적이 있다.

爸爸也曾经年轻过。 아빠도 젊은 시절이 있었단다.

11 纪录 jìlù 图 (경기의) 최고 성적, 기록

新纪录 xīn jìlù 신기록

全国纪录 quán guó jìlù 전국 기록

世界纪录 shìjiè jìlù 세계 기록

最高纪录 zuì gāo jìlù 최고 기록

创造纪录 chuàngzào jìlù 기록을 세우다

刷新纪录 shuāxīn jìlù 기록을 경신하다

打破纪录 dǎpò jìlù 기록을 깨다

保持纪录 bǎochí jìlù 기록을 보유하다

他又一次刷新了全国跳高纪录。 그는 높이뛰기 전국 기록을 또 한 번 경신했다.
Tā yòu yí cì shuāxīnle quán guó tiàogāo jìlù.

她以30分01秒的成绩，打破了女子10公里越野跑的世界纪录。
Tā yǐ sānshí fēn líng yī miǎo de chéngjì, dǎpòle nǚzǐ shí gōnglǐ yuèyěpǎo de shìjiè jìlù.
그녀는 30분 1초의 성적으로, 여자 10킬로미터 크로스컨트리 세계 기록을 깼다.

12 奖牌 jiǎngpái 图 메달, 상패

获得奖牌 huòdé jiǎngpái 메달을 획득하다

颁发奖牌 bānfā jiǎngpái 메달을 수여하다

争夺奖牌 zhēngduó jiǎngpái 메달을 겨루다

一块奖牌 yí kuài jiǎngpái 메달 하나

首枚奖牌 shǒu méi jiǎngpái 첫 번째 메달

奖牌榜 jiǎngpáibǎng 메달 레이스

美国现在依然是奖牌榜的首位。 미국은 여전히 메달 레이스에서 선두를 달리고 있다.
Měiguó xiànzài yīrán shì jiǎngpáibǎng de shǒuwèi.

台上一分钟，台下十年功，每一枚奖牌都是用无数汗水换来的。
Tái shang yì fēnzhōng, tái xià shí nián gōng, měi yì méi jiǎngpái dōu shì yòng wúshù hànshuǐ huànlái de.
링에서 1분을 뛰기 위해서는 링 밖에서 10년의 노력이 필요하다. 모든 메달은 수없이 흘린 땀과 바꾼 것이다.

13 精彩 jīngcǎi 형 (공연, 시합 등이) 멋지다, 훌륭하다, 뛰어나다

太精彩了 tài jīngcǎi le 정말 멋지다

精彩极了 jīngcǎi jí le 아주 훌륭하다

紧张精彩 jǐnzhāng jīngcǎi 박진감 넘치고 재미있다

激烈精彩 jīliè jīngcǎi 긴장감 있고 훌륭하다

精彩不断 jīngcǎi búduàn 멋진 장면이 계속 출현하다

精彩绝伦 jīngcǎi juélún 매우 뛰어나다

精彩演出 jīngcǎi yǎnchū 멋진 공연

精彩射门 jīngcǎi shèmén 멋진 골

两个队为在场的球迷奉献了一场非常精彩的比赛。 두 팀은 관전하고 있는 축구 팬들을 위해 너무나 멋진 경기를 보여 주었다.
Liǎng ge duì wèi zàichǎng de qiúmí fèngxiànle yì chǎng fēicháng jīngcǎi de bǐsài.

这仅仅是一场表演赛，但同样激烈精彩。 단순히 시범 경기였음에도, 역시나 박진감 있고 멋졌다.
Zhè jǐnjǐn shì yì chǎng biǎoyǎnsài, dàn tóngyàng jīliè jīngcǎi.

14 竞争 jìngzhēng 동 경쟁하다

竞争力 jìngzhēnglì 경쟁력

竞争心 jìngzhēngxīn 경쟁심

竞争关系 jìngzhēng guānxi 경쟁 관계

竞争对手 jìngzhēng duìshǒu 라이벌, 적수

竞争优势 jìngzhēng yōushì 우월한 경쟁력

激烈的竞争 jīliè de jìngzhēng 치열한 경쟁

不正当竞争 bú zhèngdàng jìngzhēng
정당하지 못한 경쟁

他是个竞争心很强的球员，我喜欢这样的球员。 그는 경쟁심이 강한 선수로, 나는 이런 선수를 좋아한다.
Tā shì ge jìngzhēngxīn hěn qiáng de qiúyuán, wǒ xǐhuan zhèyàng de qiúyuán.

他现在的成绩远远领先于竞争对手。 그의 지금 성적은 라이벌을 크게 앞지르고 있다.
Tā xiànzài de chéngjì yuǎnyuǎn lǐngxiān yú jìngzhēng duìshǒu.

比赛一开始，两队在球场上就展开了激烈的竞争。 경기가 시작되자, 두 팀은 코트에서 치열한 경쟁을 벌였다.
Bǐsài yì kāishǐ, liǎng duì zài qiúchǎng shang jiù zhǎnkāile jīliè de jìngzhēng.

15 举办 jǔbàn 동 거행하다, 개최하다

举办奥运会 jǔbàn Àoyùnhuì 올림픽을 개최하다

举办邀请赛 jǔbàn yāoqǐngsài 초청 경기를 열다

每年举办 měi nián jǔbàn 매년 거행하다

举办时间 jǔbàn shíjiān 개최 기간

举办单位 jǔbàn dānwèi 주최 기관

举办权 jǔbànquán 개최권

北京成功地举办了奥运会。 베이징은 올림픽을 성공적으로 개최했다.
Běijīng chénggōng de jǔbànle Àoyùnhuì.

大运会每两年举办一届，分夏运会和冬运会。
Dàyùnhuì měi liǎng nián jǔbàn yí jiè, fēn xiàyùnhuì hé dōngyùnhuì.
유니버시아드는 2년에 한 번씩 열리는데, 하계 유니버시아드와 동계 유니버시아드로 나뉜다. [유니버시아드: 세계 학생스포츠대회]

全国运动会举办时间为9月15日至9月27日。 전국 체전의 개최 기간은 9월 15일부터 9월 27일까지이다.
Quánguó yùndònghuì jǔbàn shíjiān wéi jiǔ yuè shíwǔ zhì jiǔ yuè èrshíqī rì.

16 决赛 juésài 명 결승전 동 결승전을 하다

总决赛 zǒngjuésài 결승전

半决赛 bànjuésài 준결승

决赛圈 juésàiquān 결선, 본선

决赛时间 juésài shíjiān 결승전 시간

进决赛 jìn juésài 결승에 진출하다

取消决赛 qǔxiāo juésài 결승전이 취소되다

参加决赛 cānjiā juésài 결승전에 참가하다

决赛 juésài + 시간 ~동안 결승전을 하다

以我们的实力，能进决赛已经很不错了。 우리 실력으로 결승에 진출한 것만으로도 이미 훌륭한 거야.
Yǐ wǒmen de shílì, néng jìn juésài yǐjīng hěn búcuò le.

他放弃了参加200米仰泳的决赛。 그는 200미터 배영 결승전 참가를 포기했다.
Tā fàngqìle cānjiā liǎngbǎi mǐ yǎngyǒng de juésài.

两个队决赛了近两个小时，没有分出胜负。 두 팀은 거의 두 시간 동안 결승전을 했지만 승부를 내지 못했어.
Liǎng ge duì juésàile jìn liǎng ge xiǎoshí, méiyǒu fēnchū shèngfù.

17 配合 pèihé 동 협동하다, 협력하다, 맞추다, 호응하다

配合一下 pèihé yíxià 맞춰 주다, 협조하다

配合起来 pèihé qǐlái 호흡을 맞추다

配合得很好 pèihé de hěn hǎo 호흡이 잘 맞다

配合默契 pèihé mòqì 호흡이 맞다

配合 pèihé + 시간 ~동안 협업하다

相配合 xiāng pèihé 서로 조화를 이루다

不大配合 búdà pèihé 잘 어울리지 않다

好好配合 hǎohǎo pèihé 잘 맞춰 주다

紧密配合 jǐnmì pèihé 긴밀한 협조

完美配合 wánměi pèihé 완벽한 호흡

我们俩可是黄金搭档，配合起来，绝对是横扫无敌。 우리는 황금 콤비로, 호흡만큼은 당할 자들이 없을걸요.
Wǒmen liǎ kěshì huángjīn dādàng, pèihé qǐlái, juéduì shì héngsǎo wúdí.

在双打比赛中，两名运动员配合得很好。 복식 경기에서 두 운동선수가 호흡이 잘 맞았다.
Zài shuāngdǎ bǐsài zhōng, liǎng míng yùndòngyuán pèihé de hěn hǎo.

由于配合默契，他俩在男子乒乓球双打比赛中夺取了冠军。
Yóuyú pèihé mòqì, tā liǎ zài nánzǐ pīngpāngqiú shuāngdǎ bǐsài zhōng duóqǔle guànjūn.
서로 호흡이 잘 맞아서 두 사람은 남자 탁구 복식 경기에서 우승을 했다.

18 胜利 shènglì 동 승리하다, 성과를 거두다 명 승리

取得胜利 qǔdé shènglì 승리를 거두다

争取胜利 zhēngqǔ shènglì 승리를 쟁취하다

走向胜利 zǒuxiàng shènglì 승리를 이끌다

庆祝胜利 qìngzhù shènglì 승리를 경축하다

胜利的喜悦 shènglì de xǐyuè 승리의 기쁨

胜利的消息 shènglì de xiāoxi 승리의 소식

胜利女神 shènglì nǚshén 승리의 여신

巨大的胜利 jùdà de shènglì 큰 승리

胜利的消息，让我顿时忘记了伤痛。 승리의 소식으로 나는 잠시 통증을 잊을 수 있었다.
Shènglì de xiāoxi, ràng wǒ dùnshí wàngjìle shāngtòng.

希望这次比赛胜利女神会站在我们这边。 이번 시합에서 승리의 여신이 우리 편에 서 주었으면 좋겠어요.
Xīwàng zhè cì bǐsài shènglì nǚshén huì zhàn zài wǒmen zhèbian.

19 输 shū 图 지다, 깨지다　　　　　　**赢** yíng 图 이기다

不服输 bùfú shū 패배에 불복하다

输两个球 shū liǎng ge qiú 두 골을 지다

输三场 shū sān chǎng 세 경기를 지다

输给对方 shūgěi duìfāng 상대에게 지다

输得很惨 shū de hěn cǎn 형편없이 지다

赢不了 yíngbuliǎo 이길 수 없다

赢了三个球 yíngle sān ge qiú 세 골 이기다

赢了一局 yíngle yì jú 한 게임을 이기다, 한 판을 이기다

赢得很艰苦 yíng de hěn jiānkǔ 힘겹게 이기다

赢的可能性 yíng de kěnéngxìng 이길 가능성

这次篮球比赛，我们队输得很惨。 이번 농구 시합에서는 우리가 참패했다.
Zhè cì lánqiú bǐsài, wǒmen duì shū de hěn cǎn.

费了九牛二虎之力，我队终于赢了一局。 온 힘을 다한 끝에 우리 팀이 결국 한 판을 이겼다.
Fèile jiǔ niú èr hǔ zhī lì, wǒ duì zhōngyú yíngle yì jú.

真是不到最后一刻，永远不知道比赛的输赢。 끝날 때까진 시합의 승패를 알 수가 없다.
Zhēnshi bú dào zuìhòu yíkè, yǒngyuǎn bù zhīdào bǐsài de shūyíng.

20 摔倒 shuāidǎo 图 넘어지다, 자빠지다

经常摔倒 jīngcháng shuāidǎo 곧잘 넘어진다

容易摔倒 róngyì shuāidǎo 잘 넘어진다

差点摔倒 chàdiǎn shuāidǎo 넘어질 뻔하다

不慎摔倒 bú shèn shuāidǎo 부주의로 넘어지다

摔倒在地 shuāidǎo zài dì 바닥으로 넘어지다

摔倒失误 shuāidǎo shīwù 넘어지는 실수

摔倒的滋味 shuāidǎo de zīwèi 넘어졌을 때의 아픔

他不慎摔倒了，但他立即爬起来擦着汗水继续跑。 그는 잘못해서 넘어졌는데, 바로 일어나 땀을 닦으며 계속 뛰었다.
Tā bú shèn shuāidǎo le, dàn tā lìjí pá qǐlái cāzhe hànshuǐ jìxù pǎo.

在比赛中一名运动员在冲刺到终点时突然摔倒在地。
Zài bǐsài zhōng yí míng yùndòngyuán zài chōngcì dào zhōngdiǎn shí tūrán shuāidǎo zài dì.

경기 도중, 한 선수가 결승점을 향해 스퍼트를 하던 중 갑자기 바닥으로 고꾸라졌다.

21 水平 shuǐpíng 圀 수준, 정도

水平高 shuǐpíng gāo 수준이 높다

水平低 shuǐpíng dī 수준이 낮다

平均水平 píngjūn shuǐpíng 평균 수준

最高水平 zuì gāo shuǐpíng 최고 수준

训练水平 xùnliàn shuǐpíng 훈련 정도

实际水平 shíjì shuǐpíng 실제 수준

本次奥运会400米栏绝对是田径史上最高水平的比赛。
Běn cì Àoyùnhuì sìbǎi mǐ lán juéduì shì tiánjìng shǐ shang zuì gāo shuǐpíng de bǐsài.

이번 올림픽의 400미터 허들은 정말이지 육상 역사상 최고 수준의 경기였다.

其实两支球队的水平是相差无几的。 사실 두 팀의 실력은 막상막하이다.
Qíshí liǎng zhī qiúduì de shuǐpíng shì xiāngchà wújǐ de.

22 体力 tǐlì 명 체력, 힘

体力**好** tǐlì hǎo 체력이 좋다

体力**差** tǐlì chà 체력이 약하다

费体力 fèi tǐlì 체력을 소모하다

消耗体力 xiāohào tǐlì 체력을 소모하다

比体力 bǐ tǐlì 체력 싸움을 하다

体力**下降** tǐlì xiàjiàng 체력 저하

尊巴是个很消耗体力的运动，跳四分钟等于运动一个小时。
Zūnbā shì ge hěn xiāohào tǐlì de yùndòng, tiào sì fēnzhōng děngyú yùndòng yí ge xiǎoshí.
줌바는 체력 소모가 아주 큰 운동으로, 4분만 해도 한 시간 운동하는 것과 맞먹는다.

世界杯足球赛，上半场比技术，下半场比体力。 월드컵은 전반전은 기술을 겨루고, 후반전에선 체력 싸움이죠.
Shìjièbēi zúqiú sài, shàngbànchǎng bǐ jìshù, xiàbànchǎng bǐ tǐlì.

23 挑战 tiǎozhàn 동 (일·기록 경신 등에) 도전하다 동 도전

接受挑战 jiēshòu tiǎozhàn 도전을 받다

面对挑战 miànduì tiǎozhàn 도전에 직면하다

敢于挑战 gǎnyú tiǎozhàn 과감하게 도전하다

挑战**极限** tiǎozhàn jíxiàn 극한에 도전하다

挑战**自我** tiǎozhàn zì wǒ 스스로에게 도전하다

向 xiàng + 대상 + 挑战 tiǎozhàn ~에게 도전하다

奥林匹克精神中，重要的一点就是挑战极限，永不放弃。
Àolínpǐkè jīngshén zhōng, zhòngyào de yì diǎn jiù shì tiǎozhàn jíxiàn, yǒng bú fàngqì.
올림픽 정신에서 중요한 것은 극한에 도전하고, 영원히 포기하지 않는 것이다.

没有永远的冠军，每一次登场，都是全新的挑战。 영원한 1등은 없다. 모든 시합이 새로운 도전인 것이다.
Méiyǒu yǒngyuǎn de guànjūn, měi yí cì dēngchǎng, dōu shì quán xīn de tiǎozhàn.

24 跳舞 tiàowǔ 동 춤을 추다

一起跳舞 yìqǐ tiàowǔ 같이 춤을 추다

跳舞**跳得好** tiàowǔ tiào de hǎo 춤을 잘 추다

跳**孔雀**舞 tiào kǒngquèwǔ 공작무를 추다

跳**现代**舞 tiào xiàndàiwǔ 현대 무용을 하다

跳**一晚上**舞 tiào yì wǎnshang wǔ 밤새 춤을 추다

跳**不了**舞 tiàobuliǎo wǔ 춤을 출 수 없다

跳舞**动作** tiàowǔ dòngzuò 춤 동작

跳舞**的姿势** tiàowǔ de zīshì 춤추는 모습

杨丽萍跳孔雀舞，真是没有人能超越。 양리핑의 공작춤은 정말이지 뛰어넘을 사람이 없다.
Yáng Lìpíng tiào kǒngquèwǔ, zhēnshi méiyǒu rén néng chāoyuè.

她跳舞的姿势，就像一只翩翩起舞的天鹅。 그녀가 춤추는 자태는 마치 우아한 춤사위를 펼치는 백조 같아.
Tā tiàowǔ de zīshì, jiù xiàng yì zhī piānpiān qǐwǔ de tiān'é.

25 项目 xiàngmù 몡 항목, 사항, 종목

体育项目 tǐyù xiàngmù 스포츠　　游泳项目 yóuyǒng xiàngmù 수영 종목
运动项目 yùndòng xiàngmù 운동 종목　　棒球项目 bàngqiú xiàngmù 야구 종목
比赛项目 bǐsài xiàngmù 경기 종목　　球类运动项目 qiúlèi yùndòng xiàngmù 구기 종목

她参加了百米赛跑和跳远两个比赛项目。 그녀는 100미터 경주와 멀리뛰기 두 종목에 출전했다.
Tā cānjiāle bǎi mǐ sàipǎo hé tiàoyuǎn liǎng ge bǐsài xiàngmù.

这个运动员在游泳项目中取得突出成绩，共夺得五项冠军。
Zhè ge yùndòngyuán zài yóuyǒng xiàngmù zhōng qǔdé túchū chéngjì, gòng duódé wǔ xiàng guànjūn.
이 선수는 수영 종목에서 뛰어난 성적을 거두어, 5개 부문에서 금메달을 거머쥐었다.

26 训练 xùnliàn 동 훈련하다

训练 xùnliàn + 시간 ~동안 훈련하다
刻苦训练 kèkǔ xùnliàn 피나는 훈련을 하다
加紧训练 jiājǐn xùnliàn 훈련에 박차를 가하다
拼命地训练 pīnmìng de xùnliàn 훈련에 총력을 기울이다
恢复训练 huīfù xùnliàn 재활 훈련
体能训练 tǐnéng xùnliàn 체력 훈련
训练效果 xùnliàn xiàoguǒ 훈련 효과

由于平时的刻苦训练，他终于取得了第一名的好成绩。
Yóuyú píngshí de kèkǔ xùnliàn, tā zhōngyú qǔdéle dì yī míng de hǎo chéngjì.
평소에 고된 훈련을 한 끝에 그는 마침내 우승이라는 좋은 성적을 거두었다.

参加田径项目决赛的运动员正加紧训练。 육상 종목의 결승전에 진출한 운동선수가 훈련에 박차를 가하고 있다.
Cānjiā tiánjìng xiàngmù juésài de yùndòngyuán zhèng jiājǐn xùnliàn.

27 优美 yōuměi 형 우아하다, 아름답다

优美的舞姿 yōuměi de wǔzī 아름다운 춤 동작　　优美大方 yōuměi dàfang 우아하고 자연스럽다
优美的舞蹈 yōuměi de wǔdǎo 우아한 춤　　优美高雅 yōuměi gāoyǎ 우아하면서 고아하다
优美的动作 yōuměi de dòngzuò 아름다운 동작　　优美极了 yōuměi jí le 너무 우아하다
轻盈优美 qīngyíng yōuměi 유연하고 우아하다　　更加优美 gèngjiā yōuměi 더욱 아름답다

她那优美的舞姿，令人们感叹不已。 그녀의 아름다운 춤 동작은 사람들의 감탄을 자아냈다.
Tā nà yōuměi de wǔzī, lìng rénmen gǎntàn bùyǐ.

他这舞步轻盈优美真好看。 그의 춤 스텝은 경쾌하고 우아해 참 멋지다.
Tā zhè wǔbù qīngyíng yōuměi zhēn hǎokàn.

28 优势 yōushì 圆우세, 우위, 강점

有优势 yǒu yōushì 더 우세하다

占优势 zhàn yōushì 우세를 점하다

保持优势 bǎochí yōushì 우위를 지키다

利用优势 lìyòng yōushì 강점을 이용하다

竞争优势 jìngzhēng yōushì 경쟁력

优势地位 yōushì dìwèi 우위

绝对优势 juéduì yōushì 절대 우위

相对优势 xiāngduì yōushì 상대적 우위

从体力上说，我们队比对手有优势。 체력면에서는 우리 팀이 상대 팀보다 우세하다.
Cóng tǐlì shang shuō, wǒmen duì bǐ duìshǒu yǒu yōushì.

上半场比赛，我方占绝对优势。 전반전에서는 우리 팀이 절대적으로 우위에 있다.
Shàngbànchǎng bǐsài, wǒ fāng zhàn juéduì yōushì.

29 运动 yùndòng 圈운동하다 圆운동, 스포츠

运动员 yùndòngyuán 운동선수

运动场 yùndòngchǎng 운동장

运动服 yùndòngfú 운동복

运动生涯 yùndòng shēngyá 선수 생활, 운동 경력

体育运动 tǐyù yùndòng 체육 운동

球类运动 qiúlèi yùndòng 구기 운동

伸展运动 shēnzhǎn yùndòng 스트레칭

规律的运动 guīlǜ de yùndòng 규칙적인 운동

每次运动前一定要做好充分的准备活动。 운동 전에는 반드시 충분한 준비 운동을 해야 한다.
Měi cì yùndòng qián yídìng yào zuòhǎo chōngfèn de zhǔnbèi huódòng.

他就是因为受伤不得不结束了运动生涯。 그는 부상으로 어쩔 수 없이 선수 생활을 접었다.
Tā jiù shì yīnwèi shòushāng bùdébù jiéshùle yùndòng shēngyá.

➕ '运动'의 다른 뜻
'运动'은 어떤 목적을 갖고 사회적으로 벌이는 '활동, 캠페인'의 뜻으로 쓰이기도 한다.

环保运动 환경 보호 캠페인 | 社会运动 사회 운동 | 反战反核运动 반전 반핵 운동

30 姿势 zīshì 圆자세, 모양

摆姿势 bǎi zīshì 자세를 잡다

动作姿势 dòngzuò zīshì 포즈

正确的姿势 zhèngquè de zīshì 올바른 자세

优美的姿势 yōuměi de zīshì 우아한 포즈

胜利的姿势 shènglì de zīshì 승리의 세레모니

她轻轻地蹬踩跳板，以优美的姿势跃入水中。 그녀는 가볍게 발판을 구르고는 우아한 포즈로 입수했다.
Tā qīngqīng de dēngcǎi tiàobǎn, yǐ yōuměi de zīshì yuèrù shuǐ zhōng.

他向球迷伸出一个大拇指，做了一个胜利的姿势。 그는 축구팬들을 향해 엄지손가락을 들어, 승리의 세레모니를 했다.
Tā xiàng qiúmí shēnchū yí ge dàmǔzhǐ, zuòle yí ge shènglì de zīshì.

대회

奥运会 Àoyùnhuì 고유 올림픽　|　亚运会 Yàyùnhuì 고유 아시안게임　|　世界杯 shìjièbēi 명 월드컵

冬奥会 Dōng'àohuì 동계 올림픽　|　残疾人奥运会 Cánjírén Àoyùnhuì 장애인 올림픽 대회, 패럴림픽

开幕式 kāimùshì 개막식　|　闭幕式 bìmùshì 폐막식　|　上半场 shàngbànchǎng 명 전반전

下半场 xiàbànchǎng 명 후반전　|　淘汰赛 táotàisài 명 승자전, 토너먼트　|　起跑线 qǐpǎoxiàn 명 출발선, 스타트 라인

终点线 zhōngdiǎnxiàn 명 결승선　|　药检 yàojiǎn 명 약물 검사, 도핑 테스트　|　教练 jiàoliàn 명 훈련, 코치

啦啦队 lālāduì 명 응원단　|　球迷 qiúmí 명 (야구, 축구 등의) 구기광　|　冠军 guànjūn 명 우승, 1등, 우승자

亚军 yàjūn 명 준우승, 2위　|　季军 jìjūn 명 3위　|　金牌 jīnpái 명 금메달　|　银牌 yínpái 명 은메달　|　铜牌 tóngpái 명 동메달

댄스

芭蕾舞 bālěiwǔ 명 발레　|　拉丁舞 lādīngwǔ 명 라틴 댄스　|　民族舞 mínzúwǔ 명 전통 무용　|　探戈 tàngē 명 탱고

迪斯科 dísīkē 명 디스코　|　华尔兹 huá'ěrzī 명 왈츠　|　桑巴 sāngbā 명 삼바　|　街舞 jiēwǔ 명 힙합 댄스

스포츠

棒球 bàngqiú 명 야구　|　足球 zúqiú 명 축구　|　篮球 lánqiú 명 농구　|　排球 páiqiú 명 배구

乒乓球 pīngpāngqiú 명 탁구　|　网球 wǎngqiú 명 테니스　|　羽毛球 yǔmáoqiú 명 베드민턴　|　台球 táiqiú 명 당구

保龄球 bǎolíngqiú 명 볼링　|　橄榄球 gǎnlǎnqiú 명 럭비, 럭비공　|　高尔夫球 gāo'ěrfūqiú 명 골프

跑步 pǎobù 명 구보, 달리기　|　马拉松 mǎlāsōng 명 마라톤　|　跳高 tiàogāo 명 높이뛰기　|　跳远 tiàoyuǎn 명 멀리뛰기

瑜伽 yújiā 명 요가　|　普拉提 pǔlātí 명 필라테스　|　健美操 jiànměicāo 명 에어로빅　|　滑冰 huábīng 명 스케이팅

滑雪 huáxuě 명 스키　|　游泳 yóuyǒng 명 수영　|　F1赛车 F1 sàichē F1 레이싱　|　骑马 qímǎ 명 승마

武术 wǔshù 명 무술　|　太极拳 tàijíquán 명 태극권　|　跆拳道 táiquándào 명 태권도　|　柔道 róudào 명 유도

摔跤 shuāijiāo 명 씨름, 레슬링　|　异种格斗 yìzhǒng gédòu 이종격투기

성어

翩翩起舞 piānpiān qǐwǔ 나풀나풀 춤추다　|　婀娜多姿 ēnuó duōzī 자태가 우아하고 매혹적이다

载歌载舞 zàigē zàiwǔ 흥겹게 노래하며 춤추다　|　坚持不懈 jiānchí búxiè 끈질기게 끝까지 버티다

你追我赶 nǐ zhuī wǒ gǎn 앞서거니 뒤서거니 하다　|　争分夺秒 zhēngfēn duómiǎo 1분 1초를 다투다

争先恐后 zhēngxiān kǒnghòu 뒤질세라 앞을 다투다　|　一鼓作气 yìgǔ zuòqì 단숨에 해치우다

左右为难 zuǒyòu wéinán 딜레마에 빠지다, 진퇴양난

DAY
23
교통(1)

따페이 훈련

전철역에서 가깝다　**从地铁站很近** X　**离地铁站很近** O

01 安全 ānquán 휑 안전하다

安全带 ānquándài (비행기나 자동차의) 안전벨트	**安全地带** ānquán dìdài 안전지대
安全感 ānquángǎn 안전감	**安全措施** ānquán cuòshī 안전 대책, 안전 조치
安全第一 ānquán dì yī 안전 제일	**安全得很** ānquán de hěn 아주 안전하다
安全驾驶 ānquán jiàshǐ 안전 운전	**注意安全** zhùyì ānquán 안전에 주의하다

亲爱的乘客，请系好**安全带**。 친애하는 승객 여러분, 안전벨트를 착용해 주십시오.
Qīn'ài de chéngkè, qǐng jìhǎo ānquándài.

雪天路滑，开车**注意安全**。 눈이 와서 길이 미끄러우니, 운전할 때 안전에 주의하세요.
Xuětiān lù huá, kāichē zhùyì ānquán.

➕ **安全** ānquán 안전하다 **VS** **平安** píng'ān 평안하다
'**安全**'은 위험이 없다는 것을 뜻하고, '**平安**'은 순조롭고 뜻밖의 사고가 없다는 것을 말한다. '**安全**'은 국가, 교통, 생산, 재산 등에, '**平安**'은 주로 사람에 쓰인다.
交通<u>平安</u> (X) 交通<u>安全</u> (O) 교통안전 | 一路<u>安全</u> (X) 一路<u>平安</u> (O) 편안한 여정 보내세요

02 保持 bǎochí 동 지키다, 유지하다

保持距离 bǎochí jùlí 거리를 유지하다	**保持习惯** bǎochí xíguàn 습관을 유지하다
保持车距 bǎochí chējù 차간 거리를 지키다	**保持车速** bǎochí chēsù 차의 속도를 유지하다

在路上开车，要**保持**一定的车速和距离。 도로에서 운전할 때는 일정한 속도와 거리를 유지해야 해.
Zài lù shang kāichē, yào bǎochí yídìng de chēsù hé jùlí.

20年来，他一直**保持**着良好的驾驶习惯。 20년 동안 그는 줄곧 바른 운전 습관을 지켜왔다.
Èrshí nián lái, tā yìzhí bǎochízhe liánghǎo de jiàshǐ xíguàn.

➕ '**保持**'의 다른 용법
'**保持**'는 상황이나 감정 등에 쓰이기도 한다.
保持关系 관계를 유지하다 | **保持沉默** 침묵하다 | **保持冷静** 냉정함을 유지하다

03 车道 chēdào 명 차도

四车道 sì chēdào 4차선 / **快车道** kuài chēdào 1차선	**双向八车道** shuāngxiàng bā chēdào 왕복 8차선
双向车道 shuāngxiàng chēdào 양방향 차도, 왕복 차도	**可变车道** kěbiàn chēdào 가변차로, 갓길

这里新建了一条**双向八车道**新高速公路。 이곳에 왕복 8차선 고속도로를 신설했어.
Zhèlǐ xīn jiànle yì tiáo shuāngxiàng bā chēdào xīn gāosù gōnglù.

可变车道仅限机动车使用，非机动车和行人不得进入。 가변차로는 자동차만 이용할 수 있고, 비동력 차량과 행인은 진입할 수 없다.
Kěbiàn chēdào jǐn xiàn jīdòngchē shǐyòng, fēi jīdòngchē hé xíngrén bùdé jìnrù.

04 车祸 chēhuò 圆 교통사고

出车祸 chū chēhuò 교통사고가 나다

发生车祸 fāshēng chēhuò 교통사고가 나다

遇到车祸 yùdào chēhuò 교통사고를 당하다

遭遇车祸 zāoyù chēhuò 교통사고를 당하다

处理车祸 chǔlǐ chēhuò 자동차 사고 처리를 하다

汽车车祸 qìchē chēhuò 자동차 사고

车祸原因 chēhuò yuányīn 교통사고 원인

一看到这条马路，就知道这里经常出车祸的原因。 이 길을 보니 여기에서 자주 자동차 사고가 나는 원인을 알겠는데.
Yí kàndào zhè tiáo mǎlù, jiù zhīdào zhèli jīngcháng chū chēhuò de yuányīn.

他遭遇重大车祸，这场事故让他永远失去了左腿。 그는 대형 교통사고를 당했는데, 이 사고로 왼쪽 다리를 영원히 잃게 되었어.
Tā zāoyù zhòngdà chēhuò, zhè chǎng shìgù ràng tā yǒngyuǎn shīqùle zuǒ tuǐ.

05 闯 chuǎng 圄 부딪치다, 충돌하다, 갑자기 뛰어들다   撞 zhuàng 圄 부딪치다, 충돌하다

闯红灯 chuǎng hóngdēng 신호등을 위반하다

闯祸 chuǎnghuò 사고를 일으키다

撞车 zhuàngchē 차량이 충돌하다

撞人 zhuàng rén 사람을 치다

学车考试，一不留神就闯红灯了。 운전면허 시험 때, 한눈 팔다가 신호등을 위반했어.
Xué chē kǎoshì, yí bù liúshén jiù chuǎng hóngdēng le.

这边人多，慢点骑，别撞着人了！ 여기 사람 많으니까, 천천히 타. 사람 치면 안 돼!
Zhèbian rén duō, màn diǎn qí, bié zhuàngzhe rén le!

06 从A到B cóng A dào B A에서 B까지 [범위, 거리, 시간]

从这儿到那儿 cóng zhèr dào nàr 여기서 거기까지

从上到下 cóng shàng dào xià 위에서 아래까지

从里到外 cóng lǐ dào wài 안에서 밖까지

从左到右 cóng zuǒ dào yòu 좌에서 우까지

从南到北 cóng nán dào běi 남에서 북까지

从早到晚 cóng zǎo dào wǎn 아침부터 저녁까지

从深圳到上海有多远？ 션전에서 상하이까지 얼마나 멀어?
Cóng Shēnzhèn dào Shànghǎi yǒu duō yuǎn?

从我家到公司，中间要换车。 우리 집에서 회사까지 가는 데는 중간에 차를 갈아타야 해.
Cóng wǒ jiā dào gōngsī, zhōngjiān yào huàn chē.

从这儿到那儿坐车不到半小时。 여기서 거기까지 차 타고 30분 안 걸려.
Cóng zhèr dào nàr zuò chē bú dào bàn xiǎoshí.

列车从广州东站到北京站运行约22小时。 열차는 광저우동역에서 베이징역까지 약 22시간 운행합니다.
Lièchē cóng Guǎngzhōu Dōng Zhàn dào Běijīng Zhàn yùnxíng yuē èrshíèr xiǎoshí.

07 掉 diào 图 돌리다, 방향을 바꾸다

掉得过去 diào deguòqù 돌릴 수 있다
掉不过去 diào buguòqù 돌릴 수 없다
掉头 diàotóu 되돌리다, 유턴하다
掉过身 diàoguo shēn 몸을 돌리다
往南掉 wǎng nán diào 남쪽으로 방향을 돌리다

绕 rào 图 우회하다, 길을 멀리 돌아서 가다

绕路 rào lù 길을 돌아가다
绕过去 rào guòqù 돌아가다
绕着走 ràozhe zǒu 돌아서 가다
绕一圈 rào yì quān 한 바퀴 돌다
绕不过去 rào buguòqù 돌아갈 수 없다

当掉头信号灯亮绿灯时，允许车辆掉头。유턴 신호등에 녹색 불이 들어왔을 때 유턴할 수 있습니다.
Dāng diàotóu xìnhàodēng liàng lǜdēng shí, yǔnxǔ chēliàng diàotóu.

我绕了一大圈终于找到一个停车位，可是被一男子占据了。
Wǒ ràole yí dà quān zhōngyú zhǎodào yí ge tíngchēwèi, kěshì bèi yì nánzǐ zhànjù le.
내가 크게 한 바퀴 돌고 나서 주차 자리를 찾았는데, 글쎄 어떤 남자한테 뺏겼지 뭐야.

08 堵车 dǔchē 명 교통 체증 图 차가 막히다

路上堵车 lùshang dǔchē 길이 밀리다
经常堵车 jīngcháng dǔchē 자주 막히다

造成堵车 zàochéng dǔchē 교통 체증을 야기하다
堵车现象 dǔchē xiànxiàng 교통 체증 현상

路上堵车，还不知道什么时候能到家了。차가 밀려서 언제 집에 도착할지 모르겠어.
Lùshang dǔchē, hái bù zhīdào shénme shíhou néng dàojiā le.

这条路车水马龙，是经常堵车拥挤的地方。이 길은 차가 많아서 자주 막히고 혼잡한 곳이야.
Zhè tiáo lù chēshuǐ mǎlóng, shì jīngcháng dǔchē yōngjǐ de dìfang.

北京、上海这些城市的堵车现象很严重。베이징, 상하이 같은 도시의 교통 체증 현상이 심각해.
Běijīng, Shànghǎi zhèxiē chéngshì de dǔchē xiànxiàng hěn yánzhòng.

09 方便 fāngbiàn 형 편리하다

不方便 bù fāngbiàn 불편하다
非常方便 fēicháng fāngbiàn 아주 편리하다
交通方便 jiāotōng fāngbiàn 교통이 편리하다
方便得很 fāngbiàn de hěn 아주 편리하다

提供方便 tígōng fāngbiàn 편의를 제공하다
上下车方便 shàng xià chē fāngbiàn 타고 내리기 편하다
走路不方便 zǒulù bù fāngbiàn 보행이 불편하다

这里有多路公交车经过，坐车去哪里都非常方便。이곳은 경유하는 버스 노선이 많아서, 차 타고 어디 가기가 아주 편해.
Zhèli yǒu duō lù gōngjiāochē jīngguò, zuò chē qù nǎli dōu fēicháng fāngbiàn.

这里交通方便得很，四通八达。여기는 교통이 아주 편리해. 사통팔달이야.
Zhèli jiāotōng fāngbiàn de hěn, sìtōng bādá.

看到老人拄着拐棍不方便上下车，公交司机主动背着老人上下车。
Kàndào lǎorén zhǔzhe guǎigùn bù fāngbiàn shàng xià chē, gōngjiāo sījī zhǔdòng bèizhe lǎorén shàng xià chē.
어르신이 지팡이를 짚고 승하차하기 불편하신 걸 보고, 시내버스 기사님은 자진해서 어르신을 업고 승하차를 도와드렸다.

10 妨碍 fáng'ài 图 지장을 주다, 방해하다

受到妨碍 shòudào fáng'ài 방해를 받다, 방해되다

妨碍交通 fáng'ài jiāotōng 교통을 방해하다

妨碍公务 fáng'ài gōngwù 공무를 방해하다

妨碍工作 fáng'ài gōngzuò 업무를 방해하다

妨碍施工 fáng'ài shīgōng 공사를 방해하다

妨碍谈话 fáng'ài tánhuà 대화를 방해하다

妨碍交通秩序 fáng'ài jiāotōng zhìxù
교통질서를 방해하다

妨碍车辆通行 fáng'ài chēliàng tōngxíng
차량 통행을 방해하다

妨碍行人通行 fángài xíngrén tōngxíng
사람들의 통행을 방해하다

大型吊车非法占道施工，妨碍交通。 대형 크레인이 불법으로 길을 막고 공사하며 교통을 방해하고 있다.
Dàxíng diàochē fēifǎ zhàn dào shīgōng, fáng'ài jiāotōng.

在道路上临时停车，不得妨碍其他车辆通行。 도로에 임시 정차해서 다른 차량의 통행을 방해해서는 안 된다.
Zài dàolù shang línshí tíngchē, bùdé fáng'ài qítā chēliàng tōngxíng.

11 加油 jiāyóu 图 기름을 넣다, 주유하다

需要加油 xūyào jiāyóu 주유해야 한다

加一次油 jiā yí cì yóu 한 번 주유하다

加50升油 jiā wǔshí shēng yóu 50리터 주유하다

加油站 jiāyóuzhàn 주유소

加油的时候汽车熄火，这是为了防止引燃引爆。 주유할 때는 자동차 시동을 끄는데, 이건 화재나 폭발을 방지하기 위해서야.
Jiāyóu de shíhou qìchē xīhuǒ, zhè shì wèile fángzhǐ yǐnrán yǐnbào.

我的车加一次油能跑600公里。 내 차는 한 번 기름을 넣으면 600km 달릴 수 있어.
Wǒ de chē jiā yí cì yóu néng pǎo liùbǎi gōnglǐ.

✚ '加油'의 다른 뜻
'加油'는 일상에서 '힘내다, 응원하다'의 뜻으로 쓰이기도 한다.

加油，加油，我队加油！ 힘내라, 힘내라, 우리팀 파이팅!

加油，你可以的！ 파이팅! 너는 할 수 있어!

12 交通 jiāotōng 图 교통

交通量 jiāotōngliàng 교통량

交通拥堵 jiāotōng yōngdǔ 교통 체증

交通警察 jiāotōng jǐngchá 교통경찰

交通工具 jiāotōng gōngjù 교통수단

交通规则 jiāotōng guīzé 교통 규칙

交通秩序 jiāotōng zhìxù 교통질서

交通事故 jiāotōng shìgù 교통사고

疏导交通 shūdǎo jiāotōng 교통정리를 하다

这个城市的道路交通量已经达到饱和。 이 도시의 도로 교통량은 이미 포화 상태에 이르렀다.
Zhè ge chéngshì de dàolù jiāotōngliàng yǐjīng dádào bǎohé.

在节假日期间，交通拥堵不可避免。 명절 때는 교통 체증을 피할 수가 없다.
Zài jiéjiàrì qījiān, jiāotōng yōngdǔ bùkě bìmiǎn.

骆驼是沙漠地区必不可少的交通运输工具。 낙타는 사막에서 꼭 필요한 교통 수단이다.
Luòtuó shì shāmò dìqū bì bùkě shǎo de jiāotōng yùnshū gōngjù.

DAY 23

13 街道 jiēdào 뗑 거리, 가로, 큰길

繁华的街道 fánhuá de jiēdào 번화한 거리
上海的街道 Shànghǎi de jiēdào 상하이의 거리
街道两边/两旁 jiēdào liǎngbiān / liǎngpáng 길 양쪽
街道的卫生 jiēdào de wèishēng 도로의 위생

街道两旁排列着许多各种各样的商店。 길 양쪽으로 다양한 가게들이 즐비하다.
Jiēdào liǎngpáng páilièzhe xǔduō gè zhǒng gè yàng de shāngdiàn.

过马路要当心, 前后左右看一看。 길을 건널 때는 조심하고, 앞뒤 좌우를 살펴야 해.
Guò mǎlù yào dāngxīn, qiánhòu zuǒyòu kàn yi kàn.

➕ 街道 jiēdào 거리 vs 马路 mǎlù 큰길
'街道'는 양쪽에 건물을 끼고 있는 비교적 넓은 도로를 뜻하고, '马路'는 차가 다닐 수 있는 도로를 말한다.

马路 mǎlù 뗑 대로, 큰길

新马路 xīn mǎlù 신도로
北京的马路 Běijīng de mǎlù 베이징의 도로
逛马路 guàng mǎlù 거리를 돌아다니다
过马路 guò mǎlù 길을 건너다

14 近 jìn 혱 가깝다, 비슷하다

近一点儿 jìn yìdiǎnr 조금 가깝다
近路 jìnlù 가까운 길, 지름길
近距离 jìn jùlí 근거리

我知道这儿附近有近路。 내가 이 근처에 가까운 길이 있는 걸 알아.
Wǒ zhīdào zhèr fùjìn yǒu jìnlù.

刚刚打车发现师傅绕远路了。 좀 전에 택시를 탔는데 기사님이 먼 길로 돌아오셨네.
Gānggāng dǎchē fāxiàn shīfu ràoyuǎn lù le.

远 yuǎn 혱 (거리상, 시간상) 멀다

远路 yuǎnlù 먼 길
远距离 yuǎn jùlí 원거리
走得很远 zǒu de hěn yuǎn 멀리 걸어가다
远远近近 yuǎnyuǎn jìnjìn 도처, 곳곳

15 开车 kāichē 동 차를 몰다, 운전하다

会开车 huì kāichē 운전 할 줄 알다
学开车 xué kāichē 운전을 배우다
开10年车 kāi shí nián chē 10년 동안 운전하다

他已经开了10年车了, 开车技术没的说。 그 친구 10년째 운전 중인데, 운전 솜씨야 말이 필요 없지.
Tā yǐjīng kāile shí nián chē le, kāichē jìshù méi de shuō.

K18次列车, 还有5分钟就要开车了。 K18 열차는 5분 후에 출발합니다.
K shíbā cì lièchē, hái yǒu wǔ fēnzhōng jiù yào kāichē le.

小心开车 xiǎoxīn kāichē 운전 조심하다
轮流开车 lúnliú kāichē 번갈아가며 운전하다
开车兜风 kāichē dōufēng 드라이브 하다

16 快 kuài 혱빠르다 뮈빨리 | 慢 màn 혱느리다, 늦다

快一点 kuài yìdiǎn 조금 빠르다
走得太快 zǒu de tài kuài 걸음이 너무 빠르다
快车 kuàichē 급행열차, 급행버스
快不了多少 kuàibuliǎo duōshao 얼마 빠르지 않다

慢点儿 màn diǎnr 천천히
慢慢儿 mànmānr 천천히
慢车 mànchē 완행열차, 완행버스
渐渐慢下来 jiànjiàn màn xiàlái 점차 느려지다

师傅，可不可以再开快一点儿啊？ 기사님, 조금만 더 빨리 가 주실 수 있으세요?
Shīfu, kě bù kěyǐ zài kāi kuài yìdiǎnr a?

你慢点儿走，我跟不上你的脚步了。 좀 천천히 걸어. 내가 네 걸음을 못 쫓아가겠잖아.
Nǐ màndiǎnr zǒu, wǒ gēnbushàng nǐ de jiǎobù le.

17 来往 láiwǎng 동오고 가다, 왕래하다

来来往往 láiláiwǎngwǎng 왔다 갔다 하다
来往不断 láiwǎng búduàn 계속 오고 가다
禁止来往 jìnzhǐ láiwǎng 통행을 금하다

来往的行人 láiwǎng de xíngrén 지나다니는 사람들
来往的车辆 láiwǎng de chēliàng 오가는 차량

大街上行人、车辆来来往往，络绎不绝。 거리에는 행인과 차량이 끊임없이 계속 오가고 있다.
Dàjiē shang xíngrén、chēliàng láiláiwǎngwǎng, luòyì bù jué.

这里是步行街，禁止车辆来往。 여기는 보행 거리라 차량 통행을 금하고 있어.
Zhèli shì bùxíngjiē, jìnzhǐ chēliàng láiwǎng.

➕ '来往'의 다른 용법
'来往'은 사람과 사람이 교제하고 관계를 유지하는 것을 표현하기도 한다.

他们俩来往半年多了。 그 둘은 교제한지 반 년 넘었어.

以前我们经常见面，现在不怎么来往了。 전에는 우리가 자주 봤는데, 지금은 연락을 잘 안 해.

18 离 lí 깨 ~에서, ~로부터, ~까지

A + 离 lí + B + 近 jìn A는 B에서 가깝다
A + 离 lí + B + 远 yuǎn A는 B에서 멀다

A + 离 lí + B + 거리 A는 B에서 ~만큼 떨어져 있다
离 lí + A + 시간 A까지 ~만큼 남았다

车站离我家很近，走路大概七八分钟。 정류장이 집에서 가까워. 걸어서 대충 7~8분 걸려요.
Chēzhàn lí wǒ jiā hěn jìn, zǒulù dàgài qī bā fēnzhōng.

这儿离上海大约500公里。 이곳은 상하이에서 대략 500km 떨어져 있어.
Zhèr lí Shànghǎi dàyuē wǔbǎi gōnglǐ.

离回国只有三天了。 귀국 날짜까지 3일밖에 안 남았어.
Lí huíguó zhǐyǒu sān tiān le.

➕ 离车站很近 lí chēzhàn hěn jìn VS 从车站很近 cóng chēzhàn hěn jìn
장소와 장소 사이의 멀고 가까움, 구체적인 거리를 나타낼 때는 개사 '离'와 '从'을 사용해서 표현할 수 있는데, 이때 '离'는 'A离B'의 형식으로 'A는 B에서'라는 뜻을 나타내고, '从'은 '从A到B' 형식으로 'A에서 B까지'라는 뜻을 나타낸다.
这儿离机场很远。 여기는 공항에서 멀다. | 从这儿到机场很远。 여기부터 공항까지 멀다

DAY 23

19 离开 líkāi 동 떠나다, 벗어나다

离得开 lídekāi 떠날 수 있다
离不开 líbukāi 떠날 수 없다
开车离开 kāichē líkāi 차를 타고 떠나다

离开家乡 líkāi jiāxiāng 고향을 떠나다
离开城市 líkāi chéngshì 도시를 떠나다
离开车站 líkāi chēzhàn 역을 출발하다

他离开家乡整整五年了。 그는 고향을 떠난 지 꼬박 5년이 되었다.
Tā líkāi jiāxiāng zhěngzhěng wǔ nián le.

我决定离开这个快节奏的城市。 나는 이 번잡한 도시를 떠나기로 결정했어.
Wǒ juédìng líkāi zhè ge kuài jiézòu de chéngshì.

我们这趟列车已经离开了哈尔滨东站。 우리 열차는 이미 하얼빈 동역을 출발했습니다.
Wǒmen zhè tàng lièchē yǐjīng líkāile Hā'ěrbīn Dōng Zhàn.

20 路 lù 명 길, 여정 명 (운송 수단의) 노선

这条路 zhè tiáo lù 이 길 / 那条路 nà tiáo lù 저 길
修路 xiū lù 도로를 정비하다, 길을 닦다
路很远 lù hěn yuǎn 길이 멀다
11路公交车 shíyī lù gōngjiāochē 11번 시내버스
三站路 sān zhàn lù 세 정거장 거리

大路 dà lù 큰 길
小路 xiǎo lù 좁은 길
一段路 yí duàn lù 어느 정도의 거리
回家的路 huí jiā de lù 집으로 가는 길
几千里的路 jǐ qiān lǐ de lù 몇 천리 길

我喜欢走那条近一点的路。 Wǒ xǐhuan zǒu nà tiáo jìn yìdiǎn de lù. 나는 가까운 저 길로 가는 걸 좋아해.

我每天坐49路公交车回家。 Wǒ měi tiān zuò sìshíjiǔ lù gōngjiāochē huí jiā. 나는 매일 49번 버스를 타고 집에 가.

离火车站还有三站路。 Lí huǒchēzhàn hái yǒu sān zhàn lù. 기차역까지 세 정거장 남았어.

21 路过 lùguò 동 (어떤 장소를) 지나가다, 거치다, 통과하다, 경유하다

不路过 bú lùguò 지나가지 않는다
路过这里 lùguò zhèlǐ 이곳을 지나다

路过商店 lùguò shāngdiàn 상점 앞을 지나다
路过的城市 lùguò de chéngshì 경유한 도시

从北京坐火车到深圳要路过广州。 베이징에서 기차로 선전에 갈 때 광저우를 경유합니다.
Cóng Běijīng zuò huǒchē dào Shēnzhèn yào lùguò Guǎngzhōu.

最早的一班地铁，在6点15分路过这里。 첫 지하철은 6시 15분에 여기를 지나가.
Zuì zǎo de yìbān dìtiě, zài liù diǎn shíwǔ fēn lùguò zhèlǐ.

➕ 路过 lùguò VS 经过 jīngguò
'路过'는 어떤 장소만을 경유하는 것이고, '经过'는 장소, 시간, 동작 등을 경유하고 거치는 것을 뜻한다. '经过'는 개사로 쓰이기도 한다.
路过长沙 (O)　经过长沙 (O) 창사를 경유한다
路过努力 (X)　经过努力 (O) 노력을 통해

22 骑 qí 통 (자전거, 오토바이, 말 등을) 타다

骑马 qí mǎ 말을 타다

骑自行车 qí zìxíngchē 자전거를 타다

骑摩托车 qí mótuōchē 오토바이를 타다

骑得飞快 qí de fēikuài 아주 빨리 달린다

骑在脖子上 qí zài bózi shang 목마를 타다

骑在牛背上 qí zài niúbèi shang 소 등에 올라타다

我每天都骑自行车去上班。 나는 매일 자전거를 타고 출근해.
Wǒ měi tiān dōu qí zìxíngchē qù shàngbān.

妈妈一直反对我骑摩托车。 엄마는 내가 오토바이 타는 걸 계속 반대하셔.
Māma yìzhí fǎnduì wǒ qí mótuōchē.

23 停车 tíngchē 통 정차하다, 차를 세워 두다, 주차하다

停车场 tíngchēchǎng 주차장

停车位 tíngchēwèi 주차 자리

停车费 tíngchēfèi 주차비, 주차 요금

禁止停车 jìnzhǐ tíngchē 주차 금지

违章停车 wéizhāng tíngchē 주차 위반

临时停车 línshí tíngchē 임시 정차하다

停车 tíngchē + 시간 ~동안 정차하다

停车费为2元1小时，公休日以及节假日早8点钟至晚6点钟。
Tíngchēfèi wéi liǎng yuán yì xiǎoshí, gōngxiūrì yǐjí jiéjiàrì zǎo bā diǎn zhōng zhì wǎn liù diǎn zhōng.
주차 요금은 한 시간에 2위앤이고, 공휴일 및 명절에는 아침 8시부터 저녁 6시까지입니다.

这里禁止停车，谢谢合作。 이곳은 주차 금지입니다. 협조 감사드립니다.
Zhèlǐ jìnzhǐ tíngchē, xièxie hézuò.

列车在西安站停车10分钟。 열차는 시안 역에서 10분간 정차합니다.
Lièchē zài Xī'ān Zhàn tíngchē shí fēnzhōng.

24 通行 tōngxíng 통 다니다, 통행하다

禁止通行 jìnzhǐ tōngxíng 통행을 금하다

可以通行 kěyǐ tōngxíng 통행할 수 있다

同时通行 tóngshí tōngxíng 동시에 통행하다

恢复通行 huīfù tōngxíng 통행을 재개하다

通行证 tōngxíngzhèng 통행증

通行速度 tōngxíng sùdù 통행 속도

前方修路，禁止车辆通行。 앞쪽에 도로 공사 중이라 차량 통행을 금지합니다.
Qiánfāng xiū lù, jìnzhǐ chēliàng tōngxíng.

这条公路，出入都要出示通行证。 이 도로는 출입할 때 반드시 통행증을 제시해야 합니다.
Zhè tiáo gōnglù, chūrù dōu yào chūshì tōngxíngzhèng.

25 往 wǎng 〔개〕~쪽으로, ~를 향해 〔동〕~로 향하다

往前走 wǎng qián zǒu 앞으로 가다	**开往** kāi wǎng + **지역** ~를 향해 출발하다
往东走 wǎng dōng zǒu 동쪽으로 가다	**飞往** fēi wǎng + **지역** ~로 비행하다
往右拐 wǎng yòu guǎi 오른쪽으로 돌다	

你一直往前走，走到十字路口往右拐。 앞으로 쭉 가다가, 교차로에서 우회전하세요.
Nǐ yìzhí wǎng qián zǒu, zǒudào shízì lùkǒu wǎng yòu guǎi.

列车从青岛站开往天津西站。 열차는 칭다오역을 출발하여 티엔진 서역으로 갑니다.
Lièchē cóng Qīngdǎo Zhàn kāi wǎng Tiānjīn Xī Zhàn.

26 危险 wēixiǎn 〔형〕위험하다

太危险了 tài wēixiǎn le 너무 위험하다	**危险时刻** wēixiǎn shíkè 위험한 순간
危险得很 wēixiǎn de hěn 아주 위험하다	**危险状态** wēixiǎn zhuàngtài 위험한 상태
脱离危险 tuōlí wēixiǎn 위험에서 벗어나다	**危险物品** wēixiǎn wùpǐn 위험 물품
冒着危险 màozhe wēixiǎn 위험을 무릅쓰다	**危险驾驶** wēixiǎn jiàshǐ 난폭 운전, 곡예 운전

那个地方很偏僻，你一个人去太危险了。 그곳은 외져서, 너 혼자 가기엔 너무 위험해.
Nà ge dìfang hěn piānpì, nǐ yí ge rén qù tài wēixiǎn le.

危险驾驶很可能造成交通事故。 난폭 운전은 교통사고를 일으킬 가능성이 있다.
Wēixiǎn jiàshǐ hěn kěnéng zàochéng jiāotōng shìgù.

27 维修 wéixiū 〔동〕수리하다, 보수하다, 정비하다

进行维修 jìnxíng wéixiū 정비하다	**维修工** wéixiūgōng 정비공
定期维修 dìngqī wéixiū 정기적으로 수리하다	**维修费** wéixiūfèi 수리비
汽车维修 qìchē wéixiū 자동차 정비	**汽车维修店** qìchē wéixiūdiàn 카센터

要想延长车子的寿命，汽车定期维修保养十分重要。
Yào xiǎng yáncháng chēzi de shòumìng, qìchē dìngqī wéixiū bǎoyǎng shífēn zhòngyào.
차의 수명을 연장하고 싶다면, 차를 정기적으로 수리하고 관리하는 것이 아주 중요해.

维修费太贵了，这个价格比买一辆新车还贵。 수리비가 너무 많이 나왔어. 새 차 사는 값보다 더 많이 나왔다니까.
Wéixiūfèi tài guì le, zhè ge jiàgé bǐ mǎi yí liàng xīn chē hái guì.

28 拥挤 yōngjǐ 동 한데 모이다 형 붐비다, 혼잡하다

不要拥挤 búyào yōngjǐ 밀치지 마라, 한데 몰리지 마라

互相拥挤 hùxiāng yōngjǐ 서로 밀치다

显得拥挤 xiǎnde yōngjǐ 혼잡해 보이다

拥挤得很 yōngjǐ de hěn 많이 붐비다

拥挤在路口 yōngjǐ zài lùkǒu 길목을 막고 있다

拥挤状况 yōngjǐ zhuàngkuàng 혼잡 상황

拥挤的地方 yōngjǐ de dìfang 혼잡한 곳

拥挤的车辆 yōngjǐ de chēliàng 붐비는 차들

拥挤的街道 yōngjǐ de jiēdào 복잡한 길

拥挤的人群 yōngjǐ de rénqún 북적이는 인파

请大家不要拥挤，先下后上。 여러분 밀지 마시고요, 먼저 내린 후에 타세요.
Qǐng dàjiā búyào yōngjǐ, xiān xià hòu shàng.

每天上下班高峰时间，在起点站就已经很拥挤了。 날마다 출퇴근 피크타임에는 출발역부터 이미 복잡하다.
Měi tiān shàng xiàbān gāofēng shíjiān, zài qǐdiǎnzhàn jiù yǐjīng hěn yōngjǐ le.

29 窄 zhǎi 형 좁다

太窄了 tài zhǎi le 너무 좁다

路很窄 lù hěn zhǎi 길이 좁다

胡同很窄 hútòng hěn zhǎi 골목이 좁다

窄窄的街道 zhǎizhǎi de jiēdào 아주 좁은 길

又小又窄 yòu xiǎo yòu zhǎi 작고 좁다

宽 kuān 형 넓다

太宽了 tài kuān le 너무 넓다

路很宽 lù hěn kuān 길이 넓다

南北宽90米 nán běi kuān jiǔshí mǐ
남북으로 90미터 너비이다

又平又宽 yòu píng yòu kuān 평평하고 넓다

村里的胡同太窄了，他的车根本开不进来。 마을의 골목이 너무 좁아서, 그 사람 차는 애초에 들어올 수가 없다니까.
Cūn li de hútòng tài zhǎi le, tā de chē gēnběn kāi bu jìnlái.

新开通的高速公路，路很宽，隧道长达5公里。 새로 개통된 고속도로는 길이 넓고, 터널은 5km에 이른다.
Xīn kāitōng de gāosù gōnglù, lù hěn kuān, suìdào cháng dá wǔ gōnglǐ.

30 转弯(儿) zhuǎnwān(r) 동 (사람, 동물, 교통수단 등이) 방향을 바꾸다, 방향을 돌리다, 모퉁이를 돌다

左转弯 zuǒ zhuǎnwān 좌회전하다

右转弯 yòu zhuǎnwān 우회전하다

急转弯 jí zhuǎnwān 급하게 회전하다

转弯处 zhuǎnwānchù 길모퉁이

转个弯儿 zhuǎn ge wānr 모퉁이를 돌다

转弯车辆 zhuǎnwān chēliàng 회전 차량

乘客们，前方车要转弯，请站稳！ 승객 여러분, 전방에서 차가 회전할 예정이니 중심을 잘 잡으세요.
Chéngkèmen, qiánfāng chē yào zhuǎnwān, qǐng zhànwěn!

前车突然来个急转弯，我没来得及刹车。 앞차가 갑자기 급회전하는 바람에 나는 브레이크를 밟을 틈이 없었어.
Qián chē tūrán lái ge jí zhuǎnwān, wǒ méi láidejí shāchē.

在第一个转弯处左转，然后一直往前走。 첫 번째 모퉁이에서 좌회전한 후에, 계속 앞으로 가세요.
Zài dì yī ge zhuǎnwānchù zuǒzhuǎn, ránhòu yìzhí wǎng qián zǒu.

방향

上 shàng 몡 위 | 下 xià 몡 아래 | 里 lǐ 몡 안쪽 | 外 wài 몡 밖, 바깥 | 对面 duìmiàn 몡 맞은편

斜对面 xiéduìmiàn 몡 대각선 쪽, 건너편 옆쪽 | 旁边(儿) pángbiān(r) 몡 옆, 곁, 측면 | 前面 qiánmiàn 몡 앞, 전면

后面 hòumiàn 몡 뒤쪽, 뒷면 | 左边(儿) zuǒbian(r) 몡 왼쪽, 좌측 | 右边(儿) yòubian(r) 몡 오른쪽, 우측

中间 zhōngjiān 몡 가운데, 중간, 중앙, 중심 | 周围 zhōuwéi 몡 주위, 사방, 둘레 | 附近 fùjìn 몡 부근, 근처

东边(儿) dōngbian(r) 몡 동(쪽) | 南边(儿) nánbian(r) 몡 남(쪽) | 西边(儿) xībian(r) 몡 서(쪽)

北边(儿) běibian(r) 몡 북(쪽)

교통수단

公共汽车 gōnggòng qìchē 몡 버스 | 地铁 dìtiě 몡 지하철 | 高铁 gāotiě 몡 고속철도 | 出租车 chūzūchē 몡 택시

自行车 zìxíngchē 몡 자전거 | 摩托车 mótuōchē 몡 오토바이 | 三轮车 sānlúnchē 몡 삼륜차 | 汽车 qìchē 몡 자동차

卡车 kǎchē 몡 트럭 | 游船 yóuchuán 몡 유람선 | 轮船 lúnchuán 몡 (증)기선 | 船 chuán 몡 배

索道 suǒdào 몡 케이블카 | 铁轨自行车 tiěguǐ zìxíngchē 레일바이크

교통 관련

红绿灯 hónglǜdēng 몡 신호등 | 十字路口 shízì lùkǒu 몡 사거리, 교차로 | 人行横道 rénxíng héngdào 몡 횡단보도

斑马线 bānmǎxiàn 몡 횡단보도 | 天桥 tiānqiáo 몡 육교, 구름다리 | 阶梯 jiētī 몡 계단, 사다리 | 电梯 diàntī 몡 엘리베이터

起步价 qǐbùjià 몡 (택시의) 기본 요금, 최저가, 시작가 | 车票 chēpiào 몡 승차권, 차표 | 汽油费 qìyóufèi 유류비

路况 lùkuàng 몡 도로 사정, 도로 상황 | 高峰时间 gāofēng shíjiān 러시아워 | 汽车黑匣子 qìchē hēixiázi 자동차 블랙박스

导航系统 dǎoháng xìtǒng 내비게이션

성어

车水马龙 chēshuǐ mǎlóng 차가 그칠 새 없이 많이 다니다 | 川流不息 chuānliú bùxī (사람과 차들이) 냇물처럼 끊임없이 오가다

四通八达 sìtōng bādá (길이) 사방으로 통하다, 교통이 매우 편리하다 | 人来人往 rénlái rénwǎng 사람이 끊임없이 오가다

一掠而过 yílüè'érguò 획 스쳐 지나가다 | 一衣带水 yìyīdàishuǐ 가까이 있어 왕래가 편하다

纵横交错 zònghéng jiāocuò 종횡으로 얽혀 있다

따페이 훈련

곧 이륙할 거야   马上快要起飞了 X   马上就要起飞了 ○

01 安检 ānjiǎn 동안전 검사를 하다 명안전 검사, 보안 검사

安检人员 ānjiǎn rényuán 보안 요원	机场安检 jīchǎng ānjiǎn 공항 보안 검색
安检机 ānjiǎnjī 보안 검색대	加强安检 jiāqiáng ānjiǎn 보안을 강화하다
安检门 ānjiǎnmén 보안 검색문	接受安检 jiēshòu ānjiǎn 보안 검색을 받다

请把行李放入安检机，旅客请通过安检门。 짐은 보안 검색대에 올려 주시고, 승객께서는 보안 검색문을 통과해 주세요.
Qǐng bǎ xíngli fàngrù ānjiǎnjī, lǚkè qǐng tōngguò ānjiǎnmén.

所有乘客在进入登机口前必须接受安检。 모든 승객은 탑승 게이트에 들어가기 전에 반드시 보안 검색을 받아야 합니다.
Suǒyǒu chéngkè zài jìnrù dēngjīkǒu qián bìxū jiēshòu ānjiǎn.

02 办 bàn 동(어떤 일을) 처리하다, 하다, 다루다

办不了 bànbuliǎo 처리할 수 없다	办签证 bàn qiānzhèng 비자를 발급하다
办得到 bàndedào 처리할 수 있다	办护照 bàn hùzhào 여권을 발급하다
办手续 bàn shǒuxù 수속을 하다	好办 hǎo bàn 처리하기 쉽다

明天我得去大使馆办签证，咱后天见吧。 내일은 내가 대사관으로 비자 발급 받으러 가야 해. 우리 모레 보자.
Míngtiān wǒ děi qù dàshǐguǎn bàn qiānzhèng, zán hòutiān jiàn ba.

办电子护照的流程非常简单，只需要三个步骤。 전자 여권의 발급 과정은 아주 간단합니다. 3단계만 거치시면 돼요.
Bàn diànzǐ hùzhào de liúchéng fēicháng jiǎndān, zhǐ xūyào sān ge bùzhòu.

03 长途 chángtú 명장거리, 먼길

长途旅行 chángtú lǚxíng 장거리 여행	长途运输 chángtú yùnshū 장거리 운송
长途汽车 chángtú qìchē 시외버스	长途飞行 chángtú fēixíng 장거리 비행
长途客车 chángtú kèchē 고속버스	长途跋涉 chángtú báshè 긴 여정, 대장정

如果长途旅行，当然会选择乘坐卧铺了。 장거리 여행을 해야 한다면, 당연히 침대차를 선택할 거야.
Rúguǒ chángtú lǚxíng, dāngrán huì xuǎnzé chéngzuò wòpù le.

下了船还要坐长途汽车。 배에서 내린 후에 시외버스를 또 타야 해.
Xiàle chuán hái yào zuò chángtú qìchē.

没买到火车票，我是坐长途客车来的。 기차표를 못 사서 나는 고속버스를 타고 왔어.
Méi mǎidào huǒchēpiào, wǒ shì zuò chángtú kèchē lái de.

04 车辆 chēliàng 〔명〕차량

车辆行人 chēliàng xíngrén 차량과 행인
车辆号牌 chēliàng hàopái 차량 번호판
车辆行驶 chēliàng xíngshǐ 차량 운행

违规车辆 wéiguī chēliàng 위반 차량
躲开车辆 duǒkāi chēliàng 차를 피하다
车辆导航 chēliàng dǎoháng 차량 내비게이션

前方施工，请车辆行人绕行。 전방에 공사 중이니, 차량과 행인은 돌아가시기 바랍니다.
Qiánfāng shīgōng, qǐng chēliàng xíngrén ràoxíng.
车辆行驶，安全第一。 차량 운행에는 안전이 제일입니다.
Chēliàng xíngshǐ, ānquán dì yī.

05 车站 chēzhàn 〔명〕정거장, 정류소, 터미널   站台 zhàntái 〔명〕플랫폼, 승강장

25路车站 èrshíwǔ lù chēzhàn 25번 버스 정류소
车站广场 chēzhàn guǎngchǎng 터미널 광장
到达车站 dàodá chēzhàn 정류장에 도착하다

9号站台 jiǔ hào zhàntái 9번 플랫폼
站台票 zhàntáipiào (역의) 입장권
进了站台 jìnle zhàntái 승강장으로 들어오다

我在车站附近转来转去，车怎么也没来。 나는 정류소 근처를 왔다갔다 했지만, 차는 오지 않았다.
Wǒ zài chēzhàn fùjìn zhuàn lái zhuàn qù, chē zěnme yě méi lái.
开往郑州的749次列车在9号站台东侧检票上车。 정저우로 가는 749 열차는 9번 승강장 동편에서 개찰한 후 승차하시면 됩니다.
Kāi wǎng Zhèngzhōu de qī sì jiǔ cì lièchē zài jiǔ hào zhàntái dōngcè jiǎnpiào shàng chē.

06 乘客 chéngkè 〔명〕승객

迎接乘客 yíngjiē chéngkè 승객을 맞이하다
搭载乘客 dāzài chéngkè 승객을 태우다

方便乘客 fāngbiàn chéngkè 승객의 편리를 도모하다
中转乘客 zhōngzhuǎn chéngkè 환승객

乘务员在广播说还有一位乘客没有登机。 승무원이 승객 한 분이 탑승을 안 했다고 안내 방송을 하고 있다.
Chéngwùyuán zài guǎngbō shuō hái yǒu yí wèi chéngkè méiyǒu dēngjī.
该航班是从昆明飞往烟台的航班，计划搭载160位乘客。
Gāi hángbān shì cóng Kūnmíng fēi wǎng Yāntái de hángbān, jìhuà dāzài yìbǎi liùshí wèi chéngkè.
우리 비행기는 쿤밍에서 옌타이로 가는 항공편으로, 160분의 승객을 모실 예정입니다.

07 乘坐 chéngzuò 〔동〕(탈 것에) 타다

乘坐汽车 chéngzuò qìchē 자동차를 타다
乘坐公交车 chéngzuò gōngjiāochē 시내버스를 타다
乘坐地铁 chéngzuò dìtiě 전철을 타다

乘坐飞机 chéngzuò fēijī 비행기에 탑승하다
乘坐客轮 chéngzuò kèlún 여객선을 타다
乘坐电梯 chéngzuò diàntī 엘리베이터를 타다

如果是第一次乘坐飞机，还是早点到机场比较好。 비행기를 처음 타는 거면, 일찌감치 공항에 도착하는 편이 낫다.
Rúguǒ shì dì yī cì chéngzuò fēijī, Háishi zǎodiǎn dào jīchǎng bǐjiào hǎo.

DAY **24**

08 出示 chūshì 통 제시하다, 내보이다

出示护照 chūshì hùzhào 여권을 제시하다
出示身份证 chūshì shēnfènzhèng 신분증을 제시하다
出示驾驶证 chūshì jiàshǐzhèng 면허증을 보여 주다

出示门票 chūshì ménpiào 입장권을 보여 주다
出示车票 chūshì chēpiào 차표를 보여 주다
无法出示 wúfǎ chūshì 제시할 수 없다

请出示您的护照和机票。 여권과 비행기 티켓을 보여 주세요.
Qǐng chūshì nín de hùzhào hé jīpiào.

先生，你违反了交通规则，请出示驾驶证和行车证！
Xiānsheng, nǐ wéifǎnle jiāotōng guīzé, qǐng chūshì jiàshǐzhèng hé xíngchēzhèng!
선생님, 교통 법규를 위반하셨습니다. 면허증과 자동차 등록증을 보여 주세요.

09 到达 dàodá 통 도착하다, 도달하다

到达 dàodá + 장소 ~에 도착하다
到达目的地 dàodá mùdìdì 목적지에 도달하다
到达客运站 dàodá kèyùnzhàn 터미널에 도착하다
尚未到达 shàngwèi dàodá 아직 도착하지 않다

及时到达 jíshí dàodá 제시간에 도착하다
提前到达 tíqián dàodá 미리 도착하다
准时到达 zhǔnshí dàodá 정시에 도착하다
到达时间 dàodá shíjiān 도착 시간

当我到达火车站时，火车已经开走了。 내가 기차역에 도착했을 때, 기차는 이미 출발해 버렸다.
Dāng wǒ dàodá huǒchēzhàn shí, huǒchē yǐjīng kāizǒu le.

您乘坐的航班准时到达上海虹桥机场。 탑승하신 항공기는 상하이 훙치아오 공항에 정시에 도착합니다.
Nín chéngzuò de hángbān zhǔnshí dàodá Shànghǎi Hóngqiáo Jīchǎng.

10 登机 dēngjī 통 (비행기에) 탑승하다

登机口 dēngjīkǒu 탑승 게이트
登机牌 dēngjīpái 탑승권
登机舷梯 dēngjī xiántī 탑승 트랩

登机手续 dēngjī shǒuxù 탑승 수속
登机程序 dēngjī chéngxù 탑승 절차
登机广播 dēngjī guǎngbō 탑승 안내 방송

乘坐MU479航班的旅客，请到24号登机口登机。 MU479 항공편에 탑승하는 승객께서는 24번 게이트에서 탑승해 주십시오.
Chéngzuò MU sì qī jiǔ hángbān de lǚkè, qǐng dào èrshísì hào dēngjīkǒu dēngjī.

登机时，请您主动出示登机牌排队登机。 탑승 시에는, 탑승권을 보여 주시고 차례로 탑승해 주세요.
Dēngjī shí, qǐng nín zhǔdòng chūshì dēngjīpái páiduì dēngjī.

航班起飞前30分钟停止办理登机手续。 항공 이륙 30분 전에는 탑승 수속이 종료된다.
Hángbān qǐfēi qián sānshí fēnzhōng tíngzhǐ bànlǐ dēngjī shǒuxù.

11 飞行 fēixíng 图 비행하다

正常飞行 zhèngcháng fēixíng 정상적으로 비행하다

飞行 fēixíng + 시간 ~동안 비행하다

快速飞行 kuàisù fēixíng 빠르게 비행하다

空中飞行 kōngzhōng fēixíng 공중 비행

飞行员 fēixíngyuán 조종사, 파일럿

飞行高度 fēixíng gāodù 비행 고도

飞行技术 fēixíng jìshù 비행 기술

飞行速度 fēixíng sùdù 비행 속도

由于天气原因，飞机不能正常飞行。기상 원인으로, 비행기가 정상 비행할 수 없다.
Yóuyú tiānqì yuányīn, fēijī bùnéng zhèngcháng fēixíng.

至今，他已经安全飞行了13600个小时左右。지금까지 그는 13,600시간 정도를 무사고 비행했다.
Zhìjīn, tā yǐjīng ānquán fēixíngle yíwàn sānqiān liùbǎi ge xiǎoshí zuǒyòu.

12 高速 gāosù 图 고속의, 매우 빠른

高速公路 gāosù gōnglù 고속도로

高速铁路 gāosù tiělù 고속 철도

高速列车 gāosù lièchē 고속 열차

高速行驶 gāosù xíngshǐ 고속 주행

在高速公路上行车时，由于车速较快，很容易发生车祸。고속도로에서 주행할 때는 속도가 빠르기 때문에 차 사고가 나기 쉽다.
Zài gāosù gōnglù shang xíngchē shí, yóuyú chēsù jiào kuài, hěn róngyì fāshēng chēhuò.

汽车在茫茫的草原上高速行驶。자동차가 드넓은 초원 위를 고속 주행하고 있다.
Qìchē zài mángmáng de cǎoyuán shang gāosù xíngshǐ.

13 航班 hángbān 图 운행표, 취항 순서

国际航班 guójì hángbān 국제선

国内航班 guónèi hángbān 국내선

航班时刻表 hángbān shíkèbiǎo 운항 스케줄

晚上的航班 wǎnshang de hángbān 야간 항공편

明天的航班 míngtiān de hángbān 내일 항공편

飞往 fēi wǎng + 도시 + 的航班 de hángbān ~행 항공편

乘坐CA218次航班的乘客请注意！CA218 항공편에 탑승하시는 승객께서는 주목해 주세요!
Chéngzuò CA èr yāo bā cì hángbān de chéngkè qǐng zhùyì!

我们坐的是晚上的航班，全程八个小时。우리는 야간 항공편을 타는데, 총 비행 시간이 여덟 시간이야.
Wǒmen zuò de shì wǎnshang de hángbān, quánchéng bā ge xiǎoshí.

这是一趟从北京首都国际机场起飞, 飞往纽约肯尼迪国际机场的航班。
Zhè shì yí tàng cóng Běijīng Shǒudū Guójì Jīchǎng qǐfēi, fēi wǎng Niǔyuē Kěnnídí Guójì Jīchǎng de hángbān.
이 항공편은 베이징 수도 공항을 출발하여 뉴욕 케네디 공항으로 비행하는 항공편입니다.

14 航线 hángxiàn 몡 (배, 비행기의) 항로

偏离航线 piānlí hángxiàn 항로를 벗어나다
开辟航线 kāipì hángxiàn 항로를 개척하다
新航线 xīn hángxiàn 신항로

海上航线 hǎishàng hángxiàn 해상 항로, 바닷길
空中航线 kōngzhōng hángxiàn 하늘길
航线示意图 hángxiàn shìyìtú 항로 안내

这个航空公司开辟了一条新航线。이 항공사는 새 항로를 개척했다.
Zhè ge hángkōng gōngsī kāipìle yì tiáo xīn hángxiàn.

北大西洋航线，这条海上航线连接了北美和欧洲。북대서양 항로, 이 바닷길은 북미와 유럽을 연결하고 있다.
Běi Dàxīyáng hángxiàn, zhè tiáo hǎishàng hángxiàn liánjiēle Běi Měi hé Ōuzhōu.

15 候车 hòuchē 동 차를 기다리다 　　候机 hòujī 동 비행기를 기다리다

候车的人 hòuchē de rén 차를 기다리는 사람
排队候车 páiduì hòuchē 줄 서서 차를 기다리다
在站台上候车 zài zhàntái shang hòuchē
승강장에서 차를 기다리다
在候车室候车 zài hòuchēshì hòuchē
대합실에서 차를 기다리다

候机时间 hòujī shíjiān 탑승 대기 시간
机场候机厅 jīchǎng hòujītīng 공항 대합실
贵宾候机室 guìbīn hòujīshì (공항의) 귀빈실
候机楼 hòujīlóu 공항 청사
候机室 hòujīshì 공항 대합실

车站的人可真多，候车室里坐满了候车的人。터미널에 사람들이 정말 많네. 대합실이 차를 기다리는 사람들로 꽉 차 있어.
Chēzhàn de rén kě zhēn duō, hòuchēshì li zuòmǎnle hòuchē de rén.

需要转乘飞机的旅客请到候机室中转柜办理。환승하시는 승객께서는 대합실 환승 데스크에서 수속을 해 주세요.
Xūyào zhuǎnchéng fēijī de lǚkè qǐng dào hòujīshì zhōng zhuǎnguì bànlǐ.

16 机场 jīchǎng 몡 공항

去机场 qù jīchǎng 공항에 가다
机场巴士 jīchǎng bāshì 리무진 버스
国际机场 guójì jīchǎng 국제공항
新机场 xīn jīchǎng 신공항
机场建设费 jīchǎng jiànshèfèi 공항세

军用机场 jūnyòng jīchǎng 군용 비행장
民用机场 mínyòng jīchǎng 민간용 비행장
在机场上空盘旋 zài jīchǎng shàngkōng pánxuán
공항 상공을 선회하다

我明天去机场接美国客户。저는 내일 공항으로 미국 바이어를 모시러 가요.
Wǒ míngtiān qù jīchǎng jiē Měiguó kèhù.

我市正在建设一座新机场，预计后年通航。우리 시에서는 신공항을 건설 중인데, 내후년에 개항 예정이다.
Wǒ shì zhèngzài jiànshè yí zuò xīn jīchǎng, yùjì hòunián tōngháng.

乘坐飞机需要购买机场建设费。비행기를 탈 때는 공항세를 내야 한다.
Chéngzuò fēijī xūyào gòumǎi jīchǎng jiànshèfèi.

17 驾驶 jiàshǐ 통 (자동차, 비행기 등을) 조종하다, 운전하다

谨慎驾驶 jǐnshèn jiàshǐ 차량 운행에 주의하다
违章驾驶 wéizhāng jiàshǐ 교통 법규를 위반하다
驾驶员 jiàshǐyuán 운전자
驾驶新手 jiàshǐ xīnshǒu 초보 운전자

驾驶证 jiàshǐzhèng 운전 면허증
驾驶执照 jiàshǐ zhízhào 운전 면허증 [=驾照 jiàzhào]
驾驶技术 jiàshǐ jìshù 운전 기술
酒后驾驶 jiǔhòu jiàshǐ 음주 운전

高速公路部分路段可能结冰，请谨慎驾驶。 고속도로 일부 구간이 결빙될 수 있으니, 차량 운행에 주의해 주세요.
Gāosù gōnglù bùfen lùduàn kěnéng jiébīng, qǐng jǐnshèn jiàshǐ.

你的驾驶技术再好，也不能粗心大意。 자네 운전 실력이 아무리 뛰어나도, 부주의해서는 안 되네.
Nǐ de jiàshǐ jìshù zài hǎo, yě bù néng cūxīn dàyì.

千万不要酒后驾驶，害了自己害了别人毁了两个家庭。
Qiānwàn búyào jiǔhòu jiàshǐ, hàile zìjǐ hàile biérén huǐle liǎng ge jiātíng.
절대로 음주 운전은 안 돼. 너도 해치고 남도 해치고 두 집안을 박살내는 일이니까.

18 检票 jiǎnpiào 통 검표하다, 개찰하다

检过票 jiǎnguo piào 개찰을 마치다
开始检票 kāishǐ jiǎnpiào 개찰을 시작하다
排队检票 páiduì jiǎnpiào 줄을 서서 개찰하다
依次检票 yīcì jiǎnpiào 순서대로 개찰하다

停止检票 tíngzhǐ jiǎnpiào 개찰을 중단하다
自动检票机 zìdòng jiǎnpiàojī 자동 검표기
检票口 jiǎnpiàokǒu 개찰구
检票讯息 jiǎnpiào xùnxī 개찰 안내

所有检过票的旅客请依次走向站台上车。 검표를 마친 승객께서는 순서대로 승강장으로 가셔서 승차해 주세요.
Suǒyǒu jiǎnguo piào de lǚkè qǐng yīcì zǒuxiàng zhàntái shàng chē.

乘坐19次列车的旅客，现在开始检票，对好车次和座号。
Chéngzuò shíjiǔ cì lièchē de lǚkè, xiànzài kāishǐ jiǎnpiào, duìhǎo chēcì hé zuòhào.
19호 열차를 타시는 승객 여러분, 지금부터 개찰을 시작하겠습니다. 열차 번호와 좌석 번호를 확인해 주십시오.

19 降落 jiàngluò 통 착륙하다, 낙하하다

降落下来 jiàngluò xiàlái 낙하하다
安全降落 ānquán jiàngluò 무사히 착륙하다
紧急降落 jǐnjí jiàngluò 긴급 낙하하다, 불시착하다
降落速度 jiàngluò sùdù 착륙 속도
降落伞 jiàngluòsǎn 낙하산
降落在跑道上 jiàngluò zài pǎodào shang 활주로에 착륙하다

一架载了三百多人的客机，紧急降落在加拿大东部。 300여 명의 승객을 태운 여객기가 캐나다 동부에 불시착했다.
Yí jià zàile sānbǎi duō rén de kèjī, jǐnjí jiàngluò zài Jiānádà dōngbù.

波音飞机稳稳地降落在跑道上。 보잉기가 안정적으로 활주로에 착륙했다.
Bōyīn fēijī wěnwěn de jiàngluò zài pǎodào shang.

20 距离 jùlí 명 거리, 간격

近距离 jìnjùlí 근거리
远距离 yuǎnjùlí 원거리
一段距离 yí duàn jùlí 일정 거리

安全距离 ānquán jùlí 안전거리
缩短距离 suōduǎn jùlí 거리를 좁히다
拉开距离 lākāi jùlí 거리를 두다

候车室到站台之间还有一段距离。 대합실에서 승강장까지 약간 떨어져 있어.
Hòuchēshì dào zhàntái zhī jiān hái yǒu yí duàn jùlí.

车速越快，越应保持安全距离。 자동차 속도가 빨라질수록 안전 거리를 유지해야 한다.
Chēsù yuè kuài, yuè yīng bǎochí ānquán jùlí.

雨天路滑一定要和前车拉开足够的距离。 비 오는 날에는 길이 미끄러우니까 앞 차와 충분한 거리를 두어야 해.
Yǔtiān lù huá yídìng yào hé qián chē lākāi zúgòu de jùlí.

21 开通 kāitōng 동 개통하다, 열다

开通航道 kāitōng hángdào 항로를 개통하다
开通运营 kāitōng yùnyíng 개통 운영하다
全线开通 quán xiàn kāitōng 전 구간이 개통되다
开通典礼 kāitōng diǎnlǐ 개통식

本月底开通 běn yuèdǐ kāitōng 이달 말에 개통하다
开通新的港口 kāitōng xīn de gǎngkǒu
새로운 항구를 개항하다
开通直飞航线 kāitōng zhífēi hángxiàn
직항 노선을 개통하다

春秋航空开通了大连至济州直飞航线。 스프링항공은 따리엔 제주 간 직항 노선을 개통했다.
Chūnqiū Hángkōng kāitōngle Dàlián zhì Jìzhōu zhífēi hángxiàn.

这条高速的开通将两县的行车时间由两个小时缩短为四十分钟。
Zhè tiáo gāosù de kāitōng jiāng liǎng xiàn de xíngchē shíjiān yóu liǎng ge xiǎoshí suōduǎn wéi sìshí fēnzhōng.
이 고속도로의 개통으로 두 현 간의 운행 시간을 2시간에서 40분으로 단축하게 되었다.

22 起飞 qǐfēi 동 이륙하다, 날아오르다

按时起飞 ànshí qǐfēi 제때에 이륙하다
准时起飞 zhǔnshí qǐfēi 정시에 이륙하다

马上起飞 mǎshàng qǐfēi 곧 이륙하다
起飞时间 qǐfēi shíjiān 이륙 시간, 비행기 출발 시간

由于航空管制原因，您的航班不能按时起飞。
Yóuyú hángkōng guǎnzhì yuányīn, nín de hángbān bù néng ànshí qǐfēi.
항공 통제의 원인으로 인하여, 여러분이 타는 항공편은 제시간에 이륙을 못하게 되었습니다.

先生，飞机马上就要起飞了，请您把手机关机。
Xiānsheng, fēijī mǎshàng jiù yào qǐfēi le, qǐng nín bǎ shǒujī guānjī.
손님, 비행기가 곧 이륙합니다. 휴대폰 전원을 꺼 주세요.

杭州飞青岛的航班，起飞时间从18:00提前到了16:30。
Hángzhōu fēi Qīngdǎo de hángbān, qǐfēi shíjiān cóng shíbā diǎn tíqián dàole shíliù diǎn bàn.
항저우에서 칭다오로 가는 항공편은 이륙 시간이 오후 6시에서 4시 반으로 당겨졌습니다.

➕ 就要……了 jiù yào……le VS 快要……了 kuài yào……le

어떤 일이 바로 일어날 것임을 표현할 때는 '要……了' 형식을 써서 표현하는데, 문장에 구체적인 시간을 나타내는 단어가 제시되면 '就要……了' 형식을 쓰면 된다. 시간과 상관없이 어떤 일이 바로 일어날 것임을 말할 때는 '快要……了' 형식을 사용한다.

下午3点多就要走了。 오후 3시 넘어서 바로 갈 거야.

快要下雨了。 곧 비가 올 것 같아.

---

23 入境 rùjìng 동 입국하다

办理入境手续 bànlǐ rùjìng shǒuxù 입국 수속을 밟다

填写入境卡 tiánxiě rùjìngkǎ 입국 신고서를 작성하다

入境时间 rùjìng shíjiān 입국 시간

入境审查官 rùjìng shěncháguān 입국 심사원

出入境管理局 chūrùjìng guǎnlǐjú 출입국 관리소

出境 chūjìng 동 출경하다, 출국하다

办理出境手续 bànlǐ chūjìng shǒuxù 출국 수속을 밟다

限制出境 xiànzhì chūjìng 출국을 제한하다

禁止出境 jìnzhǐ chūjìng 출국 금지하다

从上海出境 cóng Shànghǎi chūjìng
상하이에서 출국하다

出入境记录 chūrùjìng jìlù 출입국 기록

我刚下飞机，已经办理了入境手续。 나는 막 비행기에서 내려 벌써 입국 수속을 마쳤어.
Wǒ gāng xià fēijī, yǐjīng bànlǐle rùjìng shǒuxù.

我们准备从香港出境。 우리는 홍콩에서 출국하려고 해.
Wǒmen zhǔnbèi cóng Xiānggǎng chūjìng.

---

24 上车 shàng chē 차에 타다

依次上车 yīcì shàng chē 차례로 차에 오르다

按顺序上车 àn shùnxù shàng chē 순서대로 차에 오르다

排队上车 páiduì shàng chē 줄을 서서 차에 오르다

尽快上车 jǐnkuài shàng chē 서둘러 차에 타다

不敢上车 bù gǎn shàng chē 차에 탈 엄두를 못 내다

在3号站台上车 zài sān hào zhàntái shàng chē
3번 승강장에서 차에 타다

各位旅客请排队上车，小心脚下的空隙，注意安全。
Gèwèi lǚkè qǐng páiduì shàng chē, xiǎoxīn jiǎoxià de kòngxì, zhùyì ānquán.
승객 여러분, 차례로 승차하시고 발 아래 쪽에 틈이 있으니 안전에 유의해 주세요.

请您抓紧时间尽快上车。 승객께서는 되도록 서둘러 승차하시기 바랍니다.
Qǐng nín zhuājǐn shíjiān jǐnkuài shàng chē.

25 速度 sùdù 명 속도

速度快 sùdù kuài 속도가 빠르다	**提高速度** tígāo sùdù 속도를 올리다
速度慢 sùdù màn 속도가 느리다	**降低速度** jiàngdī sùdù 속도를 줄이다
速度减慢 sùdù jiǎnmàn 속도가 줄다	**安全速度** ānquán sùdù 안전 속도
加快速度 jiākuài sùdù 속력을 내다	**行驶速度** xíngshǐ sùdù 주행 속도

他一下子猛踩油门，把速度提高到了150。 그는 순식간에 엑셀레이터를 세게 밟더니, 속도를 150까지 올렸다.
Tā yíxiàzi měng cǎi yóumén, bǎ sùdù tígāo dàole yìbǎi wǔshí.

恶劣天气出现时，列车会降低速度行驶。 악천후를 만나면, 열차는 속도를 줄여 운행한다.
Èliè tiānqì chūxiàn shí, lièchē huì jiàngdī sùdù xíngshǐ.

夜间行驶或者在容易发生危险的路段行驶，应当降低行驶速度。
Yèjiān xíngshǐ huòzhě zài róngyì fāshēng wéixiǎn de lùduàn xíngshǐ, yīngdāng jiàngdī xíngshǐ sùdù.
야간 운전이나 위험한 상황이 발생하기 쉬운 곳을 운전할 때는 당연히 주행 속도를 줄여야 한다.

26 托运 tuōyùn 동 운송을 위탁하다, 탁송하다

托运行李 tuōyùn xíngli 수하물을 위탁하다	**需要托运** xūyào tuōyùn 탁송해야 한다
办理托运 bànlǐ tuōyùn 탁송 수속을 하다	**免费托运** miǎnfèi tuōyùn 무료 탁송하다

宠物是不能随身携带上飞机的，只能办理托运。 애완동물은 비행기에 데리고 탈 수 없고, 탁송할 수 밖에 없다
Chǒngwù shì bù néng suíshēn xiédài shàng fēijī de, zhǐ néng bànlǐ tuōyùn.

一般情况下，飞机可以办理20公斤的免费托运。 일반적으로, 비행기는 20kg까지 무료로 탁송할 수 있어.
Yìbān qíngkuàng xià, fēijī kěyǐ bànlǐ èrshí gōngjīn de miǎnfèi tuōyùn.

27 晚点 wǎndiǎn 동 (차, 선박, 비행기 등이) 제시간에 늦다, 연착하다

往往晚点 wǎngwǎng wǎndiǎn 종종 연착하다	**晚点三个小时** wǎndiǎn sān ge xiǎoshí 세 시간 연착하다
很少晚点 hěn shǎo wǎndiǎn 거의 연착하지 않다	**因故晚点** yīn gù wǎn diǎn 사고로 연착하다

列车晚点三个多小时，近千名旅客在火车站滞留。 열차가 세 시간 넘게 연착하는 바람에 천 명 가까운 승객들이 기차역에 발이 묶였다.
Lièchē wǎndiǎn sān ge duō xiǎoshí, jìn qiān míng lǚkè zài huǒchēzhàn zhìliú.

我一坐飞机，总是遇到晚点、延误，运气不好还遇上取消。
Wǒ yí zuò fēijī, zǒngshì yùdào wǎndiǎn、yánwù, yùnqì bù hǎo hái yùshàng qǔxiāo.
나는 비행기만 탔다 하면, 연착하거나, 지연되거나, 운 나쁘면 취소까지 된다니까.

28 往返 wǎngfǎn 图 왕복하다

往返费 wǎngfǎnfèi 왕복 요금
往返机票 wǎngfǎn jīpiào 왕복 항공권
往返一趟 wǎngfǎn yí tàng 한 번 왕복하다
往返五天 wǎngfǎn wǔ tiān 왕복 5일

往返的路程 wǎngfǎn de lùchéng 왕복 일정
往返于A和B之间 wǎngfǎn yú A hé B zhī jiān
A와 B를 왕복하다
A和B之间往返 A hé B zhī jiān wǎngfǎn
A와 B를 왕복하다

往返机票价格比单程便宜。 왕복 항공권이 편도보다 저렴해.
Wǎngfǎn jīpiào jiàgé bǐ dānchéng piányi.

从这儿到那儿，往返一趟要近十个小时。 여기에서 그곳까지는 왕복하는 데 거의 10시간이 걸려.
Cóng zhèr dào nàr, wǎngfǎn yí tàng yào jìn shí ge xiǎoshí.

29 晕车 yùnchē 图 차멀미하다

容易晕车 róngyì yùnchē 멀미를 잘하다
缓解晕车 huǎnjiě yùnchē 멀미를 완화하다
防止晕车 fángzhǐ yùnchē 차멀미를 방지하다

晕车严重 yùnchē yánzhòng 멀미가 심하다
晕车药 yùnchēyào 멀미약
晕车状态 yùnchē zhuàngtài 차멀미 상태

我以前也是一个容易晕车的人。 나도 전에는 차멀미를 잘하는 사람이었어.
Wǒ yǐqián yě shì yí ge róngyì yùnchē de rén.

下了车，我还没从晕车的状态中解脱出来。 차에서 내렸을 때도 나는 아직 멀미가 아직 가시지 않았어.
Xiàle chē, wǒ hái méi cóng yùnchē de zhuàngtài zhōng jiětuō chūlái.

30 座位 zuòwèi 图 좌석

让座位 ràng zuòwèi 자리를 양보하다
换座位 huàn zuòwèi 자리를 바꾸다
占座位 zhàn zuòwèi 자리를 차지하다
空座位 kōng zuòwèi 빈자리

座位号 zuòwèihào 좌석 번호
第一排座位 dì yī pái zuòwèi 첫째 줄 좌석
靠窗户的座位 kào chuānghu de zuòwèi 창가쪽 좌석
靠过道的座位 kào guòdào de zuòwèi 통로쪽 좌석

你能不能和我换一下座位呢? 저랑 자리 좀 바꿔 주실 수 있을까요?
Nǐ néng bù néng hé wǒ huàn yíxià zuòwèi ne?

他订了两张靠窗户的座位。 그는 창가쪽 좌석 두 장을 예약했다.
Tā dìngle liǎng zhāng kào chuānghu de zuòwèi.

비행기

候机楼 hòujīlóu 공항 청사

航空公司 hángkōng gōngsī 항공사

机票 jīpiào 몡 비행기표, 비행기 탑승권

机长 jīzhǎng 몡 기장

乘务员 chéngwùyuán 몡 승무원

空姐 kōngjiě 몡 스튜어디스

免税店 miǎnshuìdiàn 몡 면세점

签证 qiānzhèng 몡 비자, 사증

护照 hùzhào 몡 여권

护照号 hùzhàohào 여권 번호

国籍 guójí 몡 국적

商务舱 shāngwùcāng 비즈니스석

头等舱 tóuděngcāng 일등석

经济舱 jīngjìcāng 이코노미석, 일반석

班机 bānjī 몡 정기 항공편

再确认 zài quèrèn 예약 재확인

行李领取处 xíngli lǐngqǔchù 수화물 찾는 곳

报关物品 bàoguān wùpǐn 세관 신고 물품

航班号 hángbānhào 비행기편 번호

抵达 dǐdá 툉 도착하다

延误 yánwù 툉 연착되다

绿色通道 lǜsè tōngdào 면세 통로

紧急出口 jǐnjí chūkǒu 비상구

救生衣 jiùshēngyī 몡 구명조끼

空难 kōngnàn 몡 항공 사고

기차

列车 lièchē 몡 열차

火车站 huǒchēzhàn 몡 기차역

车厢 chēxiāng 몡 객실

硬座 yìngzuò 몡 일반석

软卧 ruǎnwò 몡 (열차의) 일등 침대차

卧铺 wòpù 몡 (열차의) 침대칸

餐车 cānchē 몡 식당차

始发站 shǐfāzhàn 출발역

终点站 zhōngdiǎnzhàn 종점, 종착지

列车时刻表 lièchē shíkèbiǎo 열차 시각표

普快列车 pǔkuài lièchē 보통열차

直达快车 zhídá kuàichē 직통 급행열차

补票 bǔpiào 툉 (표를) 연장하다, 다시 끊다

따페이 훈련

전쟁이 끝났다   **战争被结束了** X   **战争结束了** ○

01 兵役 bīngyì 명 병역

服兵役 fú bīngyì 군 복무를 하다

没去服兵役 méi qù fú bīngyì 군대에 안 가다

逃避服兵役 táobì fú bīngyì 병역을 기피하다

服兵役的义务 fú bīngyì de yìwù 병역의 의무

他为逃避服兵役而更改国籍，之后便遭到了永久封杀。그는 병역을 기피하려고 국적을 바꾼 후에 영원히 퇴출되었다
Tā wèi táobì fú bīngyì ér gēnggǎi guójí, zhīhòu biàn zāodàole yǒngjiǔ fēngshā.

韩国18岁以上男性有服兵役的义务。한국의 18세 이상 남성에게는 병역의 의무가 있다.
Hánguó shíbā suì yǐshàng nánxìng yǒu fú bīngyì de yìwù.

02 产生 chǎnshēng 동 발생하다, 생기다, 출현하다

产生影响 chǎnshēng yǐngxiǎng 영향을 미치다

产生矛盾 chǎnshēng máodùn 갈등이 생기다

产生误会 chǎnshēng wùhuì 오해가 생기다

产生变化 chǎnshēng biànhuà 변화가 생기다

产生观念 chǎnshēng guānniàn 관념이 생기다

产生隔阂 chǎnshēng géhé 틈이 생기다

美国总统大选结果对全世界产生极大的影响。미국 대통령 선거 결과는 전 세계에 큰 영향을 미친다.
Měiguó zǒngtǒng dàxuǎn jiéguǒ duì quán shìjiè chǎnshēng jí dà de yǐngxiǎng.

03 冲突 chōngtū 동 충돌하다, 모순되다

发生冲突 fāshēng chōngtū 충돌이 생기다

冲突起来 chōngtū qǐlái 충돌하다

冲突不断 chōngtū búduàn 충돌이 끊이지 않다

制造冲突 zhìzào chōngtū 충돌을 야기하다

避免冲突 bìmiǎn chōngtū 충돌을 피하다

武装冲突 wǔzhuāng chōngtū 무장 충돌

伊朗东南部边境发生武装冲突。이란 동남부 변경에서 무장 충돌이 발생했다.
Yīlǎng dōngnán bù biānjìng fāshēng wǔzhuāng chōngtū.

长久以来，以色列与黎巴嫩两国之间冲突不断。오래 전부터 이스라엘과 레바논 양국 간에 충돌이 끊이지 않고 있다.
Chángjiǔ yǐlái, Yǐsèliè yǔ Líbānèn liǎng guó zhī jiān chōngtū búduàn.

04 当选 dāngxuǎn 동 당선하다

当选人 dāngxuǎnrén 당선인

当选为 dāngxuǎn wéi ~로 당선되다

新当选 xīn dāngxuǎn 새로 당선되다

确定当选 quèdìng dāngxuǎn 당선이 확정되다

没有当选 méiyǒu dāngxuǎn 당선이 안 되다

高票当选 gāo piào dāngxuǎn 높은 득표수로 당선되다

再次当选 zàicì dāngxuǎn 재선되다

当选无效 dāngxuǎn wúxiào 당선을 무효로 하다

她再次当选为全国人大代表。Tā zàicì dāngxuǎn wéi quán guó réndà dàibiǎo. 그녀는 전국 인민대표회의 대표로 재선되었다.

他以56%得票率确定当选。Tā yǐ bǎi fēn zhī wǔshíliù dépiàolǜ quèdìng dāngxuǎn. 그는 56%의 득표율로 당선이 확정되었다.

05 敌人 dírén 명 적

当作敌人 dāngzuò dírén 적으로 삼다	扫荡敌人 sǎodàng dírén 적을 소탕하다
消灭敌人 xiāomiè dírén 적을 퇴치하다	战胜敌人 zhànshèng dírén 적을 물리치다

没有永远的敌人，也没有永远的朋友。 영원한 적도, 영원한 친구도 없다.
Méiyǒu yǒngyuǎn de dírén, yě méiyǒu yǒngyuǎn de péngyou.

他们轻松地战胜了敌人。 Tāmen qīngsōng de zhànshèngle dírén. 그들은 가볍게 적을 물리쳤다.

06 独立 dúlì 동 독립하다

获得独立 huòdé dúlì 독립을 쟁취하다	民族独立 mínzú dúlì 민족 독립
独立运动 dúlì yùndòng 독립운동	国家的独立 guójiā de dúlì 국가의 독립
独立纪念日 dúlì jìniànrì 독립 기념일	独立自主的国家 dúlì zìzhǔ de guójiā 자주 독립 국가

有无数烈士为了民族独立献出了青春和生命。 무수한 열사들이 민족의 독립을 위해 청춘과 생명을 바쳤다.
Yǒu wúshù lièshì wèile mínzú dúlì xiànchūle qīngchūn hé shēngmìng.

我们韩国是独立自主的国家。 Wǒmen Hánguó shì dúlì zìzhǔ de guójiā. 우리 한국은 자주 독립 국가이다.

07 改革 gǎigé 동 (제도, 정책 등을) 개혁하다

改革制度 gǎigé zhìdù 제도를 개혁하다	文字改革 wénzì gǎigé 문자 개혁
改革开放 gǎigé kāifàng 개혁 개방	经济改革 jīngjì gǎigé 경제 개혁
改革方案 gǎigé fāng'àn 개혁안	技术改革 jìshù gǎigé 기술 개혁
改革举措 gǎigé jǔcuò 개혁 조치	教育改革 jiàoyù gǎigé 교육 개혁

改革开放以来，中国经济社会发展取得巨大成就。 개혁 개방을 실시한 이래, 중국은 경제 사회 발전에서 큰 성과를 거두었다.
Gǎigé kāifàng yǐlái, Zhōngguó jīngjì shèhuì fāzhǎn qǔdé jùdà chéngjiù.

今后我们还会提出一些新的改革方案。 앞으로도 우리는 새로운 개혁 방안을 내놓을 것이다.
Jīnhòu wǒmen hái huì tíchū yìxiē xīn de gǎigé fāng'àn.

08 关系 guānxi 명 관계

有关系 yǒu guānxi 상관 있다	关系正常化 guānxi zhèngchánghuà 관계 정상화
拉关系 lā guānxi 관계를 맺다	紧张关系 jǐnzhāng guānxi 긴장 관계
恢复关系 huīfù guānxi 관계를 회복하다	军民关系 jūnmín guānxi 군민 관계
关系到 guānxi dào ~에 영향을 미치다	两国关系 liǎng guó guānxi 양국 관계

两国政府同意实现关系正常化。 양국 정부는 관계 정상화를 실현하는 데 동의했다.
Liǎng guó zhèngfǔ tóngyì shíxiàn guānxi zhèngchánghuà.

中美贸易紧张关系预计还将持续。 중미 무역 긴장 관계는 앞으로도 계속될 것으로 예측된다.
Zhōng Měi màoyì jǐnzhāng guānxi yùjì hái jiāng chíxù.

09 国际 guójì 명 국제

国际关系 guójì guānxi 국제 관계	国际市场 guójì shìchǎng 국제 시장
国际地位 guójì dìwèi 국제적 지위	国际秩序 guójì zhìxù 국제 질서
国际社会 guójì shèhuì 국제 사회	走向国际 zǒuxiàng guójì 세계로 진출하다

难民的问题已经成为了国际社会普遍关注的问题。 난민 문제는 이미 국제 사회가 보편적으로 관심을 갖는 이슈가 되었다.
Nànmín de wèntí yǐjīng chéngwéile guójì shèhuì pǔbiàn guānzhù de wèntí.

中国在当今国际秩序中扮演着重要角色。 중국은 오늘날 국제 질서에서 중요한 역할을 담당하고 있다.
Zhōngguó zài dāngjīn guójì zhìxù zhōng bànyǎnzhe zhòngyào juésè.

10 和平 hépíng 명 평화

维护和平 wéihù hépíng 평화를 수호하다	和平时期 hépíng shíqī 평화 시기
世界和平 shìjiè hépíng 세계 평화	和平谈判 hépíng tánpàn 평화 회담
和平方式 hépíng fāngshì 평화적 방법	和平共处 hépíng gòngchǔ 평화 공존
和平稳定 hépíng wěndìng 평화와 안정	和平相处 hépíng xiāngchǔ 더불어 살다

每个国家的老百姓都渴望世界和平。 모든 나라의 국민들은 모두 세계 평화를 원한다.
Měi ge guójiā de lǎobǎixìng dōu kěwàng shìjiè hépíng.

11 会谈 huìtán 명 회담

进行会谈 jìnxíng huìtán 회담을 하다	正式会谈 zhèngshì huìtán 공식 회담
举行会谈 jǔxíng huìtán 회담을 열다	非正式会谈 fēizhèngshì huìtán 비공식 회담
首脑会谈 shǒunǎo huìtán 정상 회담	秘密会谈 mìmì huìtán 비밀 회담
高级会谈 gāojí huìtán 고위급 회담	六方会谈 liùfāng huìtán 6자 회담

欢迎仪式后，两国总理举行会谈。 환영 의식을 한 후 양국 총리는 회담을 가졌다.
Huānyíng yíshì hòu, liǎng guó zǒnglǐ jǔxíng huìtán.

此次首脑会谈，对整个国际社会都具有重要意义。 이번 정상 회담은 국제 사회 전체에 중요한 의의를 갖는다.
Cǐ cì shǒunǎo huìtán, duì zhěnggè guójì shèhuì dōu jùyǒu zhòngyào yìyì.

12 建交 jiànjiāo 동 외교 관계를 맺다, 수교하다

两国建交 liǎng guó jiànjiāo 양국이 수교하다	于 yú + 연도 + 年建交 nián jiànjiāo ~년에 수교하다
正式建交 zhèngshì jiànjiāo 정식으로 수교하다	建交的国家 jiànjiāo de guójiā 수교한 국가

我国与世界上绝大多数国家都建交了。 우리 나라는 세계 거의 대부분의 나라와 외교 관계를 맺고 있다.
Wǒ guó yǔ shìjiè shang jué dàduōshù guójiā dōu jiànjiāo le.

中国与韩国于1992年正式建交。 중국과 한국은 1992년에 정식으로 수교했다.
Zhōngguó yǔ Hánguó yú yī jiǔ jiǔ èr nián zhèngshì jiànjiāo.

13 结束 jiéshù 동 끝나다, 종결하다, 마치다

战争结束 zhànzhēng jiéshù 전쟁이 끝나다
战斗结束 zhàndòu jiéshù 전투가 끝나다
大会结束 dàhuì jiéshù 총회가 끝나다

会谈结束 huìtán jiéshù 회담이 끝나다
圆满结束 yuánmǎn jiéshù 원만하게 마치다
结束奴隶制度 jiéshù núlì zhìdù 노예 제도가 폐지되다

这长达20多年的战争终于结束了。 장장 20년 넘게 계속된 전쟁이 마침내 종결되었다.
Zhè cháng dá èrshí duō nián de zhànzhēng zhōngyú jiéshù le.

希望本轮六方会谈能圆满结束。 이번 6자 회담이 원만하게 끝나길 희망한다.
Xīwàng běn lún liùfāng huìtán néng yuánmǎn jiéshù.

➕ 战争结束了 zhànzhēng jiéshù le VS 战争被结束了 zhànzhēng bèi jiéshù le
'전쟁이 끝났다' '물이 배달되었다'처럼 구체적인 행위자가 없어도 피동의 뜻이 명확하게 전달되는 문형을 '의미상의 피동문'이라 한다. 의미상의 피동문에는 '被+행위자'가 생략되지만, 해석은 피동형으로 해야 한다.
战争被结束了。(X) 战争结束了。(O) 전쟁이 끝났다. | 水被送来了。(X) 水送来了。(O) 물이 배달되었다.

14 解决 jiějué 동 해결하다

解决问题 jiějué wèntí 문제를 해결하다
解决难题 jiějué nántí 난제를 해결하다
解决矛盾 jiějué máodùn 모순을 해결하다

尽快解决 jǐnkuài jiějué 속히 해결하다
圆满解决 yuánmǎn jiějué 원만하게 해결하다
解决方案 jiějué fāng'àn 해결책, 솔루션

目前只能通过外交途径解决这一问题。 현재로서는 외교 채널을 통해 이 문제를 해결하는 수밖에 없다.
Mùqián zhǐ néng tōngguò wàijiāo tújìng jiějué zhè yí wèntí.

希望两国共同努力解决双方之间的矛盾和分歧。 양국이 공동 노력하여 쌍방 간의 갈등과 대립을 해결했으면 합니다.
Xīwàng liǎng guó gòngtóng nǔlì jiějué shuāngfāng zhī jiān de máodùn hé fēnqí.

15 军事 jūnshì 명 군사, 군대, 전쟁 등에 관한 일

军事行动 jūnshì xíngdòng 군사 행동, 군사 작전
军事演习 jūnshì yǎnxí 군사 훈련
军事基地 jūnshì jīdì 군사 기지

军事政策 jūnshì zhèngcè 군사 정책
军事战略 jūnshì zhànlüè 군사 전략
军事联盟 jūnshì liánméng 군사 연맹

韩美两国计划于本月中旬举行联合军事演习。 한미 양국은 이번 달 중순에 연합 군사 훈련을 실시할 계획이다.
Hán Měi liǎng guó jìhuà yú běn yuè zhōngxún jǔxíng liánhé jūnshì yǎnxí.

16 开放 kāifàng 통(금지, 제한을) 풀어 주다, 개방하다

对外开放 duìwài kāifàng 대외적으로 개방하다
全方位开放 quánfāngwèi kāifàng 전방위 개방하다
扩大开放 kuòdà kāifàng 확대 개방하다

开放港口 kāifàng gǎngkǒu 항구를 개방하다
开放门户 kāifàng ménhù 문호를 개방하다
开放政策 kāifàng zhèngcè 개방 정책

中国坚持对外开放的基本国策。 중국은 대외 개방의 기본 국책을 고수한다.
Zhōngguó jiānchí duìwài kāifàng de jīběn guócè.

17 侵略 qīnlüè 통침략하다

反对侵略 fǎnduì qīnlüè 침략을 반대하다
文化侵略 wénhuà qīnlüè 문화 침략
经济侵略 jīngjì qīnlüè 경제 침략

侵略者 qīnlüèzhě 침략자
侵略主义 qīnlüè zhǔyì 침략주의
侵略战争 qīnlüè zhànzhēng 침략 전쟁

我们反对一切侵略战争，反对一切非正义的战争。 우리는 모든 침략 전쟁을 반대하고, 모든 정의롭지 못한 전쟁을 반대한다.
Wǒmen fǎnduì yíqiè qīnlüè zhànzhēng, fǎnduì yíqiè fēizhèngyì de zhànzhēng.

这家民营银行，为抗击帝国主义经济侵略作出了巨大贡献。 이 민영 은행은 제국주의의 경제 침략에 저항하는 데 큰 공을 세웠다.
Zhè jiā mínyíng yínháng, wèi kàngjī dìguó zhǔyì jīngjì qīnlüè zuòchūle jùdà gòngxiàn.

18 条约 tiáoyuē 명조약

签订条约 qiāndìng tiáoyuē 조약을 맺다, 조약을 체결하다
废除条约 fèichú tiáoyuē 조약을 파기하다
条约规定 tiáoyuē guīdìng 조약 규정

和平条约 hépíng tiáoyuē 평화 조약
停战条约 tíngzhàn tiáoyuē 정전 조약
不平等条约 bù píngděng tiáoyuē 불평등조약

鸦片战争结束后，中国与其他国家签订了一系列的条约。 아편 전쟁이 끝난 후, 중국은 다른 나라와 일련의 조약을 맺었다.
Yāpiàn zhànzhēng jiéshù hòu, Zhōngguó yǔ qítā guójiā qiāndìngle yíxìliè de tiáoyuē.

19 投票 tóupiào 통투표하다

不投票 bù tóupiào 투표하지 않다
参加投票 cānjiā tóupiào 투표에 참가하다
投票选举 tóupiào xuǎnjǔ 투표로 선출하다

投一票 tóu yí piào 한 표 던지다
投票站 tóupiàozhàn 투표소
投票的权利 tóupiào de quánlì 투표할 권리

究竟投谁的票我还没考虑好。 도대체 누구에게 투표할지 나는 아직 결정을 못했어.
Jiūjìng tóu shéi de piào wǒ hái méi kǎolǜ hǎo.

选民投下了自己神圣的一票。 유권자들은 자신의 신성한 한 표를 행사했다.
Xuǎnmín tóuxiàle zìjǐ shénshèng de yí piào.

20 外交 wàijiāo 명 외교

外交关系 wàijiāo guānxi 외교 관계
外交活动 wàijiāojiā huódòng 외교 활동
外交政策 wàijiāo zhèngcè 외교 정책

外交谈判 wàijiāo tánpàn 외교 교섭
外交途径 wàijiāo tújìng 외교 채널, 외교 수단
外交使节 wàijiāo shǐjié 외교 사절

我国与190多个国家建立了外交关系。 우리 나라는 190여 개 나라와 외교 관계를 맺고 있다.
Wǒ guó yǔ yìbǎi jiǔshí duō ge guójiā jiànlìle wàijiāo guānxi.

我国已经派遣了外交使节。 Wǒ guó yǐjīng pàiqiǎnle wàijiāo shǐjié. 우리 나라에서는 이미 외교 사절을 파견했다.

21 选举 xuǎnjǔ 동 선거하다, 선출하다

直接选举 zhíjiē xuǎnjǔ 직접 선거
间接选举 jiànjiē xuǎnjǔ 간접 선거
总统选举 zǒngtǒng xuǎnjǔ 대통령 선거

选举结果 xuǎnjǔ jiéguǒ 선거 결과
选举权 xuǎnjǔquán 선거권
违反选举法 wéifǎn xuǎnjǔfǎ 선거법을 위반하다

韩国实行总统制，总统选举每五年举行一次。 한국은 대통령제를 시행하고 있고, 대통령 선거는 5년마다 치른다.
Hánguó shíxíng zǒngtǒngzhì, zǒngtǒng xuǎnjǔ měi wǔ nián jǔxíng yí cì.

他最终也表示承认选举结果。 그는 결국 선거 결과를 인정한다고 했다.
Tā zuìzhōng yě biǎoshì chéngrèn xuǎnjǔ jiéguǒ.

22 原则 yuánzé 명 원칙

坚持原则 jiānchí yuánzé 원칙을 고수하다
讲原则 jiǎng yuánzé 원칙을 따지다

基本原则 jīběn yuánzé 기본 원칙
原则问题 yuánzé wèntí 원칙적인 문제

中国在外交上坚持和平共处五项原则。 중국은 외교 방면에서 평화 공존 5원칙을 고수한다.
Zhōngguó zài wàijiāo shang jiānchí hépíng gòngchǔ wǔ xiàng yuánzé.

我国在原则问题上不会让步。 본국은 원칙적인 문제에 있어서는 양보할 수 없습니다.
Wǒ guó zài yuánzé wèntí shang bú huì ràngbù.

23 援助 yuánzhù 동 원조하다, 지원하다

停止援助 tíngzhǐ yuánzhù 지원을 중단하다
大力援助 dàlì yuánzhù 전폭적인 지원
无偿援助 wúcháng yuánzhù 무상 원조
经济援助 jīngjì yuánzhù 경제 원조

国际援助 guójì yuánzhù 국제 원조
紧急援助 jǐnjí yuánzhù 긴급 지원
援助物资 yuánzhù wùzī 원조 물자
援助之手 yuánzhù zhī shǒu 도움의 손길

叙利亚难民面临生存困境，他们急需国际援助。 시리아 난민은 생존의 어려움에 봉착해 있고, 그들은 국제 원조가 절실하다.
Xùlìyà nànmín miànlín shēngcún kùnjìng, tāmen jíxū guójì yuánzhù.

中国政府已经宣布向80多个国家提供紧急援助。 중국 정부는 이미 80여 개 나라에 대해 긴급 지원을 하겠다고 발표했다.
Zhōngguó zhèngfǔ yǐjīng xuānbù xiàng bāshí duō ge guójiā tígōng jǐnjí yuánzhù.

24 **造成** zàochéng 동(안 좋은 결과를) 발생시키다, 야기하다, 초래하다

造成严重后果 zàochéng yánzhòng hòuguǒ 심각한 결과를 야기하다
造成不良的影响 zàochéng bùliáng de yǐngxiǎng 나쁜 영향을 초래하다
造成伤亡 zàochéng shāngwáng 사상자를 내다
造成灾祸 zàochéng zāihuò 재앙을 초래하다
A造成B原因 A zàochéng B yuányīn A가 B의 원인이 되다

第一次世界大战，造成了大量的人员伤亡。1차 세계 대전으로 대량의 사상자가 발생했다.
Dì yī cì shìjiè dàzhàn, zàochéngle dàliàng de rényuán shāngwáng.

选民信任感的流失是造成选举失利的原因。유권자들의 신뢰감이 떨어진 것이 선거 실패의 원인으로 작용했다.
Xuǎnmín xìnrèngǎn de liúshī shì zàochéng xuǎnjǔ shīlì de yuányīn.

25 **战略** zhànlüè 명전략　　　　**战术** zhànshù 명전술

战略要地 zhànlüè yàodì 전략적 요충지
战略方针 zhànlüè fāngzhēn 전략 방침
战略意图 zhànlüè yìtú 전략 의도
战略目标 zhànlüè mùbiāo 전략 목표

采取战术 cǎiqǔ zhànshù 전술을 택하다
改变战术 gǎibiàn zhànshù 전술을 바꾸다
人海战术 rénhǎi zhànshù 인해 전술
战术武器 zhànshù wǔqì 전술 무기

阿尔巴尼亚是欧洲火药桶的巴尔干半岛最核心的战略要地。
Ā'ěrbāníyà shì Ōuzhōu huǒyàotǒng de Bā'ěrgàn Bàndǎo zuì héxīn de zhànlüè yàodì.
알바니아는 유럽 화약고인 발칸반도의 가장 핵심적인 전략적 요충지이다.

在这次战斗中，我军采取了伏击、袭击等战术。이번 전투에서 아군은 매복 공격, 기습 등의 전술을 사용했다.
Zài zhè cì zhàndòu zhōng, wǒ jūn cǎiqǔle fújī、xíjī děng zhànshù.

26 **战争** zhànzhēng 명전쟁

发生战争 fāshēng zhànzhēng 전쟁이 일어나다
战争爆发 zhànzhēng bàofā 전쟁이 발발하다
引发战争 yǐnfā zhànzhēng 전쟁을 유발하다
发动战争 fādòng zhànzhēng 전쟁을 도발하다

避免战争 bìmiǎn zhànzhēng 전쟁을 피하다
停止战争 tíngzhǐ zhànzhēng 휴전하다
原子战争 yuánzǐ zhànzhēng 핵전쟁
战争犯罪 zhànzhēng fànzuì 전쟁 범죄, 전범

这两国曾经发生过三次大规模战争。이 두 나라 사이에는 세 번의 대규모 전쟁이 일어났었다.
Zhè liǎng guó céngjīng fāshēngguo sān cì dà guīmó zhànzhēng.

如果这两个国家爆发全面战争，的确有可能引发全球性的战争。
Rúguǒ zhè liǎng ge guójiā bàofā quánmiàn zhànzhēng, díquè yǒu kěnéng yǐnfā quánqiúxìng de zhànzhēng.
만약 이 두 나라 간에 전면전이 일어난다면, 전 세계적인 전쟁을 유발할 가능성이 충분하다.

27 政治 zhèngzhì 몡 정치

政治活动 zhèngzhì huódòng 정치 활동
政治路线 zhèngzhì lùxiàn 정치 노선
政治本领 zhèngzhì běnlǐng 정치 수완

政治野心 zhèngzhì yěxīn 정치적 야망
政治制度 zhèngzhì zhìdù 정치 제도
政治倾向 zhèngzhì qīngxiàng 정치 성향

他宣布辞去市长一职并停止政治活动。그는 시장 자리를 내려놓고 정치 활동을 중단하겠다고 선언했다.
Tā xuānbù cíqù shìzhǎng yì zhí bìng tíngzhǐ zhèngzhì huódòng.

她虽然是讲政治问题，但是并不带政治倾向。그녀는 정치 문제는 다루고 있지만, 정치 성향은 띠지 않고 있다.
Tā suīrán shì jiǎng zhèngzhì wèntí, dànshì bìng bú dài zhèngzhì qīngxiàng.

28 殖民 zhímín 동 식민하다

殖民地 zhímíndì 식민지
殖民统治 zhímín tǒngzhì 식민 통치

殖民政策 zhímín zhèngcè 식민 정책
殖民主义 zhímín zhǔyì 식민주의

鸦片战争后，中国逐渐沦为半殖民地半封建社会。아편 전쟁 후에 중국은 점차 반 식민지 반 봉건 사회로 전락했다.
Yāpiàn zhànzhēng hòu, Zhōngguó zhújiàn lúnwéi bàn zhímíndì bàn fēngjiàn shèhuì.

1945年，韩国摆脱日本殖民统治，恢复了国家主权。1945년에 한국은 일본 식민 통치를 벗어나 국가의 주권을 회복했다.
Yī jiǔ sì wǔ nián, Hánguó bǎituō Rìběn zhímín tǒngzhì, huīfùle guójiā zhǔquán.

29 指挥 zhǐhuī 동 지휘하다 몡 지휘자

指挥战斗 zhǐhuī zhàndòu 전투를 지휘하다
听从指挥 tīngcóng zhǐhuī 지휘를 따르다

指挥工具 zhǐhuī gōngjù 지휘 통솔 수단
总指挥 zǒngzhǐhuī 총사령관

士兵们作战都要团结一致，听从指挥。사병들은 전투할 때 일치단결하고, 지휘에 따라야 한다.
Shìbīngmen zuòzhàn dōu yào tuánjié yízhì, tīngcóng zhǐhuī.

军旗是古代战场上最重要的指挥工具。군기는 고대 전장에서 가장 중요한 지휘 통솔 수단이었다.
Jūnqí shì gǔdài zhànchǎng shang zuì zhòngyào de zhǐhuī gōngjù.

30 主义 zhǔyì 몡 주의 [사상·학설·제도·체제 등을 가리킴]

资本主义 zīběn zhǔyì 자본주의
自由主义 zìyóu zhǔyì 자유주의
民主主义 mínzhǔ zhǔyì 민주주의

社会主义 shèhuì zhǔyì 사회주의
马克思主义 Mǎkèsī zhǔyì 마르크스주의
封建主义 fēngjiàn zhǔyì 봉건주의

美国、英国和日本都属于发达的资本主义国家。미국, 영국, 일본은 모두 선진 자본주의 국가에 속한다.
Měiguó, Yīngguó hé Rìběn dōu shǔyú fādá de zīběn zhǔyì guójiā.

中国是一个社会主义国家，也是一个特殊的发展中国家。중국은 사회주의 국가이며, 특수한 개발 도상 국가이다.
Zhōngguó shì yí ge shèhuì zhǔyì guójiā, yě shì yí ge tèshū de fāzhǎn zhōng guójiā.

霸权主义 bàquán zhǔyì 패권주의

世界大战 Shìjiè Dàzhàn 세계 대전

第一次世界大战 Dì Yī Cì Shìjiè Dàzhàn 제1차 세계 대전

第二次世界大战 Dì Èr Cì Shìjiè Dàzhàn 제2차 세계 대전

白色恐怖 báisè kǒngbù 백색 테러

恐怖分子 kǒngbù fènzǐ 테러리스트

恐怖主义 kǒngbù zhǔyì 테러리즘, 폭력주의

恐怖袭击 kǒngbù xíjī 테러 습격

海盗 hǎidào 몡 해적

士兵 shìbīng 몡 사병

将军 jiāngjūn 몡 장군

特务 tèwu 몡 특수 공작원, 간첩, 스파이

核武器 héwǔqì 몡 핵무기

俘虏 fúlǔ 몡 포로

革命 gémìng 몡 혁명

惯例 guànlì 몡 관례

国境 guójìng 몡 국경

大使馆 dàshǐguǎn 몡 대사관

领事馆 lǐngshìguǎn 몡 영사관

候选人 hòuxuǎnrén 몡 입후보자

联合国 Liánhéguó 고유 유엔(UN), 국제 연합

冷战 lěngzhàn 몡 냉전

六方会谈 liù fāng huìtán 육자 회담

礼仪之邦 lǐyí zhī bāng 예의지국

难民 nànmín 몡 난민

内幕 nèimù 몡 내막, 속사정

同盟 tóngméng 몡 동맹

同志 tóngzhì 몡 동지

武器 wǔqì 몡 무기, 병기

协商 xiéshāng 몡 협상, 협의

形势 xíngshì 몡 형세

选区 xuǎnqū 몡 선거구

议定书 yìdìngshū 몡 의정서

游击战 yóujīzhàn 몡 유격전, 게릴라전

战斗 zhàndòu 몡 전투

政权 zhèngquán 몡 정권

最后通牒 zuìhòu tōngdié 최후통첩

爆发 bàofā 동 폭발하다, 발발하다

锁国 suǒguó 동 쇄국하다

성어, 속담

安邦定国 ānbāng dìngguó
국가를 안정시키고 공고하게 하다

借刀杀人 jièdāo shārén 남의 칼을 빌어서 사람을 죽이다,
남을 이용해서 사람을 해치다

借东风 jiè dōngfēng 좋은 형세를 이용하다

千军万马 qiānjūn wànmǎ 천군만마, 수많은 병력

三十六计 sānshíliù jì 36계, 여러 가지 계책

速战速决 sùzhàn sùjué 속전속결

战无不胜 zhàn wú bú shèng 싸우면 반드시 이긴다

知彼知己，百战不殆 zhībǐ zhījǐ, bǎizhàn búdài
적을 알고 나를 알면 백 번 싸워도 위태롭지 않다

따페이 훈련

나에게 알려줘   告诉一声我 X   告诉我一声 ○

01 报道 bàodào 통 보도하다 명 보도, 기사

进行报道 jìnxíng bàodào 보도하다

详细报道 xiángxì bàodào 자세히 보도하다

纷纷报道 fēnfēn bàodào 잇달아 보도하다

据报道 jù bàodào 보도에 따르면

报道称 bàodào chēng ~라 보도하다

报道资料 bàodào zīliào 보도 자료

新闻报道 xīnwén bàodào 뉴스 보도

有关 yǒuguān + 대상 + 的报道 de bàodào
~에 관한 보도

据报道，现代人的疾病大多都是与心理压力有关。 보도에 따르면, 현대인들의 질병 대부분이 심적 스트레스와 관련 있다고 한다.
Jù bàodào, xiàndàirén de jíbìng dàduō dōu shì yǔ xīnlǐ yālì yǒuguān.

新闻报道要真实、迅速，而且语言要简洁扼要。 뉴스 보도는 진실하고, 신속하면서도 언어가 간단 명료해야 한다.
Xīnwén bàodào yào zhēnshí, xùnsù, érqiě yǔyán yào jiǎnjié èyào.

02 表演 biǎoyǎn 통 연기하다, 상연하다, 연출하다

表演一下 biǎoyǎn yíxià 연기해 보다

表演得好 biǎoyǎn de hǎo 연기를 잘하다

表演水平 biǎoyǎn shuǐpíng 연기 수준

表演方式 biǎoyǎn fāngshì 연기 방식

表演技巧 biǎoyǎn jìqiǎo 연기력

表演天赋 biǎoyǎn tiānfù 연기 재능

表演经验 biǎoyǎn jīngyàn 연기 경험

即兴表演 jíxìng biǎoyǎn 즉흥적 연기, 애드리브

你们先表演一下，我看看你们几个的基础。 여러분의 기본기를 좀 볼 테니, 먼저 연기를 보여줘 봐요.
Nǐmen xiān biǎoyǎn yíxià, wǒ kànkan nǐmen jǐ ge de jīchǔ.

他具有高超的表演技巧，善于塑造各种不同性格的人物。 그는 뛰어난 연기력으로 다양한 캐릭터를 창조해 낸다.
Tā jùyǒu gāochāo de biǎoyǎn jìqiǎo, shànyú sùzào gè zhǒng bùtóng xìnggé de rénwù.

她虽然还小，但是很有表演天赋。 그 아이는 아직 어리지만, 연기에 천부적인 소질이 있다.
Tā suīrán hái xiǎo, dànshì hěn yǒu biǎoyǎn tiānfù.

03 播放 bōfàng 통 방송하다, 방영하다, 상영하다

播放节目 bōfàng jiémù 프로그램을 방송하다

播放电影 bōfàng diànyǐng 영화를 상영하다

播放五次 bōfàng wǔ cì 다섯 차례 방송하다

再播放 zài bōfàng 재방송하다

禁止播放 jìnzhǐ bōfàng 방송 금지하다

首次播放 shǒucì bōfàng 첫방송

下面要播放相亲节目了。 다음은 소개팅 프로그램 할 차례야.
Xiàmiàn yào bōfàng xiāngqīn jiémù le.

昨天中央六台电影频道播放了《霸王别姬》。 어제 CCTV 6번 영화 채널에서 《패왕별희》를 방영했어.
Zuótiān Zhōngyāng liù tái diànyǐng píndào bōfàngle《Bàwáng bié jī》.

04 采访 cǎifǎng ⑧ 탐방하다, 취재하다, 인터뷰하다

要求采访 yāoqiú cǎifǎng 취재를 요구하다

接受采访 jiēshòu cǎifǎng 취재에 응하다

谢绝采访 xièjué cǎifǎng 취재를 거절하다

进行采访 jìnxíng cǎifǎng 인터뷰를 하다

采访报道 cǎifǎng bàodào 취재하여 보도하다

采访工作 cǎifǎng gōngzuò 인터뷰

采访活动 cǎifǎng huódòng 취재 활동

媒体采访 méitǐ cǎifǎng 언론 인터뷰

他们走红后首次接受媒体采访。 그들은 인기를 얻은 후에 처음으로 언론 인터뷰를 했다.
Tāmen zǒuhóng hòu shǒucì jiēshòu méitǐ cǎifǎng.

这位女记者冒着生命危险在一线采访报道。
Zhè wèi nǚ jìzhě màozhe shēngmìng wéixiǎn zài yíxiàn cǎifǎng bàodào.
이 여기자는 생명의 위험을 무릅쓰고 제1선에서 취재 보도하였다.

05 出色 chūsè ⑲ 훌륭하다, 뛰어나다, 걸출하다

太出色了 tài chūsè le 너무 훌륭하다

无比出色 wúbǐ chūsè 아주 뛰어나다

表现出色 biǎoxiàn chūsè 연기가 뛰어나다

出色地完成 chūsè de wánchéng 멋지게 완성하다

出色的才能 chūsè de cáinéng 뛰어난 재능

出色的演技 chūsè de yǎnjì 뛰어난 연기

出色的演员 chūsè de yǎnyuán 훌륭한 배우

出色的作品 chūsè de zuòpǐn 뛰어난 작품

他们出色地完成摄影和录音任务。 그들은 촬영과 녹음 작업을 멋지게 마무리했다.
Tāmen chūsè de wánchéng shèyǐng hé lùyīn rènwù.

她以出色的演技而闻名于娱乐圈。 그녀는 뛰어난 연기로 연예계에 이름이 알려져 있다.
Tā yǐ chūsè de yǎnjì ér wénmíng yú yúlèquān.

06 传播 chuánbō ⑧ 널리 퍼뜨리다, 전파하다, 유포하다

到处传播 dàochù chuánbō 여기저기 퍼뜨리다

传播流言 chuánbō liúyán 소문을 퍼뜨리다

传播小道消息 chuánbō xiǎodào xiāoxi
헛소문을 퍼뜨리다, 가짜 뉴스를 퍼뜨리다

传播速度 chuánbō sùdù 전파 속도

传播媒介 chuánbō méijiè 매스 미디어

传播产业 chuánbō chǎnyè 정보 산업, 매스 미디어 산업

流言传播起来总是很快的。 소문은 퍼지기 시작하면 금방이야.
Liúyán chuánbō qǐlái zǒngshì hěn kuài de.

不要传播没有根据的小道消息。 근거 없는 헛소문은 퍼뜨려서는 안 돼.
Búyào chuánbō méiyǒu gēnjù de xiǎodào xiāoxi.

➕ **'传播'의 다른 뜻**
'传播'는 전염병이나 바이러스 등이 전파되는 것을 뜻하기도 한다.

病毒的传播途径 바이러스의 전염 경로 | 经血液传播 혈액을 통한 전염

07 告诉 gàosu 图 알리다, 통지하다

告诉告诉 gàosu gàosu 알려 주다	告诉大家 gàosu dàjiā 모두에게 알리다
告诉一下 gàosu yíxià 알려 주다	告诉 gàosu＋A＋B A에게 B를 알리다
告诉一声 gàosu yì shēng 한마디 해 주다, 알려 주다	直接告诉 zhíjiē gàosu 직접 알려 주다

他的经纪人到了，请告诉我一声。 그 사람 매니저가 도착하거든, 저에게 알려 주세요.
Tā de jīngjìrén dào le, qǐng gàosu wǒ yì shēng.

我要告诉你一个好消息，BTS要举行粉丝签名会。 좋은 소식 하나 알려 줄게. BTS가 팬 사인회를 한다.
Wǒ yào gàosu nǐ yí ge hǎo xiāoxi, BTS yào jǔxíng fěnsī qiānmínghuì.

➕ 告诉一声我 gàosu yì shēng wǒ VS 告诉我一声 gàosu wǒ yì shēng
'告诉'는 간접 목적어와 직접 목적어를 동반할 수 있는 동사로, 보통 '告诉AB(A에게 B를 알리다)'의 형식으로 쓴다. '告诉' 뒤에 동반되는 간접 목적어가 '대명사'일 경우 동량보어(一声)는 '告诉' 뒤가 아닌 목적어 뒤에 위치한다는 것에 주의하자.
[이중 목적어를 동반하는 대표적인 동사: '告诉(알리다)' '给(주다)' '借(빌리다)' '教(가르치다)' '送(보내다)' '还(돌려주다)']
需要帮助的话，告诉一声我。(X) 需要帮助的话，告诉我一声。(O) 도움이 필요하면 한마디 해 주세요.

08 沟通 gōutōng 图 소통하다, 교류하다

沟通交流 gōutōng jiāoliú 소통하다	沟通思想 gōutōng sīxiǎng 생각을 소통하다, 의사 소통
缺少沟通 quēshǎo gōutōng 소통이 부족하다	沟通能力 gōutōng nénglì 소통 능력
无法沟通 wúfǎ gōutōng 소통이 안 되다	沟通方式 gōutōng fāngshì 소통 방식
加强沟通 jiāqiáng gōutōng 소통에 더 힘쓰다	心灵沟通 xīnlíng gōutōng 텔레파시

歌手明星，他们需要一个和粉丝沟通交流的平台。 인기 가수에게는 팬과 소통할 수 있는 플랫폼이 필요하다.
Gēshǒu míngxīng, tāmen xūyào yí ge hé fěnsī gōutōng jiāoliú de píngtái.

不论是沟通能力，还是亲和力，鲁豫都非常优秀。 소통 능력이든, 친화력이든 루위는 다 뛰어나지.
Búlùn shì gōutōng nénglì, háishi qīnhélì, Lǔ Yù dōu fēicháng yōuxiù.

09 关注 guānzhù 图 관심을 갖다

受到关注 shòudào guānzhù 관심을 받다	关注度 guānzhùdù 관심도, 관심
引起关注 yǐnqǐ guānzhù 관심을 불러 일으키다	广泛关注 guǎngfàn guānzhù 대대적인 관심
公众关注 gōngzhòng guānzhù 대중이 관심을 갖다	观众的关注 guānzhòng de guānzhù 관중의 관심
密切关注 mìqiē guānzhù 예의 주시하다	社会各界的关注 shèhuì gè jiè de guānzhù 사회 각계의 관심

只要给他一个角色，就能掀起话题引起关注。 그에게 배역을 맡기면, 바로 화제가 되고 관심을 불러일으킨다.
Zhǐyào gěi tā yí ge juésè, jiù néng xiānqǐ huàtí yǐnqǐ guānzhù.

该剧播出后，就受到了社会各界的广泛关注。 이 드라마는 방송을 탄 후에 바로 사회 각계의 폭넓은 관심을 받았다.
Gāi jù bōchū hòu, jiù shòudàole shèhuì gè jiè de guǎngfàn guānzhù.

10 观看 guānkàn 툉 관람하다, 보다

观看表演 guānkàn biǎoyǎn 공연을 보다
观看电影 guānkàn diànyǐng 영화를 관람하다
观看展览 guānkàn zhǎnlǎn 전시회를 관람하다

观看比赛 guānkàn bǐsài 시합을 관전하다
禁止观看 jìnzhǐ guānkàn 관람을 금지하다
不宜观看 bùyí guānkàn 관람이 불가하다

我们全神贯注地观看魔术师的精彩表演。 우리는 정신을 집중해 마술사의 멋진 공연을 보고 있다.
Wǒmen quánshén guànzhù de guānkàn móshùshī de jīngcǎi biǎoyǎn.

这部犯罪电影禁止未成年人观看。 이 범죄 영화는 미성년자의 관람을 금지하고 있다.
Zhè bù fànzuì diànyǐng jìnzhǐ wèichéngniánrén guānkàn.

11 广告 guǎnggào 뎽 광고

招揽广告 zhāolǎn guǎnggào 광고를 유치하다
广告媒介 guǎnggào méijiè 광고 매체
广告手法 guǎnggào shǒufǎ 광고 기법
电视广告 diànshì guǎnggào TV 광고

广告费 guǎnggàofèi 광고비
广告词 guǎnggàocí 광고 카피
公益广告 gōngyì guǎnggào 공익 광고
创意广告 chuàngyì guǎnggào 창의적인 광고

他决定把所有广告费以粉丝的名义捐给"希望工程"。
Tā juédìng bǎ suǒyǒu guǎnggàofèi yǐ fěnsī de míngyì juān gěi "Xīwàng Gōngchéng".
그는 광고비 전액을 팬 명의로 '희망 프로젝트'에 기부하기로 결정했다.

我们在电视上经常能看到很多感人的公益广告。 우리는 TV에서 감동적인 공익 광고를 많이 보게 된다.
Wǒmen zài diànshì shang jīngcháng néng kàndào hěn duō gǎnrén de gōngyì guǎnggào.

12 花絮 huāxù 뎽 재미있는 기사, 가십, 잡문

有趣花絮 yǒuqù huāxù 재미있는 에피소드
制作花絮 zhìzuò huāxù 메이킹 영상
拍摄花絮 pāishè huāxù 촬영 에피소드

幕后花絮 mùhòu huāxù (드라마나 영화 등의) NG 모음
花絮照片 huāxù zhàopiàn 비하인드컷

这个节目太搞笑了，只是看看制作花絮就能让人捧腹大笑。
Zhè ge jiémù tài gǎoxiào le, zhǐshì kànkan zhìzuò huāxù jiù néng ràng rén pěngfù dàxiào.
이 프로그램 정말 재미있네. 메이킹 영상을 보는 것만으로도 배꼽을 잡게 만든다니까.

这些幕后花絮你绝对没有看过，简直要笑死了！ 이 NG 모음들을 너는 절대 못 봤을걸. 웃겨 죽어!
Zhèxiē mùhòu huāxù nǐ juéduì méiyǒu kànguo, jiǎnzhí yào xiào sǐ le!

DAY 26

13 话题 huàtí 몡 화제

热门话题 rèmén huàtí 핫이슈, 큰 관심사

热点话题 rèdiǎn huàtí 인기 화제, 핫이슈

无聊的话题 wúliáo de huàtí 재미없는 화제

有趣的话题 yǒuqù de huàtí 흥미로운 화제

换话题 huàn huàtí 화제를 바꾸다

岔开话题 chàkāi huàtí 화제를 돌리다

明星的隐私一直是媒体、公众追逐的热点话题。 스타의 사생활은 언제나 언론과 대중이 궁금해하는 핫이슈이다.
Míngxīng de yǐnsī yìzhí shì méitǐ、gōngzhòng zhuīzhú de rèdiǎn huàtí.

今天我们这个话题不讨论，请你换个话题。 오늘은 우리 이 문제에 대해서 얘기하지 말죠. 화제를 바꿔 주세요.
Jīntiān wǒmen zhè ge huàtí bù tǎolùn, qǐng nǐ huàn ge huàtí.

14 嘉宾 jiābīn 몡 손님, 내빈, 패널

男嘉宾 nán jiābīn 남성 패널

女嘉宾 nǚ jiābīn 여성 패널

各位嘉宾 gèwèi jiābīn 내빈 여러분

嘉宾名单 jiābīn míngdān 내빈 명단

邀请嘉宾 yāoqǐng jiābīn 내빈을 초청하다

做嘉宾 zuò jiābīn 게스트가 되다

特邀嘉宾 tèyāo jiābīn 특별 손님

荣誉嘉宾 róngyù jiābīn 특별 게스트

现场的各位嘉宾，还有电视机前的观众朋友们，大家好！
Xiànchǎng de gè wèi jiābīn, hái yǒu diànshìjī qián de guānzhòng péngyoumen, dàjiā hǎo!
저희 프로그램에 나와 주신 패널 여러분, TV를 보고 계신 시청자 여러분, 안녕하십니까!

在嘉宾名单中有一个名字引人注目，就是前美国总统奥巴马。
Zài jiābīn míngdān zhōng yǒu yí ge míngzi yǐn rén zhùmù, jiù shì qián Měiguó zǒngtǒng Àobāmǎ.
내빈 명단에서 이목을 끄는 이름이 하나 있었는데, 다름 아닌 전임 미국 대통령 오바마였다.

15 讲述 jiǎngshù 동 (일이나 도리 등을) 진술하다, 서술하다, 강술하다

讲述故事 jiǎngshù gùshi 이야기를 서술하다

讲述家史 jiǎngshù jiāshǐ 집안의 내력을 이야기하다

讲述人生经历 jiǎngshù rénshēng jīnglì 살아온 이야기를 하다

讲述事情经过 jiǎngshù shìqing jīngguò 일의 경과를 이야기하다

讲述《论语》 jiǎngshù 《Lúnyǔ》 《논어》를 강술하다

讲述原理 jiǎngshù yuánlǐ 원리를 강술하다

生动地讲述 shēngdòng de jiǎngshù 실감나게 이야기하다

一五一十地讲述 yìwǔ yìshí de jiǎngshù 자세히 서술하다

这部电影就是讲述一个时光倒流的故事。 이 영화는 타임슬립에 대한 이야기를 하고 있다.
Zhè bù diànyǐng jiù shì jiǎngshù yí ge shíguāng dàoliú de gùshi.

喝了一口水，他开始向观众讲述自己的人生经历。 물을 한 모금 마시고, 그는 관중에게 자신이 살아온 이야기를 하기 시작했다.
Hēle yì kǒu shuǐ, tā kāishǐ xiàng guānzhòng jiǎngshù zìjǐ de rénshēng jīnglì.

16 节目 jiémù 몡 프로그램

主持节目 zhǔchí jiémù 프로그램을 진행하다	**访谈节目** fǎngtán jiémù 토크쇼
电视节目 diànshì jiémù TV 프로그램	**教育节目** jiàoyù jiémù 교육 방송
新闻节目 xīnwén jiémù 뉴스 프로그램	**节目预告** jiémù yùgào 프로그램 예고
综艺节目 zōngyì jiémù 예능 프로그램	**节目导播** jiémù dǎobō 프로그램 프로듀서

今天的节目就是这样啦，明天同一时间，不见不散。 오늘 방송은 여기까지입니다. 내일 같은 시간에 뵙겠습니다.
Jīntiān de jiémù jiù shì zhèyàng la, míngtiān tóngyī shíjiān, bú jiàn bú sàn.

综艺节目一直都非常受欢迎，并且收视率非常高。 예능 프로그램은 꾸준하게 인기를 끌고 있고, 시청률도 아주 높다.
Zōngyì jiémù yìzhí dōu fēicháng shòu huānyíng, bìngqiě shōushìlǜ fēicháng gāo.

多年的访谈节目经历让她善于沟通，乐于倾听。 다년간의 토크쇼 경험으로 그녀는 소통에 능하고, 경청을 잘한다.
Duō nián de fǎngtán jiémù jīnglì ràng tā shànyú gōutōng, lèyú qīngtīng.

17 角色 juésè 몡 배역, 역할

饰演角色 shìyǎn juésè 역할을 하다	**正面角色** zhèngmiàn juésè 좋은 배역
扮演角色 bànyǎn juésè 배역을 맡다	**反面角色** fǎnmiàn juésè 부정적인 배역, 악역
主要角色 zhǔyào juésè 주요 배역, 주요 역할	**作品中的角色** zuòpǐn zhōng de juésè 작품 중의 캐릭터

无论饰演什么角色，他都能够赋予它灵魂。 어떤 역할을 하든, 그는 혼신을 다한다.
Wúlùn shìyǎn shénme juésè, tā dōu nénggòu fùyǔ tā línghún

他在这一部作品里扮演着非常重要的角色。 그는 이 작품에서 아주 중요한 역을 맡고 있다.
Tā zài zhè yí bù zuòpǐn li bànyǎnzhe fēicháng zhòngyào de juésè.

➕ **주연/조연을 맡다**
'**扮演主角** bànyǎn zhǔjué 주연을 맡다' '**扮演配角** bànyǎn pèijué 조연을 맡다'라는 표현도 함께 알아 두자.
她在电影里扮演了一个小配角。 그녀는 영화에서 비중이 작은 조연을 맡았다.

18 明星 míngxīng 몡 스타

电影明星 diànyǐng míngxīng 인기 영화배우	**大明星** dà míngxīng 대스타
偶像明星 ǒuxiàng míngxīng 아이돌 스타	**大牌明星** dàpái míngxīng 거물급 스타
体育明星 tǐyù míngxīng 스포츠 스타	**成为明星** chéngwéi míngxīng 스타로 떠오르다
足球明星 zúqiú míngxīng 축구 스타	**模仿明星** mófǎng míngxīng 스타를 모방하다

他从一个籍籍无名的普通人，一夜之间成为了大明星。 그는 이름 없는 평범한 사람에서 하루아침에 대스타가 되었다.
Tā cóng yí ge jí jí wúmíng de pǔtōng rén, yí yè zhī jiān chéngwéile dà míngxīng.

她与很多大牌明星合作了不少电影。 그녀는 거물급 스타들과 영화를 많이 찍었다.
Tā yǔ hěn duō dàpái míngxīng hézuòle bù shǎo diànyǐng.

DAY 26

19 拍摄 pāishè 〔동〕촬영하다, 사진을 찍다

拍摄电视剧 pāishè diànshìjù 드라마를 촬영하다
拍摄地 pāishèdì 촬영지
拍摄现场 pāishè xiànchǎng 촬영 현장

拍摄效果 pāishè xiàoguǒ 촬영 효과
拍摄技法 pāishè jìfǎ 촬영 기법

她在2021年拍摄了电视剧《理想之城》，在剧中饰演苏筱一角。
Tā zài èr líng èr yī nián pāishèle diànshìjù《lǐxiǎng zhī chéng》, zài jù zhōng shìyǎn Sū Xiǎo yì jiǎo.
그녀는 2021년에 드라마 《理想之城》을 찍었고, 극 중 쑤시아오 역을 맡았다.

她讲述在拍摄现场气氛很重要，有了气氛才能把戏拍好。
Tā jiǎngshù zài pāishè xiànchǎng qìfēn hěn zhòngyào, yǒule qìfēn cái néng bǎ xì pāihǎo.
그녀는 분위기가 형성되어야 드라마를 잘 찍을 수 있기에, 촬영장 분위기가 중요하다고 했다.

导演通过特殊的拍摄技法，拍出了更加生动的场景。 감독은 특수 촬영 기법을 통해 한층 더 생동감이 넘치는 장면을 만들어 냈다.
Dǎoyǎn tōngguò tèshū de pāishè jìfǎ, pāichūle gèngjiā shēngdòng de chǎngjǐng.

20 频道 píndào 〔명〕채널

换频道 huàn píndào 채널을 돌리다
电视频道 diànshì píndào TV 채널
卫视频道 wèishì píndào 위성 TV 채널, 케이블 TV 채널

广播频道 guǎngbō píndào 방송 채널
音乐频道 yīnyuè píndào 음악 채널
六频道 liù píndào (TV의) 6번 채널

今天晚上哪个频道播放篮球赛呢？ 오늘 밤에 어느 채널에서 농구 시합을 방송해?
Jīntiān wǎnshang nǎ ge píndào bōfàng lánqiú sài ne?

英国BBC出品的纪录片在央视纪录频道播出。 영국 BBC에서 제작한 다큐멘터리는 CCTV 다큐멘터리 채널에서 방송해.
Yīngguó BBC chūpǐn de jìlùpiàn zài Yāngshì jìlù píndào bōchū.

我喜欢六频道的电视剧。 나는 6번 채널의 드라마를 좋아해.
Wǒ xǐhuan liù píndào de diànshìjù.

21 签名 qiānmíng 〔동〕서명하다, 사인하다 〔명〕서명, 사인

签个名 qiān ge míng 서명하다, 사인하다
请他签名 qǐng tā qiānmíng 그에게 사인을 부탁하다
互相签名 hùxiāng qiānmíng 서로 서명하다
亲笔签名 qīnbǐ qiānmíng 친필 서명, 친필 사인

电子签名 diànzǐ qiānmíng 전자 서명
签名活动 qiānmíng huódòng 서명 운동
签名盖章 qiānmíng gàizhāng 서명 날인
签名的真伪 qiānmíng de zhēnwěi 서명의 진위 여부

我是你的粉丝，可以给我签个名吗？ 제가 팬인데요, 사인해 주실 수 있으세요?
Wǒ shì nǐ de fěnsī, kěyǐ gěi wǒ qiān ge míng ma?

歌迷们正排队等偶像歌星的亲笔签名。 팬들이 아이돌 스타의 친필 사인을 받으려고 줄을 서서 기다리고 있다.
Gēmímen zhèng páiduì děng ǒuxiàng gēxīng de qīnbǐ qiānmíng.

22 试镜 shìjìng 동 카메라 테스트하다, 시험 촬영하다, 오디션을 보다

参加试镜 cānjiā shìjìng 오디션에 참가하다 | 试镜日期 shìjìng rìqī 오디션 일정

电影试镜 diànyǐng shìjìng 영화 오디션 | 选角试镜 xuǎnjué shìjìng 캐스팅 오디션

首次试镜 shǒucì shìjìng 첫 오디션 | 正式试镜 zhèngshì shìjìng 정식 오디션

试镜过程 shìjìng guòchéng 오디션 과정 | 通过试镜 tōngguò shìjìng 오디션을 통해

他经历了好几次试镜，最终才获选成为主角。 그는 여러 차례의 오디션을 거쳐, 마침내 주연 배역을 따냈다.
Tā jīnglìle hǎojǐ cì shìjìng, zuìzhōng cái huòxuǎn chéngwéi zhǔjué.

通过一次偶然的试镜，她成为音乐剧演员。 우연한 오디션을 통해, 그녀는 뮤지컬 배우가 되었다.
Tōngguò yí cì ǒurán de shìjìng, tā chéngwéi yīnyuèjù yǎnyuán.

23 收看 shōukàn 동 (TV 프로그램을) 시청하다

每天收看 měi tiān shōukàn 매일 시청하다

没收看 méi shōukàn 시청 못하다

免费收看 miǎnfèi shōukàn 무료 시청하다

继续收看 jìxù shōukàn 계속 시청하다

收看节目 shōukàn jiémù 프로그램을 시청하다

收看电影频道 shōukàn diànyǐng píndào 영화 채널을 시청하다

欢迎收看 huānyíng shōukàn 시청해 주세요

敬请收看 jìng qǐng shōukàn 시청 부탁드립니다

爸爸每天都要准时收看《体育世界》。 아버지는 매일 같은 시간에 《스포츠 세상》을 보신다.
Bàba měi tiān dōu yào zhǔnshí shōukàn 《Tǐyù Shìjiè》.

广告后，请继续收看下集。 광고 후에 이어서 다음 회를 시청해 주세요.
Guǎnggào hòu, qǐng jìxù shōukàn xià jí.

您正在收看的节目是《焦点访谈》。 지금 보고 계신 프로그램은 《焦点访谈(집중 탐방)》입니다.
Nín zhèngzài shōukàn de jiémù shì 《Jiāodiǎn Fǎngtán》.

24 吸引 xīyǐn 동 끌어당기다, 유인하다, 매료하다

吸引人 xīyǐn rén 인기를 끌다 | 吸引目光 xīyǐn mùguāng 시선을 끌다

吸引观众 xīyǐn guānzhòng 관중을 사로잡다 | 吸引过来 xīyǐn guòlái 끌어당기다

吸引读者 xīyǐn dúzhě 독자들의 마음을 사로잡다 | 吸引力 xīyǐnlì 흡인력

这个电视栏目吸引了广大观众，收视率很高。 이 TV 프로그램은 많은 시청자들을 사로잡아 시청률이 높다.
Zhè ge diànshì lánmù xīyǐnle guǎngdà guānzhòng, shōushìlǜ hěn gāo.

这部电视剧情节具有很大的吸引力。 이 드라마 스토리는 대단히 흡인력이 있다.
Zhè bù diànshìjù qíngjié jùyǒu hěn dà de xīyǐnlì.

25 新闻 xīnwén 몡 (신문, 방송) 뉴스, 새로운 일, 새 소식

新闻报道 xīnwén bàodào 뉴스 기사	新闻媒体 xīnwén méitǐ 언론, 매스컴
新闻标题 xīnwén biāotí 기사 제목	新闻联播 xīnwén liánbō 뉴스 중계 방송
新闻记者 xīnwén jìzhě 리포터, 언론사 기자	重要新闻 zhòngyào xīnwén 중요한 뉴스, 주요 기사
新闻发布会 xīnwén fābùhuì 기자 회견	负面新闻 fùmiàn xīnwén 부정적인 뉴스

这个新闻标题够雷人的了! 이 기사 제목은 너무 자극적인데!
Zhè ge xīnwén biāotí gòu léirén de le!

他召开新闻发布会，正式宣布退出影坛。 그는 기자 회견을 열어, 영화계를 떠난다고 발표했다.
Tā zhàokāi xīnwén fābùhuì, zhèngshì xuānbù tuìchū yǐngtán.

各位观众晚上好，欢迎您收看今天的新闻联播节目。
Gèwèi guānzhòng wǎnshang hǎo, huānyíng nín shōukàn jīntiān de xīnwén liánbō jiémù.
시청자 여러분 안녕하십니까, 오늘의 뉴스 중계 방송을 시청해 주셔서 감사합니다.

26 宣传 xuānchuán 통 선전하다, 홍보하다

宣传电影 xuānchuán diànyǐng 영화를 홍보하다	宣传单 xuānchuándān 전단지
宣传新专辑 xuānchuán xīn zhuānjí 새 앨범을 홍보하다	宣传片 xuānchuánpiàn 홍보 영상
宣传广告 xuānchuán guǎnggào 광고 전단	宣传费 xuānchuánfèi 홍보비
宣传海报 xuānchuán hǎibào 홍보 포스터	宣传作用 xuānchuán zuòyòng 홍보 역할

这是他们在英国境内唯一一场宣传新专辑的演出。
Zhè shì tāmen zài Yīngguó jìngnèi wéiyī yì chǎng xuānchuán xīn zhuānjí de yǎnchū.
이 콘서트는 그들이 새 앨범 홍보를 위해 영국에서 개최한 유일한 콘서트이다.

创意广告宣传片却比电影还要好看。 참신한 광고 홍보 영상은 영화보다 더 멋지다.
Chuàngyì guǎnggào xuānchuánpiàn què bǐ diànyǐng hái yào hǎokàn.

27 演出 yǎnchū 통 공연하다, 상연하다

演出话剧 yǎnchū huàjù 연극을 공연하다	取消演出 qǔxiāo yǎnchū 공연을 취소하다
演出京剧 yǎnchū jīngjù 경극을 공연하다	精彩的演出 jīngcǎi de yǎnchū 멋진 공연
参加演出 cānjiā yǎnchū 공연에 참가하다	巡回演出 xúnhuí yǎnchū 순회 공연
正式演出 zhèngshì yǎnchū 정식으로 공연하다	演出票价 yǎnchū piàojià 공연 관람료

这是最后一次的彩排了，明天要正式演出了。 이번이 마지막 리허설이고, 내일은 정식 공연이야.
Zhè shì zuìhòu yí cì de cǎipái le, míngtiān yào zhèngshì yǎnchū le.

由于天气原因，剧院不得不取消部分演出。 날씨로 인해, 극장에서는 할 수 없이 일부 공연을 취소해야 했다.
Yóuyú tiānqì yuányīn, jùyuàn bùdébù qǔxiāo bùfen yǎnchū.

28 **制作** zhìzuò 통제작하다, 제조하다, 만들다

制作电影 zhìzuò diànyǐng 영화를 제작하다
制作海报 zhìzuò hǎibào 포스터를 제작하다
制作费 zhìzuòfèi 제작비

制作人 zhìzuòrén 제작자, PD
制作团队 zhìzuò tuánduì 제작진, 스태프
制作水平 zhìzuò shuǐpíng 제작 수준

他制作的独立电影受到了各界的好评。 그가 제작한 독립 영화가 각계의 호평을 받았다.
Tā zhìzuò de dúlì diànyǐng shòudàole gè jiè de hǎopíng.

谢谢所有制作团队让我有机会重返荣耀。 제가 재기할 수 있도록 기회를 만들어 주신 모든 제작진들께 감사드립니다.
Xièxie suǒyǒu zhìzuò tuánduì ràng wǒ yǒu jīhuì chóngfǎn róngyào.

29 **主持** zhǔchí 통주관하다, 주재하다, 사회를 보다

主持节目 zhǔchí jiémù 프로그램을 진행하다
担当主持 dāndāng zhǔchí 진행을 맡다
共同主持 gòngtóng zhǔchí 공동으로 사회를 보다

男主持 nán zhǔchí 남성 앵커
女主持 nǚ zhǔchí 여성 앵커
主持人 zhǔchírén 사회자, 진행자, MC

第23届上海电视节颁奖晚会由三位著名演员共同主持。 제23회 상하이 TV 페스티벌은 세 명의 유명 배우가 공동 사회를 본다.
Dì èrshísān jiè Shànghǎi Diànshìjié Bānjiǎng Wǎnhuì yóu sān wèi zhùmíng yǎnyuán gòngtóng zhǔchí.

他作为一名优秀的主持人，在业务能力上无可挑剔。 그는 뛰어난 MC로, 흠잡을 데 없이 매끄러운 진행을 한다.
Tā zuòwéi yì míng yōuxiù de zhǔchírén, zài yèwù nénglì shang wú kě tiāoti.

30 **主题** zhǔtí 명주제, 테마

偏离主题 piānlí zhǔtí 주제를 벗어나다
电影的主题 diànyǐng de zhǔtí 영화의 테마
谈话的主题 tánhuà de zhǔtí 대화의 주제
不同的主题 bù tóng de zhǔtí 다른 주제

主题的好坏 zhǔtí de hǎohuài 주제의 좋고 나쁨
主题曲 zhǔtíqǔ 주제가, OST
新主题 xīn zhǔtí 새로운 주제

在访谈类节目中，嘉宾的发言有时候会偏离主题。 토크쇼에서는 패널의 발언이 때로는 주제를 벗어나기도 한다.
Zài fǎngtán lèi jiémù zhōng, jiābīn de fāyán yǒu shíhou huì piānlí zhǔtí.

你可能没看过这部电影，但一定听过它的主题曲。 네가 이 영화는 못 봤더라도, OST는 틀림없이 들어 봤을 거야.
Nǐ kěnéng méi kànguo zhè bù diànyǐng, dàn yídìng tīngguo tā de zhǔtíqǔ.

DAY 26

방송, 공연

媒体 méitǐ 몡 미디어 | 电台 diàntái 몡 방송국 | 电视台 diànshìtái 몡 텔레비전 방송국

央视 Yāngshì 고유 CCTV [중국 중앙 텔레비전 방송국] | 韩剧 hánjù 몡 한국 드라마 | 电影节 diànyǐngjié 몡 영화제

首映会 shǒuyìnghuì 시사회 | 电影票 diànyǐngpiào 몡 영화표 | 票房 piàofáng 몡 매표소 | 收视率 shōushìlǜ 몡 시청률

话剧 huàjù 몡 연극 | 独角戏 dújiǎoxì 몡 모노드라마, 원맨쇼 | 相声 xiàngsheng 몡 만담 | 演技 yǎnjì 몡 연기

片酬 piànchóu 몡 출연료 | 预告片 yùgàopiàn 예고편 | 植入式广告 zhírùshì guǎnggào PPL 광고

演唱会 yǎnchànghuì 몡 콘서트 | 歌舞剧 gēwǔjù 몡 뮤지컬 | 流行歌曲 liúxíng gēqǔ 유행가

爵士乐 juéshìyuè 몡 재즈 음악 | 乡村音乐 xiāngcūn yīnyuè 컨트리 음악

电影插曲 diànyǐng chāqǔ OST, 영화 주제가, 영화 삽입곡 | 唱片 chàngpiàn 몡 레코드 음반

彩排 cǎipái 몡 리허설 | 网络漫画 wǎngluò mànhuà 웹툰 | 网络小说 wǎngluò xiǎoshuō 웹소설

播放 bōfàng 통 방송하다, 방영하다, 상영하다 | 直播 zhíbō 통 생방송하다 | 重播 chóngbō 통 재방송하다

制片 zhìpiàn 통 영화, 드라마를 제작하다 | 导演 dǎoyǎn 몡 연출자, 감독 통 연출하다, 감독하다, 안무하다

뉴스, 가십

报纸 bàozhǐ 몡 신문, 신문지 | 杂志 zázhì 몡 잡지 | 演艺圈 yǎnyìquān 연예계 | 娱乐 yúlè 몡 오락

传闻 chuánwén 몡 소문 | 绯闻 fēiwén 몡 스캔들 | 狗仔队 gǒuzǎiduì 몡 파파라치

走红 zǒuhóng 통 인기가 오르다 | 人民日报 Rénmín Rìbào 고유 인민일보

방송인, 팬

艺人 yìrén 몡 연예인 | 歌手 gēshǒu 몡 가수 | 偶像派 ǒuxiàngpài 아이돌 | 演员 yǎnyuán 몡 배우, 연기자, 출연자

主演 zhǔyǎn 몡 주연 | 配角 pèijué 몡 조연, 상대역, 보조역 | 小角色 xiǎo juésè 단역 | 客串 kèchuàn 몡 카메오

经纪人 jīngjìrén 몡 매니저 | 粉丝 fěnsī 몡 팬 | 观众 guānzhòng 몡 관중, 시청자 | 听众 tīngzhòng 몡 청중

记者 jìzhě 몡 기자 | 播音员 bōyīnyuán 아나운서 | 代言人 dàiyánrén 몡 대변인 | 造型师 zàoxíngshī 코디네이터

성어

出神入化 chūshén rùhuà 기예가 입신의 경지에 이르다

无可挑剔 wú kě tiāoti 흠잡을 데가 없다

有声有色 yǒushēng yǒusè 동작이 생동감 있고 다채롭다

鱼龙混杂 yúlóng hùnzá 물고기와 용이 한데 섞여 있다, 구성이 복잡하다

DAY
27
문학, 역사,
예술, 종교

따페이 훈련

지금까지 남아 있다   保存在今天 ✕   保存到今天 ⭕

01 版权 bǎnquán 명판권, 저작권

拥有版权 yōngyǒu bǎnquán 저작권을 소유하다	版权登记 bǎnquán dēngjì 저작권 등록
没有版权 méiyǒu bǎnquán 저작권이 없다	版权问题 bǎnquán wèntí 저작권 문제
侵害版权 qīnhài bǎnquán 저작권을 침해하다	版权所有 bǎnquán suǒyǒu 저작권 소유
侵犯版权 qīnfàn bǎnquán 저작권을 위반하다	版权纠纷 bǎnquán jiūfēn 저작권 분쟁

这本书的版权应归作者享有。 이 책의 저작권은 당연히 작가에게 귀속되어야 한다.
Zhè běn shū de bǎnquán yīng guī zuòzhě xiǎngyǒu.

最近版权问题越来越受到重视。 최근에 저작권 문제가 갈수록 중시되고 있다.
Zuìjìn bǎnquán wèntí yuèláiyuè shòudào zhòngshì.

02 保存 bǎocún 동보존하다

保存好 bǎocún hǎo 보존을 잘하다	保存国宝 bǎocún guóbǎo 국보를 보존하다
保存下来 bǎocún xiàlái 보존해 오다	保存得完整 bǎocún de wánzhěng 잘 보존되다
保存古迹 bǎocún gǔjì 고적을 보존하다	保存到今天 bǎocún dào jīntiān 지금까지 보존되다
保存文物 bǎocún wénwù 문물을 보존하다	保存在 bǎocún zài + 장소 ~에 소장하다, 보존하다

故宫博物馆里保存着许多珍贵的文物。 고궁박물관에는 진귀한 문화재가 많이 소장되어 있다.
Gùgōng bówùguǎn li bǎocúnzhe xǔduō zhēnguì de wénwù.

一幅东晋时期的画能够保存到今天，简直太不可思议了！ 동진 시대의 그림이 지금까지 보존되다니, 정말 놀라울 뿐이야!
Yì fú Dōngjìn shíqī de huà nénggòu bǎocún dào jīntiān, jiǎnzhí tài bùkě sīyì le!

➕ 保存在今天 VS 保存到今天
동사 '**在**'와 '**到**'는 다른 동사 뒤에서 '결과보어' 역할을 할 수 있다. '**在**'는 보통 장소를 동반하고, '**到**'는 장소와 시간을 모두 쓸 수 있다. 따라서 '지금까지 보존하다'라는 문장을 만들고자 한다면 '**保存**' 뒤에 '**到**'를 써야 한다.
《清明上河图》是如何保存到今天的？ 《청명상하도》는 어떻게 지금까지 보존되어 온 것일까?

03 出版 chūbǎn 동출판하다

出版物 chūbǎnwù 출판물	出版权 chūbǎnquán 출판권
出版发行 chūbǎn fāxíng 출판 발행	出版合同 chūbǎn hétong 출판계약(서)
出版印刷 chūbǎn yìnshuà 출판 인쇄	电子出版 diànzǐ chūbǎn 전자 출판

他的小说由多乐园出版社出版发行。 그의 소설은 다락원 출판사에서 출판 발행되었다.
Tā de xiǎoshuō yóu Duōlèyuán chūbǎnshè chūbǎn fāxíng.

她和出版社签订了出版合同。 그녀는 출판사와 출판 계약을 맺었다.
Tā hé chūbǎnshè qiāndìngle chūbǎn hétong.

这本书，出版几十年后依然是出版界的奇迹。 이 책은 출판된 지 몇 십 년이 되었지만 여전히 출판계의 기적이다.
Zhè běn shū, chūbǎn jǐ shí nián hòu yīrán shì chūbǎnjiè de qíjī.

04 传统 chuántǒng 명 전통

传统观念 chuántǒng guānniàn 전통 관념
传统文化 chuántǒng wénhuà 전통문화
传统美德 chuántǒng měidé 전통 미덕
传统思想 chuántǒng sīxiǎng 전통 사상
传统社会 chuántǒng shèhuì 전통 사회

传统礼节 chuántǒng lǐjié 전통 예절
传统食品 chuántǒng shípǐn 전통 식품
优良传统 yōuliáng chuántǒng 우수한 전통
保持传统 bǎochí chuántǒng 전통을 지키다
继承传统 jìchéng chuántǒng 전통을 계승하다

在他的作品中，散发着传统文化独有的气息。 그의 작품에서는 전통문화 특유의 분위기가 느껴진다.
Zài tā de zuòpǐn zhōng, sànfàzhe chuántǒng wénhuà dúyǒu de qìxī.

我们应继承与弘扬优良传统美德。 우리는 우수한 전통 미덕을 계승하고 발전시켜야 한다.
Wǒmen yīng jìchéng yǔ hóngyáng yōuliáng chuántǒng měidé.

05 创造 chuàngzào 동 창조하다, 만들다

创造精神 chuàngzào jīngshén 창조 정신, 창의력
伟大的创造 wěidà de chuàngzào 위대한 창조
创造者 chuàngzàozhě 창조자
创造文字 chuàngzào wénzì 문자를 만들다

创造历史 chuàngzào lìshǐ 역사를 창조하다
创造未来 chuàngzào wèilái 미래를 창조하다
创造文明 chuàngzào wénmíng 문명을 창조하다
创造形象 chuàngzào xíngxiàng 이미지를 만들다

伟大的创造源于学习和模仿。 위대한 창조는 학습과 모방에서 비롯된다.
Wěidà de chuàngzào yuán yú xuéxí hé mófǎng.

朝鲜世宗大王创造了文字，称"训民正音"。 조선 시대 세종대왕께서 문자를 만드셨고, 훈민정음이라 한다.
Cháoxiǎn Shìzōng Dàwáng chuàngzàole wénzì, chēng "Xùnmín Zhèngyīn".

06 创作 chuàngzuò 동 창작하다 명 창작, 문예 작품

创作作品 chuàngzuò zuòpǐn 작품을 창작하다
创作音乐 chuàngzuò yīnyuè 음악을 창작하다
创作小说 chuàngzuò xiǎoshuō 소설을 창작하다
创作童话 chuàngzuò tónghuà 동화를 창작하다

文艺创作 wényì chuàngzuò 문예 창작
创作才能 chuàngzuò cáinéng 창작 재능(능력)
创作活动 chuàngzuò huódòng 창작 활동
从事创作 cóngshì chuàngzuò 창작에 종사하다

要创作出优秀的作品其实并不容易。 우수한 작품을 창작해 내기란 사실 그리 쉬운 게 아니다.
Yào chuàngzuò chū yōuxiù de zuòpǐn qíshí bìng bù róngyì.

他拥有很厉害的音乐创作才能。 그는 대단한 음악적 창작 능력을 갖고 있다.
Tā yōngyǒu hěn lìhài de yīnyuè chuàngzuò cáinéng.

07 反映 fǎnyìng 통 반영하다, 반영시키다

反映现实 fǎnyìng xiànshí 현실을 반영하다	很好地反映 hěn hǎo de fǎnyìng 잘 반영하다
反映绘画风格 fǎnyìng huìhuà fēnggé 화풍을 반영하다	全面反映 quánmiàn fǎnyìng 두루 반영하다
忠实地反映 zhōngshí de fǎnyìng 충실하게 반영하다	艺术反映 yìshù fǎnyìng 예술적 반영

这幅画反映了16世纪以来威尼斯绘画风格。 이 그림은 16세기 이후의 베네치아 화풍을 반영하고 있다.
Zhè fú huà fǎnyìngle shíliù shìjì yǐlái Wēinísī huìhuà fēnggé.

希腊神话是古希腊人民对现实社会的最早的艺术反映。
Xīlà shénhuà shì gǔ Xīlà rénmín duì xiànshí shèhuì de zuì zǎo de yìshù fǎnyìng.
그리스 신화는 고대 그리스인들의 현실 사회에 대한 최초의 예술적 반영이다.

➕ '反映'의 다른 뜻
'反映'은 어떤 상황이나 의견을 상급 기관이나 관련 기관에 '보고하다'라는 뜻을 갖기도 한다.
我向上级反映一下。 제가 윗분께 말씀드릴게요.

08 建筑 jiànzhù 명 건축, 건축물

建筑艺术 jiànzhù yìshù 건축 예술	现代建筑 xiàndài jiànzhù 현대 건축
建筑风格 jiànzhù fēnggé 건축 스타일	古代建筑 gǔdài jiànzhù 고대 건축
建筑群 jiànzhùqún 건축군, 건축 단지	古老的建筑 gǔlǎo de jiànzhù 오래된 건축

敦煌莫高窟是一座融绘画、雕塑和建筑艺术于一体的大型石窟。
Dūnhuáng Mògāokū shì yí zuò róng huìhuà, diāosù hé jiànzhù yìshù yú yìtǐ de dàxíng shíkū.
돈황 막고굴은 회화, 조각, 건축 예술을 하나로 아우르고 있는 대형 석굴이다.

哥特式建筑，是一种兴盛于中世纪高峰与末期的建筑风格。 고딕 건축은 중세 절정기부터 말기까지 성행했던 건축 스타일이다.
Gētèshì jiànzhù, shì yì zhǒng xīngshèng yú zhōngshìjì gāofēng yǔ mòqī de jiànzhù fēnggé.

09 经典 jīngdiǎn 명 경전, 고전, 권위 있는 저작

宗教经典 zōngjiào jīngdiǎn 경전	儒教经典 Rújiào jīngdiǎn 유교 경전
佛教的经典 Fójiào de jīngdiǎn 불교의 경전	经典名言 jīngdiǎn míngyán 명언
基督教的经典 Jīdūjiào de jīngdiǎn 기독교의 경전	经典著作 jīngdiǎn zhùzuò 고전, 불후의 명작
伊斯兰教的经典 Yīsīlánjiào de jīngdiǎn 이슬람교의 경전	经典之处 jīngdiǎn zhī chù 백미
	堪称经典 kānchēng jīngdiǎn 경전이라 할만하다

伊斯兰教的经典是《古兰经》。 이슬람교의 경전은 《코란경》이다.
Yīsīlánjiào de jīngdiǎn shì 《Gǔlánjīng》.

这幅画的经典之处在于黑色的大胆使用与巧妙的构图。 이 그림의 백미는 검은색의 대담한 사용과 독특한 구도입니다.
Zhè fú huà de jīngdiǎn zhī chù zàiyú hēisè de dàdǎn shǐyòng yǔ qiǎomiào de gòutú.

10 历史 lìshǐ 몡 역사

历史悠久 lìshǐ yōujiǔ 역사가 유구하다
回顾历史 huígù lìshǐ 역사를 회고하다
人类历史 rénlèi lìshǐ 인류의 역사
世界历史 shìjiè lìshǐ 세계 역사

历史文物 lìshǐ wénwù 역사 문물
历史发展 lìshǐ fāzhǎn 역사 발전
历史教训 lìshǐ jiàoxùn 역사적 교훈
历史博物馆 lìshǐ bówùguǎn 역사 박물관

我国有着悠久的历史和灿烂的文化。 우리 나라는 유구한 역사와 찬란한 문화를 가지고 있다.
Wǒ guó yǒuzhe yōujiǔ de lìshǐ hé cànlàn de wénhuà.

活字印刷术是人类历史上最伟大的发明之一。 활자 인쇄술은 인류 역사상 가장 위대한 발명 중 하나이다.
Huózì yìnshuāshù shì rénlèi lìshǐ shang zuì wěidà de fāmíng zhī yī.

11 美术 měishù 몡 미술, 그림, 회화

美术界 měishùjiè 미술계
美术史 měishùshǐ 미술사
美术作品 měishù zuòpǐn 미술 작품

美术展览 měishù zhǎnlǎn 미술 전시
美术大赛 měishù dàsài 미술 대회
美术爱好者 měishù àihàozhě 미술 애호가

他是西方美术界高度关注的画家。 그는 서양 미술계에서 크게 주목하고 있는 화가이다.
Tā shì xīfāng měishùjiè gāodù guānzhù de huàjiā.

巴比松画派对于西方美术史的发展，具有极大的影响力。
Bābǐsōng huàpài duìyú xīfāng měishùshǐ de fāzhǎn, jùyǒu jídà de yǐngxiǎnglì.
바르비종파(Barbizon School)는 서양 미술사의 발전에 지대한 영향을 미쳤다.

12 描写 miáoxiě 동 묘사하다

心理描写 xīnlǐ miáoxiě 심리 묘사
描写特点 miáoxiě tèdiǎn 특징을 묘사하다
描写人物 miáoxiě rénwù 인물을 묘사하다
描写故事 miáoxiě gùshi 이야기를 묘사하다
生动地描写 shēngdòng de miáoxiě 생동감 있게 묘사하다
描写得淋漓尽致 miáoxiě de línlí jìnzhì 통쾌하게 묘사하다
描写得活灵活现 miáoxiě de huólíng huóxiàn 아주 생생하게 묘사하다

他的小说很注重人物的心理描写。 그의 소설은 인물의 심리 묘사에 중점을 두고 있다.
Tā de xiǎoshuō hěn zhùzhòng rénwù de xīnlǐ miáoxiě.

这本书主要采用第三人称的角度去描写一个故事。 이 책은 주로 3인칭 시점으로 이야기를 풀어내고 있다.
Zhè běn shū zhǔyào cǎiyòng dì sān rénchēng de jiǎodù qù miáoxiě yí ge gùshi.

13 模仿 mófǎng 통 모방하다, 흉내내다, 따라하다

模仿动作 mófǎng dòngzuò 동작을 모방하다
模仿声音 mófǎng shēngyīn 소리를 흉내내다
模仿笔迹 mófǎng bǐjì 필적을 모방하다

模仿艺术 mófǎng yìshù 모방 예술
模仿能力 mófǎng nénglì 모방 능력
模仿A的作品 mófǎng A de zuòpǐn
A의 작품을 모방하다

她用吉他模仿各种乐器的声音，惟妙惟肖。 그녀는 기타로 여러 악기 소리를 흉내내는데 정말 똑같다.
Tā yòng jítā mófǎng gè zhǒng yuèqì de shēngyīn, wéimiào wéixiào.

每一位艺术家都是从模仿开始的。 모든 예술가는 모방부터 시작한 것이다.
Měi yí wèi yìshùjiā dōu shì cóng mófǎng kāishǐ de.

14 评价 píngjià 통 평가하다

进行评价 jìnxíng píngjià 평가하다
评价很高 píngjià hěn gāo 높이 평가하다, 평판이 좋다
评价很低 píngjià hěn dī 낮게 평가하다
正确地评价 zhèngquè de píngjià 정확히 평가하다

公正的评价 gōngzhèng de píngjià 공정한 평가
客观的评价 kèguān de píngjià 객관적인 평가
评价方法 píngjià fāngfǎ 평가 방법
评价的结果 píngjià de jiéguǒ 평가의 결과

书评是对一部作品的内容、思想、写作目的、特色等进行评价。
Shūpíng shì duì yí bù zuòpǐn de nèiróng, sīxiǎng, xiězuò mùdì, tèsè děng jìnxíng píngjià.
서평은 한 작품의 내용, 사상, 저작 의도, 특색 등에 대해 평가를 하는 것이다.

大家对作者评价很高，他的作品一定是很好的。 사람들의 작가에 대한 평이 좋으니, 그의 작품도 틀림없이 좋을 거야.
Dàjiā duì zuòzhě píngjià hěn gāo, tā de zuòpǐn yídìng shì hěn hǎo de.

15 思想 sīxiǎng 명 사상, 의식

传播思想 chuánbō sīxiǎng 사상을 전파하다
表达思想 biǎodá sīxiǎng 사상을 표현하다
解放思想 jiěfàng sīxiǎng 사상을 해방하다
思想体系 sīxiǎng tǐxì 사상 체계, 이데올로기

思想自由 sīxiǎng zìyóu 사상의 자유
思想感情 sīxiǎng gǎnqíng 사상과 감정
旧思想 jiù sīxiǎng 구사상
启蒙思想 qǐméng sīxiǎng 계몽사상

我们可以从字里行间中体会作者的思想感情。 우리는 행간에서 작가의 사상과 감정을 느낄 수 있다.
Wǒmen kěyǐ cóng zìlǐ hángjiān zhōng tǐhuì zuòzhě de sīxiǎng gǎnqíng.

17世纪，英国出现了早期的启蒙思想。 17세기 영국에는 조기 계몽사상이 출현했다.
Shíqī shìjì, Yīngguó chūxiànle zǎoqī de qǐméng sīxiǎng.

➕ '思想'의 다른 뜻
'思想'은 '마음'이나 '생각'의 뜻으로 쓰이기도 한다
做好思想准备。 마음의 준비를 하다.

16 弹 tán 图(악기를) 타다, 연주하다

弹钢琴 tán gāngqín 피아노를 치다

弹吉他 tán jítā 기타를 치다

弹得好 tán de hǎo 잘 치다

拉 lā 图(악기를) 켜다, 연주하다

拉小提琴 lā xiǎotíqín 바이올린을 켜다

拉二胡 lā èrhú 얼후를 켜다

拉手风琴 lā shǒufēngqín 아코디언을 켜다

郎朗弹钢琴真是出神入化，令人忘我陶醉。
Láng Lǎng tán gāngqín zhēnshi chūshén rùhuà, lìng rén wàng wǒ táozuì.
랑랑의 피아노 연주는 너무 훌륭해서, 깊이 빠져들게 된다.

老人正坐在水潭边如痴如醉地拉着二胡。
Lǎorén zhèng zuò zài shuǐtán biān rú chī rú zuì de lāzhe èrhú.
노인은 연못가에 앉아 취한 듯 얼후를 켜고 계시다.

17 文化 wénhuà 圆 문화, 지식, 교양

文化遗产 wénhuà yíchǎn 문화유산

文化名城 wénhuà míngchéng 문화 도시

文化传播 wénhuà chuánbō 문화 전파

文化素质 wénhuà sùzhì 소양, 교양

文化水平 wénhuà shuǐpíng 문화 수준, 교육 수준

文化人 wénhuàrén 교양인, 문화인, 지식인

民族文化 mínzú wénhuà 민족 문화

没有文化 méiyǒu wénhuà 지식이 없다, 교양이 없다

埃及金字塔是世界十大文化遗产之一。 이집트의 피라미드는 세계 10대 문화유산 중의 하나이다.
Āijí jīnzìtǎ shì shìjiè shí dà wénhuà yíchǎn zhī yī.

西安是世界著名的历史文化名城。 시안은 세계적으로 유명한 역사 문화 도시이다.
Xī'ān shì shìjiè zhùmíng de lìshǐ wénhuà míngchéng.

虽然我们没有文化，但是不能没有素质。 우리가 배움이 부족해도, 경우 없이 굴면 안 된다.
Suīrán wǒmen méiyǒu wénhuà, dànshì bù néng méiyǒu sùzhì.

18 文明 wénmíng 圆 문명, 문화 圈 교양 있다

人类文明 rénlèi wénmíng 인류 문명

古代文明 gǔdài wénmíng 고대 문명

现代文明 xiàndài wénmíng 현대 문명

讲文明 jiǎng wénmíng 교양 있다

物质文明 wùzhì wénmíng 물질문명

精神文明 jīngshén wénmíng 정신문명

文明社会 wénmíng shèhuì 문명사회

不文明 bù wénmíng 비문화적이다

古代印度是人类文明的发源地之一。 고대 인도는 인류 문명의 발원지 중의 하나이다.
Gǔdài Yìndù shì rénlèi wénmíng de fāyuándì zhī yī.

物质文明和精神文明犹如美好生活的两翼，缺一不可。
Wùzhì wénmíng hé jīngshén wénmíng yóurú měihǎo shēnghuó de liǎngyì, quē yí bùkě.
물질문명과 정신문명은 멋진 생활을 위한 필수 조건이라, 하나라도 부족하면 안 된다.

他从来就这样讲文明懂礼貌。 이 아이는 언제 봐도 교양 있고 예의가 바르다니까.
Tā cónglái jiù zhèyàng jiǎng wénmíng dǒng lǐmào.

19 文学 wénxué 명문학

古典文学 gǔdiǎn wénxué 고전 문학	文学奖 wénxuéjiǎng 문학상
现代文学 xiàndài wénxué 현대 문학	文学作品 wénxué zuòpǐn 문학 작품
大众文学 dàzhòng wénxué 대중 문학, 통속 문학	文学刊物 wénxué kānwù 문예지
文学史 wénxuéshǐ 문학사	文学创作 wénxué chuàngzuò 문학 창작

《狂人日记》是现代文学史上的第一篇白话小说。《광인일기》는 현대문학사에 있어 첫 번째 백화 소설이다.
《Kuángrén Rìjì》shì xiàndài wénxué shǐ shang de dì yī piān báihuà xiǎoshuō.

莫言是一个获得过诺贝尔文学奖的作家。모옌은 노벨 문학상을 수상한 작가이다.
Mò Yán shì yí ge huòdéguo Nuòbèi'ěr Wénxuéjiǎng de zuòjiā.

20 象征 xiàngzhēng 통상징하다 명상징

作为象征 zuòwéi xiàngzhēng 상징이 되다	象征主义 xiàngzhēng zhǔyì 상징주의
象征着 xiàngzhēngzhe + 대상 ～를 상징하다	象征手法 xiàngzhēng shǒufǎ 상징 기법
象征和平 xiàngzhēng hépíng 평화를 상징하다	象征意义 xiàngzhēng yìyì 상징적인 의미

梅花象征着快乐、幸福、长寿、顺利、和平。매화는 기쁨, 행복, 장수, 순리, 평화를 상징한다.
Méihuā xiàngzhēngzhe kuàilè、xìngfú、chángshòu、shùnlì、hépíng.

象征手法被美术、音乐等艺术广泛运用。상징 기법은 미술, 음악 등의 예술에 광범위하게 응용된다.
Xiàngzhēng shǒufǎ bèi měishù, yīnyuè děng yìshù guǎngfàn yùnyòng.

21 欣赏 xīnshǎng 통감상하다

欣赏音乐 xīnshǎng yīnyuè 음악을 감상하다	欣赏雕塑 xīnshǎng diāosù 조각을 감상하다
欣赏绘画 xīnshǎng huìhuà 회화를 감상하다	欣赏表演 xīnshǎng biǎoyǎn 공연을 감상하다
欣赏古画 xīnshǎng gǔhuà 고화를 감상하다	欣赏能力 xīnshǎng nénglì 감상 능력
欣赏名画 xīnshǎng mínghuà 명화를 감상하다	尽情欣赏 jìnqíng xīnshǎng 마음껏 감상하다

下面，让我们一起欣赏一下罗丹的雕塑《思想者》。이어서, 다같이 로댕의 조각 《생각하는 사람》을 감상해 보겠습니다.
Xiàmiàn, ràng wǒmen yìqǐ xīnshǎng yíxià Luódān de diāosù《Sīxiǎngzhě》.

我们尽情欣赏着这些珍贵的古画。우리는 귀중한 옛 그림들을 맘껏 감상 중이다.
Wǒmen jìnqíng xīnshǎngzhe zhèxiē zhēnguì de gǔhuà.

➕ '欣赏'의 다른 뜻
'欣赏'는 '마음에 들다' '좋아하다'라는 뜻으로 쓰이기도 한다.

欣赏他的作品 그의 작품을 좋아하다 | 欣赏他的才干 그의 재능을 좋아하다 | 欣赏云 구름을 좋아하다

22 形象 xíngxiàng 명 (문학 작품에서의) 형상, 이미지 형 구체적이다

太形象了 tài xíngxiàng le 너무 구체적이다

形象地表现 xíngxiàng de biǎoxiàn 구체적으로 표현하다

形象地描绘 xíngxiàng de miáohuì 구체적으로 묘사하다

人物形象 rénwù xíngxiàng 인물 형상, 인간상

英雄形象 yīngxióng xíngxiàng 영웅 이미지

形象思维 xíngxiàng sīwéi 형상적 사유

这幅画形象地描绘了开封的繁华景象。 이 그림은 카이펑의 번화한 전경을 구체적으로 묘사하고 있다.
Zhè fú huà xíngxiàng de miáohuìle Kāifēng de fánhuá jǐngxiàng.

作者在《水浒传》中描写了一百零八个英雄形象。 작가는 《수호전》에서 108명의 영웅 이미지를 그려 내고 있다.
Zuòzhě zài 《Shuǐhǔzhuàn》 zhōng miáoxiěle yìbǎi líng bā ge yīngxióng xíngxiàng.

23 艺术 yìshù 명 예술 형 예술적이다

艺术界 yìshùjiè 예술계

民间艺术 mínjiān yìshù 민간예술

巴洛克艺术 bāluòkè yìshù 바로크 예술

洛可可艺术 luòkěkě yìshù 로코코 예술

艺术作品 yìshù zuòpǐn 예술 작품

艺术评论 yìshù pínglùn 예술 평론

艺术特色 yìshù tèsè 예술적 특색

艺术风格 yìshù fēnggé 예술 풍격, 특징

搞艺术 gǎo yìshù 예술에 종사하다

收藏艺术品 shōucáng yìshùpǐn 예술품을 소장하다

徐悲鸿是中国艺术界的领军人物。 쉬베이훙은 중국 예술계의 선구자적 인물이다.
Xú Bēihóng shì Zhōngguó yìshùjiè de lǐngjūn rénwù.

巴洛克艺术几乎涵盖了那个时代的所有艺术领域。 바로크 예술은 그 시대의 모든 예술 영역을 두루 포괄하고 있었다.
Bāluòkè yìshù jīhū hángàile nà ge shídài de suǒyǒu yìshù lǐngyù.

24 音乐 yīnyuè 명 음악

听音乐 tīng yīnyuè 음악을 듣다

热爱音乐 rè'ài yīnyuè 음악을 많이 사랑하다

举行音乐会 jǔxíng yīnyuèhuì 음악회를 열다

音乐作品 yīnyuè zuòpǐn 음악 작품

古典音乐 gǔdiǎn yīnyuè 클래식

流行音乐 liúxíng yīnyuè 유행 음악, 유행가

他准备在纽约卡内基音乐厅举行独奏音乐会。 그는 뉴욕 카네기홀에서 독주회를 열 예정이다.
Tā zhǔnbèi zài Niǔyuē Kǎnèijī Yīnyuètīng jǔxíng dúzòu yīnyuèhuì.

莫扎特留下了协奏曲、交响曲、歌剧等各类音乐作品。
Mòzhātè liúxiàle xiézòuqǔ、jiāoxiǎngqǔ、gējù děng gè lèi yīnyuè zuòpǐn.
모차르트는 협주곡, 교향곡, 오페라 등 다양한 음악 작품을 남겼다.

DAY 27

25 影响 yǐngxiǎng 동 영향을 주다 명 영향

影响别人 yǐngxiǎng biérén 다른 사람에게 영향을 주다

受到影响 shòudào yǐngxiǎng 영향을 받다

造成影响 zàochéng yǐngxiǎng 영향을 끼치다

产生影响 chǎnshēng yǐngxiǎng 영향을 끼치다

直接影响 zhíjiē yǐngxiǎng 직접적인 영향

巨大影响 jùdà yǐngxiǎng 지대한 영향

严重影响 yánzhòng yǐngxiǎng 심각한 영향

不利影响 búlì yǐngxiǎng 해로운 영향

负面影响 fùmiàn yǐngxiǎng 부정적인 영향

通过达利的作品不难发现，他受到了毕加索的影响。
Tōngguò Dálì de zuòpǐn bù nán fāxiàn, tā shòudàole Bìjiāsuǒ de yǐngxiǎng.
달리의 작품을 통해 그가 피카소의 영향을 받았음을 어렵지 않게 발견할 수 있다.

文艺复兴对欧洲社会产生了巨大影响。 르네상스는 유럽 사회에 지대한 영향을 미쳤다.
Wényì fùxīng duì Ōuzhōu shèhuì chǎnshēngle jùdà yǐngxiǎng.

26 展览 zhǎnlǎn 동 전람하다, 전시하다 명 전람회

参加展览 cānjiā zhǎnlǎn 전시에 참여하다

举办展览会 jǔbàn zhǎnlǎnhuì 전시회/전람회를 개최하다

在 zài + 장소 + 展览 zhǎnlǎn ~에서 전시하다

展览(作)品 zhǎnlǎn (zuò)pǐn 전시품, 전시 작품

艺术品展览 yìshùpǐn zhǎnlǎn 예술품 전시

展览会 zhǎnlǎnhuì 전시회, 전람회

此次展览作品以纤维艺术为主，精选了42件作者的最新作品。
Cǐ cì zhǎnlǎn zuòpǐn yǐ xiānwéi yìshù wéi zhǔ, jīngxuǎnle sìshíèr jiàn zuòzhě de zuì xīn zuòpǐn.
이번 전시 작품은 섬유 예술 위주로, 작가의 최신 작품 42점을 엄선했다.

这次展览会展出了刚出土的几千年前的文物。 이번 전시회에서는 갓 출토된 몇천 년 전의 문물을 전시했다.
Zhè cì zhǎnlǎnhuì zhǎnchūle gāng chūtǔ de jǐ qiān nián qián de wénwù.

27 哲学 zhéxué 명 철학

哲学家 zhéxuéjiā 철학가, 철학자

哲学史 zhéxuéshǐ 철학사

西方哲学 xīfāng zhéxué 서양 철학

东方哲学 dōngfāng zhéxué 동양 철학

人生哲学 rénshēng zhéxué 인생 철학

政治哲学 zhèngzhì zhéxué 정치 철학

哲学思想 zhéxué sīxiǎng 철학 사상

探讨哲学 tàntǎo zhéxué 철학을 탐구하다

"认识你自己"是哲学家苏格拉底的一句名言。 "네 자신을 알라"는 철학자 소크라테스의 명언이다.
"Rènshi nǐ zìjǐ" shì zhéxuéjiā Sūgélādǐ de yí jù míngyán.

东方哲学和西方哲学在许多方面都呈现出不同。 동양 철학과 서양 철학은 여러 방면에서 다르게 표출된다.
Dōngfāng zhéxué hé xīfāng zhéxué zài xǔduō fāngmiàn dōu chéngxiàn chū bù tóng.

28 著名 zhùmíng 형 저명하다, 유명하다

著名画家 zhùmíng huàjiā 유명 화가

著名诗人 zhùmíng shīrén 유명 시인

著名音乐家 zhùmíng yīnyuèjiā 유명한 음악가

著名摄影师 zhùmíng shèyǐngshī 유명한 사진 작가

《蒙娜丽莎》是著名画家达·芬奇的肖像画作品。《모나리자》는 유명 화가인 다빈치의 초상화 작품이다.
《Méngnàlìshā》shì zhùmíng huàjiā Dá·Fēnqí de xiàoxiànghuà zuòpǐn.

多萝西娅·兰格是当代著名摄影师之一。 도로시아 랭은 당대 유명 사진작가 중의 한 사람이다.
Duōluóxīyà·Lángé shì dāngdài zhùmíng shèyǐngshī zhī yī.

29 宗教 zōngjiào 명 종교

宗教信仰 zōngjiào xìnyǎng 종교

宗教团体 zōngjiào tuántǐ 종교 단체

宗教仪式 zōngjiào yíshì 종교 의식

宗教音乐 zōngjiào yīnyuè 종교 음악

宗教活动 zōngjiào huódòng 종교 활동

宗教矛盾 zōngjiào máodùn 종교 갈등

宗教冲突 zōngjiào chōngtū 종교 갈등

宗教改革 zōngjiào gǎigé 종교 개혁

宗教徒 zōngjiàotú 신도, 교도

原始宗教 yuánshǐ zōngjiào 원시 종교

人都有信仰，但不是都有宗教信仰。 사람들은 모두 믿음을 갖고 있지만, 그렇다고 다들 종교가 있는 것은 아니다.
Rén dōu yǒu xìnyǎng, dàn bú shì dōu yǒu zōngjiào xìnyǎng.

宗教音乐是欧洲艺术音乐的源头。 종교 음악은 유럽 예술 음악의 원천이다.
Zōngjiào yīnyuè shì Ōuzhōu yìshù yīnyuè de yuántóu.

30 作品 zuòpǐn 명 작품

收藏作品 shōucáng zuòpǐn 작품을 소장하다

经典作品 jīngdiǎn zuòpǐn 걸작

作品的价值 zuòpǐn de jiàzhí 작품의 가치

出色的作品 chūsè de zuòpǐn 뛰어난 작품

优秀的作品 yōuxiù de zuòpǐn 우수한 작품

伟大的作品 wěidà de zuòpǐn 위대한 작품

个人作品集 gèrén zuòpǐnjí 개인 포트폴리오

雕塑作品 diāosù zuòpǐn 조각 작품

绘画作品 huìhuà zuòpǐn 회화 작품

作品简介 zuòpǐn jiǎnjiè 작품 소개

这些作品都是荷兰历史上最伟大的画家伦勃朗的经典作品。
Zhèxiē zuòpǐn dōu shì Hélán lìshǐ shang zuì wěidà de huàjiā Lúnbólǎng de jīngdiǎn zuòpǐn.
이 작품들은 모두 네덜란드 역사 상 가장 위대한 화가인 렘브란트의 걸작이다.

他用20年时间收藏了超过1000多件的绘画作品和雕塑等。 그는 20년 동안 1000여 점이 넘는 회화 작품과 조각 등을 수집했다.
Tā yòng èrshí nián shíjiān shōucángle chāoguò yìqiān duō jiàn de huìhuà zuòpǐn hé diāosù děng.

문화재, 문물, 사상

文物 wénwù 명 문물, 문화재, 전장, 제도 ┃ 当代 dāngdài 명 당대 ┃ 古代 gǔdài 명 고대, 옛날 ┃ 中世 zhōngshì 명 중세

近代 jìndài 명 근대 ┃ 公元 gōngyuán 명 서기 ┃ 古老 gǔlǎo 형 오래되다, 진부하다, 낡다

消失 xiāoshī 동 사라지다, 없어지다, 소실하다 ┃ 流失 liúshī 동 흩어져 없어지다, 상실되다

收藏 shōucáng 동 소장하다, 수집하다 ┃ 悠久 yōujiǔ 형 유구하다, 장구하다 ┃ 形容 xíngróng 동 형용하다, 묘사하다

精致 jīngzhì 형 세밀하다, 정교하다, 우수하다 ┃ 中西合璧 zhōngxī hébì 중국과 서양의 장점을 취하여 합치다

思潮 sīcháo 명 사조 ┃ 真理 zhēnlǐ 명 진리 ┃ 孔孟思想 Kǒng Mèng sīxiǎng 공자와 맹자 사상

老庄思想 Lǎo Zhuāng sīxiǎng 노장사상 ┃ 道家思想 Dàojiā sīxiǎng 도가 사상

건축, 공예

宫殿 gōngdiàn 명 궁전 ┃ 教会 jiàohuì 명 교회 ┃ 寺庙 sìmiào 명 사원, 절, 사찰 ┃ 塔 tǎ 명 탑 ┃ 重建 chóngjiàn 동 재건하다

设计 shèjì 명 설계, 디자인, 계획, 구상 동 설계하다 ┃ 哥特式建筑 gētèshì jiànzhù 고딕 건축

음악, 악기

古典音乐 gǔdiǎn yīnyuè 고전 음악, 클래식 ┃ 歌剧 gējù 명 오페라 ┃ 京剧 jīngjù 명 경극 ┃ 钢琴 gāngqín 명 피아노

手风琴 shǒufēngqín 명 아코디언 ┃ 口琴 kǒuqín 명 하모니카 ┃ 电子琴 diànzǐqín 명 전자 오르간, 신디사이저

吉他 jítā 명 기타 ┃ 大提琴 dàtíqín 명 첼로 ┃ 小提琴 xiǎotíqín 명 바이올린 ┃ 琵琶 pípá 명 비파

长笛 chángdí 명 플루트 ┃ 陶笛 táodí 명 오카리나 ┃ 笛子 dízi 명 피리 ┃ 唢呐 suǒnà 명 태평소

单簧管 dānhuángguǎn 명 클라리넷 ┃ 萨克斯 sàkèsī 명 색소폰 ┃ 二胡 èrhú 명 얼후

管弦乐团 guǎnxián yuètuán 관현악단 ┃ 古筝 gǔzhēng 명 쟁 ┃ 架子鼓 jiàzigǔ 명 드럼 ┃ 演奏 yǎnzòu 동 연주하다

회화, 공예

绘画 huìhuà 명 회화, 그림 ┃ 抽象画 chōuxiànghuà 명 추상화 ┃ 山水画 shānshuǐhuà 명 산수화

水墨画 shuǐmòhuà 명 수묵화 ┃ 油画 yóuhuà 명 유화 ┃ 版画 bǎnhuà 명 판화 ┃ 素描 sùmiáo 명 소묘, 데생, 스케치

壁画 bìhuà 명 벽화 ┃ 漫画 mànhuà 명 만화 ┃ 剪纸 jiǎnzhǐ 명 종이 공예

佛画 fóhuà 명 불화 [불교의 내용을 그린 종교화] ┃ 工笔画 gōngbǐhuà 명 공필화 [중국의 전통 회화 기법 중 하나]

字画 zìhuà 명 글자의 획수, 필획, 서화, 글씨와 그림 ┃ 皮影戏 píyǐngxì 명 (가죽 인형) 그림자극

문학

诗歌 shīgē 명 시, 시가 ┃ 小说 xiǎoshuō 명 소설 ┃ 散文 sǎnwén 명 산문 ┃ 唐诗 táng shī 당시 ┃ 宋词 sòng cí 송사

剧本 jùběn 명 극본, 각본, 대본 ┃ 民间小说 mínjiān xiǎoshuō 민간 소설, 전래 동화 ┃ 童话 tónghuà 명 동화

野史 yěshǐ 명 야사 ┃ 寓言 yùyán 명 우언, 우화 ┃ 句子 jùzi 명 문(文), 문장, 구(句) ┃ 作者 zuòzhě 명 작가, 필자

出版社 chūbǎnshè 명 출판사

사건, 사고, 법률

따페이 훈련

(사고가) 자주 났었다   经常发生了 X   经常发生 ○

01 报仇 bàochóu 통 복수하다, 원수를 갚다

向 xiàng＋대상＋**报仇** bàochóu ~에게 복수하다	**报仇**雪恨 bàochóu xuěhèn 복수를 갚고 원한을 풀다
为 wèi＋대상＋**报仇** bàochóu ~를 위해 복수하다	非**报仇**不可 fēi bàochóu bùkě 반드시 복수해야 한다

我一定会为你报仇的，不会放过这个禽兽的。 내가 꼭 자네의 원수를 갚겠네. 이 짐승 같은 놈을 가만 놔두지 않겠어.
Wǒ yídìng huì wèi nǐ bàochóu de, bú huì fàngguo zhè ge qínshòu de.

他这是来报仇雪恨的。 그 사람은 복수하러 온 거예요.
Tā zhè shì lái bàochóu xuěhèn de.

02 暴力 bàolì 명 폭력

使用**暴力** shǐyòng bàolì 폭력을 사용하다	语言**暴力** yǔyán bàolì 언어 폭력
消除**暴力** xiāochú bàolì 폭력을 추방하다	**暴力**手段 bàolì shǒuduàn 폭력적인 수단
家庭**暴力** jiātíng bàolì 가정 폭력	**暴力**组织 bàolì zǔzhī 폭력 조직
校园**暴力** xiàoyuán bàolì 학교 폭력	**暴力**行为 bàolì xíngwéi 폭력 행위

校园暴力会对被欺凌的同学构成心理问题。 학교 폭력은 괴롭힘을 당한 학생에게 트라우마를 갖게 한다.
Xiàoyuán bàolì huì duì bèi qīlíng de tóngxué gòuchéng xīnlǐ wèntí.

网络语言暴力是网络发展中出现的社会问题。 인터넷 언어 폭력은 인터넷이 발달하면서 생긴 사회 문제이다.
Wǎngluò yǔyán bàolì shì wǎngluò fāzhǎn zhōng chūxiàn de shèhuì wèntí.

03 避免 bìmiǎn 통 피하다, 모면하다

避免争吵 bìmiǎn zhēngchǎo 싸움을 피하다	**避免**发生事故 bìmiǎn fāshēng shìgù 사고 발생을 막다
避免犯错误 bìmiǎn fàn cuòwù 실수하는 것을 피하다	**避免**再次发生 bìmiǎn zàicì fāshēng 재발을 피하다
避免出问题 bìmiǎn chū wèntí 문제가 생기는 것을 막다	不可**避免** bùkě bìmiǎn 피할 수 없다

为了避免不必要的争吵，他只能隐忍。 불필요한 싸움을 피하기 위해 그는 꾹 참을 수밖에 없었다.
Wèile bìmiǎn bú bìyào de zhēngchǎo, tā zhǐnéng yǐnrěn.

我要把这次事故作为前车之鉴，避免再次发生。 나는 이번 사고를 교훈 삼아, 재발을 막으려고 해.
Wǒ yào bǎ zhè cì shìgù zuòwéi qiánchēzhījiàn, bìmiǎn zàicì fāshēng.

04 沉默 chénmò 통 침묵하다

保持**沉默** bǎochí chénmò 침묵을 지키다	**沉默**不语 chénmòbùyǔ 침묵하다
沉默一会儿 chénmò yíhuìr 잠시 말이 없다	**沉默**权 chénmòquán 묵비권

他沉默了几分钟，终于答应了。 Tā chénmòle jǐ fēnzhōng, zhōngyú dāying le. 그는 몇 분 동안 침묵하다가 끝내 대답을 했다.

在法庭上，你有权保持沉默。 Zài fǎtíng shang, nǐ yǒu quán bǎochí chénmò. 법정에서 당신은 묵비권을 행사할 수 있습니다.

05 错误 cuòwù 몡실수, 잘못 혱잘못된, 틀린

犯错误 fàn cuòwù 실수를 저지르다

改正错误 gǎizhèng cuòwù 잘못을 바로잡다

类似的错误 lèisì de cuòwù 유사한 잘못

错误行为 cuòwù xíngwéi 잘못된 행동

错误思想 cuòwù sīxiǎng 잘못된 사고방식

错误观点 cuòwù guāndiǎn 잘못된 관점

每个人都难免犯错误，面对别人的错误，原谅他是一种美德。
Měi ge rén dōu nánmiǎn fàn cuòwù, miànduì biérén de cuòwù, yuánliàng tā shì yì zhǒng měidé.
모든 사람은 실수하기 마련이니까, 다른 사람이 잘못했을 때, 그 사람을 용서해 주는 것도 미덕이야.

请给我改正错误、重新做人的机会。제가 잘못을 바로잡고, 새사람이 될 수 있는 기회를 주세요.
Qǐng gěi wǒ gǎizhèng cuòwù, chóngxīn zuòrén de jīhuì.

06 调查 diàochá 몡조사하다

实际调查 shíjì diàochá 실사하다

彻底调查 chèdǐ diàochá 철저하게 조사하다

调查清楚 diàochá qīngchu 확실하게 조사하다

调查核实 diàochá héshí 조사하여 확인하다

调查真伪 diàochá zhēnwěi 진위 여부를 확인하다

调查研究 diàochá yánjiū 조사 연구하다, 서베이 리서치

调查对象 diàochá duìxiàng 조사 대상

调查报告 diàochá bàogào 조사 보고서

我会彻底调查，为你抗争到底。나는 철저히 조사해서, 자네를 위해 끝까지 싸우겠네.
Wǒ huì chèdǐ diàochá, wèi nǐ kàngzhēng dàodǐ.

经调查核实，以上内容均为谣言，相关事发地并非北京。
Jīng diàochá héshí, yǐshàng nèiróng jūn wéi yáoyán, xiāngguān shì fādì bìngfēi Běijīng.
조사하여 확인한 결과, 이상의 내용은 모두 헛소문이고, 관련 사건 발생지도 베이징이 아닙니다.

07 发生 fāshēng 몡발생하다, 일어나다

经常发生 jīngcháng fāshēng 자주 발생하다

发生变化 fāshēng biànhuà 변화가 생기다

发生事故 fāshēng shìgù 사고가 일어나다

发生争吵 fāshēng zhēngchǎo 싸움이 일어나다

发生原因 fāshēng yuányīn 발생 원인

发生在 fāshēng zài + 시간/장소 ~에(서) 발생하다

这里由于没有行车线，来往车辆经常发生剐蹭事故。차선이 없어서, 왕래하는 차들끼리 접촉 사고가 자주 발생한다.
Zhèli yóuyú méiyǒu xíngchēxiàn, láiwǎng chēliàng jīngcháng fāshēng guācèng shìgù.

这起事故发生在11月3日，在新建的高速公路上。이 사고는 11월 3일에 새로 건설된 고속도로에서 발생했다.
Zhè qǐ shìgù fāshēng zài shíyī yuè sān rì, zài xīn jiàn de gāosù gōnglù shang.

➕ 经常发生 jīngcháng fāshēng VS 经常发生了 jīngcháng fāshēng le
이미 일어난 일을 표현할 때는 보통 동태조사 '了'를 쓰는데, 과거라 할지라도 반복적으로 일어났던 일을 표현할 때, 빈도를 나타내는 부사 '经常'를 쓰게 되면 동태조사 '了'를 생략한다.

这里经常发生交通事故。여기에서 자주 교통사고가 나.

去年, 他经常来。작년에 그 친구가 자주 왔었어.

08 罚款 fákuǎn 동 벌금을 내다, 벌금을 부과하다 명 벌금, 과태료

被罚款 bèi fákuǎn 벌금을 물다

交罚款 jiāo fákuǎn 벌금을 내다

要罚款 yào fákuǎn 벌금을 내야 한다

罚款扣分 fákuǎn kòufēn 벌금을 내고 벌점을 받다

因为醉驾被查，他被吊销驾驶证并罚款1000元。음주 운전 단속에 걸려서 그 친구는 면허가 취소되고 벌금을 1000위앤을 냈어.
Yīnwèi zuìjià bèi chá, tā bèi diàoxiāo jiàshǐzhèng bìng fákuǎn yìqiān yuán.

你被罚了多少款？Nǐ bèi fále duōshao kuǎn? 너 벌금을 얼마나 냈어?

09 法律 fǎlǜ 명 법률

制定法律 zhìdìng fǎlǜ 법률을 제정하다

修改法律 xiūgǎi fǎlǜ 법을 개정하다

维护法律 wéihù fǎlǜ 법률을 수호하다

触犯法律 chùfàn fǎlǜ 법률에 저촉되다

法律法规 fǎlǜ fǎguī 법률과 법규

法律的尊严 fǎlǜ de zūnyán 법률의 존엄성

他的行为已经触犯了法律，应该受到惩罚。그의 행동은 법에 저촉되어, 벌을 받아 마땅해.
Tā de xíngwéi yǐjīng chùfànle fǎlǜ, yīnggāi shòudào chéngfá.

这些贪官因贪污挪用罪名，最终受到了法律制裁。
Zhèxiē tānguān yīn tānwū nuóyòng zuìmíng, zuìzhōng shòudàole fǎlǜ zhìcái.
이들 부패 공무원은 횡령, 유용의 죄명으로 결국 법률적 제재를 받았다.

10 犯罪 fànzuì 동 죄를 범하다

犯了罪 fànle zuì 죄를 짓다

没犯罪 méi fànzuì 죄를 범하지 않다

犯罪记录 fànzuì jìlù 범죄 기록

犯罪行为 fànzuì xíngwéi 범죄 행위

犯罪嫌疑人 fànzuì xiányírén 범죄 용의자

犯罪现场 fànzuì xiànchǎng 범죄 현장

犯罪证据 fànzuì zhèngjù 범죄 증거

走私犯罪 zǒusī fànzuì 밀수 범죄

警察在犯罪现场提取到了犯罪嫌疑人的指纹。경찰은 범죄 현장에서 범죄 용의자의 지문을 찾아냈다.
Jǐngchá zài fànzuì xiànchǎng tíqǔ dàole fànzuì xiányírén de zhǐwén.

他因走私犯罪被判了一年刑。그는 밀수 범죄로 1년 형을 받았다.
Tā yīn zǒusī fànzuì bèi pànle yì nián xíng.

11 合法 héfǎ 형 합법적이다, 법에 부합하다

合法权利 héfǎ quánlì 합법적 권리

合法手段 héfǎ shǒuduàn 합법적 수단

合法途径 héfǎ tújìng 합법적인 방법

合法利益 héfǎ lìyì 합법적인 이익

合法权益 héfǎ quányì 합법적인 권익

合法监护人 héfǎ jiānhùrén 합법적인 후견인

这是严重侵犯当事人的合法权益。이는 당사자의 합법적인 권익을 심각하게 침해하는 것이다.
Zhè shì yánzhòng qīnfàn dāngshìrén de héfǎ quányì.

法庭指定她为这个孩子的合法监护人。법정에서 그녀를 이 아이의 합법적인 후견인으로 지정했다.
Fǎtíng zhǐdìng tā wéi zhè ge háizi de héfǎ jiānhùrén.

12 紧急 jǐnjí 휑 긴급하다, 절박하다, 긴박하다

紧急事件 jǐnjí shìjiàn 비상사태

紧急会议 jǐnjí huìyì 긴급회의

紧急避险 jǐnjí bìxiǎn 비상조치

紧急命令 jǐnjí mìnglìng 긴급 명령, 비상령

紧急救援 jǐnjí jiùyuán 긴급 구조

紧急出口 jǐnjí chūkǒu 비상구

这是谁都没有意料到的紧急事件。 이는 누구도 예상치 못한 비상사태이다.
Zhè shì shéi dōu méiyǒu yìliào dào de jǐnjí shìjiàn.

请大家迅速从最近的安全通道、紧急出口离开商场。 여러분 가장 가까운 비상 통로와 비상구를 통해 신속히 마트를 빠져나가세요.
Qǐng dàjiā xùnsù cóng zuì jìn de ānquán tōngdào, jǐnjí chūkǒu líkāi shāngchǎng.

13 救 jiù 동 구하다

救人 jiù rén 사람을 구하다

救上来 jiù shànglái 구해 내다

救命 jiùmìng 목숨을 구하다

救出来 jiù chūlái 구출하다

救命啊！救命！快救救我的孩子！ 살려 주세요! 살려 주세요! 어서 우리 아이를 구해 주세요!
Jiùmìng a! Jiùmìng! Kuài jiùjiu wǒ de háizi!

消防员不顾自己的生命，终于把母女三人救出来了。 소방관은 자신의 생명은 아랑곳하지 않고, 마침내 세 모녀를 구출해 냈다.
Xiāofángyuán búgù zìjǐ de shēngmìng, zhōngyú bǎ mǔnǚ sān rén jiù chūlái le.

14 判决 pànjué 동 판결하다

判决书 pànjuéshū 판결문

判决的生效 pànjué de shēngxiào 판결의 효력 발생

法院的判决 fǎyuàn de pànjué 법원의 판결

判决先例 pànjué xiānlì 판례

最后的判决 zuìhòu de pànjué 최후의 판결

履行判决 lǚxíng pànjué 판결을 이행하다

判决的结果 pànjué de jiéguǒ 판결의 결과

一审判决 yīshěn pànjué 1심 판결

他对法院的判决不服，打算提起上诉。 그는 법원의 판결에 불복해 항소하기로 결정했다.
Tā duì fǎyuàn de pànjué bùfú, dǎsuàn tíqǐ shàngsù.

法院一审判决有罪而二审改判无罪。 법원은 1심에서 유죄 판결을 내렸는데, 2심에서는 무죄로 판결을 뒤집었다.
Fǎyuàn yīshěn pànjué yǒu zuì ér èrshěn gǎipàn wú zuì.

15 平等 píngděng 휑 평등하다

不平等 bù píngděng 불평등

平等的待遇 píngděng de dàiyù 평등한 대우

男女平等 nánnǚ píngděng 남녀평등

平等待人 píngděng dài rén 평등하게 사람을 대하다

平等互利 píngděng hùlì 호혜 평등

人人平等 rénrén píngděng 모든 사람이 평등하다

目前，机会不平等的问题日益严重。 현재 기회의 불평등 문제가 갈수록 심각해지고 있다.
Mùqián, jīhuì bù píngděng de wèntí rìyì yánzhòng.

我们要平等待人，尊重他人的人格尊严。 우리는 평등하게 사람을 대해야 하고, 타인의 인격을 존중해야 한다.
Wǒmen yào píngděng dài rén, zūnzhòng tārén de réngé zūnyán.

DAY 28

16 抢 qiǎng 图 빼앗다, 탈취하다, 약탈하다

抢东西 qiǎng dōngxi 물건을 빼앗다

抢银行 qiǎng yínháng 은행을 털다

抢过来 qiǎng guòlái 빼앗아 오다

抢座 qiǎng zuò 자리 싸움을 하다

他们把抢过来的东西都卖出去了。 Tāmen bǎ qiǎng guòlái de dōngxi dōu mài chūqù le. 그들은 약탈해온 것들을 다 팔아치웠다.

25岁男子大白天竟持刀抢银行, 当场被抓住了。 25세 남자가 대낮에 칼까지 들고 은행을 털려고 하다가 현장에서 붙잡혔다.
Èrshíwǔ suì nánzǐ dà báitiān jìng chí dāo qiǎng yínháng, dāngchǎng bèi zhuāzhù le.

17 杀 shā 图 죽이다, 살해하다, 싸우다

杀死 shāsǐ 죽이다

杀人 shā rén 사람을 죽이다

杀不了 shā buliǎo 죽일 수 없다

杀人罪 shārénzuì 살인죄

这个人面兽心的家伙, 竟然杀死了自己的亲生母亲! 사람의 탈을 쓴 짐승같으니라고, 자기 친어머니를 죽이다니요!
Zhè ge rénmiàn shòuxīn de jiāhuo, jìngrán shāsǐle zìjǐ de qīnshēng mǔqīn!

被告人杨某犯故意杀人罪, 判处无期徒刑。 피고 양모 씨는 미필적 고의 살인죄로 무기징역형을 선고받았다.
Bèigàorén Yáng mǒu fàn gùyì shārénzuì, pànchǔ wúqī túxíng.

18 伤害 shānghài 图 해치다, 상해하다

伤害身体 shānghài shēntǐ 건강을 해치다

伤害感情 shānghài gǎnqíng 감정을 상하게 하다

伤害自尊心 shānghài zìzūnxīn 자존심을 상하게 하다

伤害别人 shānghài biérén 남에게 해를 끼치다

受到伤害 shòudào shānghài 상처를 받다

伤害罪 shānghàizuì 상해죄

只是不希望她在其中受到冤枉和无辜的伤害。 단지 그녀가 그 일로 억울하거나 괜한 상처를 받지 않았으면 해요.
Zhǐshì bù xīwàng tā zài qízhōng shòudào yuānwang hé wúgū de shānghài.

受害者有罪论是对受害者的二次伤害。 피해자 유죄론은 피해자에 대한 2차 가해이다.
Shòuhàizhě yǒuzuìlùn shì duì shòuhàizhě de èr cì shānghài.

19 上当 shàngdàng 图 속다, 꾐에 빠지다, 속임수에 걸리다

上当受骗 shàngdàng shòupiàn 사기를 당하다

上了一回当 shàngle yì huí dàng 한 번 속다

上他的当 shàng tā de dàng 그에게 속다

容易上当 róngyì shàngdàng 쉽게 속다

防止上当 fángzhǐ shàngdàng 사기를 예방하다

不上当 bú shàngdàng 속지 않다

经常上当受骗的人, 很多都是因为心太善。 자주 사기당하는 사람들은 대부분이 마음이 너무 착해서 그래.
Jīngcháng shàngdàng shòupiàn de rén, hěn duō dōu shì yīnwèi xīn tài shàn.

他很狡猾, 你千万别上他的当啊! 저 친구 교활하니까, 자네 저 친구한테 속지 말게나!
Tā hěn jiǎohuá, nǐ qiānwàn bié shàng tā de dàng a!

20 事故 shìgù 명 사고, 의외의 손실

交通事故 jiāotōng shìgù 교통사고

医疗事故 yīliáo shìgù 의료 사고

火灾事故 huǒzāi shìgù 화재 사고

事故现场 shìgù xiànchǎng 사고 현장

事故不大 shìgù bú dà 사고가 경미하다

遭遇事故 zāoyù shìgù 사고를 당하다

这起火灾事故绝对不是一场自然灾害。 이번 화재 사고는 절대로 자연재해가 아니다.
Zhè qǐ huǒzāi shìgù juéduì bú shì yì chǎng zìrán zāihài.

我的车被人追尾了，事故不大，没有人受伤。 내 차가 접촉 사고를 당했는데, 사고가 경미해서 아무도 다치지 않았어.
Wǒ de chē bèi rén zhuīwěi le, shìgù bú dà, méiyǒu rén shòushāng.

21 逃避 táobì 통 도피하다, 회피하다

逃避现实 táobì xiànshí 현실 도피하다

逃避困难 táobì kùnnan 어려움을 피하다

逃避责任 táobì zérèn 책임을 회피하다

逃避法律 táobì fǎlǜ 탈법하다

逃避税收 táobì shuìshōu 탈세하다

逃避不了 táobì buliǎo 도피할 수 없다

逃避现实也并不能解决任何问题。 현실 도피한다고 해서 어떤 문제도 해결되지 않아.
Táobì xiànshí yě bìng bù néng jiějué rènhé wèntí.

他终究逃避不了法律的制裁。 그는 결국 법률의 제재를 피할 수 없었다.
Tā zhōngjiū táobì buliǎo fǎlǜ de zhìcái.

22 偷 tōu 통 훔치다, 도둑질하다

偷走 tōuzǒu 훔쳐 가다

偷不走 tōubuzǒu 훔쳐 갈 수 없다

偷钱 tōu qián 돈을 훔치다

偷东西 tōu dōngxi 물건을 훔치다

我的自行车前几天被小偷偷走了。 내 자전거는 며칠 전에 좀도둑이 훔쳐 갔어.
Wǒ de zìxíngchē qián jǐ tiān bèi xiǎotōu tōuzǒu le.

他小时侯因为偷东西被拘留过两次。 저 사람은 어릴 때 도둑질을 해서 두 번 구속되었었어.
Tā xiǎo shíhou yīnwèi tōu dōngxi bèi jūliúguo liǎng cì.

23 违法 wéifǎ 통 법을 어기다, 위법하다

不能违法 bù néng wéifǎ 법을 어겨서는 안 된다

严重违法 yánzhòng wéifǎ 심하게 법을 어기다

违法犯罪 wéifǎ fànzuì 법을 어기고 죄를 짓다

违法行为 wéifǎ xíngwéi 위법 행위

她绝不可能做这种违法的事。 그녀는 절대로 이런 위법한 짓을 할 리가 없어요.
Tā jué bù kěnéng zuò zhè zhǒng wéifǎ de shì.

他对在飞机上吸烟的违法行为供认不讳。 그는 기내에서 흡연한 위법 행위에 대해 솔직히 인정했다.
Tā duì zài fēijī shang xīyān de wéifǎ xíngwéi gòngrèn búhuì.

24 违反 wéifǎn 동 위반하다

违反法律 wéifǎn fǎlǜ 법률을 위반하다, 법에 저촉되다
违反规定 wéifǎn guīdìng 규정을 위반하다, 규칙을 어기다
违反纪律 wéifǎn jìlǜ 규율을 위반하다
不违反 bù wéifǎn 위반하지 않다
违反交通规则 wéifǎn jiāotōng guīzé 교통 규칙을 위반하다
违反军令 wéifǎn jūnlìng 군령을 위반하다

违反法律就要受到法律的惩罚。법률을 위반하면 법의 처벌을 받게 된다.
Wéifǎn fǎlǜ jiù yào shòudào fǎlǜ de chéngfá.

某工地违反了安全管理规定，因而发生一人死亡的重大事故。
Mǒu gōngdì wéifǎnle ānquán guǎnlǐ guīdìng, yīn'ér fāshēng yì rén sǐwáng de zhòngdà shìgù.
모 공사판에서 안전 관리 규정을 위반해 한 명이 사망하는 중대한 사고가 발생했다.

25 寻找 xúnzhǎo 동 찾다

寻找证人 xúnzhǎo zhèngrén 증인을 찾다
寻找出路 xúnzhǎo chūlù 활로를 찾다
寻找工作 xúnzhǎo gōngzuò 일자리를 구하다
寻找搭档 xúnzhǎo dādàng 파트너를 찾다

寻找希望 xúnzhǎo xīwàng 희망을 찾다
寻找答案 xúnzhǎo dá'àn 답을 찾다
寻找真理 xúnzhǎo zhēnlǐ 진리를 찾다
不断寻找 búduàn xúnzhǎo 끊임없이 찾다

死者家属急切寻找事故目击证人。사망자의 가족은 절박하게 사고 목격자를 찾고 있다
Sǐzhě jiāshǔ jíqiè xúnzhǎo shìgù mùjī zhèngrén.

警方寻找新线索，犯罪嫌疑人浮出水面。경찰이 새로운 단서를 찾아내, 용의자가 수면 위로 떠올랐다.
Jǐngfāng xúnzhǎo xīn xiànsuǒ, fànzuì xiányírén fúchū shuǐmiàn.

26 责任 zérèn 명 책임

有责任 yǒu zérèn 책임이 있다
没有责任 méiyǒu zérèn 책임이 없다
负责任 fù zérèn 책임을 지다
承担责任 chéngdān zérèn 책임을 떠맡다
推卸责任 tuīxiè zérèn 책임을 회피하다

追究责任 zhuījiū zérèn 책임을 추궁하다
责任重大 zérèn zhòngdà 책임이 막중하다
法律责任 fǎlǜ zérèn 법적 책임
直接责任 zhíjiē zérèn 직접적인 책임
间接责任 jiànjiē zérèn 간접적인 책임

本事故甲方负事故全责任。이번 사고는 갑쪽에서 사고의 모든 책임을 진다.
Běn shìgù jiǎ fāng fù shìgù quán zérèn.

她就说我推卸责任，但我真不知道。그녀는 내가 책임을 전가한다고 하는데, 나는 정말 아무것도 몰라요.
Tā jiù shuō wǒ tuīxiè zérèn, dàn wǒ zhēn bù zhīdào.

27 证据 zhèngjù 명증거

证据**不足** zhèngjù bùzú 증거가 부족하다
没有证据 méiyǒu zhèngjù 증거가 없다

寻找证据 xúnzhǎo zhèngjù 증거를 찾다
销毁证据 xiāohuǐ zhèngjù 증거를 인멸하다

光有证人，没有证据不行。 증인만 있고, 증거가 없으면 안 돼.
Guāng yǒu zhèngrén, méiyǒu zhèngjù bù xíng.

警方认为他销毁证据及出逃的可能性不大。 경찰은 그가 증거를 인멸하고 도주할 가능성이 크지 않다고 여겼다.
Jǐngfāng rènwéi tā xiāohuǐ zhèngjù jí chūtáo de kěnéngxìng bú dà.

28 制定 zhìdìng 동(법규, 계획 등을) 제정하다, 만들다, 세우다

制定**计划** zhìdìng jìhuà 계획을 짜다
制定**政策** zhìdìng zhèngcè 정책을 제정하다
制定**法律** zhìdìng fǎlǜ 법률을 제정하다

制定**方针** zhìdìng fāngzhēn 방침을 세우다
制定**策略** zhìdìng cèlüè 작전을 짜다
制定**新规划** zhìdìng xīn guīhuà 새로운 기획을 수립하다

为了推进中小企业的发展，国家制定了一系列新政策。 중소기업의 발전을 촉진하기 위해, 나라에서는 일련의 신정책을 제정했다.
Wèile tuījìn zhōngxiǎo qǐyè de fāzhǎn, guójiā zhìdìngle yí xìliè xīn zhèngcè.

执行法律当然比制定法律更重要。 법을 집행하는 것이 당연히 법을 제정하는 것보다 더 중요하다.
Zhíxíng fǎlǜ dāngrán bǐ zhìdìng fǎlǜ gèng zhòngyào.

29 制度 zhìdù 명제도, 규정

社会制度 shèhuì zhìdù 사회 제도
司法制度 sīfǎ zhìdù 사법 제도

改革制度 gǎigé zhìdù 제도를 혁신하다
完善制度 wánshàn zhìdù 제도를 정비하다

不合理的社会制度必须不断地改革。 불합리한 사회 제도는 계속 혁신되어야 한다.
Bù hélǐ de shèhuì zhìdù bìxū búduàn de gǎigé.

我国的司法制度还需要进一步完善。 우리 나라의 사법 제도는 조금 더 보완되어야 한다.
Wǒ guó de sīfǎ zhìdù hái xūyào jìnyíbù wánshàn.

30 遵守 zūnshǒu 동준수하다, 지키다

遵守**纪律** zūnshǒu jìlǜ 규율을 지키다
遵守**法律** zūnshǒu fǎlǜ 법률을 준수하다
遵守**规定** zūnshǒu guīdìng 규정을 지키다
遵守**制度** zūnshǒu zhìdù 제도를 준수하다

遵守**秩序** zūnshǒu zhìxù 질서를 지키다
遵守**时间** zūnshǒu shíjiān 시간을 준수하다
认真遵守 rènzhēn zūnshǒu 성실히 지키다
严格遵守 yángé zūnshǒu 엄격히 지키다

每位公民都应自觉遵守国家的法律法规。 모든 국민은 국가의 법률과 법규를 자발적으로 준수해야 한다.
Měi wèi gōngmín dōu yīng zìjué zūnshǒu guójiā de fǎlǜ fǎguī.

这项规定大家都要遵守，谁也不能例外。 이 규정은 누구나 지켜야 하고, 그 누구도 예외일 수 없다.
Zhè xiàng guīdìng dàjiā dōu yào zūnshǒu, shéi yě bù néng lìwài.

法庭 fǎtíng 명 법정

法院 fǎyuàn 명 법원

法规 fǎguī 명 법규

公安 gōng'ān 명 공안

打官司 dǎ guānsi 소송을 걸다

罪犯 zuìfàn 명 범인, 죄인, 범죄

流氓 liúmáng 명 건달, 부랑자, 불량배

小偷 xiǎotōu 명 도둑

黑社会 hēishèhuì 명 마피아, 암흑가

未成年人 wèichéngniánrén 명 미성년

弱者 ruòzhě 명 약자

证人 zhèngrén 명 증인

良心 liángxīn 명 양심

辩论 biànlùn 명 변론, 논쟁, 토론

伤疤 shāngbā 명 흉터, 상처

疑问 yíwèn 명 의문

本质 běnzhì 명 본질, 본성

道理 dàolǐ 명 규율, 규칙 명 도리 명 방법, 수단, 대책

故意 gùyì 부 고의로, 일부러 명 고의

严重 yánzhòng 형 중대하다, 심각하다, 모질다

争论 zhēnglùn 동 논쟁하다

公开 gōngkāi 동 공개하다

合理 hélǐ 형 도리에 맞다, 합리적이다

决定 juédìng 동 결정하다, 규정하다 명 결정, 규정

利用 lìyòng 동 이용하다, 활용하다, 응용하다

委托 wěituō 동 위탁하다, 의뢰하다

允许 yǔnxǔ 동 허락하다, 허가하다

执行 zhíxíng 동 집행하다, 실행하다, 실시하다

放弃 fàngqì 동 버리다, 포기하다

骗 piàn 동 속이다, 기만하다, 속여 빼앗다

破坏 pòhuài 동 파괴하다, 훼손하다, 손해를 입히다

殴打 ōudǎ 동 구타하다

绑架 bǎngjià 동 납치하다, 인질로 잡다

对峙 duìzhì 동 대치하다, 서로 맞서다

失踪 shīzōng 동 실종되다, 행방불명되다

性暴力 xìngbàolì 성폭력

性骚扰 xìngsāorǎo 성희롱

跟踪骚扰 gēnzōng sāorǎo 스토킹

虐待儿童 nüèdài értóng 아동 학대

毒品 dúpǐn 명 마약, 독물

救护车 jiùhùchē 명 구급차

성어, 속담

人面兽心 rénmiàn shòuxīn 사람의 탈을 쓴 짐승

杀鸡取卵 shājī qǔluǎn 닭을 잡아 달걀을 얻다, 눈앞의 이익에 눈이 어두워 더 큰 이익을 놓치다

舍己救人 shějǐ jiùrén 죽음을 무릅쓰고 남을 구하다

无恶不作 wú'è búzuò 갖은 못된 짓을 다하다

义无反顾 yìwúfǎngù 정의를 위해 앞장서다

罪大恶极 zuìdà èjí 극악무도하다

天网恢恢，疏而不漏 tiān wǎng huīhuī, shū ér bú lòu 하늘의 법망이 관대해 보여도 죄인은 반드시 벌을 받게 된다

따페이 훈련

나라를 위해 공헌하다   **为国家干贡献** X   **为国家做贡献** ○

01 变化 biànhuà 图 변화하다, 바뀌다, 달라지다

变化很快 biànhuà hěn kuài 변화가 빠르다	适应变化 shìyīng biànhuà 변화에 적응하다
变化很大 biànhuà hěn dà 변화가 크다	带来变化 dàilái biànhuà 변화를 가져오다
变化无穷 biànhuà wúqióng 변화무쌍하다	迅速的变化 xùnsù de biànhuà 신속한 변화
发生变化 fāshēng biànhuà 변화가 생기다	变化动因 biànhuà dòngyīn 변동 원인

从这条路可以看出我的家乡变化很大。 이 길만 보더라도 우리 고향이 많이 바뀌었다는 것을 알 수 있어.
Cóng zhè tiáo lù kěyǐ kànchū wǒ de jiāxiāng biànhuà hěn dà.

新中国成立以来，中国发生了翻天覆地的变化。 신중국 수립 이래, 중국에는 아주 큰 변화가 있었다.
Xīn Zhōngguó chénglì yǐlái, Zhōngguó fāshēngle fāntiān fùdì de biànhuà.

02 城市 chéngshì 图 도시

城市居民 chéngshì jūmín 도시 주민	大城市 dà chéngshì 대도시
城市人口 chéngshì rénkǒu 도시 인구	小城市 xiǎo chéngshì 소도시
城市规划 chéngshì guīhuà 도시 계획	离开城市 líkāi chéngshì 도시를 떠나다
城市化 chéngshìhuà 도시화	海滨城市 hǎibīn chéngshì 해안 도시

未来城市人口会越来越多，农村人口会越来越少。 미래에는 도시 인구는 점점 많아지고, 농촌 인구는 점점 줄어들 것이다.
Wèilái chéngshì rénkǒu huì yuèláiyuè duō, nóngcūn rénkǒu huì yuèláiyuè shǎo.

深圳是中国城市规划最好的城市。 선전은 중국에서 도시 계획이 가장 잘 된 도시이다.
Shēnzhèn shì Zhōngguó chéngshì guīhuà zuì hǎo de chéngshì.

03 促进 cùjìn 图 촉진하다

促进合作 cùjìn hézuò 합작을 촉진하다	促进团结 cùjìn tuánjié 화합을 촉진하다
促进发展 cùjìn fāzhǎn 발전을 촉진하다	互相促进 hùxiāng cùjìn 상호 촉진하다
促进交流 cùjìn jiāoliú 교류를 촉진하다	促进作用 cùjìn zuòyòng 촉진 역할

经济政策的改革促进了这座城市的发展。 경제 정책의 개혁이 이 도시의 발전을 촉진했다.
Jīngjì zhèngcè de gǎigé cùjìnle zhè zuò chéngshì de fāzhǎn.

此次活动进一步促进了城乡人才交流。 이번 행사로 도농간 인재 교류가 더욱 활발해졌다.
Cǐ cì huódòng jìnyíbù cùjìnle chéngxiāng réncái jiāoliú.

04 地区 dìqū 몡 지역

亚太地区 Yà Tài dìqū 아시아와 태평양 지구	贫困地区 pínkùn dìqū 빈곤 지역
周边地区 zhōubiān dìqū 주변 지역	偏远地区 piānyuǎn dìqū 오지, 벽지
沿海地区 yánhǎi dìqū 연해 지역	地区优势 dìqū yōushì 지역의 장점

现在, 偏远地区的村民也过上了好日子。지금은 오지 마을 사람들도 잘 살아요.
Xiànzài, piānyuǎn dìqū de cūnmín yě guòshàngle hǎo rìzi.

我们将利用地区的优势, 吸引全国顶点人才到这里创业。
Wǒmen jiāng lìyòng dìqū de yōushì, xīyǐn quán guó dǐngdiǎn réncái dào zhèli chuàngyè.
우리는 지역의 장점을 이용해, 전국의 뛰어난 인재들이 이곳에 와서 창업할 수 있도록 하려고 합니다.

05 发达 fādá 동 발달하다, 발전하다

不发达 bù fādá 발전하지 않다	相当发达 xiāngdāng fādá 상당히 발달하다
兴旺发达 xīngwàng fādá 왕성하게 발전하다	发达国家 fādá guójiā 선진국
经济发达 jīngjì fādá 경제가 발달하다	发达的交通 fādá de jiāotōng 발달한 교통
旅游业发达 lǚyóuyè fādá 여행업이 발달하다	发达的工业 fādá de gōngyè 발달한 공업

沿海地区经济发达, 人口稠密。연해 지역은 경제가 발달하고, 인구가 밀집해 있다.
Yánhǎi dìqū jīngjì fādá, rénkǒu chóumì.

这个城市旅游业很发达, 旅游业占全市GDP80%以上。
Zhè ge chéngshì lǚyóuyè hěn fādá, lǚyóuyè zhàn quán shì GDP bǎi fēnzhī bāshí yǐshàng.
이 도시는 여행업이 발달해서, 여행업이 전체 시 GDP의 80퍼센트 이상을 차지하고 있다.

➕ '发达'의 다른 용법
'发达'는 사람의 신체에 쓰여 '근육이 발달하다'라는 뜻을 나타내기도 한다.

他是运动员, 肌肉锻炼得很发达。그는 운동 선수라, 근육이 운동으로 많이 발달해 있다.

06 发展 fāzhǎn 동 발전하다, 확대하다

求发展 qiú fāzhǎn 발전을 꾀하다	经济发展 jīngjì fāzhǎn 경제 발전
全面发展 quánmiàn fāzhǎn 전면적으로 발전하다	发展中国家 fāzhǎn zhōng guójiā 개발도상국
不断发展 búduàn fāzhǎn 지속적으로 발전하다	发展趋势 fāzhǎn qūshì 발전 추세
迅速发展 xùnsù fāzhǎn 급속히 발전하다	发展方向 fāzhǎn fāngxiàng 발전 방향
高速发展 gāosù fāzhǎn 고속 발전하다	发展模式 fāzhǎn móshì 발전 방식

随着经济的不断发展, 人们对环境问题也越来越关注。
Suízhe jīngjì de búduàn fāzhǎn, rénmen duì huánjìng wèntí yě yuèláiyuè guānzhù.
경제가 지속적으로 발전함에 따라, 사람들이 환경 문제에 대해서도 점점 관심을 보이고 있다.

发达国家与发展中国家的差距逐渐缩小。선진국과 개발도상국 간의 차이가 점차 줄어들고 있다.
Fādá guójiā yǔ fāzhǎn zhōng guójiā de chājù zhújiàn suōxiǎo.

DAY 29

07 繁荣 fánróng 톙 번영하다, 번창하다 툉 번영시키다

经济繁荣 jīngjì fánróng 경제가 호황이다	繁荣昌盛 fánróng chāngshèng 번영하고 발전하다
日趋繁荣 rìqū fánróng 나날이 번영하다	繁荣富强 fánróng fùqiáng 번영하고 부강하다
商业繁荣 shāngyè fánróng 상업이 번성하다	繁荣文化 fánróng wénhuà 문화를 꽃피우다
更加繁荣 gèngjiā fánróng 더 번성하다	繁荣景象 fánróng jǐngxiàng 번영한 모습, 성황
繁荣发展 fánróng fāzhǎn 번성하다	繁荣的祖国 fánróng de zǔguó 번영하는 조국

中央和地方的关系处理得好，国家就能繁荣发展。중앙과 지방의 관계를 잘 풀어갈 때, 국가는 번성할 수 있다.
Zhōngyāng hé dìfāng de guānxi chǔlǐ de hǎo, guójiā jiù néng fánróng fāzhǎn.

新任市长上任后，这个地方变成了一个繁荣昌盛的城市。신임 시장이 부임한 후, 이곳은 발전된 면모를 갖추게 되었다.
Xīnrèn shìzhǎng shàngrèn hòu, zhè ge dìfāng biànchéngle yí ge fánróng chāngshèng de chéngshì.

08 分布 fēnbù 툉 분포하다, 널려 있다

分布在 fēnbù zài + 장소 ~에 분포하다	分布面积 fēnbù miànjī 분포 면적
分布很广 fēnbù hěn guǎng 넓게 분포되다	分布状况 fēnbù zhuàngkuàng 분포 상황
分布区 fēnbùqū 분포 지역	资源的分布 zīyuán de fēnbù 자원의 분포
分布图 fēnbùtú 분포도	人口分布 rénkǒu fēnbù 인구 분포

我国境内分布着很多岛屿。우리 나라 경내에는 많은 섬이 분포하고 있다.
Wǒ guó jìng nèi fēnbùzhe hěn duō dǎoyǔ.

苗族主要分布在贵州、湖南、云南、湖北等省。묘족은 주로 구이저우, 후난, 윈난, 후베이 등의 성에 분포해 있다.
Miáozú zhǔyào fēnbù zài Guìzhōu、Húnán、Yúnnán、Húběi děng shěng.

09 风俗 fēngsú 몡 풍속, 풍습

风俗习惯 fēngsú xíguàn 풍습	传统风俗 chuántǒng fēngsú 전통 풍속
民间风俗 mínjiān fēngsú 민간 풍습	古老的风俗 gǔlǎo de fēngsú 오래된 풍속
新风俗 xīn fēngsú 새로운 풍속	保留风俗 bǎoliú fēngsú 풍속을 보존하다
旧风俗 jiù fēngsú 옛 풍습, 낡은 풍습	改变风俗 gǎibiàn fēngsú 풍속이 바뀌다

每个民族都有自己的风俗习惯。모든 민족은 각자의 풍습을 갖고 있다.
Měi ge mínzú dōu yǒu zìjǐ de fēngsú xíguàn.

我国民间风俗很多，有的风俗被认为是封建迷信。우리 나라에는 민간 풍습이 많은데, 어떤 풍습은 봉건 미신이라 치부되고 있다.
Wǒ guó mínjiān fēngsú hěn duō, yǒu de fēngsú bèi rènwéi shì fēngjiàn míxìn.

这种旧风俗现在已经不流行了。이러한 옛 풍습은 이미 유행이 지났다.
Zhè zhǒng jiù fēngsú xiànzài yǐjīng bù liúxíng le.

10 贡献 gòngxiàn 동 공헌하다

新贡献 xīn gòngxiàn 새로운 공헌

极大贡献 jídà gòngxiàn 지대한 공헌

有贡献 yǒu gòngxiàn 공이 있다

贡献很大 gòngxiàn hěn dà 공헌이 크다

贡献一份力量 gòngxiàn yí fèn lìliàng 작은 힘을 보태다

为 wèi + 대상 + 做贡献 zuò gòngxiàn ~를 위해 공헌하다

我想做一颗社会上的螺丝钉，贡献出自己的一份力量。
Wǒ xiǎng zuò yì kē shèhuì shang de luósīdīng, gòngxiàn chū zìjǐ de yí fèn lìliàng.
나는 사회의 일원이 되어 작은 힘을 보태고 싶어. [螺丝钉(나사못): 사회의 '일원'으로 의역함]

很多无名英雄为国家做出了极大贡献。 수많은 무명의 영웅들이 국가를 위해 지대한 공헌을 했다.
Hěn duō wúmíng yīngxióng wèi guójiā zuòchūle jídà gòngxiàn.

➕ 为国家干贡献 wèi guójiā gàn gòngxiàn VS 为国家做贡献 wèi guójiā zuò gòngxiàn
'干'과 '做'는 '~를 하다'의 뜻을 갖고 있는데, '干'은 보통 육체적으로 하는 일에 쓰이고, '做'는 일반적인 동작에 두루 쓰인다. 그러므로 '공헌하다'라는 의미에 쓰일 때는 '做贡献'이라고 써야 한다. 이때 '做' 대신 '作'를 쓰기도 한다.
干农活儿 농사를 짓다 | 做生意 사업을 하다

11 国籍 guójí 명 국적

具有国籍 jùyǒu guójí 국적을 갖다

加入 jiārù + 국가 + 国籍 guójí ~의 국적을 취득하다

无国籍 wú guójí 무국적

双重国籍 shuāngchóng guójí 이중 국적

国籍原则 guójí yuánzé 속인주의

外国籍公民 wàiguójí gōngmín 재외국민

你的国籍是哪儿? Nǐ de guójí shì nǎr? 국적이 어디인가요?

他在英国生活十年后，加入了英国国籍。 그는 영국에서 10년 동안 생활한 후, 영국 국적을 취득했다.
Tā zài Yīngguó shēnghuó shí nián hòu, jiārùle Yīngguó guójí.

中国不允许具有双重国籍。 중국은 이중 국적을 허용하지 않는다.
Zhōngguó bù yǔnxǔ jùyǒu shuāngchóng guójí.

12 国家 guójiā 명 국가, 나라

国家发展 guójiā fāzhǎn 국가 발전

国家大计 guójiā dàjì 국가 대계

国家元首 guójiā yuánshǒu 국가 원수

国家政权 guójiā zhèngquán 국가 정권

国家主权 guójiā zhǔquán 국가의 주권

国家领导人 guójiā língdǎorén 국가의 지도자

国家利益 guójiā lìyì 국가의 이익

福利国家 fúlì guójiā 복지 국가

教育事关国家发展、事关民族未来。
Jiàoyù shìguān guójiā fāzhǎn、shìguān mínzú wèilái.
교육에 국가의 발전이 걸려 있고, 민족의 미래가 달려 있다.

总统为国家元首，由全民选举产生，任期五年。
Zǒngtǒng wéi guójiā yuánshǒu, yóu quánmín xuǎnjǔ chǎnshēng, rènqī wǔ nián.
대통령은 국가 원수로, 전 국민의 선거로 선출되며, 임기는 5년이다.

DAY 29

13 建立 jiànlì ⑧ 건립하다, 수립하다, 맺다

建立政权 jiànlì zhèngquán 정권을 수립하다

建立国家 jiànlì guójiā 국가를 세우다

建立体制 jiànlì tǐzhì 체제를 구축하다

建立基地 jiànlì jīdì 기지를 건립하다

建立学校 jiànlì xuéxiào 학교를 건립하다

建立家业 jiànlì jiāyè 가업을 이루다

建立制度 jiànlì zhìdù 제도를 만들다

建立关系 jiànlì guānxi 관계를 맺다

建立起来 jiànlì qǐlái 건립하다

建立于 jiànlì yú + 연도 ~해에 수립하다

秦始皇建立了中国历史上第一个统一的封建国家。 진시황은 중국 역사상 첫 번째 통일 봉건 국가를 세웠다.
Qínshǐhuáng jiànlìle Zhōngguó lìshǐ shang dì yī ge tǒngyī de fēngjiàn guójiā.

上海市政府决定建立发言人制度。 상하이 시청에서는 대변인 제도를 도입하기로 결정했다.
Shànghǎi shì zhèngfǔ juédìng jiànlì fāyánrén zhìdù.

14 建设 jiànshè ⑧ 건설하다

建设强国 jiànshè qiángguó 강국을 만들다

建设祖国 jiànshè zǔguó 조국을 건설하다

建设 jiànshè + 시간 ~동안 건설하다

建设成 jiànshè chéng + 대상 ~로 만들다

建设工厂 jiànshè gōngcháng 공장을 세우디

建设基金 jiànshè jījīn 건설 기금

经济建设 jīngjì jiànshè 경제 건설

城市建设 chéngshì jiànshè 도시 건설

国防建设 guófáng jiànshè 국방 건설

水利建设 shuǐlì jiànshè 수리 건설

我们继续努力奋斗，建设数字经济强国。 우리는 계속 노력을 기울여, 디지털 경제 강국을 만들어 갈 것이다.
Wǒmen jìxù nǔlì fèndòu, jiànshè shùzì jīngjì qiángguó.

随着城市建设步伐加快，城市的硬件设施逐步完善。 도시 건설에 박차를 가하면서, 도시의 외관이 차츰 모양을 갖추어 가고 있다.
Suízhe chéngshì jiànshè bùfá jiākuài, chéngshì de yìngjiàn shèshī zhúbù wánshàn.

15 领导 lǐngdǎo ⑧ 지도하다, 이끌고 나가다 ⑲ 지도자, 간부

领导力 lǐngdǎolì 통솔력, 지도력

领导者 lǐngdǎozhě 지도자, 리더

领导干部 lǐngdǎo gànbù 지도층 간부

领导决策 lǐngdǎo juécè 리더의 전략

领导方式 lǐngdǎo fāngshì 통솔 방식

领导下去 lǐngdǎo xiàqù 지도해 나가다

领导人民 lǐngdǎo rénmín 국민을 이끌다

服从领导 fúcóng lǐngdǎo 지도에 따르다

在危机时刻，领导力至关重要。 위기일 때, 지도력이 매우 중요하다.
Zài wéijī shíkè, lǐngdǎolì zhìguān zhòngyào.

他的领导方式根本就没有"为民"二字。 그의 통솔 방식에는 애초에 '为民(백성을 위해)' 두 글자가 없었다.
Tā de lǐngdǎo fāngshì gēnběn jiù méiyǒu "wèi mín" èr zì.

16 落后 luòhòu 통 낙오하다, 뒤떨어지다

贫穷落后 pínqióng luòhòu 빈곤하고 낙후되다

远远落后 yuǎnyuǎn luòhòu 크게 뒤떨어지다

永不落后 yǒng bú luòhòu 영원히 낙후되지 않다

技术落后 jìshù luòhòu 기술이 낙후하다

落后地区 luòhòu dìqū 낙후된 지역

落后的思想 luòhòu de sīxiǎng 낙후된 생각

落后的方法 luòhòu de fāngfǎ 낙후된 방법

落后的状况 luòhòu de zhuàngkuàng 낙후한 상황

我的家乡山清水秀却贫穷落后。 내 고향은 풍경은 아름다운데, 가난하고 낙후되었다.
Wǒ de jiāxiāng shānqīng shuǐxiù què pínqióng luòhòu.

这里曾经是全国最落后的地区之一，现在却如此富饶美丽。
Zhèlǐ céngjīng shì quán guó zuì luòhòu de dìqū zhī yī, xiànzài què rúcǐ fùráo měilì.
이곳은 전에 전국에서 가장 낙후된 지역 중의 하나였는데, 지금은 이렇게 풍요롭고 아름다운 곳이 되었다.

17 民族 mínzú 명 민족

民族国家 mínzú guójiā 민족 국가

民族精神 mínzú jīngshén 민족정신

民族团结 mínzú tuánjié 민족 단결

民族文化 mínzú wénhuà 민족 문화

民族服装 mínzú fúzhuāng 민족 의상

中华民族 Zhōnghuá mínzú 중화민족

少数民族 shǎoshù mínzú 소수 민족

民族独立 mínzú dúlì 민족 독립

民族解放 mínzú jiěfàng 민족 해방

民族联合 mínzú liánhé 민족 연합

中国是个多民族国家，共有56个民族。 중국은 다민족 국가로 모두 56개의 민족이 있다.
Zhōngguó shì ge duō mínzú guójiā, gòng yǒu wǔshíliù ge mínzú.

回族是中国少数民族中一个善于经商的民族。 회족은 중국 소수 민족 중의 하나로 상업에 능한 민족이다.
Huízú shì Zhōngguó shǎoshù mínzú zhōng yí ge shànyú jīngshāng de mínzú.

18 权力 quánlì 명 권력, 권한

有权力 yǒu quánlì 권력이 있다

滥用权力 lànyòng quánlì 권력을 남용하다

掌握权力 zhǎngwò quánlì 권력을 장악하다

行使权力 xíngshǐ quánlì 권력을 행사하다

权力机关 quánlì jīguān 권력 기관

公共权力 gōnggòng quánlì 공권력

政治权力 zhèngzhì quánlì 정치 권력

国家权力 guójiā quánlì 국가 권력

政府和官员不能滥用权力。 정부와 관리는 권력을 남용해서는 안 된다.
Zhèngfǔ hé guānyuán bù néng lànyòng quánlì.

有的学者用看门狗来比喻媒体与政治权力的关系。
Yǒu de xuézhě yòng kānméngǒu lái bǐyù méitǐ yǔ zhèngzhì quánlì de guānxi.
어떤 학자는 감시견(watch dog)을 예로 들어 언론과 정치 권력의 관계를 비유하기도 한다.

DAY 29

19 权利 quánlì 명 권리

保护权利 bǎohù quánlì 권리를 보호하다
享受权利 xiǎngshòu quánlì 권리를 누리다
争取权利 zhēngqǔ quánlì 권리를 쟁취하다
侵犯权利 qīnfàn quánlì 권리를 침해하다

政治权利 zhèngzhì quánlì 정치 권리
合法权利 héfǎ quánlì 합법적인 권리
基本权利 jīběn quánlì 기본 권리
正当权利 zhèngdàng quánlì 정당한 권리

国家应依法保护公民的权利。 국가는 법에 의거하여 국민의 권리를 보호해야 한다.
Guójiā yīng yīfǎ bǎohù gōngmín de quánlì.

不侵犯他人的基本权利是正义的最起码要求。 타인의 기본 권리를 침해하지 않는 것이 정의의 최소한의 조건이다.
Bù qīnfàn tārén de jīběn quánlì shì zhèngyì de zuì qǐmǎ yāoqiú.

20 人口 rénkǒu 명 인구

控制人口 kòngzhì rénkǒu 인구를 억제하다
人口密集 rénkǒu mìjí 인구가 밀집하다
人口众多 rénkǒu zhòngduō 인구가 많다
人口增长率 rénkǒu zēngzhǎnglǜ 인구 증가율
人口问题 rénkǒu wèntí 인구 문제

临时人口 línshí rénkǒu 임시 인구
流动人口 liúdòng rénkǒu 유동 인구
常住人口 chángzhù rénkǒu 상주 인구
从业人口 cóngyè rénkǒu 취업 인구
人口普查 rénkǒu pǔchá 인구 조사

我国的人口增长率一直在下降。 우리 나라의 인구 증가율이 계속 감소하고 있다.
Wǒ guó de rénkǒu zēngzhǎnglǜ yìzhí zài xiàjiàng.

农业政策的颁布留驻了农村人口。 농업 정책의 반포로 농촌 인구의 유출을 막았다.
Nóngyè zhèngcè de bānbù liúzhùle nóngcūn rénkǒu.

21 社会 shèhuì 명 사회

社会福利 shèhuì fúlì 사회 복지, 사회 복리
社会治安 shèhuì zhì'ān 사회 치안
社会活动 shèhuì huódòng 사회 활동
社会团体 shèhuì tuántǐ 사회단체
社会现象 shèhuì xiànxiàng 사회 현상
社会问题 shèhuì wèntí 사회 문제

社会秩序 shèhuì zhìxù 사회 질서
社会保障 shèhuì bǎozhàng 사회 보장
社会安定 shèhuì āndìng 사회가 안정되다
奴隶社会 núlì shèhuì 노예 사회
封建社会 fēngjiàn shèhuì 봉건 사회
美好的社会 měihǎo de shèhuì 아름다운 사회

瑞典实行广泛的社会福利政策。 스웨덴은 광범위한 사회 복지 정책을 시행하고 있다.
Ruìdiǎn shíxíng guǎngfàn de shèhuì fúlì zhèngcè.

这里的社会治安非常好，已经多年不见窃贼的踪迹了。
Zhèli de shèhuì zhì'ān fēicháng hǎo, yǐjīng duō nián bújiàn qièzéi de zōngjì le.
여기는 사회 치안이 너무 잘 되어 있어서, 꽤 여러 해 동안 도둑의 그림자도 볼 수가 없어.

22 特色　tèsè　명특색, 특징

有特色 yǒu tèsè 특색이 있다

保持特色 bǎochí tèsè 특색을 살리다

中国特色 Zhōngguó tèsè 중국 특색

民族特色 mínzú tèsè 민족 특색

时代特色 shídài tèsè 시대적인 특색

东方特色 dōngfāng tèsè 동양적인 특징

地方特色 dìfāng tèsè 지방색

古城特色 gǔchéng tèsè 고도의 특징

中国坚持中国特色社会主义。중국은 중국 특색의 사회주의를 견지하고 있다.
Zhōngguó jiānchí Zhōngguó tèsè shèhuì zhǔyì.

火把节是彝族、白族、纳西族具有民族特色的传统节日。횃불 축제는 여족, 백족, 납서족의 민족 특색을 띤 전통 명절이다.
Huǒbǎjié shì Yízú、Báizú、Nàxīzú jùyǒu mínzú tèsè de chuántǒng jiérì.

23 统一　tǒngyī　통통일하다, 일치시키다　형일치된, 통일된, 단일한

统一天下 tǒngyī tiānxià 천하를 통일하다

统一祖国 tǒngyī zǔguó 조국을 통일하다

统一大业 tǒngyī dàyè 통일의 대업

统一战线 tǒngyī zhànxiàn 통일 전선

民族统一 mínzú tǒngyī 민족 통일

自主统一 zìzhǔ tǒngyī 자주적 통일

和平统一 hépíng tǒngyī 평화 통일

思想统一 sīxiǎng tǒngyī 사상 통일

汉高祖刘邦，以汉中为基地，逐鹿中原，完成统一大业。
Hàn Gāozǔ Liú Bāng, yǐ Hànzhōng wéi jīdì, zhúlù Zhōngyuán, wánchéng tǒngyī dàyè.
한고조 유방은 한중을 기반으로 중원을 장악하며 통일 대업을 이루었다.

我们尽最大努力实现祖国和平统一。우리는 조국의 평화 통일을 위해 최대한 노력할 것이다.
Wǒmen jìn zuì dà nǔlì shíxiàn zǔguó hépíng tǒngyī.

24 统治　tǒngzhì　통통치하다

统治不了 tǒngzhì buliǎo 통치할 수 없다

统治国家 tǒngzhì guójiā 국가를 통치하다

统治阶级 tǒngzhì jiējí 통치 계급, 지배 계급

统治权 tǒngzhìquán 통치권

统治者 tǒngzhìzhě 통치자

统治地位 tǒngzhì dìwèi 지배적 위치

统治理念 tǒngzhì lǐniàn 통치 이념

殖民统治 zhímín tǒngzhì 식민 통치

统治者不过是人民的代言人，真正的统治者应当"以人为本"。
Tǒngzhìzhě búguò shì rénmín de dàiyánrén, zhēnzhèng de tǒngzhìzhě yīngdāng "yǐrén wéiběn".
통치자는 국민의 대변인에 불과하므로, 진정한 통치자는 '사람을 근본으로 삼아야' 한다.

唐朝从公元618年至907年统治中国。당조는 서기 618년에서 907년까지 중국을 통치했다.
Táng cháo cóng gōngyuán liù yī bā nián zhì jiǔ líng qī nián tǒngzhì Zhōngguó.

25 团结 tuánjié 통 단결하다, 연대하다 형 화목하다, 사이가 좋다

团结起来 tuánjié qǐlái 단결하다	**两党团结** liǎng dǎng tuánjié 두 당이 연대하다
团结一心 tuánjié yìxīn 일심 단결하다	**加强团结** jiāqiáng tuánjié 결속을 강화하다
团结在一起 tuánjié zài yìqǐ 한데 뭉치다	**大团结** dàtuánjié 대동단결, 대화합
安定团结 āndìng tuánjié 단결하여 안정시키다	**民族团结** mínzú tuánjié 민족 단결

政府和国民团结一心，成功克服了危机。 정부와 국민은 일심 단결하여 위기를 성공적으로 극복해 냈다.
Zhèngfǔ hé guómín tuánjié yìxīn, chénggōng kèfúle wéijī.

我们团结得很巩固。 우리는 아주 단합이 잘 된다.
Wǒmen tuánjié de hěn gǒnggù.

26 稳定 wěndìng 형 안정적이다, 변동이 없다 통 안정시키다

逐渐稳定 zhújiàn wěndìng 점차 안정되다	**稳定市场** wěndìng shìchǎng 시장을 안정시키다
保持稳定 bǎochí wěndìng 안정을 유지하다	**稳定物价** wěndìng wùjià 물가를 안정시키다
社会稳定 shèhuì wěndìng 사회 안정	**稳定的生活** wěndìng de shēnghuó 안정된 생활
经济稳定 jīngjì wěndìng 경제 안정	**稳定的环境** wěndìng de huánjìng 안정된 환경

为了保持社会稳定，政府正在着力解决民生问题。 사회적 안정을 유지하기 위해, 정부는 민생 문제 해결에 힘쓰고 있다.
Wèile bǎochí shèhuì wěndìng, zhèngfǔ zhèngzài zhuólì jiějué mínshēng wèntí.

稳定物价对普通市民十分重要。 물가 안정은 서민들에게 대단히 중요하다.
Wěndìng wùjià duì pǔtōng shìmín shífēn zhòngyào.

27 义务 yìwù 명 의무 형 무보수의, 무료의, 봉사의

有义务 yǒu yìwù 의무가 있다	**公民的义务** gōngmín de yìwù 국민의 의무
承担义务 chéngdān yìwù 의무를 지다	**国防义务** guófáng yìwù 국방의 의무
履行义务 lǚxíng yìwù 의무를 이행하다	**社会的义务** shèhuì de yìwù 사회의 의무
尽义务 jìn yìwù 의무를 다 하다	**义务劳动** yìwù láodòng 근로 봉사
义务教育 yìwù jiàoyù 의무 교육	**义务医疗队** yìwù yīliáoduì 의료 봉사단

想要享受权利，就必须承担义务。 권리를 누리려면 반드시 의무를 다해야 한다.
Xiǎng yào xiǎngshòu quánlì, jiù bìxū chéngdān yìwù.

我国实行九年义务教育制度。 우리 나라는 9년 동안의 의무 교육 제도를 시행하고 있다.
Wǒ guó shíxíng jiǔ nián yìwù jiàoyù zhìdù.

28 政策 zhèngcè 명 정책

制定政策 zhìdìng zhèngcè 정책을 제정하다	经济政策 jīngjì zhèngcè 경제 정책
实行政策 shíxíng zhèngcè 정책을 실행하다	民族政策 mínzú zhèngcè 민족 정책
执行政策 zhíxíng zhèngcè 정책을 집행하다	补助政策 bǔzhù zhèngcè 보조 정책
新政策 xīn zhèngcè 신정책	移民政策 yímín zhèngcè 이민 정책

我国将制定新的消费政策拉动经济增长。 우리 나라는 새로운 소비 정책을 제정해 경제 성장을 도모하려 한다.
Wǒ guó jiāng zhìdìng xīn de xiāofèi zhèngcè lādòng jīngjì zēngzhǎng.

农业政策对于农民收入有着更为直接的影响。 농업 정책은 농민의 수입에 더 직접적인 영향을 미친다.
Nóngyè zhèngcè duìyú nóngmín shōurù yǒuzhe gèngwéi zhíjiē de yǐngxiǎng.

29 政府 zhèngfǔ 명 정부

市政府 shìzhèngfǔ 시청	政府机构 zhèngfǔ jīgòu 정부 기관
人民政府 rénmín zhèngfǔ 인민 정부	政府部门 zhèngfǔ bùmén 정부 기관
中央政府 zhōngyāng zhèngfǔ 중앙 정부	政府官员 zhèngfǔ guānyuán 국가 공무원
地方政府 dìfāng zhèngfǔ 지방 정부	政府首脑 zhèngfǔ shǒunǎo 정부 수뇌
一个政府 yí ge zhèngfǔ 하나의 정부	支持政府 zhīchí zhèngfǔ 정부를 지지하다

山东省人民政府11月出台了多项重要政策。 산둥성 인민 정부에서는 11월에 중요한 정책들을 공포했다.
Shāndōng Shěng rénmín zhèngfǔ shíyī yuè chūtáile duō xiàng zhòngyào zhèngcè.

他在政府部门工作，但是只是临时的。 그는 정부 기관에서 일하지만, 비정규직이다.
Tā zài zhèngfǔ bùmén gōngzuò, dànshì zhǐ shì línshí de.

30 自由 zìyóu 형 자유롭다 명 자유

失去自由 shīqù zìyóu 자유를 잃다	自由得很 zìyóu de hěn 매우 자유롭다
获得自由 huòdé zìyóu 자유를 얻다	自由活动 zìyóu huódòng 자유 활동
自由参加 zìyóu cānjiā 자유로이 참가하다	自由平等 zìyóu píngděng 자유 평등
自由发言 zìyóu fāyán 자유롭게 발언하다	言论自由 yánlùn zìyóu 언론의 자유

这位民主人士处于软禁的状态，失去了自由。 이 민주 인사는 연금을 당해 자유를 잃었다.
Zhè wèi mínzhǔ rénshì chǔyú ruǎnjìn de zhuàngtài, shīqùle zìyóu.

人民反对腐败独裁专制，渴望自由平等。 국민은 부패한 독재 정치를 반대하고, 자유와 평등을 갈망한다.
Rénmín fǎnduì fǔbài dúcái zhuānzhì, kěwàng zìyóu píngděng.

DAY **29**

국토

全国 quán guó 전국 | **省** shěng 몡성 [지방 행정 구획] | **市** shì 몡시 [지방 행정 구획] | **县** xiàn 몡현 [지방 행정 구획]

省会 shěnghuì 몡성도, 소재지 | **南方** nánfāng 몡남쪽, 남부 | **北方** běifāng 몡북쪽 | **地方** dìfāng 몡지방

岛屿 dǎoyǔ 몡섬, 도서 | **山村** shāncūn 몡산촌 | **渔村** yúcūn 몡어촌 | **农村** nóngcūn 몡농촌

郊区 jiāoqū 몡교외 지역 | **家乡** jiāxiāng 몡고향 | **领土** lǐngtǔ 몡영토, 국토 | **划分** huàfēn 동나누다, 구분하다

偏僻 piānpì 형외지다, 궁벽하다 | **移民** yímín 동이민하다

사회, 정치

国民 guómín 몡국민 | **国旗** guóqí 몡국기 | **国力** guólì 몡국력 | **老百姓** lǎobǎixìng 몡평민, 백성, 국민, 대중

民心 mínxīn 몡민심 | **祖国** zǔguó 몡조국 | **总统** zǒngtǒng 몡대통령 | **主席** zhǔxí 몡주석

共产党 gòngchǎndǎng 몡공산당 | **政党** zhèngdǎng 몡정당 | **政权** zhèngquán 몡정권 | **党员** dǎngyuán 몡당원

全国人民代表大会 Quánguó Rénmín Dàibiǎo Dàhuì 몡전국인민대표대회 | **体制** tǐzhì 몡체제

主权 zhǔquán 몡주권 | **巩固** gǒnggù 형견고하다, 공고하다 | **强大** qiángdà 형강대하다

治理 zhìlǐ 동다스리다, 통치하다 | **小康社会** xiǎokāng shèhuì 국민 생활 수준이 중류 정도가 되는 사회

주요 국가

澳大利亚 Àodàlìyà 고유오스트레일리아 | **巴西** Bāxī 고유브라질 | **德国** Déguó 고유독일 | **俄罗斯** Éluósī 고유러시아

法国 Fǎguó 고유프랑스 | **非洲** Fēizhōu 고유아프리카 | **加拿大** Jiānádà 고유캐나다 | **美国** Měiguó 고유미국

英国 Yīngguó 고유영국 | **美洲** Měizhōu 고유미주, 아메리카 | **欧洲** Ōuzhōu 고유유럽 | **西班牙** Xībānyá 고유스페인

亚洲 Yàzhōu 고유아시아 | **韩国** Hánguó 고유한국 | **日本** Rìběn 고유일본 | **中国** Zhōngguó 고유중국

중국의 주요 도시

北京 Běijīng 고유베이징 | **成都** Chéngdū 고유청두 | **重庆** Chóngqìng 고유충칭 | **广州** Guǎngzhōu 고유광저우

杭州 Hángzhōu 고유항저우 | **南京** Nánjīng 고유난징 | **青岛** Qīngdǎo 고유칭다오 | **上海** Shànghǎi 고유상하이

沈阳 Shěnyáng 고유선양 | **天津** Tiānjīn 고유톈진 | **武汉** Wǔhàn 고유우한 | **西安** Xī'ān 고유시안

香港 Xiānggǎng 고유홍콩

중국의 주요 소수민족

满族 Mǎnzú 고유만주족 | **壮族** Zhuàngzú 고유장족 | **回族** Huízú 고유회족 | **维吾尔族** Wéiwú'ěrzú 고유위구르족

苗族 Miáozú 고유묘족 | **蒙古族** Měnggǔzú 고유몽고족 | **黎族** Lízú 고유여족 | **土家族** Tǔjiāzú 고유토가족

藏族 Zàngzú 고유티베트족

자연, 과학, 수학

따페이 훈련

우리 함께 환경을 보호해요   **叫我们一起保护环境** X   **让我们一起保护环境** ○

01 成果 chéngguǒ 몡 성과, 수확

取得成果 qǔdé chéngguǒ 성과를 얻다	成果显著 chéngguǒ xiǎnzhù 성과가 혁혁하다
发表成果 fābiǎo chéngguǒ 성과를 발표하다	研究成果 yánjiū chéngguǒ 연구 성과
评价成果 píngjià chéngguǒ 성과를 평가하다	科研成果 kēyán chéngguǒ 과학 연구 결과
成果喜人 chéngguǒ xǐrén 성과가 만족스럽다	重大成果 zhòngdà chéngguǒ 지대한 성과

他的这一研究成果，震惊了全世界。 그의 이러한 연구 성과는 전 세계를 놀라게 했다.
Tā de zhè yì yánjiū chéngguǒ, zhènjīngle quán shìjiè.

她在会议上发表了细胞移植方面的成果。 그녀는 회의에서 세포 이식 방면의 성과에 대해 소개했다.
Tā zài huìyì shang fābiǎole xìbāo yízhí fāngmiàn de chéngguǒ.

02 地球 dìqiú 몡 지구

保护地球 bǎohù dìqiú 지구를 보호하다	地球的轨道 dìqiú de guǐdào 지구의 궤도
袭击地球 xíjī dìqiú 지구를 습격하다	地球仪 dìqiúyí 지구의, 지구본
地球资源 dìqiú zīyuán 지구 자원	地球村 dìqiūcūn 지구촌

当月球经过地球和太阳之间时发生日全食。 달이 지구와 태양 사이를 지날 때 개기일식이 일어난다.
Dāng yuèqiú jīngguò dìqiú hé tàiyáng zhī jiān shí fāshēng rìquánshí.

我偶尔梦见外星人袭击地球。 나는 가끔 외계인이 지구를 습격하는 꿈을 꿔.
Wǒ ǒu'ěr mèng jiàn wàixīngrén xíjī dìqiú.

地球资源并不是无穷无尽的。 지구의 자원은 결코 무궁무진 한 것이 아니다.
Dìqiú zīyuán bìng bú shì wúqióng wújìn de.

03 动物 dòngwù 몡 동물   植物 zhíwù 몡 식물

爱护动物 àihù dòngwù 동물을 애호하다	植物生长 zhíwù shēngzhǎng 식물 생육
野生动物 yěshēng dòngwù 야생 동물	种植植物 zhòngzhí zhíwù 식물을 재배하다
动物实验 dòngwù shíyàn 동물 실험	能源植物 néngyuán zhíwù 에너지 식물
稀有动物 xīyǒu dòngwù 희귀 동물	稀有植物 xīyǒu zhíwù 희귀 식물

由于人们的乱捕乱杀，很多野生动物已经濒临灭绝。
Yóuyú rénmen de luàn bǔ luàn shā, hěn duō yěshēng dòngwù yǐjīng bīnlín mièjué.
사람들이 함부로 포획하고 죽이는 바람에 많은 야생 동물이 이미 멸종 위기에 놓여 있다.

这里的气候、土壤适合热带植物生长。 이곳의 기후와 토양은 열대식물의 생육에 적합하다.
Zhèlǐ de qìhòu, tǔrǎng shìhé rèdài zhíwù shēngzhǎng.

04 发明 fāmíng 图 발명하다

发明创造 fāmíng chuàngzào 발명 창조하다

发明新工具 fāmíng xīn gōngjù 새 도구를 발명하다

新发明 xīn fāmíng 새로운 발명

发明专利 fāmíng zhuānlì 발명 특허

发明家 fāmíngjiā 발명가

四大发明 sì dà fāmíng
4대 발명품 [종이·인쇄술·나침반·화약]

科学发明 kēxué fāmíng 과학 발명

火药是中国古代四大发明之一。 화약은 중국 고대 발명품 중의 하나이다.
Huǒyào shì Zhōngguó gǔdài sì dà fāmíng zhī yī.

科学发明给人类带来许多便利，同时也带来灾难。
Kēxué fāmíng gěi rénlèi dàilái xǔduō biànlì, tóngshí yě dàilái zāinàn.
과학의 발명은 사람들에게 편리함도 많이 주지만, 동시에 재난을 가져오기도 한다.

05 发现 fāxiàn 图 발견하다

首次发现 shǒucì fāxiàn 처음으로 발견하다

发现问题 fāxiàn wèntí 문제를 발견하다

发现现象 fāxiàn xiànxiàng 현상을 발견하다

发现油田 fāxiàn yóutián 유전을 발견하다

发现卫星 fāxiàn wèixīng 위성을 발견하다

发现行星 fāxiàn xíngxīng 행성을 발견하다

发现生命体 fāxiàn shēngmìngtǐ 생명체를 발견하다

新发现 xīn fāxiàn 새로운 발견

考古学家在这里首次发现完整的恐龙化石。 고고학자는 이곳에서 최초로 완벽한 공룡 화석을 발견했다.
Kǎogǔxuéjiā zài zhèli shǒucì fāxiàn wánzhěng de kǒnglóng huàshí.

科学家们还没有在火星发现生命体。 과학자들은 아직 화성에서 생명체를 발견하지 못했다.
Kēxuéjiāmen hái méiyǒu zài huǒxīng fāxiàn shēngmìngtǐ.

06 分析 fēnxī 图 분석하다

进行分析 jìnxíng fēnxī 분석하다

仔细分析 zǐxì fēnxī 자세히 분석하다

分析问题 fēnxī wèntí 문제를 분석하다

分析数据 fēnxī shùjù 데이터를 분석하다

分析原因 fēnxī yuányīn 원인을 분석하다

分析现象 fēnxī xiànxiàng 현상을 분석하다

分析一下 fēnxī yíxià 분석하다

分析能力 fēnxī nénglì 분석 능력

只有通过仔细分析这些数据，才能得出结论。 이 데이터들을 자세히 분석해야만 결론을 얻을 수 있다.
Zhǐyǒu tōngguò zǐxì fēnxī zhèxiē shùjù, cái néng déchū jiélùn.

我们来分析一下全球气候变暖的原因。 지구 기후 온난화의 원인에 대해 분석해 보죠.
Wǒmen lái fēnxī yíxià quánqiú qìhòu biànnuǎn de yuányīn.

07 观察 guānchá 통 관찰하다

进行观察 jìnxíng guānchá 관찰하다	观察反应 guānchá fǎnyìng 반응을 관찰하다
观察天空 guānchá tiānkōng 하늘을 관찰하다	善于观察 shànyú guānchá 관찰을 잘하다
观察环境 guānchá huánjìng 환경을 관찰하다	仔细观察 zǐxì guānchá 자세히 관찰하다
观察事物 guānchá shìwù 사물을 관찰하다	观察报告 guānchá bàogào 관찰 보고

他每天观察天空，终于看到流星雨了。 그는 매일 하늘을 관찰하다가 마침내 유성우를 보았다.
Tā měi tiān guānchá tiānkōng, zhōngyú kàndào liúxīngyǔ le.

因为牛顿善于观察，所以他能发现万有引力。 뉴턴은 관찰에 능해서 만유인력을 발견할 수 있었다.
Yīnwèi Niúdùn shànyú guānchá, suǒyǐ tā néng fāxiàn wànyǒuyǐnlì.

08 规律 guīlǜ 명 법칙, 규칙, 규율

掌握规律 zhǎngwò guīlǜ 규칙을 파악하다	自然规律 zìrán guīlǜ 자연법칙
发现规律 fāxiàn guīlǜ 법칙을 발견하다	科学规律 kēxué guīlǜ 과학 법칙
遵循规律 zūnxún guīlǜ 법칙에 따르다	遗传规律 yíchuán guīlǜ 유전 법칙
必然规律 bìrán guīlǜ 필연적인 이치	普遍规律 pǔbiàn guīlǜ 보편적 법칙

遗传学之父孟德尔经过多年的实验发现了遗传规律。 유전학의 아버지 멘델은 다년간의 실험을 통해 유전 법칙을 발견했다.
Yíchuánxué zhī fù Mèngdé'ěr jīngguò duō nián de shíyàn fāxiànle yíchuán guīlǜ.

阶梯式发展是事物发展的普遍规律。 계단식 발전은 사물이 발전하는 보편적인 법칙이다.
Jiētīshì fāzhǎn shì shìwù fāzhǎn de pǔbiàn guīlǜ.

09 环境 huánjìng 명 환경, 주위 상황, 조건

保护环境 bǎohù huánjìng 환경을 보호하다	自然环境 zìrán huánjìng 자연환경
破坏环境 pòhuài huánjìng 환경을 파괴하다	生态环境 shēngtài huánjìng 생태 환경
改善环境 gǎishàn huánjìng 환경을 개선하다	环境问题 huánjìng wèntí 환경 문제

让我们一起保护环境吧！ 우리 같이 환경을 보호해요!
Ràng wǒmen yìqǐ bǎohù huánjìng ba!

通过绿色低碳生活，改善地球的整体环境。
Tōngguò lǜsè dī tàn shēnghuó, gǎishàn dìqiú de zhěngtǐ huánjìng.
친환경 저탄소 생활을 통해 지구의 전반적인 환경을 개선할 수 있다.

➕ 사역을 나타내는 '叫'와 '让'
'A로 하여금 B 동작을 하게 하다'라는 표현을 할 때는 겸어동사 '叫 jiào'나 '让 ràng'을 사용해서 만들 수 있다. '叫'에는 '명령, 분부'의 뜻이 내포되어 있어 주로 다른 사람에게 어떤 일을 시킬 때 많이 쓰이고, '让'에는 '허락, 동의'의 뜻이 내포되어 있어 화자 스스로 어떤 행동을 할 때에도 쓸 수 있다. 따라서, 우리 같이 환경을 보호하자고 할 때는 동사 '让'을 쓰는 것이 더 적합하다.

叫我们一起保护环境！(X) 让我们一起保护环境！(O) 우리 같이 환경을 보호해요!

妈妈叫你回家。 엄마가 너더러 집에 돌아오라셔. | 让我过去吧。 지나갈게요.

10 结论 jiélùn 몡결론

有结论 yǒu jiélùn 결론이 나오다

下结论 xià jiélùn 결론을 짓다

得出结论 déchū jiélùn 결론을 내다

公布结论 gōngbù jiélùn 결론을 발표하다

推翻结论 tuīfān jiélùn 결론을 번복하다

推断结论 tuīduàn jiélùn ☒ 결론을 예단하다

相反的结论 xiāngfǎn de jiélùn 상반된 결론

结论部分 jiélùn bùfen 결론 부분

研究结论 yánjiū jiélùn 연구 결론

相同的数据，不同的人进行分析，却得出完全相反的结论。
Xiāngtóng de shùjù, bù tóng de rén jìnxíng fēnxī, què déchū wánquán xiāngfǎn de jiélùn.
같은 데이터를 다른 사람이 분석하니까 완전히 상반된 결론이 나와 버렸어.

他决定推翻之前的研究结论，并给出新的结论。
Tā juédìng tuīfān zhīqián de yánjiū jiélùn, bìng gěichū xīn de jiélùn.
그는 기존의 연구 결론을 뒤집고, 새로운 결론을 제시하기로 결정했다.

11 进化 jìnhuà 동진화하다

生物进化 shēngwù jìnhuà 생물 진화

不断进化 búduàn jìnhuà 부단히 진화하다

促进进化 cùjìn jìnhuà 진화를 촉진하다

进化过程 jìnhuà guòchéng 진화 과정

进化的目标 jìnhuà de mùbiāo 진화의 목표

进化的趋势 jìnhuà de qūshì 진화의 추세

《物种起源》是达尔文论述生物进化的重要著作。《종의 기원》은 다윈이 생물 진화에 대해 논술한 중요한 저서이다.
《Wùzhǒng Qǐyuán》shì Dá'ěrwén lùnshù shēngwù jìnhuà de zhòngyào zhùzuò.

人类的进化过程经历了漫长的岁月。인류의 진화 과정은 장구한 세월을 거쳐 이루어졌다.
Rénlèi de jìnhuà guòchéng jīnglìle màncháng de suìyuè.

12 科学 kēxué 몡과학 혱과학적이다, 합리적이다

科学研究 kēxué yánjiū 과학 연구

科学理论 kēxué lǐlùn 과학 이론

科学技术 kēxué jìshù 과학 기술

科学依据 kēxué yījù 과학적 근거

自然科学 zìrán kēxué 자연 과학

生命科学 shēngmìng kēxué 생명 과학

纳米科学 nàmǐ kēxué 나노 과학

基础科学 jīchǔ kēxué 기초 과학

应用科学 yīngyòng kēxué 응용과학

不科学 bù kēxué 비과학적이다

抗霉素已成为生命科学研究的重要工具。안티마이신은 이미 생명 과학 연구의 중요한 도구가 되었다.
Kàngméisù yǐ chéngwéi shēngmìng kēxué yánjiū de zhòngyào gōngjù.

纳米技术是用单个原子、分子制造物质的科学技术。나노기술은 개별 원자와 분자를 이용해 물질을 만들어 내는 과학 기술이다.
Nàmǐ jìshù shì yòng dāngè yuánzǐ, fēnzǐ zhìzào wùzhì de kēxué jìshù.

13 克隆 kèlóng 동 복제하다

克隆生物 kèlóng shēngwù 생물을 복제하다
克隆培养 kèlóng péiyǎng 클론 배양
克隆动物 kèlóng dòngwù 복제된 동물

克隆率 kèlónglǜ 복제율
克隆技术 kèlóng jìshù 복제 기술
单克隆抗体 dān kèlóng kàngtǐ 단일 클론 항체

科学家用克隆技术研制出了很多治愈顽疾的药物。 과학자는 복제 기술을 이용해 고질병 치료 약을 다수 개발해 냈다.
Kēxuéjiā yòng kèlóng jìshù yánzhì chūle hěn duō zhìyù wánjí de yàowù.

克隆羊多莉的诞生，可以说是科技的一大进步了。 복제 양 돌리의 탄생은 과학 기술의 큰 발전이라 할 수 있다.
Kèlóng yáng Duōlì de dànshēng, kěyǐ shuō shì kējì de yí dà jìnbù le.

14 客观 kèguān 형 객관적이다 ｜ 主观 zhǔguān 형 주관적이다

客观依据 kèguān yījù 객관적인 근거
客观分析 kèguān fēnxī 객관적 분석
客观规律 kèguān guīlǜ 객관적 법칙
客观条件 kèguān tiáojiàn 객관적인 조건

主观想法 zhǔguān xiǎngfǎ 주관적인 생각
太主观了 tài zhǔguān le 너무 주관적이다
主观愿望 zhǔguān yuànwàng 주관적인 바람
主观想象 zhǔguān xiǎngxiàng 주관적인 상상

这是他的主观想法，没有客观依据。 이는 그의 주관적인 생각으로, 객관적인 근거가 없다.
Zhè shì tā de zhǔguān xiǎngfǎ, méiyǒu kèguān yījù.

15 理论 lǐlùn 명 이론

提出理论 tíchū lǐlùn 이론을 제기하다
证明理论 zhèngmíng lǐlùn 이론을 증명하다
理论知识 lǐlùn zhīshi 이론 지식
理论体系 lǐlùn tǐxì 이론 체계

理论根据 lǐlùn gēnjù 이론적 근거
基本理论 jīběn lǐlùn 기본 이론
核心理论 héxīn lǐlùn 핵심 이론
化学理论 huàxué lǐlùn 화학 이론

爱因斯坦提出的相对性理论受到科学界的极大关注。 아인슈타인이 제기한 상대성 이론은 과학계의 큰 관심을 받았다.
Àiyīnsītǎn tíchū de xiāngduìxìng lǐlùn shòudào kēxuéjiè de jídà guānzhù.

16 逻辑 luójí 명 논리, 로직

没有逻辑 méiyǒu luójí 논리가 없다
符合逻辑 fúhé luójí 논리에 맞다
合乎逻辑 héhū luójí 논리에 맞다
违背逻辑 wéibèi luójí 논리에 어긋나다

不合逻辑 bùhé luójí 논리에 맞지 않다
逻辑性强 luójíxìng qiáng 논리성이 강하다
逻辑思维 luójí sīwéi 논리적 사고
逻辑推理 luójí tuīlǐ 논리적 추리

这篇论文在逻辑推理方面，可以说是无懈可击。 이 논문은 논리적 추리 면에서 흠 잡을 데가 없다.
Zhè piān lùnwén zài luójí tuīlǐ fāngmiàn, kěyǐ shuō shì wúxiè kějī.

17 能源 néngyuán 몡 에너지원

节约能源 jiéyuē néngyuán 에너지를 절약하다
开发能源 kāifā néngyuán 에너지를 개발하다
生产能源 shēngchǎn néngyuán 에너지를 생산하다
能源问题 néngyuán wèntí 에너지 문제

能源危机 néngyuán wēijī 에너지 위기
新能源 xīn néngyuán 새로운 에너지, 대체 에너지
清洁能源 qīngjié néngyuán 친환경 에너지
可再生能源 kězàishēng néngyuán 재생 에너지

众多国家已把开发和利用新能源视为国家战略发展的重要一步。
Zhòngduō guójiā yǐ bǎ kāifā hé lìyòng xīn néngyuán shìwéi guójiā zhànlüè fāzhǎn de zhòngyào yí bù.
많은 나라에서 이미 대체 에너지를 개발하고 이용하는 것을 국가 전략 발전의 중요한 단계로 간주하고 있다.

"RE100"指的是企业100%使用可再生能源电力。 RE100은 기업이 전력량 100%를 재생 에너지 전력으로 사용하는 것을 말한다.
"RE yìbǎi" zhǐ de shì qǐyè bǎi fēn zhī bǎi shǐyòng kězàishēng néngyuán diànlì.

18 人类 rénlèi 몡 인류

人类的历史 rénlèi de lìshǐ 인류의 역사
人类的起源 rénlèi de qǐyuán 인류의 기원

人类的进化 rénlèi de jìnhuà 인류의 진화
人类遗址 rénlèi yízhǐ 인류 유적

人类的起源对于现代人来说还是一个不能解开的科学之迷。
Rénlèi de qǐyuán duìyú xiàndàirén lái shuō háishi yí ge bù néng jiěkāi de kēxué zhī mí.
인류의 기원은 현대인들에게 있어 여전히 풀리지 않는 과학의 수수께끼이다.

19 生态 shēngtài 몡 생태

自然生态 zìrán shēngtài 자연 생태
生态环境 shēngtài huánjìng 생태 환경

生态平衡 shēngtài pínghéng 생태 균형
生态系统 shēngtài xìtǒng 생태계

动物在维持生态平衡中起着重要作用。 동물은 생태 평형을 유지하는 데 중요한 역할을 한다.
Dòngwù zài wéichí shēngtài pínghéng zhōng qǐzhe zhòngyào zuòyòng.

亚洲鲤鱼繁殖速度快，破坏了密西西比河的生态系统。 아시아잉어는 번식 속도가 빨라, 미시시피강의 생태계를 파괴하고 있다.
Yàzhōu Lǐyú fánzhí sùdù kuài, pòhuàile Mìxīxībǐ Hé de shēngtài xìtǒng.

20 实验 shíyàn 됭 실험하다

做实验 zuò shíyàn 실험하다
进行实验 jìnxíng shíyàn 실험을 하다
中断实验 zhōngduàn shíyàn 실험을 중단하다

实验数据 shíyàn shùjù 실험 데이터
实验过程 shíyàn guòchéng 실험 과정
实验结果 shíyàn jiéguǒ 실험 결과

根据实验数据，归纳总结实验结果。 실험 데이터에 근거하여 실험 결과를 종합할 수 있다.
Gēnjù shíyàn shùjù, guīnà zǒngjié shíyàn jiéguǒ.

在化学实验过程中容易发生安全事故。 화학 실험 중에 안전 사고가 자주 일어난다.
Zài huàxué shíyàn guòchéng zhōng róngyì fāshēng ānquán shìgù.

21 数据 shùjù 몡 데이터, 자료, 정보, 수치

收集数据 shōují shùjù 정보를 수집하다	处理数据 chǔlǐ shùjù 데이터를 처리하다
取得数据 qǔdé shùjù 자료를 얻다	获取数据 huòqǔ shùjù 데이터를 확보하다
整理数据 zhěnglǐ shùjù 데이터를 정리하다	基础数据 jīchǔ shùjù 기초 자료
核对数据 héduì shùjù 데이터를 대조하다	统计数据 tǒngjì shùjù 통계 수치
利用数据 lìyòng shùjù 자료를 이용하다	有关数据 yǒuguān shùjù 관련 데이터

他们为癌症研究收集了丰富的基因数据。 그들은 암 연구를 위해 많은 유전자 데이터를 수집했다.
Tāmen wèi áizhèng yánjiū shōujíle fēngfù de jīyīn shùjù.

如果统计数据不准，统计信息就会失真。 통계 수치가 정확하지 않으면, 통계 정보가 다를 수 있다.
Rúguǒ tǒngjì shùjù bù zhǔn, tǒngjì xìnxī jiù huì shīzhēn.

22 污染 wūrǎn 동 오염시키다, 오염되다

造成污染 zàochéng wūrǎn 오염되다	水源污染 shuǐyuán wūrǎn 수질 오염
防止污染 fángzhǐ wūrǎn 오염을 방지하다	噪声污染 zàoshēng wūrǎn 소음 공해
环境污染 huánjìng wūrǎn 환경 오염	空气污染 kōngqì wūrǎn 대기 오염
海洋污染 hǎiyáng wūrǎn 해양 오염	污染指数 wūrǎn zhǐshù 오염 지수

环境污染正在严重威胁着人类的生存。 환경 오염은 인류의 생존을 심각하게 위협하고 있다.
Huánjìng wūrǎn zhèngzài yánzhòng wēixiézhe rénlèi de shēngcún.

利用废物，可以减少空气污染。 폐품을 이용하면 대기 오염을 줄일 수 있다.
Lìyòng fèiwù, kěyǐ jiǎnshǎo kōngqì wūrǎn.

23 现象 xiànxiàng 몡 현상

自然现象 zìrán xiànxiàng 자연 현상	普遍现象 pǔbiàn xiànxiàng 보편적인 현상
社会现象 shèhuì xiànxiàng 사회 현상	表面现象 biǎomiàn xiànxiàng 표면적인 현상
反常现象 fǎncháng xiànxiàng 이변 현상	出现现象 chūxiàn xiànxiàng 현상이 나타나다
诡异现象 guǐyì xiànxiàng 기이한 현상	关注现象 guānzhù xiànxiàng 현상에 주목하다
正常现象 zhèngcháng xiànxiàng 정상적인 현상	透过现象 tòuguò xiànxiàng 현상을 꿰뚫다

自然现象的无穷变化令人惊叹。 자연 현상의 변화무쌍함이 참으로 놀랍다.
Zìrán xiànxiàng de wúqióng biànhuà lìng rén jīngtàn.

近几年来，世界多地出现反常现象，科学家对此发布警告。
Jìn jǐ nián lái, shìjiè duō dì chūxiàn fǎncháng xiànxiàng, kēxuéjiā duì cǐ fābù jǐnggào.
몇 년 사이 세계 여러 곳에 이변이 일어나고 있어서, 과학자들이 이에 대해 경고를 하고 있다.

24 研究 yánjiū 图 연구하다, 논의하다

进行研究 jìnxíng yánjiū 연구하다
基础研究 jīchǔ yánjiū 기초 연구
研究不了 yánjiū bùliǎo 연구할 수 없다
研究对象 yánjiū duìxiàng 연구 대상
深入研究 shēnrù yánjiū 깊이 연구하다
研究领域 yánjiū lǐngyù 연구 영역
中断研究 zhōngduàn yánjiū 연구를 중단하다
研究结果 yánjiū jiéguǒ 연구 결과
学术研究 xuéshù yánjiū 학술 연구
研究课题 yánjiū kètí 연구 과제

他们研究出一个推算狗龄对应人类年龄的公式。 그들은 개의 나이를 사람의 나이로 환산하는 공식을 연구해 냈다.
Tāmen yánjiū chū yí ge tuīsuàn gǒu líng duìyìng rénlèi niánlíng de gōngshì.

霍金的主要研究领域是宇宙论和黑洞。 호킹의 주된 연구 영역은 우주론과 블랙홀이다.
Huòjīn de zhǔyào yánjiū lǐngyù shì yǔzhòulùn hé hēidòng.

25 宇宙 yǔzhòu 图 우주

观测宇宙 guāncè yǔzhòu 우주를 관측하다
宇宙之谜 yǔzhòu zhī mí 우주의 수수께끼
探索宇宙 tànsuǒ yǔzhòu 우주를 탐색하다
宇宙飞船 yǔzhòu fēichuán 우주선
宇宙的奥秘 yǔzhòu de àomì 우주의 신비
宇宙火箭 yǔzhòu huǒjiàn 우주 로켓

科学家们在积极地探索，争取早日解开宇宙的奥秘。
Kēxuéjiāmen zài jījí de tànsuǒ, zhēngqǔ zǎorì jiěkāi yǔzhòu de àomì.
과학자들은 하루 빨리 우주의 신비를 풀기 위해 열심히 탐구하고 있다.

美国的"阿波罗11号"宇宙飞船第一次成功实现载人登月。
Měiguó de "Ābōluó shíyī hào" yǔzhòu fēichuán dì yī cì chénggōng shíxiàn zài rén dēng yuè.
미국의 '아폴로 11호' 우주선은 최초로 유인 달 착륙에 성공했다.

26 原因 yuányīn 图 원인

主要原因 zhǔyào yuányīn 주요 원인
直接原因 zhíjiē yuányīn 직접적인 원인
根本原因 gēnběn yuányīn 근본 원인
找到原因 zhǎodào yuányīn 원인을 찾다
内在原因 nèizài yuányīn 내재적인 원인
发现原因 fāxiàn yuányīn 원인을 발견하다
客观原因 kèguān yuányīn 객관적인 원인
猜测原因 cāicè yuányīn 원인을 추측하다
人为原因 rénwéi yuányīn 인위적인 원인
原因不明 yuányīn bù míng 원인이 불분명하다, 원인 미상

过度耕作和大量砍伐是土地沙漠化的主要原因。 과도한 경작과 대량 벌목이 토지 사막화의 주요 원인이다.
Guòdù gēngzuò hé dàliàng kǎnfá shì tǔdì shāmòhuà de zhǔyào yuányīn.

人为原因引起的环境问题被称为次生环境问题。 인위적인 원인에 의해 유발된 환경 문제는 2차적인 환경 문제라 불린다.
Rénwéi yuányīn yǐnqǐ de huánjìng wèntí bèi chēngwéi cìshēng huánjìng wèntí.

27 灾害 zāihài 명 재해

遭受灾害 zāoshòu zāihài 재해를 입다
预防灾害 yùfáng zāihài 재해를 예방하다
自然灾害 zìrán zāihài 자연 재해

洪涝灾害 hónglào zāihài 홍수와 침수 재해
严重的灾害 yánzhòng de zāihài 심각한 재해
灾害风险 zāihài fēngxiǎn 재해 위험

生态环境遭到严重破坏，会引发自然灾害。 생태 환경이 심각하게 훼손되면, 자연재해를 불러오게 된다.
Shēngtài huánjìng zāodào yánzhòng pòhuài, huì yǐnfā zìrán zāihài.

灾害风险无处不在，但可以预防的。 재해 위험은 도처에 도사리고 있지만, 예방할 수 있다.
Zāihài fēngxiǎn wú chù bú zài, dàn kěyǐ yùfáng de.

28 秩序 zhìxù 명 질서, 순서

自然秩序 zìrán zhìxù 자연의 질서
宇宙秩序 yǔzhòu zhìxù 우주의 질서
社会秩序 shèhuì zhìxù 사회 질서

维持秩序 wéichí zhìxù 질서를 유지하다
扰乱秩序 rǎoluàn zhìxù 질서를 교란하다
秩序井然 zhìxù jǐngrán 질서 정연하다

猴王的职责是维持猴群秩序。 원숭이왕의 역할은 원숭이 무리의 질서를 유지하는 것이다.
Hóu wáng de zhízé shì wéichí hóu qún zhìxù.

不断发射间谍卫星，可能会扰乱太阳系正常秩序。 계속해서 스파이 위성을 쏘아 올리면, 태양계의 정상 질서를 교란할 수도 있다.
Búduàn fāshè jiàndié wèixīng, kěnéng huì rǎoluàn tàiyángxì zhèngcháng zhìxù.

29 主张 zhǔzhāng 동 주장하다 명 주장

有主张 yǒu zhǔzhāng 견해가 있다
没有主张 méiyǒu zhǔzhāng 견해가 없다
不主张 bù zhǔzhāng 주장하지 않다

公开主张 gōngkāi zhǔzhāng 공개적으로 주장하다
一贯主张 yíguàn zhǔzhāng 일관되게 주장하다
一向主张 yíxiàng zhǔzhāng 줄곧 주장하다

古希腊天文学家托勒密一贯主张地球是宇宙的中心。
Gǔ Xīlà tiānwénxuéjiā Tuōlēimì yíguàn zhǔzhāng dìqiú shì yǔzhòu de zhōngxīn.
고대 그리스의 천문학자 톨레미는 지구가 우주의 중심이라고 일관되게 주장했다.

30 资源 zīyuán 명 자원

资源丰富 zīyuán fēngfù 자원이 풍부하다
资源贫乏 zīyuán pínfá 자원이 부족하다
开发资源 kāifā zīyuán 자원을 개발하다
利用资源 lìyòng zīyuán 자원을 이용하다

自然资源 zìrán zīyuán 천연자원
林业资源 línyè zīyuán 임업 자원
再生资源 zàishēng zīyuán 재생 자원
保护资源 bǎohù zīyuán 자원을 보호하다

这里自然资源丰富，矿产资源品种多、储量大。 이곳은 천연자원이 풍부한데, 광물 자원이 다양하고 매장량도 많다.
Zhèlǐ zìrán zīyuán fēngfù, kuàngchǎn zīyuán pǐnzhǒng duō, chǔliàng dà.

为了子孙后代，我们需要把有限的资源保护好。 후손들을 위해, 우리는 제한된 자원을 보호해야 한다.
Wèile zǐsūn hòudài, wǒmen xūyào bǎ yǒuxiàn de zīyuán bǎohù hǎo.

자연, 자원

天然 tiānrán 형 자연의, 천연의 | 陆地 lùdì 명 육지, 뭍 | 大陆 dàlù 명 대륙, 중국 대륙 | 海岸 hǎi'àn 명 바닷가, 해안

海洋 hǎiyáng 명 해양, 대양 | 河 hé 명 강, 하천 | 湖 hú 명 호수 | 江 jiāng 명 강 | 岛 dǎo 명 섬 | 高原 gāoyuán 명 고원

森林 sēnlín 명 삼림 | 沙漠 shāmò 명 사막 | 沙滩 shātān 명 사주, 모래톱, 백사장 | 石头 shítou 명 돌, 바위

水坝 shuǐbà 명 댐, 제방, 둑 | 光合作用 guānghé zuòyòng 광합성 | 海啸 hǎixiào 명 해소, 해일

地震 dìzhèn 명 지진 | 火山 huǒshān 명 화산 | 火灾 huǒzāi 명 화재 | 水灾 shuǐzāi 명 수재, 수해

日食 rìshí 명 일식 | 北斗星 běidǒuxīng 명 북두성, 북두칠성 | 流星雨 liúxīngyǔ 명 유성우 | 金属 jīnshǔ 명 금속

矿物 kuàngwù 명 광물 | 煤炭 méitàn 명 석탄 | 木头 mùtou 명 나무, 목재 | 能源 néngyuán 명 에너지원

绝对 juéduì 형 절대적이다 | 相对 xiāngduì 형 상대적이다 동 서로 대립이 되다 동 상대하다

동물

哺乳动物 bǔrǔ dòngwù 포유동물 | 啮齿动物 nièchǐ dòngwù 설치류 동물 | 狗 gǒu 명 개 | 猫 māo 명 고양이

大象 dàxiàng 명 코끼리 | 老虎 lǎohǔ 명 호랑이 | 狮子 shīzi 명 사자 | 狼 láng 명 이리 | 牛 niú 명 소 | 马 mǎ 명 말

鹿 lù 명 사슴 | 兔子 tùzi 명 토끼 | 猴 hóu 명 원숭이 | 羊 yáng 명 양 | 熊猫 xióngmāo 명 판다 | 猪 zhū 명 돼지

鸡 jī 명 닭 | 鸭子 yāzi 명 오리 | 老鼠 lǎoshǔ 명 쥐 | 蛇 shé 명 뱀 | 龙 lóng 명 용 | 蝴蝶 húdié 명 나비

蜜蜂 mìfēng 명 꿀벌 | 鸽子 gēzi 명 비둘기 | 海鸥 hǎi'ōu 명 갈매기 | 麻雀 máquè 명 참새 | 喜鹊 xǐquè 명 까치

乌鸦 wūyā 명 까마귀 | 蚂蚁 mǎyǐ 명 개미

식물

喜阴植物 xǐyīn zhíwù 응달식물 | 松树 sōngshù 소나무 | 银杏树 yínxìngshù 은행나무 | 梧桐树 wútóngshù 오동나무

法国梧桐 Fǎguó wútóng 플라타너스 | 柳树 liǔshù 버드나무 | 丁香 dīngxiāng 명 정향나무 | 鲜花 xiānhuā 명 생화, 꽃

枫叶 fēngyè 명 단풍잎 | 杜鹃 dùjuān 명 진달래 | 梅花 méihuā 명 매화 | 牡丹 mǔdān 명 모란, 목단, 목작약

竹 zhú 명 대나무

중국의 오악

恒山 Héng Shān 고유 항산 | 衡山 Héng Shān 고유 형산 | 华山 Huà Shān 고유 화산 | 嵩山 Sōng Shān 고유 숭산

泰山 Tài Shān 고유 태산

네이티브 중국어 습관 **중국어 따페이 단어장**

지은이 한민이
펴낸이 정규도
펴낸곳 ㈜다락원

초판 1쇄 발행 2022년 5월 16일
초판 2쇄 발행 2024년 6월 25일

책임편집 박소정, 이상윤
디자인 김나경, 최영란
일러스트 유영근
녹음 王乐, 朴龙君, 허강원

다락원 경기도 파주시 문발로 211
전화 (02)736-2031 (내선 250~252 / 내선 430)
팩스 (02)732-2037
출판등록 1977년 9월 16일 제406-2008-000007호

ISBN 978-89-277-2302-8 13720

www.darakwon.co.kr
다락원 홈페이지를 방문하시면 상세한 출판 정보와 함께 동영상 강좌,
MP3 자료 등 다양한 어학 정보를 얻으실 수 있습니다.